Gruppendiskussionen

Thomas Kühn · Kay-Volker Koschel

Gruppendiskussionen

Ein Praxis-Handbuch

2. Auflage

 Springer VS

Thomas Kühn
Berlin, Deutschland

Kay-Volker Koschel
Hamburg, Deutschland

ISBN 978-3-658-18936-5   ISBN 978-3-658-18937-2   (eBook)
DOI 10.1007/978-3-658-18937-2

Die Deutsche Nationalbibliothek verzeichnet diese Publikation in der Deutschen Nationalbibliografie; detaillierte bibliografische Daten sind im Internet über http://dnb.d-nb.de abrufbar.

Springer VS

Gedruckt auf säurefreiem und chlorfrei gebleichtem Papier

Springer VS ist Teil von Springer Nature
Die eingetragene Gesellschaft ist Springer Fachmedien Wiesbaden GmbH
Die Anschrift der Gesellschaft ist: Abraham-Lincoln-Str. 46, 65189 Wiesbaden, Germany

Geleitwort

Eine Gruppe kann als Mikrokosmos der Gesellschaft gesehen werden. Sie umfaßt immer mehrere Personen, häufig ungleicher Bildung und Herkunft sowie verschiedenen Alters und Geschlechts, doch mit einem gemeinsamen Interessenschwerpunkt. Man trifft sich ab und zu, kommt zusammen und tauscht sich aus.

Dieser Austausch von Argumenten, Gefühlsäußerungen, Meinungen ist es vor allem, an dem sich Gesellschaft beobachten läßt. Kommunikation ist die Essenz von Gesellschaft, und geschieht dies in einer offenen Form, wo jeder/m die Teilnahme gleichermaßen möglich ist, auf Gleichberechtigung und Wechselseitigkeit beruhend, spricht man von Dialog oder Diskussion.

Niklas Luhmann hat Diskussion einmal als soziales System bezeichnet. Die Leitdifferenz dieses Systems strukturiert den Kommunikationsverlauf nach *Themen* und *Beiträgen*. Worüber wird diskutiert? Und wer sagt was? Dies betrifft die Sachdimension, während in der Sozialdimension die Systemgrenze auf Grundlage der Unterscheidung *Anwesenheit/Abwesenheit* gezogen wird. Wer nicht dabei ist, kann nicht mitdiskutieren. Wobei Diskussion als System mit erheblichen Beschränkungen zu kämpfen hat.

So kann immer nur ein Thema nach dem anderen besprochen werden. Für mehr ist der Diskussionskanal zu eng. Auch kann immer nur eine Person zur Zeit reden. Sonst zerfällt die Diskussion in ein Babylonisches Sprachgewirr, oder es bilden sich Einzelgespräche ohne übergreifenden Zusammenhang. Außerdem ist jedes Diskussionssystem zeitlich limitiert, weil die zusehends wachsende Komplexität die verfügbaren Kapazitäten schon nach wenigen Stunden erschöpft und die beteiligten Personen sichtbar ermüden.

Und doch ist Diskussion eine ungemein wertvolle Möglichkeit, um unterschiedlichste Beiträge zum gleichen Thema in kurzer Zeit zu mobilisieren. Was auf diese Art und Weise gelingt, ist eine ad hoc-Übersicht bezüglich existenter Einstellungsmuster zu unterschiedlichsten Themen, je nachdem wen man sich einlädt und wie viel Zeit

man sich nimmt. Dabei ist durchaus damit zu rechnen, daß sich sehr unterschiedliche Redeanteile bezüglich der beteiligten Diskutanten ergeben, ohne Anspruch darauf, daß den Beiträgen der Vielredner deswegen schon ein höherer Wahrheitsgehalt
zukomme. Aber auch dies deckt sich mit Gesellschaft: Auch dort gibt es Multiplika-
toren, die das Wort führen, und deren Publikum, das auf sie hört.

Vor allem aber ist Diskussion Gesellschaft *live:* Selbst wenn dem Diskussionsleiter,
wie Luhmann es ausdrückt, die Aufgabe obliegt, auf die Einhaltung einer verabre-
deten Themenabfolge zu achten und ab und zu einzugreifen, wenn die soziale Ordnung der Diskussion aus dem Ruder zu laufen droht, nehmen interne wie externe
Beobachter quasi an einem Sozialexperiment teil, das durch hohe Spontaneität, Kreativität, Prozessualität, Selbstreferentialität gekennzeichnet ist. Wenn diskutiert wird,
geschieht Gesellschaft *in actu.* Es ist nicht die statische Ermittlung virtuellen Wissens,
sondern die dynamische Beobachtung realer Kommunikation.

Schwenkt man vor diesem Hintergrund auf das Thema *Gruppendiskussion* über,
eine Methode, die auch im Bereich der Konsum- und Markenforschung intensiv genutzt wird, dürfte klarer werden, welch hoher Stellenwert dieser Methode zukommt.
Dies ist keinesfalls als Argument gegen andere Methoden zu verstehen, etwa Fragebögen oder Einzelinterviews. Gute Forschung, wozu auch immer, sollte sich möglichst mehrerer Methoden bedienen. Doch die Besonderheit von Gruppendiskussionen kann eben darin gesehen werden, daß man nicht bloß einzelne Personen befragt,
ob quantitativ oder qualitativ, sondern mit einer Gruppe von Personen zu tun hat, deren Diskussionsverlauf, was Themenwahl und Beitragsverhalten betrifft, einer Simu-
lation von Gesellschaft ähnelt, reich an Neuigkeiten, Überraschungen, Unterschieden. Obgleich Gruppendiskussionen häufig nicht mehr als zehn Personen umfassen,
ist dieser gesellschaftliche Mikrokosmos doch geeignet, erstaunliche Einblicke in die
Komplexität unserer Gesellschaft zu geben, für die unterschiedlichsten Themen.

Der vorliegende Band „Gruppendiskussionen. Ein Praxis-Handbuch" von Thomas
Kühn und Kay-Volker Koschel informiert über all diese Besonderheiten, gespeist aus
langjähriger praktischer Erfahrung, aber auch rückgebunden an die akademische
Methodenforschung. Der Band führt in die Grundlagen von Gruppendiskussionen
ein, um sich dann intensiv mit dem „Handwerk" auseinanderzusetzen, d. h. der Vorbereitung, Durchführung und Bewertung von Gruppendiskussionen.

Es ist praxisnah geschrieben, richtet sich zugleich aber an das akademische Fach-
publikum. Da es bislang nur eine höchst begrenzte Zahl entsprechender Publikatio-
nen gibt, vor allem solche, die sich auf der Grenze zwischen kommerzieller Marktforschung und akademischer Methodenforschung bewegen, sind ihm eine wohlwollende
Aufnahme und zahlreiche interessierte Leser zu wünschen.

Berlin im April 2011
Prof. Dr. Kai-Uwe Hellmann | TU Berlin

Vorwort zur zweiten Auflage

Seit dem Erscheinen der ersten Auflage dieses Buches im Jahr 2011 ist die Digitalisierung der Gesellschaft weiter vorangeschritten. Dies verändert nicht nur die Lebens- und Arbeitswelt, sondern auch die Forschungslandschaft.

Technische Innovationen und die Digitalisierung des Alltags, der Kommunikation und Konsumverhaltens bringen für die qualitative Forschung neue Möglichkeiten und Herausforderungen mit sich. Bei der Beschreibung und Beurteilung des sozialen Wandels stößt man immer wieder auf Positionen, welche die Methode der Gruppendiskussion als nicht mehr zeitgemäß oder zumindest in ihrer Bedeutung abnehmend beschreiben. Es stellt sich also die Frage, ob Gruppendiskussionen im digitalen Zeitalter noch zeitgemäß oder doch eher „old school" und ein Relikt einer vergangenen Forschungsepoche sind. Hat die Gruppendiskussion noch einen Platz in der smarten, digitalen Forschung?

Kritische Stimmen weisen darauf hin, dass es im Zeitalter der digitalen Vernetzung nicht mehr notwendig sei, Menschen zu einer Diskussion in Gruppen in einem Raum zu versammeln, um sie miteinander ins Gespräch zu bringen und verschiedene Meinungen zu unterschiedlichen Themen kennen zu lernen. Zum Teil wird sogar darauf verwiesen, dass etwa die Aussagen in Foren oder sozialen Medien authentischer und unverzerrter seien als dies bei Gruppendiskussionen der Fall sei.

Wir wehren uns mit diesem Buch nicht gegen neue Forschungsmöglichkeiten, die im Rahmen von Digitalisierung, der wachsenden Verbreitung von Smartphones und der beschleunigten Kommunikation entstanden sind. Auf keinen Fall möchten wir als Nostalgiker verstanden werden, die von alten Zeiten träumen und die Zeichen der Zeit nicht verstanden haben. Im Gegenteil, neuere digitale Methoden wie Online Communities oder gruppeninterne Plattformen zum Management von Innovationen stehen wir ausgesprochen aufgeschlossen gegenüber und nutzen sie in unserer eigenen Praxis.

Aber – und hier möchten wir ein dickes Ausrufungszeichen setzen – Gruppendiskussionen verlieren durch den sozialen Wandel nicht an Bedeutung, sondern werden im Gegenteil eher wichtiger. Sie können in ihrem Aussagegehalt durch keine andere Methode ersetzt werden – auch nicht durch die neue Vielfalt digital vermittelter Zugänge und Herangehensweisen.

Um das zu verstehen, bedarf es aber einer intensiven Auseinandersetzung mit den Grundlagen und dem Stellenwert der Gruppendiskussionen.

Wir hoffen und sind der festen Überzeugung, dass dies den Lesenden mit der Lektüre dieses Buches deutlich wird. Denn bei qualitativ hochwertigen Gruppendiskussionen steht nicht das Zusammentragen verschiedener Sichtweisen und Standpunkte Einzelner im Vordergrund. Wäre dies so, würde die Gruppendiskussion tatsächlich zunehmend obsolet und durch kostengünstigere und einfacher zu realisierende Verfahren ersetzbar. Vielmehr geht es um einen moderierten Austausch zwischen einer sorgsam und bewusst ausgewählten Gruppe von Menschen mit einem geschulten Moderator oder einer geschulten Moderatorin. Darin liegt ein besonderes Potenzial, insbesondere, weil wir alle eben nicht nur Individuen, sondern Mitglieder verschiedener sozialer Gruppen sind und unsere Entscheidungen ohne diesen Bezug auf Gruppen gar nicht oder nur sehr einseitig zu verstehen sind.

In diesem Buch begründen wir das Vorgehen einer problemzentrierten Gruppendiskussion. In diesem Verständnis geht es nicht darum, einfach Meinungen abzufragen, sondern durch die Moderation einen besonderen Raum zu schaffen, der im Kontext von Gruppen die vertiefte Reflexion eigener Erfahrungen sowie das Erkennen und Benennen von Zusammenhängen anregt. Moderierende sind keine Fremdkörper im Raum und sollten nicht vom Bemühen um Unsichtbarkeit getrieben sein, sondern ihr Vorwissen, ihr Verstehen und Fühlen während des Diskussionsprozesses in angemessener Art und Weise nutzen, um eine anregende und gewinnbringende Dynamik zu fördern.

In diesem Sinne stellt die Gruppendiskussion eine Methode dar, die durch keine andere Methode ersetzt werden kann. Gerade in Zeiten vervielfältigter Optionen, größerer Komplexität, aber auch Ambivalenzen und Unsicherheiten schafft die Gruppendiskussion einen einzigartigen Rahmen, gruppenbezogene Erlebnis- und Wahrnehmungsweisen offen zu legen und im Kontext sozialen Wandels zu verstehen. Dies gilt für die eher akademisch orientierte Sozialforschung in gleichem Maße wie für die angewandte Markt- und Konsumforschung.

Mit unserem Buch möchten wir ein Plädoyer für die Methode der Gruppendiskussion halten. Zum einen hoffen wir, möglichst viele Leserinnen und Leser für diese facettenreiche, gut begründete Methode faszinieren zu können. Zum anderen möchten wir auch fundierte Argumentationshilfen geben, um Andere, wie Auftraggeber in der Marktforschung oder Kolleginnen in der Sozialforschung, überzeugen zu können, dass Gruppendiskussionen nicht an Stellenwert eingebüßt haben. Eher gilt es, die Methodenvielfalt in angemessener Weise etwa im Rahmen von Mixed Methods-Projekten zu nutzen. Auch dazu geben wir zahlreiche Anstöße in unserem Buch.

Für das Konzept dieses Buches haben wir viel Zustimmung und positives Feedback erhalten, sodass wir daran festgehalten haben. Die zweite Auflage haben wir gegenüber der ersten aber an einigen Stellen aktualisiert sowie Schreibfehler korrigiert. Unser Dank gilt auch Ute Wetzlar, die die Bedeutung des Teststudios bei der Planung von Gruppendiskussion herausstellt.

Wir freuen uns weiterhin auf den Austausch mit Lesenden. Lassen Sie uns gerne an ihrer Leseerfahrung dieses Buches und Ihren Erfahrungen mit Gruppendiskussionen teilhaben. Nehmen Sie gern Kontakt mit uns auf und diskutieren Sie mit uns.
Nun wünschen wir eine spannende und erkenntnisreiche Lektüre!

Berlin/Hamburg im Mai 2017
Thomas Kühn, Kay-Volker Koschel

Vorwort

In unserer täglichen Arbeit als qualitative Forscher besitzen Gruppendiskussionen einen hohen Stellenwert. Immer wieder werden wir von Kunden, Studierenden und Auszubildenden gefragt, ob wir nicht mal kurz zusammenfassen können, worauf es bei Gruppendiskussionen ankommt, wann man sie einsetzt und wann man eher „die Finger davon lässt", wie man moderiert, was einen guten Moderator ausmacht, was bei der Auswertung zu beachten hat, wie die Stellung von Gruppendiskussionen innerhalb des sozialwissenschaftlichen Methodenspektrums ist usw. Dies gab den Anstoß, uns zusammenzusetzen und sämtliche Skripte, Aufzeichnungen und Erfahrungen aus jahrzehntelanger Arbeit zu sichten, zu reflektieren und in systematischer Form im Rahmen eines Buchs zu bündeln.

Dieses Buch wäre ohne die *Hilfe und Anregungen zahlreicher Freunde und Kollegen* aus unterschiedlichen Instituten, Organisationen und Unternehmen nie entstanden. Unser Dank gilt an erster Stelle aber allen *Teilnehmern der zahlreichen Gruppendiskussionen.* Ihre Offenheit bei der Diskussion ganz unterschiedlicher Fragestellungen hat uns nicht nur Einblicke in verborgene Erlebniswelten eröffnet, sondern es uns ermöglicht, vielfältige Erfahrungen mit der Methode zu sammeln. Die vielen spannenden, lebhaften und inspirierenden Erlebnisse ermutigten uns nicht zuletzt dazu, dieses Buchprojekt in Angriff zu nehmen.

Einen weiteren Ausgangspunkt bildete die Zusammenarbeit mit dem Berufsverband Deutscher Markt- und Sozialforscher e. V. (BVM). Insbesondere den Regionalgruppen Nord, Köln-Bonn und Leipzig sei an dieser Stelle für die Einladung gedankt, uns das Forum der Regionaltreffen für eine Diskussion des Potenzials von Gruppendiskussionen geöffnet zu haben. Von großem Nutzen waren außerdem die Treffen im *Arbeitskreis Qualitative Markt- und Sozialforschung* (AKQua) – besonders intensiv und anregend im Rahmen einer auf Gruppendiskussionen bezogenen Arbeitsgruppe mit den Kolleginnen *Petra Mathews, Susanne Frinke und Bettina Wagner. Eva Balzer,* welche lange Zeit diesen Arbeitskreis koordiniert hat, möchten wir für ihr Engagement, den dauerhaften Austausch und die Vernetzung zwischen Kolleginnen und Kollegen ganz besonders herzlich unseren Dank aussprechen.

Dank gilt auch dem *qualitativ-psychologischen Forscherteam* von *Ipsos,* Hamburg, ganz besonders *Ina Hildebrandt,* und dem Team von *k-rc,* Bremen. Dies hat uns ebenso geholfen wie der Kontakt mit Studierenden und Kollegen von der *Universität Bremen,* wo wir einen Raum für die Artikulation unserer Überlegungen fanden. Dies gilt insbesondere für die *Studierenden im Master-Studiengang Wirtschaftspsychologie* sowie für *Andreas Witzel, Birgit Volmerg und Thomas Leithäuser,* welche als Pioniere qualitativer Sozialforschung stets ein offenes Ohr hatten und diskussionsbereit waren.

Auch die Auftraggeber der zahlreichen Projekte in der Marktforschung, die wir auf der Grundlage von Gruppendiskussionen parallel zur Arbeit am Buch durchgeführt haben, haben uns immer wieder inspiriert und ermutigt. Sie zeigten sich nicht nur interessiert an unseren Ausführungen, sondern suchten mit Interesse und Engagement immer wieder die Diskussion mit uns. Unser ganz besonderer Dank gilt *Maren K. Jens* und *Martin Greulich* für die Darstellung einer werblichen bzw. betrieblichen Sichtweise auf die Anwendung von Gruppendiskussion.

Kai-Uwe Hellmann, Regina Kuhl und Marie-Chantal Daßmann verdanken wir wertvolle Anregungen zur Überarbeitung des Manuskripts. *Fabiana Kühn* gab nicht nur inspirierende Anstöße für die Ausarbeitung der einzelnen Kapitel, sondern war als Ehefrau eines der Autoren zugleich Energiequelle, familiäre Feuerwehr und beruhigend-ausgleichende Kraft.

Nicht zuletzt möchten wir uns beim *VS Verlag* für die stets aufgeschlossene sowie verständnisvolle Begleitung und Förderung unseres Projekts bedanken, insbesondere bei *Frank Engelhardt, Cori Mackrodt und Katrin Emmerich.*

Bremen/Hamburg im Juli 2011
Thomas Kühn/Kay-Volker Koschel

Inhalt

Tabellen- und Abbildungsverzeichnis

Einleitung

1.1 Ziel des Buches

In Gesprächen mit Kollegen, Studierenden und Auftraggebern stellen wir immer wieder fest, dass mit Gruppendiskussionen zahlreiche offene Fragen verbunden sind: Was sind eigentlich Gruppendiskussionen und welche Bedeutung haben sie als wissenschaftliche Methode? Spontane Assoziationen zeigen das verschwommene Bild: Sie reichen von einer lockeren Gesprächsrunde mit Freunden in einer Kneipe bis hin zu einer Selbsthilfegruppe. „Schön, dass wir drüber geredet haben" – aber bieten Gruppendiskussionen jenseits eines gewissen Unterhaltungswerts wirklich einen nachhaltigen Wert für die Forschungspraxis?

Wenn man sich erst einmal auf die Fersen der Gruppendiskussion begibt, sich dabei nicht durch ihr auf den ersten Blick etwas nebulöses Erscheinungsbild täuschen lässt, sondern konsequent ihren Spuren folgt, bieten sich verblüffende Einsichten. Eine Gruppendiskussion ist keineswegs der exotische Paradiesvogel, sondern eher der Staatssekretär unter den Methoden: Ohne im Zentrum der öffentlichen Aufmerksamkeit zu stehen, werden komplexe Fragestellungen analysiert und wichtige Entscheidungen vorbereitet. In diesem Sinne kommen Gruppendiskussionen insbesondere in der Markt- und Meinungsforschung zum Einsatz. Da aber die meisten durchgeführten Auftragsstudien streng vertraulich sind, bleiben nicht nur viele Ergebnisse im Dunkeln, sondern auch die Bedeutsamkeit einer ganzen Methode an sich. In der Folge bleibt es der (Fach-)Öffentlichkeit verborgen, welche zentrale Rolle Gruppendiskussionen für die Entwicklung der modernen Alltagswelt übernehmen: Dienstleistungen, Produkte, neue Angebote, Kommunikations-Kampagnen, Fernsehformate und Kinofilme, politische Programme und Reden stellen nur eine Auswahl aus einer langen Liste von Bezugspunkten – zum Teil sogar Grundpfeilern – unseres Alltagslebens dar, deren Entwicklung durch Gruppendiskussionen wesentlich beeinflusst wurde und weiterhin wird.

Aus dem Blickwinkel des Wettbewerbs um Ideen und Innovation ist es verständlich, dass ein Großteil dieser Studien im ,dunklen Kämmerlein' von Instituten verborgen bleiben muss, damit Vertraulichkeit gewahrt wird. Allerdings hat eine übertriebene Geheimniskrämerei den Nachteil, dass eine konstruktive, erfahrungsbasierte öffentliche Diskussion über den Stellenwert und das Optimierungspotenzial angewandter Methoden nicht geführt werden kann. Außerdem werden die zahlreich gesammelten Erfahrungen nicht systematisch für die Ausbildung von zukünftigen Fachkräften reflektiert und nutzbar gemacht, sodass heutzutage gerade der Einstieg in die Forschung mit Gruppendiskussionen mit vielen Hürden verbunden ist, die angesichts noch nicht befriedigend entwickelter akademischer Ausbildungsstrukturen hinsichtlich der Vermittlung qualitativer Methoden besonders hoch sind.

Unseres Erachtens ist es daher an der Zeit, dass es zu einer regeren Auseinandersetzung mit der Methode der Gruppendiskussion kommt. Dazu wollen wir einen Beitrag leisten. Im Sinne eines Praxis-Handbuchs legen wir großen Wert auf Beispiele und die Vermittlung von Erfahrungen, die für die Durchführung und Auswertung von Gruppendiskussionen genutzt werden können. Dies beinhaltet auch eine Auseinandersetzung mit dem Potenzial von Gruppendiskussionen als empirischer Methode und eine Differenzierung verschiedener theoretischer Sichtweisen.

Als roter Faden zieht sich der Bezug auf Markt- und Konsumforschungskontexte durch das Buch. Dies hat mehrere Gründe. Erstens handelt es sich dabei um ein Feld, in dem beide Autoren seit Jahren intensive Erfahrungen mit Gruppendiskussionen gesammelt haben, welche sozusagen als Reservoir für diesen Band genutzt werden können. Zweitens sind Gruppendiskussionen in diesem Bereich von besonders hoher Bedeutung, sodass sich die Möglichkeit ergibt, den Facettenreichtum der Methode detailliert zu ergründen. Und drittens gibt es einen weiteren Aspekt, der uns besonders am Herzen liegt: Die Praxis der Gruppendiskussion im Marktforschungskontext wird in zahlreichen einschlägigen methodologischen Veröffentlichungen entweder gar nicht berücksichtigt oder sehr selektiv aus der Distanz zur Kenntnis genommen – häufig verbunden mit einer Grundhaltung der eigenen Abgrenzung von der (imaginierten) Praxis im angewandten Kontext. Die ernsthafte Auseinandersetzung mit Veröffentlichungen und Ansätzen, die im Kontext von Markt- und Konsumforschung entstanden sind, kommt dabei zu kurz und weicht einer zu sehr generalisierenden Kritik, in der die theoretisch begründete Anwendung von Gruppendiskussionen in der angewandten Praxis in Frage gestellt wird[1]. Diese Kritik trägt letztendlich dazu bei, dass die Methode der Gruppendiskussion mit dem „Rüchlein einer ebenso billigen wie scheinbar simplen und im übrigen wenig fundierten kommerziellen Methode" verbunden wird (Wagner/Schönhagen 2008: 274).

---

[1]   Eine positiv hervorzuhebende Ausnahme stellt das Buch von Dammer/Szymkowiak (2008) dar, in dem sich die Autoren sowohl theoretisch mit der Bedeutung von Gruppendiskussionen beschäftigen als auch wiederholt Erfahrungen aus der Praxis reflektieren. Allerdings erfolgt dies nur sehr selektiv aus der „morphologischen" Perspektive (vgl. Kapitel 8.1 dieses Buches).

Wir sind daher der Überzeugung, dass es an der Zeit für eine Rehabilitierung des aus der akademischen Praxis stammenden Feldes der Marktforschung ist und dass diesem Feld deutlich mehr psychologisches und sozialwissenschaftliches Interesse gebührt als dies gegenwärtig der Fall ist. Das Erkenntnispotenzial von Gruppendiskussionen in der Markt- und Konsumforschung wird noch zu sehr unterschätzt. Dies gilt sowohl in Bezug auf thematische Anknüpfungspunkte etwa der Identitäts-, Lebensstil- oder Konsumforschung als auch hinsichtlich eines Verständnisses von dynamischen Prozessen in Gruppen. Da die Aufgabe der Sozialwissenschaften darin besteht, gesellschaftliche Praxis zu reflektieren, ist es wichtig, der Anwendung von Gruppendiskussionen in der Markt- und Konsumforschung mehr Aufmerksamkeit zu zollen. Um möglichst vielfältige Einblicke in die Praxis zu gewährleisten, ergänzen wir in diesem Sinne an ausgewählten Stellen unsere eigenen Ausführungen um zusammenfassende Darstellungen von betrieblichen Marktforschern, die diskutieren, welchen Stellenwert Gruppendiskussionen in der eigenen Praxis besitzen.

Das Einsatzgebiet von Gruppendiskussionen in der Praxis beschränkt sich aber bei weitem nicht auf den Bereich der Markt- und Konsumforschung. Wenn wir uns über die mangelnde Auseinandersetzung mit der Bedeutung von Gruppendiskussionen im Rahmen angewandter Markt- und Konsumforschungspraxis beklagen und dies zum Ausgangspunkt für dieses Buch nehmen, heißt das deshalb nicht, dass wir das Pendel auf die andere Seite ausschlagen lassen wollen, indem wir die Bedeutung der Gruppendiskussion als wissenschaftliche Methode für sozialwissenschaftliche Fragestellungen jenseits der Marktforschung missachten, gering schätzen oder gar nicht berücksichtigen. Im Gegenteil: An dieser Stelle unterstützen wir mit Nachdruck die Position des Soziologen Siegfried Lamnek, der auf das vielfältige Potenzial von Gruppendiskussionen aufmerksam macht und gleichzeitig beklagt, dass dieses im Rahmen der meisten Methoden-Lehrbücher nur unzureichend widergespiegelt wird (Lamnek 2005: 14 ff.).

Deshalb beziehen wir uns explizit auf die Praxis von Gruppendiskussionen in verschiedenen Kontexten – hinsichtlich der Vorbereitung, der Durchführung, der Auswertung und der Interpretation der Ergebnisse. Unsere Intention ist es, dem Leser eine in sich geschlossene, umfassende Einführung zu bieten und dabei gleichzeitig Anknüpfungspunkte für eine weitere Vertiefung aufzuzeigen, indem wir z. B. Bezüge zu der in den letzten Jahren gewachsenen Anzahl an Veröffentlichungen zu verschiedenen Ansätzen der Gruppendiskussion und ihrer Verwendung in verschiedenen Praxis-Kontexten aufzeigen (insbesondere Leithäuser/Volmerg 1988; Loos/Schäffer 2001; Bohnsack 2003; Lamnek 2005; Bohnsack/Przyborski 2007; Dammer/Symkowiak 2008; Krueger/Casey 2009; Bohnsack et al. 2010; Przyborski/Riegler 2010).

Mit unserem Buch wollen wir einen Beitrag dazu leisten, Berührungsängste mit der Methode Gruppendiskussion abzubauen. Den Leserinnen und Lesern sollen Grundlagen vermittelt werden, die es ihnen ermöglichen, Gruppendiskussionen in der eigenen Forschungs-Praxis einzusetzen. Dafür werden neben theoretischen Grundkenntnissen auch zahlreiche praktische Tipps gegeben – z. B. für die Auswahl geeigneter Teilnehmer, die Leitfadengestaltung, die eigene Moderation und Auswertung. Indem wir transparent machen, welche Einsatzgebiete und Qualitätskriterien mit Gruppendiskussionen verbunden sind, erleichtern wir außerdem die Evaluation von Projekten und Projektvorschlägen, für die Gruppendiskussionen von zentraler Bedeutung sind.

Wir wenden uns zum einen an Studierende und wissenschaftlich Tätige an Universitäten und Fachhochschulen, die im Rahmen eines Forschungsprojekts erwägen, Gruppendiskussionen einzusetzen und sich näher mit dem Stellenwert der Konzeptualisierung, Durchführung und Auswertung von Gruppendiskussionen beschäftigen wollen. Zum anderen richtet sich das Buch an Praktiker im angewandten Kontext, wie z. B. der Marktforschung oder der Personal- und Organisationsentwicklung. Ihnen sollen Grundlagen der Anwendung von Gruppendiskussionen in der Praxis ebenso vermittelt werden wie die Fähigkeit, einen theoretisch begründeten von einem falsch und eher oberflächlich verstandenen Einsatz zu unterscheiden.

Das Buch soll schließlich auch denjenigen eine Hilfestellung bieten, die nicht selbst Gruppendiskussionen durchführen wollen, aber im Rahmen ihrer beruflichen Praxis mit Moderatoren und Dienstleistern in Kontakt kommen, etwa wenn es um die strategische Entwicklung von Angeboten und Produkten oder um Markenführung geht. Ihnen soll es ermöglicht werden, bei der Wahl eines Forschungsdesigns einzuschätzen, ob Gruppendiskussionen eine geeignete Methode darstellen und welche Fragestellungen damit angemessen untersucht werden können. Auch der begründete systematische Vergleich von Dienstleistern hinsichtlich der Güte der angebotenen und durchgeführten Projekte wird durch die Identifizierung von Qualitätskriterien gefördert.

Wir haben uns bemüht, das Buch in einer insbesondere für den Einsteiger verständlichen Sprache zu schreiben. Es liegt in der Natur der Sache, dass dadurch für den Experten einige der genannten Aspekte weniger Neues bieten werden. Gleichwohl hoffen wir, dass das Buch auch für fortgeschrittene Moderatoren, wissenschaftliche Mitarbeiter oder Marktforscher ein kompaktes Nachschlagewerk sowie eine übersichtliche, zusammenfassende Bündelung wichtiger Gesichtspunkte bietet und viele bekannte Teilaspekte unter einer neuen Perspektive zusammenführt. Besonders wichtig ist uns eine anschauliche Gestaltung des Buches. Deshalb haben wir zahlreiche Praxis-Beispiele, Checklisten und Schaubilder eingefügt.

1.2   Aufbau des Buches

Unsere Ausführungen sind folgendermaßen gegliedert: Im zweiten Kapitel soll zunächst eine Grundlage für die weitere Auseinandersetzung mit der Anwendung von Gruppendiskussionen im Forschungsprozess geschaffen werden. Um uns der Methode Gruppendiskussion in ihren zahlreichen Facetten und ihrer vielschichtigen Gestalt anzunähern, betrachten wir sie aus verschiedenen Perspektiven: Wir beschäftigen uns mit dem Potenzial der Methode, lernen sie als Bestandteil qualitativer Forschung kennen und erarbeiten uns ein Grundverständnis von Gruppen.

Die Gliederung der Kapitel drei bis sechs orientiert sich am Verlauf eines Forschungsprojekts. Zunächst geht es im dritten Kapitel um die Vorbereitung eines Projekts, in dem Gruppendiskussionen zum Einsatz kommen sollen. Wir zeigen auf, wie wichtig es ist, sich im Vorfeld systematisch mit dem Setting auseinander zu setzen und welche Schritte dafür erforderlich sind. Eine besonders gewichtige Rolle bei der Vorbereitung kommt der Leitfadenentwicklung und damit verbundenen Überlegungen zur Strukturierung der Diskussion zu. Deshalb gehen wir darauf im vierten Kapitel noch einmal in detaillierter Art und Weise ein. Besonders intensiv setzen wir uns mit dem Verhältnis von Offenheit und Vorstrukturiertheit auseinander und leiten daraus Empfehlungen für die eigene Forschungs-Praxis ab. Der Leitfaden bildet die Grundlage für die Moderation, mit der wir uns im fünften Kapitel beschäftigen. Dabei widmen wir uns sowohl einzelnen Techniken der Gesprächsführung als auch dem Verhältnis von Moderator und Gruppe. Das sechste Kapitel führt in die Auswertung von Gruppendiskussionen ein. Wir begeben uns auf die Spuren eines begründeten Analyseprozesses und gehen der Frage nach, wie man Ergebnisse zusammenfassen und präsentieren kann. Im Mittelpunkt der Ausführungen steht die Vermittlung grundlegender Prinzipien und praxisnaher Empfehlungen, welche die Grundlage schaffen, die eigene Analysekompetenz in der Praxis zu schärfen.

Ein zentrales Thema zieht sich wie ein roter Faden durch alle Phasen des Forschungsprojekts und wird deshalb im vertiefenden siebten Kapitel ausführlich erörtert: Es geht darum, Gruppendynamik zu verstehen und adäquat mit ihr umzugehen. In diesem Sinne untersuchen wir unter Einbezug sozialpsychologischer Forschungsergebnisse, welche Fallstricke sowie Goldgruben mit Dynamik in Gruppen verbunden sind und welche Konsequenzen für die Forschungs-Praxis sich daraus ergeben.

Die Vielfalt von Gruppendiskussionen, die uns bereits am Anfang unserer Reise in die Welt der Gruppendiskussionen in den Bann gezogen hat, steht auch am Ende unseres Praxis-Handbuchs im Mittelpunkt. Auf der Basis des in den vorangegangenen Kapiteln erarbeiteten Wissens zeigen wir im achten Kapitel zunächst auf, aus welchen vielfältigen theoretisch begründeten Perspektiven Gruppendiskussionen vorbereitet, durchgeführt und ausgewertet werden können. Je mehr man sich mit ihnen auseinander setzt, desto mehr wird man zum Experten, dem es möglich wird, durch die Betätigung zahlreicher Stellschrauben maßgeschneiderte Projekte zu entwickeln. Wir skizzieren, was dies für Gruppendiskussionen bedeutet und schließen unsere Darstellungen mit einem Ausblick ab.

Im Anhang des Buches haben wir zahlreiche Beispiele und Check-Listen zusammengestellt, welche dem Einsteiger eine Orientierung bei der Vorbereitung und Durchführung von Gruppendiskussionen bieten.

Grundlagen: Einsatz von Gruppendiskussionen in der Praxis

2

Bevor wir uns in den folgenden Kapiteln nach und nach mit den verschiedenen Phasen eines Forschungsprojekts mit Gruppendiskussionen auseinander setzen, wollen wir uns dem Thema als Ganzem annähern. Dies unternehmen wir, indem wir aus verschiedenen Standpunkten einen Blick auf die zugleich herausfordernde und eindrucksvolle Vielfalt werfen, welche für Gruppendiskussionen kennzeichnend ist. Diese Vielfalt erstreckt sich sowohl auf verschiedene Wege ihrer Durchführung und Auswertung als auch auf Anwendungsgebiete, in denen Gruppendiskussionen zum Einsatz kommen.

Zur Veranschaulichung bedienen wir uns eines im Rahmen von Gruppendiskussionen häufig verwandten Stilmittels: der Veranschaulichung komplexer Sachverhalte mittels Bildern, welche den Vorteil bringen, dass Inhalte zusammenfassend auf den Punkt gebracht und für die Diskussion greifbarer werden. Wir beginnen unsere Auseinandersetzung mit der Gruppendiskussion mit der Metapher der Reise:

Als erste Annäherung betrachten wir quasi aus der Vogelperspektive verschiedene Praxis-Beispiele (Abschnitt 2.1). Wir werfen sozusagen aus dem Flugzeug im Landeanflug einen ersten Blick auf verschiedene in unser Blickfeld geratene Szenen des Feldes, das wir im Folgenden weiter erkunden wollen. Nachdem wir unsere ersten Eindrücke reflektiert haben, brechen wir im Anschluss zu einer Rundreise durch das weite Land der Gruppendiskussionen auf (Abschnitt 2.2). Bei dieser zweiten Annäherung erfahren wir mehr über die vielfältigen Themengebiete, für deren Erforschung Gruppendiskussionen eingesetzt werden. An einigen Punkten unserer Reise – allesamt wichtige Sehenswürdigkeiten – machen wir Halt, um sie näher kennen zu lernen. Nach dieser Reise werden wir einen ersten Überblick gewonnen haben, der uns ermutigt, unsere Kenntnisse über das so umfangreich und heterogen erscheinende Gebiet der Gruppendiskussionen weiter zu vertiefen. Deshalb belegen wir im Anschluss daran sozusagen einen ,Crash-Kurs', in dem wir lernen, was es für die Gruppendiskussionen bedeutet, Teil der qualitativen Forschung zu sein (Abschnitt 2.3).

Um uns im Folgenden detailliert mit dem Forschungsprozess auseinander setzen zu können, brauchen wir jetzt noch ein Verständnis davon, was eine Gruppendiskussion ausmacht. Bei der Suche nach einer Definition fühlen wir uns schnell wie in einem Verhandlungssaal, in dem viele unterschiedliche Auffassungen aufeinander prallen (Abschnitt 2.4). Als angehender guter Moderator gelingt es uns aber, einen gemeinsamen Nenner zu entdecken, der uns als Grundlage für die weitere Auseinandersetzung mit der Methode dienen wird.

Damit sind wir gut gerüstet, um ein erstes Fazit zur Bedeutung und zum Potenzial von Gruppendiskussionen in der Praxis zu ziehen (Abschnitt 2.5), das uns als Grundlage für die weitere Auseinandersetzung mit den verschiedenen Phasen eines Forschungsprojekts mit Gruppendiskussionen dienen wird.

2.1   Erste Annäherung: Anwendungsbeispiele

Bevor wir die ersten eigenen Schritte auf dem Gebiet der Gruppendiskussionen unternehmen, lehnen wir uns noch einmal einen Moment zurück. Um im Bild zu bleiben: Während unser Flugzeug auf die Landeerlaubnis wartet und Schleifen um den Flughafen vom Land der Gruppendiskussionen dreht, schauen wir neugierig aus dem Fenster, um das bunte Treiben zu beobachten. Dies gibt uns die Gelegenheit, einen ersten Eindruck zu entwickeln, von dem ausgehend wir unser Verständnis vertiefen können. Wie wir bald feststellen werden, ist das Feld der Gruppendiskussionen zu weit und verwinkelt, um es mit ein paar ersten Blicken auch nur annähernd zu erfassen. Insofern sind die im Folgenden gegebenen Anwendungsbeispiele notwendigerweise unvollständig, aber gleichwohl gut dazu geeignet, einige Wesenszüge zu veranschaulichen, welche für den Einsatz von Gruppendiskussionen charakteristisch sind. Sie sind alle veröffentlicht, stammen jedoch aus ganz unterschiedlichen Forschungs- und Anwendungskontexten.

Stellen wir uns also vor, dass wir im Landeanflug verschiedene Forscher bei ihrer Tätigkeit rund um Gruppendiskussionen beobachten können – mit ganz unterschiedlichen Herangehensweisen, Fragestellungen, Zielen und Auswertungsmethoden. Was wir dabei sehen könnten, wird im Folgenden beschrieben. Wir werden dabei Rauchern und Super-Nannies ebenso begegnen, wie Australiern, die über die globale Ordnung nachdenken und Politikern, die um ihren Ruf besorgt sind.

2.1.1   Beispiele aus der Marktforschungspraxis

Beginnen wollen wir mit zwei Fallbeispielen von Ingo Dammer und Frank Szymkowiak (2008). Sie beziehen sich zum einen auf Gruppendiskussionen mit Rauchern, zum anderen mit Verbrauchern von Haushaltsreinigern. Den Ausgangspunkt für die Gruppendiskussionen mit Nutzern der Marke Marlboro bieten zwei erklärungsbedürftige Widersprüche: Erstens, so Dammer und Szymkowiak, bestehe eine Kluft zwischen Selbstbild und Wirklichkeit bezüglich den Kaufmotiven von Zigaretten. Wenn Verbraucher direkt befragt würden, gäben sie den Geschmack als Grund für ihre Markenpräferenz an. Da jedoch Blindtests zeigten, dass Verbraucher die Zigaretten der eigenen Marke nicht von anderen unterscheiden könnten, wenn diese ohne Etikett und Verpackung dargereicht werden, seien tatsächlich unbewusste Motive für die Auswahl einer Marke entscheidend: nicht die Tabakmischung als solche, „sondern die durch die Kommunikation geprägten Bilder bestimmter Lebenshaltungen" (Dammer/Szymkowiak 2008: 94). Daraus ergibt sich der zweite Widerspruch: Auf der einen Seite könne Marlboro als führende, von breiten Bevölkerungsschichten bevorzugte Zigarettenmarke angesehen werden, auf der anderen Seite stünden Nutzer der typischen Cowboy-Werbung von Marlboro deutlich ablehnend gegenüber, wenn darüber bewusst geurteilt werde: Die Kampagne werde als eine unrealistische und überzogene Form eines alten ‚Freiheit-und-Abenteuer'-Klischees beschrieben.

Die Aufgabe der Gruppendiskussionen besteht nun darin, das hinter diesen Widersprüchen stehende Spannungsfeld aufzudecken und verständlich zu machen. Dammer und Szymkowiak unternehmen dies, indem sie im Rahmen der Gruppendiskussionen die in der Kampagne dargestellte Lebenswelt des Cowboys genauer unter die Lupe nehmen. Die Ergebnisse deuten sie derart, dass die Kampagne untergründig gerade nicht Freiheit und Abenteuer kommuniziere, sondern die Bereitschaft, sich in eine reglementierte und gleichförmige Arbeitswelt einzufügen und mit dem Wunsch verbunden sei, sich dafür am Ende des Tages die symbolische Belohnung einer Zigarette gönnen zu dürfen:

> „Statt Freiheit und Abenteuer auszukosten, ist er [der Cowboy] mit dem Eingattern von Freiheit (Pferden) beschäftigt. Am Abend seines arbeitsreichen Tages liegt sein Glück in dem Zug an der Zigarette und an dem Schluck Kaffee am Lagerfeuer. Seine Weltsicht ist dadurch gekennzeichnet, dass große Entwürfe und Ausbrüche gemieden werden: Die Meisterschaft liegt für den Marlboro-Cowboy im Durchleben und Perfektionieren seines eingegrenzten Alltags. Sein Lebensmotto lautet ‚Schuster bleib bei deinen Leisten' (und finde darin deine Erfüllung und Meisterschaft) statt ‚Freiheit und Abenteuer'. Diese Lebenshaltung ist prototypisch die eines aufstiegsorientierten Facharbeiters. Man versteht von solchen Erkenntnissen her, wie sich der Erfolg der Marlboro als der Mass-Market-Zigarette schlechthin erklären lässt." (Dammer/Szymkowiak 2008: 95)

Auch bei den Gruppendiskussionen mit Verbrauchern zur Verwendungsmotivation von Haushaltsreinigern geht es Dammer/Szymkowiak um die Herausarbeitung unbewusster Motive, die über das reflektierte Bedürfnis nach Sauberkeit hinausgehen. Den Zugang dazu finden sie, indem sie im Rahmen von Gruppendiskussionen den Vorgang des Putzens und damit verbundene Stimmungslagen und „dramatische Prozesse" rekonstruieren. Aus diesem Blickwinkel werden lustbetonte Anteile am Putzen ebenso deutlich wie damit verbundene Gefühle von Kontrolle und Macht, die es dem Verbraucher ermöglichen „häusliche Kleinkriege" und „Vernichtungsfeldzüge gegen den Schmutz" zu leiten sowie „anarchische Revolten im Haushalt" durchzuführen, indem alle Gegenstände des Haushalts während des Putzens vom angestammten Platz verschoben werden könnten. Wenn es einer Marke darum gehe, sich im Marktumfeld Wettbewerbsvorteile zu verschaffen, müssten diese unbewussten Anteile berücksichtigt werden – wie es sich z. B. im Markennamen „Der General" widerspiegele (Dammer/Symkowiak 2008: 96).

2.1.2   Beispiele aus der sozialwissenschaftlichen Forschungspraxis

Machen wir nun einen Schwenk von der Marktforschung hin zur akademischen Forschungspraxis. Werfen wir einen Blick auf drei Projekte, die alle dem Oberthema der Verortung von Identität zwischen Nationalität und Globalität zuzurechnen sind und für die Untersuchung auf Gruppendiskussionen zurückgreifen – aber in sehr unterschiedlicher Art und Weise.

Den australischen Sozialwissenschaftlern Zlatko Skrbis und Ian Woodward (2007) geht es darum zu untersuchen, welche Bedeutung im Zeitalter der Globalisierung kosmopolitische Orientierungen in der Bevölkerung haben. Anknüpfend an theoretische Überlegungen zum „ordinary cosmopolitanism" von Lamont/Aksartova (2002) steht insbesondere die Frage im Mittelpunkt, inwiefern Offenheit gegenüber fremden, nicht-lokalen Menschen, Dingen und Erfahrungsräumen kennzeichnend für breite Schichten in Australien sind. Dafür führten sie neun Gruppendiskussionen mit insgesamt 76 in Australien lebenden Teilnehmern durch, die hinsichtlich ethnischer Herkunft, Alter und Beruf eine möglichst breite Mischung sicherstellen sollten. Als zentrales Ergebnis arbeiten sie aus den Diskussionsbeiträgen eine grundlegende Ambivalenz heraus: Je nach diskursivem Kontext erscheinen kosmopolitische Strömungen als Chance oder als Bedrohung, die in der Regel aus der eigenen Alltagsperspektive heraus beurteilt werden. Auf der einen Seite sehen die Teilnehmer sich als Nutznießer einer zunehmend vernetzten Welt und stellen die daraus entstehenden neuen, umfassenden Konsummöglichkeiten positiv heraus, insbesondere bezogen auf Reisen, kulinarische Genüsse und Musik. Auf der anderen Seite stehen Befürchtungen vor einer Auflösung nationaler Kultur und einem generellen Verlust von verschiedenen Subkulturen zu Lasten einer global dominierenden Mainstream-Orientierung (Skrbis/Woodward 2007: 730). Auf Basis der Gruppendiskussionen lassen sich insgesamt drei ambivalente Spannungsfelder identifizieren (Skrbis/Woodward 2007: 738 ff.):

a) Im Bereich *ökonomischer Aktivität* auf der einen Seite Freiheit, neue Gelegenheiten und ein Bedeutungsgewinn der Konsumentenperspektive, auf der anderen Seite Ausbeutung, Kommerzialisierung und Entfremdung,

b) im Bereich von *Kultur* auf der einen Seite der Wunsch, sich von nationalstaatlichen Grenzen und damit verbundenen Begrenzungen zu befreien, auf der anderen Seite aber auch Ängste, die lokale Kultur und Heimat zu verlieren,

c) im Bereich von *Mobilität* und zunehmender Vernetzung werden neuen Kommunikations- und Austauschmöglichkeiten eine erhöhte Verwundbarkeit und Gefährdung durch Terrorismus, Umweltverschmutzung und „moralische Dekadenz" entgegengestellt.

Ihre Ergebnisse veranschaulichen die Autoren jeweils mit einigen wörtlichen Zitaten, wie z. B. den folgenden Passagen, welche das Thema Kosmopolitismus mit lokalen Einkaufsmöglichkeiten in Verbindung bringen – einmal in einem positiven, einmal in einem negativen diskursiven Kontext:

> „I think that how I shop is to buy the best from every country. So whatever that country is famous for I'd get it. That's a way that globalisation has allowed, because you know the wine in whatever country in Europe is the best and you'd go and get that. Oysters in New Zealand are the best so you'd get that." (Skrbis/Woodward 2007: 739)

> „Like the corner shop, how long since you saw a corner shop? They cannot compete with the globalisation of the markets. Coles and Woolworths buy in bulk, thousands and thousands of items, but you're little old corner shop keep can only buy 5. It has affected the Australian economy. In the time I've been alive I've seen it just go down and down." (Skrbis/Woodward 2007: 740 f.)

In Deutschland nutzte Barbara Asbrand Gruppendiskussionen, um die Frage zu untersuchen, wie Jugendliche sich in einer zunehmend globalisierten Welt orientieren und mit dem Thema Globalität umgehen. Dabei knüpft sie bei der Konzeptualisierung und Auswertung der Studie an den systemtheoretischen Begriff der Weltgesellschaft an (vgl. Asbrand 2009, 2010). Im Unterschied zu Skrbis/Woodward geht es ihr weniger um die Zusammenfassung zentraler inhaltlicher Bezüge in den Diskussionsrunden, als vielmehr um die Frage, *„wie* die Gruppe die Themen im Diskurs bearbeitet" (Asbrand 2010: 88). Indem sie den Fokus auf den Verlauf der Diskussion und damit verbundene Aushandlungsprozesse von Bedeutung richtet, bemüht sie sich, einen der Gruppe gemeinsamen Orientierungsrahmen zu rekonstruieren, der „in einer gemeinsamen konjunktiven Erfahrung der erforschten Jugendlichen begründet" ist (ebd.: 88). Die Durchführung und Auswertung der Gruppendiskussionen knüpft damit an ein theoretisches Grundverständnis an, wie es von Ralf Bohnsack in Anlehnung an Karl Mannheim entwickelt wurde (vgl. Kapitel 8.1 dieses Buches). Demnach sind individuelles Wissen und subjektive Handlungsmuster aus bestimmten milieuspezifischen Gegebenheiten ableitbar und werden über „konjunktive Erfahrungsräume" vermittelt: Gemeinsame Erfahrungen, z. B. im Rahmen einer Organisation, stiften Zugehörigkeit und „Verwurzelung im Milieu" (Asbrand 2010: 78). Eine

derartige Sichtweise beeinflusst bereits die Zusammensetzung der Gruppen, weil sie
Aufschlüsse über ein bestimmtes Milieu ermöglichen und deshalb eine homogene
Teilnehmerstruktur aufweisen sollten. Das Forschungsteam um Asbrand hat aus diesem Grund drei verschiedene Untergruppen gebildet: Jugendliche, die gewerkschaft-
lich engagiert sind; Jugendliche, die sich in einer lokalen Organisationsgruppe (im
Beispiel: Attac) zusammengeschlossen haben sowie Abiturienten eines Wirtschafts-
gymnasiums, welche keiner politischen Gruppierung angehören.

Im Zuge der Auswertung der Gruppendiskussionen arbeitet Asbrand Unterschiede bezüglich der milieuspezifischen Orientierungsrahmen für Wissen und Handeln
heraus. So erkennt sie beispielsweise bei den Schülern einen „Habitus" des Strebens
nach Wissen mit einhergehender Reflexion über das eigene Nichtwissen, während
sie bei den anderen beiden Gruppen ein implizit als „objektiv wahr" angenommenes
Weltbild konstatiert. Mit dem gewerkschaftlichen Milieu als Erfahrungsraum gehe
beispielsweise einher, dass internationale Solidaritätsarbeit als etwas Selbstverständliches betrachtet werde. Folglich werde Engagement in den Gruppen nicht als individuelle Entscheidung, sondern als Bestandteil von Organisationsdisziplin zum Ausdruck gebracht. Im Unterschied zu den keiner Organisation angehörenden Schülern
gebe es nach Asbrand bei den aus dem gewerkschaftlichen Milieu stammenden Diskussionsteilnehmern einen „Habitus des praktischen Weltbezugs". Die Auseinandersetzung mit Globalität erfolge demnach nicht in erster Linie theoretisch, sondern
praktisch in Form der Realisierung konkreter sozialer Projekte, wie z. B. der Organisation und Teilnahme an der Errichtung einer sozialen Einrichtung in einem anderen
Land (Asbrand 2010: 78).

Während sowohl Skrbis/Woodward als auch Asbrand Globalität als Ausgangspunkt für die Gruppendiskussionen nehmen, setzt Birgit Behrensen (2004) am anderen Ende des Spannungsfelds an, indem sie sich der Frage widmet, welche Bedeutung politisch engagierte deutsche Frauen der eigenen Nationalität für ihre soziale
Verortung beimessen. Die insgesamt sechs Gruppendiskussionen drehen sich um die
Frage: „Was bedeutet mir die Nation, zu der ich gehöre? Gehöre ich zu ihr?" (Behrensen 2004: 74).

Die teilnehmenden Frauen waren in verschiedenen politischen Parteien oder sozialen Einrichtungen engagiert, hatten alle die deutsche Staatsangehörigkeit und waren nicht-jüdischer Herkunft resp. Religion. Dies ist erwähnenswert, weil Behrensen
den durch die Gruppen hergestellten Bezug auf die nationalsozialistische Vergangenheit in den Mittelpunkt ihrer Auswertung rückt. Obwohl die Auseinandersetzung mit
diesem Thema nicht durch die Moderatorin vorgegeben worden sei, habe sich dieser
Bezugspunkt in allen Gruppen entscheidend für das Selbstverständnis der eigenen
Nationalität heraus kristallisiert. Ihre Analysen nimmt Behrensen aus einer tiefenhermeneutischen Perspektive vor (vgl. Kapitel 8.1). Das heißt, dass sie sowohl hinterfragt, *wie* in den Gruppen über bestimmte Themen (nicht) diskutiert wird als auch
welche unbewussten Bedeutungsstrukturen für die Art und Weise, wie inhaltlich argumentiert wird, verantwortlich sind. Als einen Kernsatz aus den Gruppendiskussio-

nen benennt Behrensen die Äußerung, dass Deutsche „dieses böse Geschehen da aus der Hitlerzeit huckepack schleppen" (Behrensen 2004: 74).

Die nationalsozialistische Vergangenheit besitze ihrer Meinung nach für alle politischen Strömungen der Gegenwart nach wie vor eine hohe Präsenz und Bedeutung für eigenes Handeln, auch wenn dies nicht immer bewusst anerkannt werde. Deutlich werde im Gegenteil, dass es sich nach wie vor um ein heikles Thema handle, dem sich im Rahmen von Gruppendiskussionen zunächst sehr vorsichtig angenähert werde. Sichtbar werde ein bedächtiges „Herantasten, wie weit in der jeweiligen Gruppe ein Konsens hergestellt werden kann" (Behrensen 2004: 199). Dem zugrunde liege sowohl eine „tief liegende Sprachlosigkeit" (ebd.: 199) als auch die Angst, etwas Falsches zu sagen. Bei allen Teilnehmerinnen sei das Thema mit Unbehagen verbunden; auch damit verbundene Schuld- und Schamgefühle werden in allen Gruppendiskussionen „benannt oder zumindest angedeutet" (ebd.: 201).

Aus der Angstbesetzung und der Verbindung zu Schuld- und Schamgefühlen ergäben sich unterschiedliche Implikationen für das eigene politische Engagement und die Verortung als Deutsche in einer zunehmend globalisierten Welt. Während für einen Teil der Frauen die Vergangenheit als eine dringliche „Warnung" gesehen werde und dementsprechend Offenheit und Toleranz gegenüber Fremden eingefordert würden, erscheine die nationalsozialistische Vergangenheit anderen eher als eine „Bedrohung" oder „Last", von der es sich in der Gegenwart zu befreien gelte. In den Worten einer Teilnehmerin ausgedrückt: „Wenn wir ständig mit diesem Ballast rumlaufen, werden wir ja nie frei, einen neuen Anfang zu machen" (ebd.: 79).

Behrensen verwendet tiefenpsychologische Deutungen für ihre Analysen. Zum Beispiel verweist sie auf die Verlagerung von Schuldgefühlen bezüglich der NS-Vergangenheit nach außen: Sich schuldig zu fühlen, werde von den Teilnehmerinnen als eine von außen herangetragene Anforderung dargestellt, von der es sich im Sinne eines Bekenntnisses zur eigenen Nationalität zu distanzieren gelte (ebd.: 85). Außerdem stellt sie bei einigen Frauen fest, dass es zu einer Umdeutung von der Täter- in die Opferrolle komme: Demnach werde aus Sicht einiger Teilnehmerinnen der nationalsozialistischen Vergangenheit in der Öffentlichkeit ein zu hohes Gewicht beigemessen. Den Deutschen werde in der Folge ein schlechtes Gewissen eingeredet, ihnen würde ein Minderwertigkeitskomplex nahe gelegt oder sie würden gar stigmatisiert (ebd.: 205 ff.).

Die drei oben aufgeführten sozialwissenschaftlichen Beispiele zeigen, wie unterschiedlich ein verwandter Themenbereich mit Hilfe von Gruppendiskussionen bearbeitet werden kann. Bevor wir nun unsere ersten gewonnenen Eindrücke zu Gruppendiskussionen strukturieren, wollen wir noch einen abschließenden Blick auf zwei weitere Anwendungsbereiche von Gruppendiskussionen werfen: Politik- und Medienforschung und ihre Verknüpfung zu Beratung.

2.1.3 Beispiele aus Politik- und Medienforschung

Dass Gruppendiskussionen einen wichtigen Bezugspunkt für Politikforschung und die daran anknüpfende strategische Beratung darstellen, veranschaulichen Ursula Breitenfelder, Christoph Hofinger, Isabella Kaupa und Ruth Picker (2004) anhand mehrerer Fallbeispiele. Exemplarisch sei auf eine Studie hingewiesen, bei der es um die Evaluation verschiedener möglicher Positionierungen eines Kandidaten gegenüber kritischen Zielgruppen geht, bei denen der Anteil der Wähler in den letzten Jahren gesunken ist. Den Teilnehmern an den Gruppendiskussionen werden verschiedene Konzepte vorgelegt, die jeweils den biographischen Werdegang des Kandidaten kurz zusammenfassen. In jedem Konzept wird jeweils eine besondere Episode aus dem Leben des Kandidaten in den Vordergrund gerückt und mit spezifischen Kompetenzen und Aspekten seiner Persönlichkeit in Verbindung gebracht.

> *Beispiel:*
>
> *„XY ist der Sohn einfacher Leute aus der Region Z. Obwohl er in der Wirtschaft und in der Politik Karriere gemacht hat, hat er die Sorgen und Nöte der kleinen Leute niemals vergessen."*
>
> *Eine Alternative: „XY' Weg in die Politik ist kein üblicher. Als erfolgreicher Sportler und Wirtschaftsfachmann unterscheidet er sich wohltuend von den Berufsfunktionären und Apparatschiks, die in allen Parteien leider meistens das Sagen haben." (Breitenfelder et al. 2004: 50)*

Es soll herausgefunden werden, welches der Konzepte auf die jeweilige Zielgruppe den größten Eindruck hinterlässt. Nach der Wahl ihrer persönlichen Favoriten durch jeden Teilnehmer folgt eine Diskussion in der Gruppe, was an den einzelnen Konzepten beeindruckender war als an anderen. Damit werde eine wichtige Grundlage für die anschließende Positionierung des Kandidaten geschaffen (Breitenfelder et al. 2004: 51).

Die RTL-Fernsehserie „Die Super-Nanny", in der Ratschläge zur Erziehung gegeben werden, erzielte regelmäßig hohe Einschaltquoten von zum Teil über fünf Millionen Zuschauern. Ihre öffentliche Wirkung lässt sich als polarisierend bezeichnen. Befürworter sahen in ihr eine Möglichkeit, Wege zu einer kinderorientierten Erziehung einer breiten Öffentlichkeit publik zu machen, Kritiker wiesen unter anderem auf die Zur-Schau- und Bloßstellung sowie die zum Teil fragwürdigen Ratschläge hin. Vor diesem Hintergrund führte die Sozialarbeiterin Margit Pomp Gruppendiskussionen mit sieben Müttern in Duisburg durch, die alle Teilnehmerinnen einer sich regelmäßig treffenden Gruppe eines Sozialdienstes waren. Im Mittelpunkt der Gruppendiskussion standen die Fragen, wie die Mütter die Fernsehsendung wahrnehmen und inwiefern diese als eine Hilfestellung bei der Bewältigung des eigenen Alltags mit Kindern erlebt wird.

Vor der Diskussion sah die Gruppe sich eine Sendung der Staffel gemeinsam an. In einer mit „Auch Eltern sind Menschen" betitelten Publikation nimmt Pomp (2005) keine zusammenfassende Analyse vor, sondern dokumentiert die Diskussion im chronologischen Verlauf mit einigen Kernzitaten, wie z. B.: „da kann man sich das angucken und erstmal für sich ausprobieren, ohne dass einer mitkriegt, wie ‚schlimm' ich doch eigentlich bin" (Pomp 2005: 6). Ohne weitere Kommentierung wird die Dokumentation an einigen Stellen durch die Auflistung von Einschätzungen der Sendung seitens des Deutschen Kinderschutzbunds unterbrochen, die zum Teil im Kontrast zu den in den Gruppendiskussionen getätigten Aussagen stehen. Es wird z. B. darauf hingewiesen, dass fälschlicherweise der Eindruck erweckt werde, die Sendung „Super-Nanny" sei eine Alternative zu Hilfe- und Unterstützungsangeboten durch Beratungsstellen.

2.1.4 Zwischenfazit

Mit der metaphorischen Landung im ‚Land der Gruppendiskussionen' ist es nun an der Zeit, die oben diskutierten Eindrücke Revue passieren zu lassen und einige wichtige Aspekte herauszustellen, die bereits bei der ersten Annäherung an das Thema ins Auge springen:

a) Gruppendiskussion ist nicht gleich Gruppendiskussion!

Es gibt vielfältige Unterschiede, nach welchen Kriterien Teilnehmer ausgewählt werden, wie und worüber diskutiert wird und nach welchen Regeln die Diskussion geführt, ausgewertet und dokumentiert wird. Zum Beispiel war es bei einigen der oben diskutierten Studien wichtig, dass Teilnehmer zu einer ‚natürlichen' Gruppe gehörten, die auch im Alltag in dieser Form besteht. Bei anderen Studien wurde dagegen gerade Wert darauf gelegt, dass die Teilnehmer sich im Vorfeld nicht kannten. Bei einigen Projekten war es wichtig, dass Befragte aus einem ähnlichen Milieu' stammten, bei anderen wurde dagegen eine möglichst breite Mischung angestrebt.

b) Auf den Standpunkt kommt es an!

Besonders große Unterschiede gibt es dahingehend, welche Erkenntnisse aus Gruppendiskussionen gezogen werden – und worauf bei der Auswertung geachtet wird. Damit sind sehr unterschiedliche Standpunkte verbunden, die wir im Verlauf dieses Buches noch besser kennen lernen werden: Was dem einen das Nonplusultra ist, löst beim anderen eher Stirnrunzeln aus. Was dem einen an Deutung zu weit geht und zu weit vom Text entfernt ist, ist dem anderen zu deskriptiv und zu sehr am Text gebunden. Was dem einen eine zu unstrukturierte Wiedergabe von Originalzitaten ist, ist dem anderen gerade Ausdruck von Anschaulichkeit.

c) Man kann es nicht allen recht machen – gerade deshalb bedarf es begründeter Qualitätskriterien!

Bei einigen diskutierten Beispielen haben wir Vorgehensweisen kennen gelernt, bei denen theoretische Grundannahmen einer bestimmten Theorie bereits das Projektdesign stark prägen, etwa wenn Befragte eines bestimmten ‚Milieus' rekrutiert werden. Der Vorteil des Bezugs auf theoretische Begriffe wie Milieu, Weltgesellschaft, Habitus besteht darin, dass man vom theoretisch begründeten Vorwissen profitieren kann und Ergebnisse unmittelbar in einen bestehenden umfassenden Rahmen eingeordnet werden können. Gleichzeitig stellt sich die Herausforderung, dass die Begriffe auf analytischen Definitionen beruhen, die zum Teil ein breites Spektrum an Deutungen ermöglichen. Konzepte wie Milieu und Weltgesellschaft sind darüber hinaus in der scientific community nicht unumstritten. Je mehr sich beim Design einer Studie daran orientiert wird, desto enger ist der Kreis derer, die einem noch folgen können und folgen *wollen*. Kritiker werden monieren, dass bereits die Rekrutierung zu sehr an Konstrukte gebunden ist, welche der eigenen Sicht auf die Wirklichkeit nicht entsprechen.

Demgegenüber stehen Ansätze, welche auf den ersten Blick ohne Theorie auskommen und sich rein auf die „Daten" konzentrieren. Kritiker weisen diesbezüglich jedoch darauf hin, dass Theorien immer implizit mitschwingen und die Gefahr besteht, dass in unbegründeter Weise verschiedene theoretische Bausteine benutzt und in ihrer Bedeutung nicht ausreichend reflektiert werden.

Ein allgemein anerkanntes Rezept für das Design und die Auswertung einer Gruppendiskussion gibt es nicht. In der Vielfalt der Verwendungsweisen spiegelt sich dagegen die Zersplitterung sozial- und geisteswissenschaftlicher Ansätze in der Praxis wider. Es ist deshalb immer damit zu rechnen, dass Fachkollegen angesichts des eigenen Vorgehens ‚die Hände über den Kopf schlagen werden' – und dies ohne Hinterlist. Als Reaktion darauf sollte aber nicht auf eine eigene theoretische Verortung verzichtet werden. Wichtig ist, dass das eigene Vorgehen immer in starkem Maße reflektiert wird.

d) Es gibt keine Trennung zwischen banal und gehoben!

In vielen der aufgeführten Praxis-Beispiele wird deutlich, wie in Gruppendiskussionen auf den ersten Blick banale Inhalte mit elaborierten Fragestellungen verwoben werden. Bei der Diskussion von Haushaltsreinigern geht es plötzlich um Gewinn von Kontrolle, um Dramaturgie von Kämpfen und die Möglichkeit, aus dem Alltag auszubrechen. Und im Rahmen der Auseinandersetzung mit Kosmopolitismus wird um die Bedeutung des Tante-Emma-Ladens an der nächsten Straßenecke diskutiert. Diese Verflechtung ist ein Grundzug von Gruppendiskussionen – und es ist im Vorfeld nie vollständig abzuschätzen, welche Wendungen es geben wird sowie welche Verbindungen zwischen Weitläufigem und Konkretem gezogen werden.

e) Gruppendiskussionen sind spannend …

Gerade diese Verwobenheit von Alltäglichem und Grundsätzlichem, aber auch die Vielfalt an Themengebieten und methodologischen Zugängen führt dazu, dass Gruppendiskussionen für uns gleich zweifach spannend sind: als unmittelbares Erlebnis aus Teilnehmer-, Kunden- oder Forscherperspektive ebenso wie aus theoretischer Perspektive. Wir hoffen, mit Hilfe der kurz angerissenen Beispiele und den ihnen zugrunde liegenden vielfältigen methodischen und thematischen Ansatz- und Bezugspunkten veranschaulicht zu haben, dass es lohnenswert ist, sich mit dem Thema im Folgenden weiter auseinander zu setzen.

Der Reisebus wartet schon, sodass wir im nächsten Kapitel unsere Rundfahrt durch das weite Land der Gruppendiskussionen beginnen können.

2.2 Verwendungskontexte und Potenzial

2.2.1 Missverständnisse und Fehlannahmen

> „Ich hätte gerne das, wo die Kunden um einen runden Tisch sitzen, reden und Schnittchen essen …" (CEO-Anweisung an einen betrieblichen Marktforscher zur Beauftragung eines Forschungsprojekts)

Auf den ersten Blick wirkt eine Gruppendiskussion weder besonders aufregend noch als außergewöhnliche Form der Kommunikation. Sie erweckt den Anschein einer netten und ungezwungen plaudernden Gesprächsrunde bei Kaffee und Kuchen oder bei Schnittchen und Softdrinks. Auch der Moderator unterscheidet sich nicht stark von einem höflichen Gastgeber, der seine eingeladenen Gäste miteinander ins Gespräch bringen möchte. Weil Gruppendiskussionen häufig um alltagsnahe Themen kreisen und in Anlehnung an die Umgangssprache von Teilnehmern geführt werden, entsteht für den ungeschulten Beobachter leicht der Eindruck eines kaum strukturierten Alltagsgesprächs, das relativ einfach und problemlos durchgeführt werden kann. Zwar fern von dem, was man gemeinhin unter einem durchdachten wissenschaftlichen Vorgehen versteht, aber unterhaltsam, nett und vielleicht sogar dazu geeignet, intuitiv ein paar Anregungen für weitere Projekte mitzunehmen.

Natürlich trügt dieses Bild. Für die Durchführung einer Gruppendiskussion reicht es nicht, einfach mehrere Leute zusammen zu bringen und sich unterhalten zu lassen. Die Methode der Gruppendiskussion zeichnet sich durch eine klare und explizite Zielsetzung sowie durch ein durchdachtes Setting aus. Wie wir sehen werden, sind gerade in der Alltagsorientierung und einer ungezwungen erscheinenden Gesprächsatmosphäre entscheidende Stärken der Gruppendiskussion als Methode begründet. Die scheinbar ganz natürliche, unbelastete Atmosphäre, die sich bei einer guten Gruppendiskussion einstellt, beruht auf einem komplexen Theoriegerüst, einer sorgfältigen Auswahl der Teilnehmer und Abwägung von zu diskutierenden Fragestel-

lungen sowie auf einem in der Praxis erfahrenen Moderator, welcher Gruppendynamik, thematische Bezüge und Zeitmanagement gleichzeitig vor Augen hat. Insofern
ist die Gruppendiskussion sozusagen der ‚Inspektor Columbo' unter den Methoden
– gekennzeichnet durch ein unprätentiöses Auftreten, häufig unterschätzt und doch
erfolgreich, effizient und effektiv.

Mit der vermeintlichen Einfachheit von Gruppendiskussion ist jedoch auch eine
verführerische Wirkung verbunden: Wenn es darum geht, lieber auf die Schnelle ein
paar Impressionen zu bekommen, als aus Zeitgründen eine Entscheidung ohne jegliche vorangegangene Felderkundung zu treffen, fällt die Wahl schnell auf die scheinbar unkomplizierte Methode der Gruppenbefragung. Da es außerdem auf den ersten
Blick als zeit- und kostenökonomischer erscheint, eine Gruppe von Menschen zeitgleich und nicht jeweils in gesonderten Einzelsitzungen zu befragen, werden Gruppendiskussionen nicht immer wegen ihres spezifischen Potenzials angefragt, sondern
dienen zum Teil als ein pragmatischer Notnagel oder eine notwendige Kompromiss-
lösung, welche eigentlich den eigenen Anforderungen an eine systematische und begründete Forschung nicht entspricht.

Diese Mischung aus einem anscheinend einfachen Procedere und einer verfüh-
rerischen Wirkung hat der Gruppendiskussion den Ruf eingebracht, als Methode
‚quick/dirty' zu sein. Dies gilt besonders für die Anwendung von Gruppendiskussionen in Kontexten der Auftragsforschung, wie z. B. der Markt-, Medien- und Meinungsforschung[2].

Aber auch in der akademischen Forschungslandschaft wird die Gruppendiskussion im Vergleich zu anderen Methoden, wie z. B. Interviewverfahren oder Experimenten, vielfach sehr misstrauisch beäugt oder schlicht ignoriert, wie Lamnek (2005:
11 ff.) sehr treffend herausarbeitet. Uns ist es deshalb ein wichtiges Anliegen, zu veranschaulichen, welche besonderen Möglichkeiten mit Gruppendiskussionen verbunden sind und wie vielfältig in verschiedenen Einsatzgebieten davon Gebrauch gemacht wird. Dabei werden wir feststellen, dass es in der Praxis zahlreiche Gründe
für die Anwendung von Gruppendiskussionen gibt, die über die faktischen Zeit- und
Kostenvorteile hinausgehen. Das gilt für Projekte der Grundlagenforschung ebenso wie für angewandte Fragestellungen, z. B. im Marktforschungskontext. Um das zu
verdeutlichen, wollen wir im Folgenden überblicksartig verschiedene Bereiche aufzeigen, in denen typischerweise Gruppendiskussionen zum Einsatz kommen.

---

2   Leider vermittelt selbst der um die Emanzipation des Renommees der Methode sehr verdiente
    Lamnek dieses Image, z. B.: „*Vor allem in der kommerziellen Markt- und Meinungsforschung spielt die
    Gruppendiskussion aufgrund ihrer forschungsökonomischen Vorteile – die allerdings nur bei eher kur-
    sorischer Auswertung, worauf noch einzugehen sein wird, gelten – eine bedeutende Rolle, weshalb sie
    hier besonders häufig eingesetzt wird.*" (Lamnek 2005: 12) und an anderer Stelle: „*Das Problem dabei
    ist allerdings, dass in der kommerziellen Markt- und Meinungsforschung gerade wegen des Pragmatis-
    mus und der Anwendungsorientierung sowie wegen zeitökonomischer Bedingungen kaum Überlegun-
    gen methodologischer oder methodischer Art angestellt werden.*" (Lamnek 2005: 21).

2.2.2 Stellung der Gruppendiskussion zu anderen Methoden

Zunächst einmal lässt sich der Gebrauch von Gruppendiskussionen in der Praxis hinsichtlich des Bezugs zu anderen Methoden differenzieren:

a) *Alleinstellung:* Gruppendiskussionen als stand-alone Methode,
b) *Vorstudie:* Gruppendiskussionen als Wegbereiter einer standardisierten Befragung,
c) *Lupenfunktion:* Gruppendiskussionen im Nachklang einer standardisierten Befragung,
d) *Methodenkombination:* Gruppendiskussionen im Zusammenspiel mit anderen Methoden.

Dies wollen wir im Folgenden kurz erläutern und veranschaulichen.

a) Alleinstellung: Gruppendiskussionen als stand-alone Methode

Gruppendiskussionen können im Rahmen eines rein qualitativen Forschungsansatzes (vgl. Kapitel 2.3) als allein stehende Methode bei der Untersuchung einer Fragestellung angewandt werden.

Mit Gruppendiskussionen ist eine spezifische Perspektive verbunden, die nicht durch andere Methoden ersetzt oder simuliert werden kann.

Insbesondere wenn bei der Analyse die dynamische Interaktion von Teilnehmern im Mittelpunkt steht und einen Ausgangspunkt für weitere Ableitungen darstellt, werden Studien durchgeführt, die ausschließlich auf Gruppendiskussionen beruhen. Je nach theoretischer Verortung gibt es unterschiedliche Vorstellungen, worin das spezifische Erkenntnispotenzial von Gruppendiskussionen liegt.

b) Vorstudie: Gruppendiskussionen als Wegbereiter einer standardisierten Befragung

In der Praxis werden Gruppendiskussionen auch im Sinne einer „Vorstudie" eingesetzt. Insbesondere bei sehr komplexen oder wenig erforschten Gebieten haben Gruppendiskussionen eine explorative Funktion, die darin besteht, das Terrain für eine anschließende standardisierte Befragung vorzubereiten.

Dabei kann es erstens darum gehen, auf der Basis der Gruppendiskussionen Hypothesen zu generieren. Zweitens gibt es in der Praxis häufig den Wunsch, auf der Basis von Gruppendiskussionen zentrale Aspekte zu benennen, die auf jeden Fall in einem Fragebogen abgefragt und in ihrer Verteilung quantifiziert werden sollen. Gruppendiskussionen dienen hier also der Selektion und Gewichtung von möglichen thematischen Aspekten für den folgenden standardisierten Fragebogen.

Drittens können Gruppendiskussionen dafür genutzt werden, relevante alltags-
sprachliche Begriffe und Unterscheidungen zu identifizieren, die in den standardisierten Fragebogen integriert werden sollen. Auf Basis der Gruppendiskussion sollen
also Items gebildet werden.

Viertens können Gruppendiskussionen im Sinne eines erweiterten Pre-Tests dazu
genutzt werden, Kernfragestellungen des standardisierten Fragebogens auf ihre Verständlichkeit und Relevanz in der jeweiligen Zielgruppe zu testen.

> Wenn Gruppendiskussionen als reine Vorstudie angesehen werden, wird ihr
> Erkenntnispotenzial nur in eingeschränktem Maße ausgeschöpft, weil wichtige
> Bezugspunkte wie z. B. die Gruppendynamik oder auch die Identifizierung von
> thematischen Zusammenhängen nicht genutzt werden.

c) Lupenfunktion: Gruppendiskussionen im Nachklang einer standardisierten Befragung

Wenn in der Praxis Gruppendiskussionen auch häufiger einer standardisierten Befragung vorangestellt werden, ist die Bedeutung einer nachgelagerten qualitativen Studie nicht zu unterschätzen. Wir fassen dies unter die Metapher Lupenfunktion, weil
Teilergebnisse der standardisierten Befragung sozusagen unters Vergrößerungsglas
gelegt werden. Dadurch eröffnet sich ein tieferes Verständnis, was die im Fragebogen
angegeben Zahlen in der Praxis bedeuten. Ein derartiges Vorgehen ist angebracht,
wenn die Ergebnisse einer standardisierten Befragung nicht selbsterklärend oder widersprüchlich wirken oder wenn sie derart offen in ihrer Bedeutung sind, dass aus
ihnen ganz unterschiedliche Schlüsse über die dahinter stehenden Bedürfnisse und
Handlungsweisen der Befragten gezogen werden könnten.

Um dies zu verstehen, sollte man sich vor Augen führen, dass Befragte zur Beantwortung standardisierter Fragebögen in starkem Maße abstrahieren müssen, während sie im Rahmen einer Gruppendiskussion konkret Abläufe und Abwägungen
schildern können. Wenn z. B. im Rahmen eines standardisierten Fragebogens gefragt
wird: „Haben Sie den Kauf Ihres PKW langfristig geplant?" ergibt sich bei einer ausreichend großen Stichprobe die Möglichkeit, Unterschiede hinsichtlich der Bedeutung von langfristigen Planungen zwischen verschiedenen Altersgruppen, Männern
und Frauen sowie bestimmter sozialer Lagen genau beziffern zu können. Dies wäre
auf Basis einer ausschließlich mit Gruppendiskussionen durchgeführten Studie nicht
möglich. Allerdings erfährt man durch so eine Fragestellung weder, was generell unter einer langfristigen Planung verstanden wird, noch ob es bezüglich des Verständnisses zielgruppenspezifische Unterschiede gibt. Ohne eine qualitative Studie wäre
man hierbei auf spekulative Brückenhypothesen angewiesen. Durch die Durchführung von Gruppendiskussionen im Anschluss an die Befragung könnte dieses Über-
brückungsproblem gelöst werden.

d) Methodenkombination: Gruppendiskussionen im Zusammenspiel mit anderen Methoden

Die Kombination von Methoden gewinnt in den Sozialwissenschaften immer mehr an Bedeutung, um bei der Untersuchung einer Fragestellung verschiedene Perspektiven einbeziehen und aufeinander abstimmen zu können (vgl. Hussy/Schreier/Echterhoff 2010: 285). Bezogen auf die Gruppendiskussion bieten sich neben der oben aufgeführten Vorstudien- und Lupenfunktion zahlreiche weitere Verknüpfungsmöglichkeiten.

Mit zunehmender Verbreitung von theoretischem Hintergrundwissen über qualitative Forschungsansätze gewinnen in der Praxis zum einen Ansätze an Gewicht, welche Gruppendiskussionen zwar nach wie vor als Vorbereitung einer folgenden standardisierten Befragung nutzen, ihre Funktion aber nicht darauf beschränken. Stattdessen werden nach der Durchführung der standardisierten Befragung im Sinne von Triangulation auch die Ergebnisse der Gruppendiskussion für einen ganzheitlichen Endbericht einbezogen. In Verbindung mit quantitativen Teilstudien bieten sich außerdem Möglichkeiten im Kontext von Typisierungen und Zielgruppen-Segmentierungen. So können mit Hilfe von qualitativen Verfahren (z. B. der Kombination von Interviews und Gruppendiskussionen) grundlegende Zusammenhänge identifiziert und zu Typen gebündelt werden (z. B. bezüglich der Nutzung eines bestimmten Angebots). Wenn es gelingt, diese Typen mit einzelnen, klar umrissenen Kerndimensionen zu beschreiben, lässt sich mit einer folgenden standardisierten Befragung untersuchen, welches Gewicht die jeweiligen Typen in der relevanten Zielgruppe haben.

Zum anderen wird die Gruppendiskussion mit anderen qualitativen Verfahren wie z. B. Interviews verknüpft. Am Beispiel der Marktforschung lässt sich die Vielfalt der Kombinationsoptionen veranschaulichen: Um Nutzungsgewohnheiten nicht nur im Teststudio zu diskutieren, sondern auch den konkreten Umgang der Konsumenten mit Produkten in der alltäglichen Umgebung beobachten und dokumentieren zu können, bieten sich sogenannte ‚Consumer Immersions' oder *ethnographische Ansätze* als begleitende Methoden an, weil sie Einblicke in implizite oder schwer zu artikulierende Bedürfnisse, Motive, Werthaltungen, Leidenschaften und Wünsche ermöglichen. Auch der Einbezug von Online-Inhalten und Ausdrucksräumen bietet zahlreiche Ansätze zur Methodenkombination, z. B. indem zunächst eine Diskursanalyse ausgewählter Forenbeiträge durchgeführt wird und darauf aufbauend Thesen gebildet werden, welche in der Gruppendiskussion diskutiert werden. Außerdem kann es sinnvoll sein, Teilnehmern im Nachklang zu einer Gruppendiskussion noch die Möglichkeit einzuräumen, ihre Alltagserfahrungen z. B. mit einem neuen Angebot in einem Blog zu dokumentieren oder in einem Forum an bestimmte in der Gruppendiskussion begonnene Diskussionsstränge anzuknüpfen.

2.2.3 Erkenntnispotenzial von Gruppendiskussionen

> Gruppendiskussionen sind hervorragend dafür geeignet, komplexe Einstel-
> lungs-, Wahrnehmungs-, Gefühls-, Bedürfnis-, Orientierungs- und Motiva-
> tionsgeflechte von Menschen und Gruppen aus bestimmten sozialen Kontex-
> ten zu explorieren[3]. Sie können außerdem zur Evaluation und Optimierung der
> Entwürfe von Angeboten, Produkten, Dienstleistungen, Thesen etc. verwendet
> werden. Aufgrund der Stimulierung kreativen Ausdrucks der Teilnehmer die-
> nen Gruppendiskussionen außerdem der Ideen- und Konzeptentwicklung.

Gruppendiskussionen können im Rahmen von Grundlagenforschung ebenso eingesetzt werden wie im Kontext von Projekten, bei denen sie Hilfestellung für eine
empirisch fundierte Entscheidungsbildung bezüglich relevanter Fragestellungen leisten sollen. Mit Krueger/Casey (2009: 8) ist jedoch darauf hinzuweisen, dass derartige
Entscheidungen erst nach Ende aller Gruppendiskussionen und der darauf folgenden
Analyse getroffen werden sollten – und keineswegs auf der Basis erster Eindrücke aus
einzelnen Gruppen. Außerdem ist es wichtig zu betonen, dass Entscheidungen, z. B.
hinsichtlich der Auswahl eines zu entwickelnden Konzeptes, nicht von den Teilnehmern an einer Gruppendiskussion getroffen werden, sondern einer Abwägung durch
Forscher und Kooperationspartner bedürfen, welche neben dem Diskussionsverlauf
die gesamte Ausgangslage berücksichtigt. Auf gar keinen Fall darf Entscheidungsfindung mit dem Auszählen unterschiedlicher Meinungen verwechselt werden.

Krueger/Casey (2009: 8 ff.) unterscheiden drei Phasen einer Produkt- und Pro-
grammentwicklung, für die Gruppendiskussionen eingesetzt werden können. Jenseits einer chronologischen, notwendigerweise auf ein Produkt oder Programm
bezogenen Abfolge, kann man sie anhand unserer Praxiserfahrungen als drei Ober-
begriffe für Einsatzbereiche von Gruppendiskussionen ansehen:

a) Verstehen und entwickeln,
b) testen, revidieren und umsetzen,
c) evaluieren und optimieren.

---

3   Zu analysieren, welche Bedeutung die hier aufgeführten Begriffe für menschliches Handeln haben,
gehört zu den Schlüsselaufgaben der Sozialwissenschaften. Es gibt zahlreiche unterschiedliche theoretische Ansätze dazu – z. B. in der Soziologie, Sozialpsychologie und Allgemeinen Psychologie. Dies
spiegelt sich auch in der Praxis der Gruppendiskussion wider, indem es z. B. keine einhellige Meinung gibt, inwiefern es sinnvoll ist nach Einstellungen jenseits von konkreten Handlungen zu forschen. Eine Differenzierung unterschiedlicher identitäts- und handlungstheoretischer Ansätze kann
und soll durch dieses Praxis-Handbuch nicht geleistet werden, sodass wir uns nicht ausführlich mit
Überschneidungen und Unterschieden im Verständnis der zahlreichen hier aufgeführten Begriffe
auseinander setzen.

a) Verstehen und entwickeln

Es geht darum, ein bislang wenig exploriertes Feld kennen zu lernen und grundlegende Zusammenhänge aufzudecken. Es soll gelernt werden, was die Zielgruppe hinsichtlich typischer Wahrnehmungs- und Bewertungsweisen sowie dahinter stehender Wertestrukturen ausmacht.

b) Testen, revidieren und umsetzen

Vollständige oder zum Teil ausgearbeitete Konzepte für Angebote, Produkte oder Prozesse sollen hinsichtlich wichtiger Kriterien wie Akzeptanz, Attraktivität und Verständlichkeit getestet werden. Häufig werden mehrere Konzepte getestet und in ihrer Wirkung verglichen. Gruppendiskussionen sollen der Entscheidungsfindung für einen oder mehrere Entwürfe ebenso wie ihrer Feinabstimmung und Verbesserung dienen.

c) Evaluieren und optimieren

Bereits bestehende Angebote, Produkte oder Prozesse werden auf der Grundlage von Praxis-Erfahrungen bewertet. Die Evaluation soll dazu dienen, Ansprüche relevanter Zielgruppen noch besser kennen zu lernen und für die Weiterentwicklung zu nutzen, wenn nicht auf der Basis der Gruppendiskussionen eine Aufgabe des bisherigen Ansatzes beschlossen wird.

> Voraussetzung für die erfolgreiche Durchführung von Gruppendiskussionen ist es, dass sich die Teilnehmer im Rahmen des Gesprächs öffnen, indem sie Erfahrungen und damit verbundene Erlebnisse schildern.

Warum Gruppendiskussionen dafür einen förderlichen Rahmen bilden, veranschaulichen Krueger/Casey (2009: 15) mit dem Bild einer längeren Reise, bei der Sitznachbarn miteinander ins Gespräch kommen und bereit sind, Dinge von sich preiszugeben. Dies habe zwei Gründe: Erstens würden Ähnlichkeiten untereinander erkannt, die verbindend wirkten. Zweitens gebe es kein strategisches Interesse, Informationen zurückzuhalten, weil ein Wiedersehen eher die Ausnahme sein werde. Deshalb müsse man keine Angst haben, hinsichtlich der eigenen Lebensführung beurteilt oder gar gerichtet zu werden. Auch seien keine negativen Konsequenzen zu befürchten, wenn man sich anderen öffne.

Wir möchten außerdem darauf hinweisen, dass durch Gruppendiskussionen ein eigener wertvoller Erfahrungs- und Ausdrucksraum geschaffen wird.

> Die Teilnahme an einer Gruppendiskussion stellt eine im Alltag immer seltener werdende Gelegenheit dar, eigene Alltagserfahrungen zum Ausdruck zu bringen und in einem gemeinsamen Resonanzfeld zu erörtern. Den Teilnehmern wird, unterstützt durch eine professionelle Moderation, ein in der Öffent-

lichkeit immer seltener gewordener Raum eröffnet, in dem sie über das eigene Konsum- und Alltagsleben reflektieren können. Sie bekommen Anerkennung durch andere und spüren, dass zunächst sehr individuell erscheinende Ärgernisse und Erlebnisse von anderen geteilt oder zumindest verstanden werden.

Durch die gemeinsame Bearbeitung eines Themas, das Nachvollziehen von Erfahrungen anderer und den Vergleich mit eigenen Erlebnissen werden thematische Bezüge zunehmend vertieft, indem sie stärker auf Kernaspekte zugeschnitten und emotionale Anteile deutlicher zum Ausdruck gebracht werden. Dazu trägt auch bei, dass es durch die Dynamik des Gesprächs im Zuge einer offenen, vertrauensvollen Atmosphäre zunehmend zur Reduzierung von Hemmungen, Ängsten und Widerständen kommt. Die Teilnehmer stoßen in der Gruppendiskussion auf offene Ohren für ihre Erfahrungen, und damit verbundene Gefühle werden ernst genommen. Bei einer gut verlaufenden Gruppendiskussion fühlen sich Teilnehmer ernst genommen und anerkannt, sodass eine anregende, authentische Diskussion gefördert wird (vgl. Lamnek 2005: 86).

Neben einer zunehmenden Vertiefung der Diskussion kommt es zu *Schneeballeffekten,* die dazu führen, dass ein breites Spektrum an themenbezogenen Erlebnissen, Handlungsweisen und Meinungen zur Sprache kommen, indem in schneller Folge jeweils an den Beitrag des Vorredners angeknüpft – und dabei in der Regel sowohl auf Ähnlichkeiten als auch auf Unterschiede abgezielt wird.

Eine weitere Stärke der Methode liegt darin, dass der Fokus auf die Kommunikation zwischen den Teilnehmern gelegt wird. Hierdurch werden künstliche und wenig alltagsnahe Frage-Antworten-Sequenzen vermieden. Stattdessen kommt es zu alltagsähnlichen und natürlichen Gesprächspassagen.

Dadurch wird es möglich, Meinungsbildungsprozesse nachzuvollziehen. Von großer Bedeutung ist dieses Potenzial von Gruppendiskussionen insbesondere dann, wenn es um Wirkungsanalysen geht. Breitenfelder et al. (2004: 17) sprechen im Kontext der Politikforschung von der „*Argumentationslinien-Funktion*" der Gruppendiskussion, da sie Ableitungen darüber ermögliche, wie „in verschiedenen Konstellationen politische Argumentationslinien vorgebracht und diskutiert" werden. Wenn eine Argumentationskette in mehreren Gruppendiskussionen überzeuge, sei dies ein Indiz dafür, dass sie auch im Wahlkampf erfolgreich eingesetzt werden könne.

Eine derartige „Argumentationslinien-Funktion" lässt sich auch auf andere Anwendungsfelder übertragen, wie z. B. die Wirkungsanalyse einer Kommunikations-Kampagne. Insbesondere Fallgruben und ungeahnte Doppeldeutigkeiten von Begriffen oder Teilaspekten können identifiziert werden.

Wenn es um die besonderen, durch Gruppendiskussionen eröffneten Möglichkeiten geht, ist außerdem auf das kreative Potenzial von Gruppen zu verweisen. Aufgrund der zugleich involvierenden als auch anregenden Dynamik bieten Gruppendiskussionen einen idealen Rahmen, dass mehrere Teilnehmer gemeinsam an der Entwicklung und Verbesserung von Konzepten arbeiten. Durch das gemeinsame Bemühen, Dinge auf den Punkt zu bringen, lassen sich aus Gruppendiskussionen auch häufig schlüssige Kernsätze ziehen, welche für die weitere Entwicklung von Konzepten oder die Veranschaulichung von komplexen Sachverhalten verwendet werden können. Breitenfelder et al. (2004: 18) sprechen von der *„Sager-Funktion"*:

> Pointierte Formulierungen, die bestimmte Sachverhalte so auf den Punkt bringen, dass bei den TeilnehmerInnen der Eindruck entsteht, ‚da hat jemand den Nagel auf den Kopf getroffen'. Solche ‚Sager' können oft wörtlich in der politischen Kommunikation bzw. für die Erarbeitung der Kommunikationsstrategie eingesetzt werden.

Wenn Gruppendiskussionen im Auftrag eines Kunden oder in Zusammenarbeit mit Kooperationspartnern durchgeführt werden, bieten sie den Vorteil der Live-Beobachtungsmöglichkeit. Damit sind häufig wichtige ‚Aha-Erlebnisse' verbunden, weil man die im Alltag in der Regel nicht gegebene Gelegenheit bekommt, relevanten Zielgruppen unmittelbar bei der Kommunikation zuschauen und deren emotionale Beteiligung direkt nachvollziehen und spüren zu können. Diese Aha-Erlebnisse können auf verschiedenen Ebenen angesiedelt sein. Erstens können bestimmte geschilderte Schlüsselerfahrungen der Teilnehmer in Erinnerung bleiben und Anknüpfungspunkte für die zukünftige (Weiter-)Entwicklung von Angeboten oder Strukturen bieten. Zweitens können Gruppendiskussionen eine *„Rückhol-Funktion"* übernehmen, wenn sie etwa beobachtende Fachexperten „auf die Erde zurückholen" (Breitenfelder 2004: 13). Denn je mehr den Gruppendiskussionen beiwohnende Experten es gewohnt sind, in abstrahierenden theoretischen Modellen zu denken (wie z. B. Theorien zur rationalen Entscheidung), desto stärker sind sie in der Regel beeindruckt davon, wie im Alltag verschiedene Faktoren schlichtweg ausgeblendet werden oder in welchem bedeutenden Maße emotionale Aspekte Entscheidungen beeinflussen (z. B. wenn es um Vertrauen bei der Wahl eines Dienstleisters auf der Basis von Empfehlungen durch Bekannte oder Familienangehörige geht). Drittens können Gruppendiskussionen für Kunden auch eine „Aufweck-Funktion" übernehmen, indem sie Auftraggeber oder Anlieger auf kritische und problematische Aspekte aufmerksam machen, die bisher gar nicht oder nicht in ausreichendem Maße im Fokus standen (vgl. Breitenfelder 2004: 15).

2.2.4   Veranschaulichung am Beispiel qualitativer Marktforschung

Nachdem wir uns generell mit dem Potenzial von Gruppendiskussionen auseinander gesetzt haben, wollen wir nun einen von zahlreichen Anwendungsbereichen noch etwas näher beleuchten, um den ersten Eindruck von den mit Gruppendiskussionen einhergehenden Möglichkeiten weiter zu vertiefen. Deshalb wenden wir uns der qualitativen Marktforschung zu. Zentrale Einsatzbereiche haben wir in der Tab. 1 aufgelistet.

Tabelle 1   Einsatzbereiche von Gruppendiskussionen in der Marktforschungspraxis

---

- Aufdeckung und Verständnis von Bedürfnissen, Werthaltungen, Motiven, Anforderungen und Konflikten (Consumer Insights),
- Brainstorming/Ideensammlung/Kreation z. B. zur Entwicklung von neuen Konzepten, Produkten oder Werbeideen,
- Akzeptanzabschätzung neuer Produkt- oder Dienstleistungskonzepte (in verschiedenen Realisierungsphasen),
- Generierung und Evaluation relevanter Items (z. B. Image- und Leistungsdimensionen) z. B. zur (quantitativen) Fragebogenentwicklung,
- Exploration von Erfahrungs- und Erlebnishintergründen z. B. bei Usage/Attitude-Fragestellungen,
- Einschätzung und Visualisierung der Produkt-Usability,
- Optimierung und Fine-Tuning von Werbe- und Produktkonzepten,
- Evaluation von Mitarbeiter- oder Kundenzufriedenheit,
- Markenkern- und Markenidentitätsanalysen,
- Evaluation von Markenimages verschiedener Anbieter einer Branche,
- Ermittlung der Positionierung von Produkten, Dienstleistungen und Marken.

Besonders häufig werden Gruppendiskussionen im Rahmen von Marktforschung bei den folgenden Themenschwerpunkten eingesetzt:

- Usage/Attitude Grundlagenstudien,
- Strategische Ideenentwicklungen,
- Test von Konzepten,
- Wirkungsanalysen: Kommunikationstests und
- Positionierungen: Image und Markenkern-Analysen.

a) Usage/Attitude Grundlagenstudien

Häufig beginnt die Produktentwicklung mit qualitativ-psychologischer Marktforschung auf der Basis von Gruppendiskussionen. Ein grundlegender Ansatz ist dabei, eine sogenannte *Usage/Attitude* (U&A) Studie durchzuführen. Ihre Aufgabe ist es, aus verschiedenen Perspektiven den Bezug von potenziell als relevant eingeschätzten

Zielgruppen zum Angebots- und Produktbereich zu explorieren (vgl. Tab. 2). Dabei sollen zentrale Werthaltungen, Einstellungen, Wissensstrukturen und auch konkretes Handeln im Alltag untersucht werden. Dazu werden sowohl Verwender als auch Nicht-Verwender befragt. U&A-Studien sind in allen Branchen von großem Interesse – von der Verwendung von Nachtcremes, über die Nutzung von Finanzdienstleistungen bis zu den Hintergründen der Internetnutzung. Angesichts immer kürzer werdender Innovationszyklen und sich in dynamischer Bewegung befindender Märkte steigt der Bedarf nach grundlegenden U&A Studien weiter an. Denn es wird für Unternehmen immer wichtiger, neue, wettbewerbsfähige Produkte auf den Markt zu bringen. Dafür müssen Nutzer bzw. Konsumenten in ihrem Handeln und ihren Ansprüchen verstanden werden.

Tabelle 2   Forschungsfragen einer U&A-Studie

- Typische Kauf- und Verwendungsgewohnheiten des Produkts oder der Produktkategorie,
- Einstellungen/Werte/Motivatoren/Hemmnisse/Konflikte,
- Produktanforderungen,
- Nicht ausreichend erfüllte Anforderungen/Optimierungswünsche.

Ein Hauptanliegen von U&A-Studien ist es, sogenannte ‚*Consumer Insights*‘ zu generieren[4]. Obwohl *Consumer Insights* eine zentrale Bedeutung im Marketing und in der qualitativen-psychologischen Marktforschung erlangt haben, gibt es kein einheitliches Verständnis davon, geschweige denn eine allseits geteilte Definition – folglich ist mit dem Begriff in der Praxis häufig eine Sphäre des Geheimnisvollen oder gar Mystischen verbunden (vgl. Föll 2007; Hellmann 2003: 122 ff.). Zusammenfassend kann konstatiert werden, dass *Consumer Insights* eine Art ‚Einsicht‘ in die Black Box Konsument vermitteln sollen, d. h. ein tiefes Verständnis von Bedürfnissen, Motiven, Konflikten und sogar Träumen von Verbrauchern. Der geheimnisumwitterte Nebelschweif der *Consumer Insights* ergibt sich daraus, dass es keine allseits geteilte grand theory in der Psychologie gibt, mit der menschliches Fühlen und Handeln erklärt werden könnte. Stattdessen gibt es unterschiedliche theoretische Sichtweisen auf Entscheidungen und deren Fundierung. Dementsprechend können auch Gruppendiskussionen aus verschiedenen Blickwinkeln für die Generierung von *Consumer Insights* verwendet werden.

---

4   Sätze wie diese, welche sich durch eine Verwendung mehrerer Anglizismen ‚auszeichnen‘, sind im Marketing und in der Marktforschung durchaus typisch. Da bestimmte Ausdrücke stets auf Englisch ausgedrückt werden, folgen wir diesem Gebrauch im Sinne einer praxisnahen Darstellung.

b) Strategische Ideenentwicklungen (Idea Generation)

Ein anderer wichtiger Einsatzbereich für Gruppendiskussionen in der Marktforschung ist die *strategische Ideenentwicklung* – insbesondere hinsichtlich der Entwicklung neuer Produkte oder Angebote (vgl. Tab.3).

Tabelle 3 Forschungsfragen der Ideenentwicklung (Idea Generation)

- Sammlung von allgemeinen und speziellen Trend-Insights,
- Sammlung kreativer Impulse für potenzielle Neuentwicklungen,
- Entwicklung konkreter Ideen für Innovationen,
- Identifikation von Stärken-Schwächen-Profilen der Innovation,
- Evaluation des relativen Vorteils der Neuerung gegenüber bestehenden Lösungen.

Nach Ende der 1990er Jahre ist der Einfluss von Konsumenten an der Entwicklung von Produktideen und ihrer Ausgestaltung deutlich angestiegen (vgl. Babic/Kühn 2008; Koschel 2008; Naderer/Balzer 2007; Hellmann 2011). Zunehmend wird das Potenzial der frühen Integration des Konsumenten entdeckt und ihm Spielraum dafür eingestanden, individuelle Ideen und Bedürfnisse direkt in die Konzeptgestaltung einfließen zu lassen, die dazu führen, dass Konzepte umgearbeitet oder neue konzeptionelle Ideen entwickelt werden. Wenn Gruppendiskussionen für die Ideenentwicklung eingesetzt werden, geschieht dies häufig in Form von Kreativworkshops (vgl. Kapitel 8.2). Es kann auch zu längeren Veranstaltungen kommen, die z.T. bis zu zwei Tage andauern und in besonderen kreativitätsfördernden Umgebungen wie Lofts, Bars, Lounges etc. durchgeführt werden. Gemäß des Grundsatzes ‚Kreation von Neuem setzt Gespür für Neues voraus' wird immer eine Mischung verschiedener kreativer Zielgruppen zu den Sitzungen eingeladen. Zielgruppen können z.B. interne und externe Spezialisten zum im Mittelpunkt stehenden Thema, ‚junge Wilde', kreative Konsumenten, Umsetzer (Produktentwickler, Designer), Kommunikatoren (Meinungsführer, Szenegänger, Journalisten), fachfremde Querdenker, Trendscouts etc. darstellen. Bewährte Kreativtechniken bzw. Problemlösungstechniken helfen den Teilnehmern, aus bestehenden Gedankenstrukturen auszubrechen und neue Ideen und Lösungen für bestehende Probleme zu entwickeln.

c) Test von Konzepten (Concept-Screening)

Forschung, Entwicklung und Marketing-Aktivitäten für neue Produkte verursachen häufig hohe Kosten. Insbesondere im Fast-Moving-Consumer-Goods (FMCG) Sektor verschwindet dennoch ein Großteil der neu eingeführten Produkte nach einem Jahr wieder aus den Regalen der Händler. Eine frühzeitige qualitative Überprüfung möglicher Konzepte hilft, dieses Risiko zu minimieren[5].

Tabelle 4 gibt einen Überblick der im Mittelpunkt eines Konzept-Tests (Concept Screening) stehenden Gesichtspunkte.

Tabelle 4 Forschungsfragen eines Konzept-Tests

- Wirkung der Schlüsseldimensionen Consumer Insight, Benefit und Reason to believe,
- Wirkung der Konzepte hinsichtlich Relevanz, Differenzierung und Glaubwürdigkeit,
- Identifikation des erfolgversprechendsten Konzepts,
- Gewinnung von Hinweisen für die Optimierung,
- Abschätzung der Erfolgschancen.

Ein Konzept-Test kann in verschiedenen Phasen der Angebotsentwicklung zum Tragen kommen. Wenn er in einer frühen Phase eingesetzt wird, besteht seine Aufgabe darin, aus einer Vielzahl interessanter Produktideen die vielversprechendsten zu identifizieren, bevor mit der Entwicklung von Marketingstrategien, Werbemitteln oder Produkten fortgefahren wird. Wenn es bereits konkrete Vorstellungen zu den Grundzügen eines Produkts gibt, aber noch wichtige Details, wie z. B. das Design, geklärt werden müssen, kann ein Konzepttest auch in einer späteren Entwicklungsphase eingesetzt werden. In der Regel werden dann mehrere verbale und/oder visuelle Konzepte des Produkts (und der dahinter stehenden Marketingidee) entwickelt, die bei den potenziellen Zielgruppen hinsichtlich der Akzeptanz und der zu erwartenden Wirkung getestet werden. Bei sehr innovativen, neuartigen Konzeptideen sollten immer auch innovationsfreudige Zielgruppen, wie z. B. *Early Adopters,* befragt werden, d. h. besonders offene und experimentierfreudige Konsumenten. Denn wenn ein innovatives Konzept zwar von einer breiten Zielgruppe zurückhaltend beurteilt wird, bei den *Early Adopters* aber als interessantes Angebot mit Erfolgsaussicht erscheint, kann dies als Hinweis auf eine möglicherweise zu Gunsten des Produkts einsetzende Dynamik nach Produkteinführung verstanden werden.

---

5 Eine Bewertung der Konzepte kann mittels qualitativer und/oder quantitativer Marktforschungsmethoden erfolgen. Neben Gruppendiskussionen sind beispielsweise qualitative Interviews oder quantitative Conjoint-Analysen in der Praxis von hoher Bedeutung (vgl. z. B. Berekoven/Eckert/Ellenriede 2006).

d) Wirkungsanalysen: Kommunikationstests (Werbe-Pretest)

Gruppendiskussionen sind eine wichtige Methode, um die zu erwartende kommunikative Wirkung von bestimmten Stimuli zu analysieren. Dies gilt insbesondere für Medienangebote, wie z. B. Serien oder Spielfilme, aber auch für Kommunikations-Kampagnen. Bevor neu konzipierte Werbemittel ‚on-air‘ gehen, werden sie hinsichtlich zentraler Werbewirkungsindikatoren in der Zielgruppe getestet. Mit Werbepretests erhält der Auftraggeber Informationen über die mögliche Aufmerksamkeits- und Kommunikationsleistung des Werbemittels. Mit Hilfe von Gruppendiskussionen werden geplante Kommunikationskampagnen vor allem dann getestet, wenn es darum geht, Weiterentwicklungs- und Optimierungsmöglichkeiten aufzuzeigen. Werbeposttests werden dagegen zumeist mit quantitativen Methoden durchgeführt und dienen der Kontrolle des Werbeerfolges, d. h. ob die angestrebten Ziele erreicht wurden (vgl. Geibig 2010). Gruppendiskussionen werden im Rahmen von Medienforschung und Kommunikationstests insbesondere zur Exploration von Motiven eingesetzt, welche der Nutzung bestimmter Medienangebote zugrunde liegen (Wagner/Schönhagen 2008: 289 ff.). Außerdem geht es um die Untersuchung von Erlebnissen und Emotionen, welche mit dem Rezeptionsprozess einhergehen. Auf Basis dieser Erkenntnisse soll abgeleitet werden, welche Kriterien entscheidend dafür sind, dass ein bestimmtes Format im Vergleich zu anderen interessanter und/oder für eine bestimmte Zielgruppe attraktiver ist.

Tabelle 5 Forschungsfragen eines Kommunikationstests (Werbe-Pretest)

* Einschätzung der Aufmerksamkeitsleistung/Durchsetzungsfähigkeit,
* Akzeptanz/Likeability,
* Wirkung hinsichtlich Relevanz, Differenzierung und Glaubwürdigkeit,
* Verständlichkeit/Kernbotschaft,
* Markenpassung,
* Hinstimmung zum Produkt/Präferenzbildung,
* Aufdeckung von Optimierungspotenzialen.

e) Positionierung: Image- und Markenkernanalysen

Gruppendiskussionen werden in der Marktforschung zur Bestimmung von Positionierungen von Marken, Angeboten und Produkten verwandt. Es geht darum, relevante Dimensionen zu identifizieren, hinsichtlich derer sich Wettbewerber unterscheiden. Außerdem lässt sich das Zusammenspiel von Marken- und Kundenidentität begreifen (vgl. Kühn/Koschel/Barczewski 2008), indem etwa die Bedeutungen von biographisch entstandenen Werthaltungen für Entscheidungen in den Fokus gerückt werden oder untersucht wird, wie in auf Marken bezogenen Erzählungen („Narratives") die eigene Person mit bestimmten Schlüsselereignissen und Symbolen von Unternehmen verknüpft wird (vgl. Kühn/Koschel 2007, Bamberg 2011). Image- und

Markenkernanalysen sind häufig Teil von erweiterten Kreativ-Workshops und bedienen sich projektiver sowie kreativitätsfördernder Fragetechniken (vgl. Kapitel 5).

Tabelle 6 Forschungsfragen bei Image- und Markenkernanalysen

- Markenwahrnehmung, Kernbotschaft der Marke,
- Werte, Einstellungen und Visionen der Marke (aus Kundensicht),
- Markenpersönlichkeit,
- Markenversprechen, Leistungsdimensionen,
- Markenpositionierung in Vergleich zum relevanten Wettbewerb,
- Chancen/Risiken für die Zukunft.

2.2.5 Gruppendiskussionen aus der Anwenderperspektive

Eines der Ziele des Buches ist es, der Praxis der Gruppendiskussionen mehr Sichtbarkeit zu verleihen. Besonders wichtig ist dies für den Bereich der Marktforschung, in dem viele Studien aufgrund ihrer Vertraulichkeit im Verborgenen durchgeführt werden. Im Sinne des Bemühens um mehr Transparenz haben wir zwei unserer Kooperationspartner von der Unternehmensseite gebeten, ihre Sicht auf die Methode Gruppendiskussion und ihre Bedeutung in der Praxis in Worte zu fassen. Ohne die Beiträge zu kommentieren, flechten wir sie an dieser Stelle als Exkurs in dieses Buch ein, um unmittelbare und unverfälschte Einsichten in die betriebliche Praxis zu gewährleisten.

Im Folgenden bringt zunächst Martin Greulich, Senior Market Research Manager bei Procter & Gamble, seine Sichtweise zum Ausdruck, welche Bedeutung Gruppendiskussionen für die betriebliche Marktforschung haben. Im Anschluss setzt sich Maren K. Jens, Strategy Director bei der Kommunikationsagentur Scholz & Friends, mit der Bedeutung von Gruppendiskussionen im Agenturalltag auseinander.

Die Bedeutung von Gruppendiskussionen für die betriebliche Marktforschung

Gruppendiskussionen haben für die betriebliche Marktforschung eine Schlüsselfunktion: sie sind *Entscheidungsvorbereiter, Entscheidungstool, „Think Tank"* und *„Creative Toolbox"* zugleich.

„Entscheidungsvorbereiter": Obgleich strategische Entscheidungen in der betrieblichen Marktforschung häufig auf Basis von quantitativen Testresultaten getroffen werden, dienen Gruppendiskussionen sehr häufig als entscheidender Wegberei-

ter. Das Instrument dient in dieser Rolle als Auswahlfilter zur Identifizierung der Test-Stimuli mit der potentiell höchsten Konsumentenakzeptanz für den quantitativen Test und damit zur Aussortierung der weniger starken Ideen. Folgende Arbeitsteilung besteht: Gruppendiskussionen kommt häufig die Bedeutungshoheit zu, in der Tiefe zu erklären, *„warum"* Testmaterial gefällt, während der quantitative Test mehr das *„wie gut"* beisteuert. Wo Gruppendiskussionsergebnisse als Entscheidungsvorstufe herangezogen werden, fällen betriebliche Entscheider solide strategische Entscheidungen auf Basis beider Datenquellen.

„Entscheidungstool": Nicht selten steht betrieblichen Entscheidern nicht ausreichend Zeit oder Budget zur Verfügung, einen qualitativen und quantitativen Test durchzuführen. In diesem Fall erhalten Gruppendiskussionen eine Doppelfunktion: Sie untersuchen die Konsumentenakzeptanz für verschiedene Test-Stimuli und liefern am Ende dem betrieblichen Marketing eine Handlungsempfehlung. Klare Vorteile von Fokusgruppen liegen hier in der a) kurzen Durchführungszeit (1,5 bis 3 Wochen von Rekrutierungsstart bis Ergebnislieferung), b) komprimierten Feldzeit (in der Regel 1 bis 2 Feldtage) und c) der Möglichkeit, als Entscheider auf Grund der Beobachtungsmöglichkeit hinter dem Einwegspiegel persönlich anwesend zu sein. Auch wenn der Auftraggeber eine Zusammenfassung der Ergebnisse erst mit zeitlichem Abstand erhält, kann ein direkt nach der letzten Gruppe stattfindendes Auswertungsgespräch zwischen Moderator und Entscheidern grundsätzliche Ergebnisse vorwegnehmen und zu direkten Handlungsimplikation führen. Es gilt allerdings zu beachten, dass bei der ausschließlichen Nutzung von Fokusgruppen als Entscheidungstool das Risiko einer Fehlentscheidung steigt. Je strategisch relevanter die Fragestellung ist, desto mehr ist eine Methodenkombination empfehlenswert.

„Think Tank": Wie kein anderes Marktforschungsinstrument stiften Gruppendiskussionen darüber hinaus in vielfältiger Weise den Zusatznutzen einer Art „Denkfabrik" für die betriebliche Marktforschung und das Marketing:

- *Holistisches Konsumentenverständnis zur Kategorienutzung und -wahrnehmung* wird durch Gruppendiskussionen quasi als Nebenprodukt generiert. Jede Gruppendiskussion benötigt ein leicht verständliches Thema als „Warmup" der Befragten. Hierzu können allgemeine Fragen zur Kategorienutzung, Werbeerinnerung oder Markenimage gezielt genutzt werden, um das Zielgruppen- und Marktverständnis zu komplettieren sowie Forschungsfragestellungen zu beantworten. So dienen regelmäßig stattfindende Gruppendiskussionen auch als Trendbarometer und qualitatives Trackinginstrument der eigenen Aktivitäten und des Marktumfeldes. Es gilt zu beachten, dass dieses allerdings ein quantitatives Trackinginstrument nicht ersetzen kann, sondern idealerweise Hand in Hand mit diesem arbeiten sollte.

- Gruppendiskussionen sind eine *Kommunikationsplattform zum Austausch verschiedener Disziplinen* im betrieblichen Kontext: Ob Marketing, Marktforschung, Forschung/Entwicklung, Geschäftsführung oder externe Design-, Verpackungs- und Werbeagenturen – alle kommen während und nach Gruppendiskussionen in einen intensiven, interdisziplinären Austausch. Der gemeinsame Teamgeist wird gefördert, und insgesamt führt dies nicht selten zur Generierung neuer Ideen.

- Gruppendiskussionen werden im betrieblichen Umfeld sehr häufig als *Category Learning Instrument für neue Kollegen* im betrieblichen Umfeld genutzt. Auch wenn Gruppendiskussionen aus Kostengründen natürlich nicht zum reinen „Onboarding" in Anspruch genommen werden, dienen sie bei anstehenden Marketingfragen für neue Entscheider nicht selten als erster intensiver Kontakt mit der Zielgruppe und der Kategorie und vermitteln so ein erstes Basisverständnis für den eigenen Tätigkeitsbereich.

- *Moderatoren* von Gruppendiskussionen werden in der betrieblichen Marktforschung gerne wiederholt für eine Kategorie oder Marke eingesetzt. Damit wird auf bestehendem Wissen aufgebaut und der Moderator kann sich häufig, unterstützt durch die Studienfrequenz, zu einem *Experten für Konsumentenwissen* und strategischen Berater entwickeln. Damit wird er frühzeitig – auch außerhalb von laufenden Projekten – in strategische Diskussionen eingebunden oder sogar für die Vermittlung von Zielgruppenverständnis auf internen Veranstaltungen des Kunden genutzt. In diesem Zusammenhang gilt generell: Nicht der Name des durchführenden Instituts ist allein entscheidend, sondern vielmehr die Qualität des einzelnen Moderators, mit komplexen Fragenstellungen der betrieblichen Marktforschung und nicht selten umfangreichen Teststimulisammlungen professionell umzugehen.

- Mit Gruppendiskussionen als wichtigen Teil der qualitativen Marktforschung sind *betriebliche Entscheider auch häufiger näher an der Kernzielgruppe* als das mit quantitativen Methoden der Fall ist – und erfahren damit über diese Methode konkretere Verbrauchermotivation. Grund hierfür sind vom Marketing gern gewünschte eng definierte Zielgruppenbeschreibungen als Ergebnis von Segmentierungsstudien. Da diese klar beschriebenen Kernzielgruppen häufig eine geringere Penetration in der Bevölkerung haben, ist die Rekrutierung entsprechend kostenaufwendiger. Daher, und weil eine Innovation am Ende auch eine breitere Bevölkerungsschicht ansprechen soll, führt man qualitative Studien häufig mit der schwerer zu rekrutierenden Kernzielgruppe durch, während anschließende quantitativen Studien mit einer ausgeweiteten Zielgruppendefinition oder sogar mit der repräsentativen Bevölkerung erhoben werden. Nur bei wichtigen strategischen Fragestellungen greift hier die betriebliche Marktforschung auf die teuer zu rekrutierende Zielgruppe direkt oder über eine Aufstockung zusätzlich zur repräsentativen Stichprobe zurück.

- Selbst eng definierte Zielgruppen sind nicht immer homogen in ihrer Bedürfnisstruktur. *Fokusgruppen machen den Grad der Homogenität einer Kernzielgruppe* durch direkte Beobachtung für die betriebliche Marktforschung *visuell erlebbar.* Hieraus können sich als Konsequenz neue Anforderungen für die Entwicklung zukünftiger Produktideen oder sogar Definitionen von Subzielgruppen entstehen.

„Creative Toolbox": Neben den breiten Einsatzmöglichkeiten bieten Gruppendiskussionen auch in der Tiefe ein vielfältiges Spektrum von kreativen Möglichkeiten, die Methode an die individuellen Bedürfnisse und Fragestellungen der betrieblichen Marktforschung anzupassen:

- Auch wenn Institute und die betriebliche Marktforschung sich wünschen, Gruppendiskussionen im Hinblick auf Setup und Inhalt weit im Voraus zu planen, lässt sich dieses in der betrieblichen Praxis nicht immer realisieren. Während Entscheidungen wie z. B. Feldzeit, Anzahl von Gruppen, Zielgruppendefinition, Teilnehmerzahl und Gruppenlänge einen gewissen Vorlauf benötigen, können *Ablauf, Inhalt und Testmaterialen in Ausnahmefällen sehr kurzfristig entschieden und angepasst werden.* Dieses ist dann entscheidend, wenn Teststimuli z. B. von Werbe- oder Designagenturen erst sehr zeitnah zu den Gruppendiskussionsterminen fertig gestellt werden. Diese zeitliche Flexibilität stellt eine besondere Stärke dieses Instruments dar. Allerdings sollte das Fertigstellen von Teststimuli sehr kurz vor dem Feldstart nicht zum Regelfall werden, da sonst ein nur eingeschränkter Erkenntnisgehalt pro Studie riskiert wird.

- Das *Setup von Gruppendiskussionen mit Leitfaden und Testmaterialien* kann entweder weit im Voraus durch den Kunden festgelegt und entsprechend durch den Moderator umgesetzt werden, es kann aber auch *im Verlauf von Gruppe zu Gruppe durch den Kunden aktiv gemanagt werden,* was dieses Instrument besonders lebendig und wertvoll für die betriebliche Marktforschung macht. Dabei können auf Basis der Ergebnisse der ersten Gruppe in Diskussion zwischen Moderator und Kunden sowohl Fragen verändert, Reihenfolgen angepasst als auch zeitliche Prioritäten einzelner Leitfadenabschnitte neu definiert werden. Dieses aktive Management des Kunden mit dem Moderator ist zu empfehlen und dient der Maximierung des Erkenntnisgehaltes. Hierbei gilt allerdings, Optimierungen im Verlauf eher am Anfang (zwischen 1. und 2. Gruppe) vorzunehmen und Eingriffe wohl dosiert zu gestalten, um die Zielsetzung, das Testmaterial von einer ausreichenden Anzahl von Probanden bewerten zu lassen, nicht zu gefährden.

- *Concept Labs* als besondere Form von Gruppendiskussionen *sehen sogar geplant eine Veränderung des Testmaterials von Gruppe zu Gruppe vor.* Hierbei wird das Material von einem definierten, interdisziplinären Team des Kunden zwischen den Gruppen auf Basis des Konsumentenfeedbacks überarbeitet. Damit wird der Ablauf besonders anspruchsvoll „on-the-go" optimiert, was für alle Beteiligten – Moderator als auch Kunden – eine besondere Leistung abverlangt, aber auch ein direktes Feedback auf die kreative Arbeit liefert.
- Die Anzahl der zu testenden Materialen ist sicherlich durch die Dauer der Gruppen und Aufnahmekapazität der Gruppenteilnehmer limitiert, das Marketing des Kunden hat aber mit diesem Instrument *maximale Möglichkeiten, eine Vielzahl von Test Stimuli den Probanden vorzustellen.* Dieses wird dann entscheidend, wenn eine Vielzahl von vergleichbaren Alternativen entwickelt wurde, z. B. Konzeptideen für ein neues Produkt, und diese Vielzahl auf eine vertretbare Anzahl der besten Ideen für einen quantitativen Test reduziert werden muss, weil jede weitere Idee die Kosten erhöht. Weiteres Beispiel ist die Vorstellung einen ganzes Marketing-Mixes für ein neues Produkt: Angefangen von der Produktidee, über Design, Verpackung bis hin zur klassischen Kommunikation, Preis und POS-Auftritt.

Zusammenfassend lässt sich festhalten, dass Gruppendiskussionen – wie kein anderes Marktforschungsinstrument – Bedürfnisse der betrieblichen Marktforschung so flexibel erfüllen: Sie bilden eine fundamentale Grundlage zum Treffen von strategischen Marketingentscheidungen im betrieblichen Kontext. Darüber hinaus stiften die Erkenntnisse von Gruppendiskussionen einen wichtigen Beitrag für den Aufbau und Ausbau eines aktiv gemanagten Knowledge Management Systems in der betrieblichen Marktforschung. Nicht zu vergessen ist dabei, dass betriebliche Marktforscher und Marketingentscheider, zusammen mit den Moderatoren, immer wieder vor die anspruchsvolle Aufgabe gestellt werden, das Setup von Gruppendiskussion im Sinne der Zielsetzung optimal zu gestalten, was ein Höchstmaß von professioneller Kreativität erfordert. Als Belohnung wird das Team aus dem betrieblichen Kontext in die inspirierende Welt des Konsumenten entführt, um dort – wie in einem Labyrinth – immer wieder aufs Neue spannende Entdeckungen zu machen und vom Verbraucher zu neuen Innovationen inspiriert zu werden.

Martin Greulich, Senior Market Research Manager, Procter/Gamble (Mai 2010)

Gruppendiskussionen in der Werbeagentur

Gruppendiskussionen stellen ein elementares Handwerkszeug der Werbepraxis dar, da sie wie kaum ein anderes Tool den Zugang zum primären Arbeitsfeld von Werbeagenturen liefern: Der psychologischen Repräsentanz von Marken und Produkten in den Köpfen der Verbraucher.

So sind Gruppendiskussionen im Umfeld von strategischer Markenführung und kreativer Kommunikationsentwicklung stark durch den Einsatz assoziativer und projektiver Verfahren geprägt. In der Durchführung haben sie häufig eher Workshop- anstelle von reinem Diskussionscharakter. Die eingeladenen Verbraucher basteln Collagen, malen typische Verwendungssituationen, beschreiben Planeten von Produktkategorien oder assoziieren zu prototypischen Marken-Verwendern, um so den Imagedimensionen und Verwendungsmotiven von Marken auf die Spur zu kommen.

Organisatorisch unterscheidet man in Werbeagenturen zwischen Gruppendiskussionen, welche die Agentur, d. h. in der Regel die Abteilung strategische Planung, autark durchführt und den Projekten, welche von Kunden initiiert werden. Während bei letzteren der Agentur lediglich eine Ratgeber-Rolle zukommt, obliegt im ersten Fall die komplette Planung, Leitfadenkonzeption, Durchführung und Auswertung beim strategischen Planer selbst.

Grundsätzlich steht hierbei immer das tiefe Verständnis von Wahrnehmung, Verhalten, Einstellungen und Motiven gegenüber einer bestimmten Produktkategorie und ihrer Marken im Fokus. Entgegen aller Annahmen ist das Überprüfen von kreativen Ideen beim Verbraucher eher selten. Häufig wird dies von Kreativagenturen abgelehnt, da man davon ausgeht, dass eine gute Idee so neu ist, dass sie nicht immer sofort, geschweige denn in der gezielten Diskussion auf Gegenliebe stößt, sondern viel mehr unbewusst wirken muss.

Es gibt aber drei große Beweggründe in der Praxis, die Werbeagenturen veranlassen, in Gruppendiskussionen zu investieren:

1) Die Entwicklung eines Grundverständnisses für eine neue Kategorie
Werber müssen sich immer wieder in neue Geschäftsfelder einarbeiten und vor allem auch „einfühlen". Der überlebenswichtige Kampf um Neugeschäft bestimmt einen großen Anteil der alltäglichen Arbeit. Regelmäßig werden von Markenartiklern Pitches ausgeschrieben, in denen Agenturen um Kommunikationsetats großer und kleinerer Marken wetteifern. In diesem Kontext dienen Gruppendiskussionen häufig dazu, einen ersten Einblick in ein bisher fremdes Geschäftsfeld zu erhalten. Oder um eine Status Quo Analyse der betroffenen Marke aus rein qualitativer Perspektive zu erheben. Dies steigert die eigene Sicherheit im Umgang mit einer unbekannten Kategorie/Marke oder liefert idea-

lerweise Erkenntnisse auf einem Niveau, welches selbst den potentiellen Kunden noch überrascht. Schließlich lassen sich strategische Empfehlungen für die Markenführung ableiten und, was nahezu genauso wichtig ist, die Ideen der Agentur anhand von frisch erhobenen Verbraucherzitaten untermauern. Das eigene Bauchgefühl wird so noch mal einem „Realitätstest" unterzogen.

2) Die Generierung von „Insights" zur Kreationsentwicklung
Sehr häufig stehen Gruppendiskussionen am Anfang der Entwicklung einer Kommunikationsidee, um sogenannte „Verbraucher-Insights" zu gewinnen. Diese dienen als Basis bzw. Inspiration für die Kreation. Insights sind von jeher ein heiß diskutiertes Thema in der Werbung, denn es gibt kaum ein einheitliches Verständnis dafür, was einen echten, geschweige denn einen echt guten Insight ausmacht. Grundsätzlich gilt, dass ein Insight eine interessante Erkenntnis über den Verbraucher im Zusammenhang mit der zu untersuchenden Kategorie oder Marke darstellt. Diese wird in der Kreation, also z. B. für die inhaltliche Idee eine Printanzeige, eines TV-Spots, einer Social Media Kampagne oder eines Events genutzt. Ein Insight kann z. B. sein, dass Frauen zunehmend genervt vom Schönheitsideal in der Werbung sind und sich stärker nach Selbstakzeptanz sehnen (Bsp. Dove-Kampagne) oder dass Schokoladenriegelliebhaber die Verpackungsfarbe ihrer Lieblingsorte so sehr schätzen, dass sie sich mit der Farbe identifizieren (Bsp. Balisto-Kampagne). Für solche Erkenntnisse sind Gruppendiskussionen neben Feldbeobachtungen, Interviews, Vox Pops oder auch die Analyse von Kulturphänomenen das Mittel der Wahl.

3) Die Präsentation gegenüber Kunden
Ein nicht zu unterschätzender Einsatz von Gruppendiskussionen ist das Gewinnen von „Futter" für Kundenpräsentationen im Allgemeinen. Die so gewonnenen Ergebnisse zeugen in der Regel von einem elaborierten Verbraucherverständnis der Agentur gegenüber dem Kunden. Zum anderen können die Erkenntnisse helfen, den Inhalt der Präsentation mit interessanten Details zu veranschaulichen und zu bereichern. Wesentlich ist hier, dass Marketingverantwortliche auf Kundenseite oft weniger Zeit haben, sich detailliert mit dem Verbraucher zu beschäftigen. Marketers sind aber gleichzeitig sehr interessiert an Originalaussagen „ihrer" Zielgruppe" und wissen somit gut aufbereitete Insights zu schätzen. Hier dient die Gruppendiskussion also auch der Stärkung einer guten Kunden-Agentur-Beziehung und positioniert die Werbeagentur als einen geschätzten, proaktiven Partner.

Zusammenfassend verdeutlicht sich das Besondere der Gruppendiskussion in der Werbung anhand der dargestellten Verwendungsanlässe: Im Gegensatz zur institutionellen Auftragsmarktforschung geht es in der Werbeagentur tendenziell weniger um Objektivität als um Ergebnisse, die einem Zweck dienen. Der strategische Planer ist auf der Suche nach besonderen Anekdoten, Aha-Erlebnissen und guten Geschichten aus dem Leben der Verbraucher, die entweder inspirieren, Hypothesen untermauern oder den Blickwinkel für Ideen öffnen, die bisher verborgene Sehnsüchte der Verbraucher aufgreifen und erfüllen.

Maren K. Jens, Strategy Director, Scholz/Friends Strategy Group GmbH

2.3   Gruppendiskussionen als Teil qualitativer Forschung

Im Verlauf unserer Reise durch die Praxiswelt der Gruppendiskussion sind wir schon mehrfach mit dem Begriff der qualitativen Methoden in Berührung gekommen. Ein Grundverständnis von der Herangehensweise qualitativer Forschung ist eine entscheidende Voraussetzung dafür, um das mit Gruppendiskussionen verbundene Erkenntnispotenzial verstehen und richtig einschätzen zu können. Grund genug, an dieser Stelle einen kleinen Exkurs über die Grundzüge qualitativer Forschung zu beginnen. Dieser kann freilich höchstens die Funktion eines ersten Crash-Kurses übernehmen und keineswegs eine ausführliche Auseinandersetzung ersetzen, für die immer mehr einführende Literatur zur Verfügung steht (z. B. Salcher 1995, Flick/Kardorff/Steinke 2005, Helfferich 2009, Mey/Mruck 2010a, Przyborski/Wohlrab-Sahr 2009, Brüsemeister 2008, Naderer/Balzer 2007, Buber/Holzmüller 2007). Im Folgenden sollen deshalb nur einige Grundzüge pointiert herausgestellt werden, welche zum Verständnis dieses Buches unverzichtbar sind. In etwas ausführlicherer Form sind diese bereits in einer Einführung in qualitative Forschung für Marktforscher aufgeführt worden (vgl. Kühn 2005).

Wer sich mit empirischer Forschung auseinander setzt, stößt in der Regel zunächst auf statistische Methoden. Forschen hat demnach etwas mit Messen und der Produktion von Zahlen zu tun. Um einen ersten Eindruck von qualitativer Forschung zu vermitteln, ist es daher hilfreich, dieses Bild als Ausgangspunkt für eine Abgrenzung zu nehmen.

> Qualitativer Forschung geht es nicht um Vermessen oder die Definition von Größenverhältnissen, sondern um die Aufdeckung von Wirkungszusammenhängen und die Rekonstruktion von Sinn.

Mit qualitativer Forschung soll ein Blick hinter die Kulissen geworfen werden, um Wesentliches unter der Oberfläche deutlich zu machen. Während im Rahmen von standardisierten Befragungen die Komplexität bereits in der Erhebungsphase reduziert wird, indem für die Antworten klar umrissene Antwortkategorien vorgegeben werden, geht es qualitativer Forschung gerade um die Erfassung von Komplexität durch die Erhebung. Denn nur durch das Verstehen komplexer Ausgangsbedingungen lassen sich Zusammenhänge rekonstruieren und Sinnstrukturen verstehen. Gleichzeitig ergeben sich daraus besondere Herausforderungen für die Auswertung, in der Komplexität methodologisch begründet reduziert werden muss.

Während es für quantitative Forschung die weitgehend bekannten und anerkannten Qualitätskriterien *statistische Repräsentativität, Validität* und *Reliabilität* gibt, sind die Qualitätskriterien für qualitative Forschung umstrittener und stehen in Zusammenhang mit den unterschiedlichen Erkenntnisansprüchen der verschiedenen qualitativen Schulen. Qualitative Forschung entspringt dem Weltbild des interpretativen Paradigmas, demnach es darum geht, subjektive Sinngebungsprozesse zu rekonstruieren, weil Bedeutungen immer symbolhaft und offen für verschiedene Interpretationen sind (vgl. Erzberger 1998; Kelle 1994, 2009 für eine ausführliche Erörterung unterschiedlicher Paradigmen).

Blickt man aus der Perspektive des interpretativen Paradigmas auf den Menschen, sieht man in ihm einen Konstrukteur von Wirklichkeit. Es gibt keine absolute Wahrheit, die klar und eindeutig ersichtlich ist; stattdessen schafft sich der Mensch, indem er die Umwelt interpretiert, eine symbolische Welt. Sinn wird konstruiert und ist abhängig von individuellen Situationsdeutungen. Es wird davon ausgegangen, dass subjektive Deutungen und Reflexionen die Grundlage für Entscheidungen und Handlungen darstellen: Wie ist die Situation? Was kann, darf, soll, muss oder will ich tun? Um derartige Fragen zu beantworten, misst der Menschen Dingen eine Bedeutung zu und interpretiert die Umwelt auf der Grundlage eigener Erfahrungen. Auch das eigene Selbst und die eigene soziale Verortung im Kontext von Gruppen werden zum Objekt von Deutungsprozessen. Derartige Interpretationen verlaufen nur zu einem geringen Teil bewusst. Vor dem Hintergrund eigener subjektiver Werthaltungen und einer spontanen, nicht bewusst gesteuerten emotionalen Bewertung von Reizen erfolgt eine Vorselektion von Informationen, welche in bewusste Abwägungsprozesse einfließen. Derartige nicht bewusste, emotionale Anteile nicht außer Acht zu lassen, sondern aufzudecken, gehört zu den zentralen Herausforderungen von Forschung.

Die Besonderheit qualitativer Forschung soll im Folgenden anhand von fünf ineinander greifenden Grundzügen zusammengefasst werden:

- Verstehen,
- Offenheit,
- Alltagsorientierung,
- Prozessorientierung und Reflexivität.

a) Verstehen

Mit dem Begriff des Verstehens wird das zentrale Ziel qualitativer Forschung benannt, Zusammenhänge aufzudecken und Sinnstrukturen herauszuarbeiten. Es geht nicht nur darum, Verschiedenheit zu beschreiben, sondern der Frage des Warums nachzugehen: Welche Intentionen sind mit Handeln und Entscheidungen verbunden? Welche Ursachen haben diese? Der Ansatz des Verstehens basiert auf der Grundannahme, dass das Wesentliche nicht offensichtlich ist. Der Kommunikationswissenschaftler Jo Reichertz bringt das folgendermaßen auf den Punkt: „Das, was man sieht, ist nicht alles, sondern der Interpret muss an dem, was er sieht, arbeiten und dahinter etwas entdecken" (Reichertz 2004: 55). Dabei sind im Forschungsprozess zwei Verstehensleistungen zu unterscheiden: Während der Erhebung bemühen sich die Untersuchungsteilnehmer erstens ihre eigenen Erfahrungen zu verstehen, deuten und transformieren sie, meist in Form gesprochener Worte, teilweise auch in anderen kreativen Ausdrucksformen. Sie konstruieren somit eine soziale Wirklichkeit. Zweitens geht es um das Verstehen durch die Forscher, die das Verstehen des Untersuchungsteilnehmers zu verstehen versuchen. Sie rekonstruieren den Sinn, den die Befragten mit einem Themenbereich verknüpft haben.

Für die Methode der Gruppendiskussionen potenziert sich die Komplexität des Verstehens noch dadurch, dass bereits während der Erhebung die Teilnehmer an einer Diskussionsrunde versuchen, sich gegenseitig zu verstehen und wechselseitig aufeinander zu beziehen. Bei der Auswertung müssen diese Versuche des gegenseitigen Verstehens und die damit verbundenen Interaktionsformen durch die Forscher rekonstruiert werden.

b) Offenheit

Ein weiterer Grundzug qualitativer Forschung besteht in der Offenheit während der Erhebungssituation. Die Untersuchungsteilnehmer haben große Freiheit sich auszudrücken. Im Rahmen von Befragungen können die Untersuchungsteilnehmer sich in eigenen Wörtern äußern, Unterthemen in eigener Logik verknüpfen und neue problemrelevante Aspekte einführen. Da es weder vorab festgelegte Frageformulierungen noch vorgegebene Antwortkategorien gibt, können die Untersuchungsteilnehmer einen eigenen roten Faden stricken. Der Vorteil liegt in der Erfassung kontextbezogener Vielfalt und Komplexität. Qualitative Verfahren können in der Folge besonders gut Unsicherheiten, Zweifel und Widersprüche erfassen sowie verschiedene Bedeutungsschichten von Symbolen und Begriffen herausarbeiten.

c) Alltagsorientierung

Da es darum geht, Einblicke in die Lebenswelt der Befragten (Schütz/Luckmann 1975) zu bekommen, ist es wichtig, dass Teilnehmer an einer Gruppendiskussion zu Schilderungen von Erfahrungen aus ihrem Alltag angeregt werden. Dies eröffnet ihnen die Möglichkeit, auch komplexe Problemstellungen und möglicherweise darin enthaltene Konflikte und Mehrdeutigkeiten deutlich zu machen. Die Teilnehmer an der

Gruppendiskussion bekommen Raum, ihre subjektive Sicht gesellschaftlicher Wirklichkeit zu konstruieren. Über Einblicke in den Alltag der Untersuchungsteilnehmer erhalten wir als Forscher wichtige Aufschlüsse darüber, was den Befragten wichtig ist, wie sie die Welt sehen und worauf sie Wert legen. Dies ist für die Auswertung der Gruppendiskussionen von grundlegender Bedeutung. Mit Abstraktionen, wie z. B. der Erfassung von Ansichten mittels Skalen oder der Abfrage generalisierter Einstellungen jenseits von konkreten Alltagserfahrungen, wäre dagegen die Gefahr verbunden, dass wichtige, nicht durch Reflexionsprozesse unmittelbar zu verbalisierende emotionale Anteile von Entscheidungen zu wenig zum Ausdruck gebracht werden. Da es nicht um die Quantifizierung einer kleinen Auswahl vergleichbarer Antworten geht, müssen Begriffe anders als bei standardisierten Befragungen nicht operationalisiert werden.

d) Prozessorientierung und Reflexivität

Im Rahmen qualitativer Forschung geht es nicht um das standardisiert verlaufende Testen von Hypothesen. Qualitative Forschung hat eine eigene Prozesslogik. Dass im Verlauf des Forschungsprozesses das Wissen um Zusammenhänge des untersuchten Themenbereichs kontinuierlich ansteigt, kann dazu führen, dass noch während der Erhebung Anpassungen am Leitfaden oder den verwendeten Stimuli-Materialien vorgenommen werden. Außerdem beeinflusst das wachsende Vorwissen die Art und Weise, wie der Moderator im weiteren Verlauf Nachfragen stellt.

Insgesamt ist qualitative Forschung in besonders starkem Maße von kommunikativen Prozessen abhängig. Damit wird zunächst einmal auf die Feldarbeit verwiesen: Aufgrund der Offenheit und Flexibilität qualitativer Erhebungsmethoden hängt die Qualität der Forschung von kommunikativen Kompetenzen des Interviewers bzw. Moderators ab. Das betrifft sowohl praktische Fähigkeiten der Gesprächsführung als auch theoretisches Hintergrundwissen zu kommunikationspsychologischen Fragestellungen. Auch in anderen Projektphasen spielen kommunikative und selbstreflexive Prozesse eine entscheidende Rolle, die noch größer als im Kontext standardisierter Befragungen ist. Aufgrund der größeren Offenheit qualitativer Forschung bedarf es beispielsweise bei der Leitfadenkonstruktion eines intensiven Verständnisses kommunikativer Prozesse und Dynamiken, um mögliche Störfaktoren in der Interaktion zwischen Moderator und Befragten zu antizipieren sowie Fragestellungen, die erzählgenerierend wirken, aufzunehmen. Außerdem sollte das eigene Vorverständnis während der Erhebungs- und Auswertungsprozesses immer wieder reflektiert werden. Denn die qualitative Forschung geht nicht von einer objektiv erkennbaren, sondern intersubjektiv konstruierten Wirklichkeit aus. Auch Interpretationen durch Wissenschaftler sind demnach als Konstruktionen zu begreifen, die in methodologisch begründeter Art und Weise gebildet und reflektiert werden müssen.

2.4   Auf der Suche nach einer Begriffsbestimmung

2.4.1   Bedeutung von Gruppen für unser Handeln

Kritiker monieren, dass man anhand von Gruppendiskussionen nicht auf Entscheidungen und Handlungen von Einzelnen schließen könne (vgl. z. B. Koschate 2005: 27). Denn die Äußerungen Einzelner würden in starkem Maße von zuvor deutlich gewordenen Ansichten anderer Teilnehmer beeinflusst. Insofern sei es ein Trugschluss, in Gruppendiskussionen zum Ausdruck gebrachte Einschätzungen als authentisch zu betrachten. In der Folge wird ein Problem darin gesehen, dass „keine Trennung zwischen Themen- und Gruppeneffekten" möglich und daher nicht feststellbar sei, „ob eine bestimmte Äußerung einer tatsächlichen Meinung entspricht oder zumindest teilweise auf gruppendynamische Faktoren zurückzuführen ist" (Schreier 2010: 224). Stellen Gruppen also eher einen Störfaktor dar, welcher das wirklich Wichtige verdeckt, nämlich das autonome Individuum, das Meinungen hat, Entscheidungen trifft und handelt?

Dem liegt das Bild von Einzelpersonen zugrunde, die in konkreten Situationen wie z. B. bei der Produktauswahl am Supermarktregal zu Entschlüssen kommen, ohne sich mit anderen abzustimmen. Die von Einzelpersonen im Rahmen einer Gruppendiskussion zum Ausdruck gebrachte Kaufbereitschaft beispielsweise auf die tatsächliche Entscheidung am Point-of-Sale zu übertragen, ist aus dieser Perspektive jedoch höchst fragwürdig. Denn vielleicht rührt die während der Diskussion zum Ausdruck gebrachte Begeisterung für die neue Tütensuppe eher aus dem Plädoyer des Vorgängers her oder einfach aus dem Fakt, dass man sich nun schon seit einer halben Stunde gemeinsam mit anderen über Fertignahrung ausgetauscht hat – und allein dadurch die Produkt-Vielfalt deutlich interessanter erscheint als beim hastigen Einkauf nach Feierabend im Alltag.

> Aus einer sozialpsychologischen Perspektive ist es nicht die Gruppe, die einen verzerrenden Einfluss auf individuelle Ansichten hat – es ist umgekehrt das Bild eines selbständig handelnden und entscheidenden Individuums, das als eine verzerrte Darstellung sozialer Realität zu betrachten ist.

Denn in diesem Bild wird vernachlässigt, „dass der Mensch wesentlich in Gruppen lebt und in Gruppen handelt" (Sader 2002: 19). Weder unser gegenwärtiger Alltag, noch unsere biographische Entwicklung sind losgelöst von Gruppenzugehörigkeiten denkbar. Wir leben nie ohne Gruppen. Wir wachsen in Gruppen auf, werden in Gruppen ausgebildet, arbeiten in Gruppen, sind Teil von Gruppen von Freunden. Wir leben und entscheiden in einem durch Gruppen geprägten sozialen Kontext – und deshalb müssen Gruppen auch im Rahmen von Forschung Berücksichtigung finden.

> Eine Gruppendiskussion sollte *nicht als eine Art Parallelinterview* begriffen werden, bei dem aus zeitökonomischen Gründen mehrere Einzelpersonen gleichzeitig befragt werden.

Wenn es einzig und allein darum geht, das Individuum in den Mittelpunkt der Forschung zu rücken und individuelle Einstellungsprofile in der Auswertung zu rekonstruieren, ist ein Einzelinterview in der Regel geeigneter – im Rahmen einer Gruppendiskussion liegt der Fokus dagegen auf Gruppen. Aber warum dieser Perspektivwechsel?

Der Sozialpsychologe Alexander Thomas hat sich systematisch mit der grundlegenden Bedeutung von Gruppen für unser Leben auseinander gesetzt, indem er die zahlreichen interdisziplinären Studien zur Bedeutung von Gruppen für unser Handeln gesichtet und seine Erkenntnisse in einem Sammelband gebündelt hat (Thomas 1992). Diese Studien belegen, dass der Mensch als soziales Wesen lebenslang „Bedürfnisse nach sozialem Anschluß und qualitativ befriedigenden sozialen Interaktionen" hat (ebd.: 69). Schon das neugeborene Kind kann nicht ohne Einbindung in eine Gruppe überleben. Auch im weiteren Lebensverlauf vermitteln Gruppen Zugehörigkeit und Anerkennung. Forschungen zum Zusammenhang von Einsamkeit und Suizid haben die Bedeutung von Gruppenbindungen verdeutlicht und aufgezeigt, dass der Verlust von Eingebundenheit zu starken psychischen Belastungen und Lebenskrisen führt (ebd.: 70). Für die Entwicklung der eigenen Identität bedarf es des Kontakts mit wichtigen Bezugspersonen in Gruppen. Durch den Kontakt mit anderen werden wir in die Lage versetzt, uns mit der Frage auseinander zu setzen, wer wir sind und was uns ausmacht. Durch Widerspiegelungen und Rückmeldung anderer entwickeln wir uns und unser Bezugssystem auf die Welt. Nach Thomas (1992: 43) ermöglichen es gerade soziale Interaktions- und Vergleichserfahrungen, eine eigene Vorstellung von der eigenen Person und ihrer Verortung in der Welt zu gewinnen[6].

Anschlussfähig an diese sozialpsychologischen Erkenntnisse ist das Verständnis von Dammer/Szymkowiak (2008), die *Gruppen als ein Urphänomen des menschlichen Lebens* verstehen, das durch Familien, Sippen, Clans und Freunde geprägt ist. Wie wichtig Gruppen auch heute noch in unserem modernen Alltagsleben sind, veranschaulichen sie anhand mehrerer Beispiele, wie dem des Besuchs eines Fußballspiels:

> „Man denke an ein wohlgefülltes Fußballstadion. Auf den VIP-Plätzen sitzen Manager und Honoratioren, auf den Stehplätzen stehen Facharbeiter, Arbeitslose usw. Diese Menschen trennen als Individuen in soziodemographischer Hinsicht Welten. Dennoch fiebern alle mit, springen auf, fallen in den Torschrei ein, liegen sich am Ende vor Freude taumelnd oder vor Zerknirschung erschüttert in den Armen." (Dammer/Szymkowiak 2008: 50)

---

6 Insbesondere im Rahmen der Theorie des symbolischen Interaktionismus wird dieser Ansatz detailliert beschrieben und begründet (vgl. z. B. Abels 2007 für eine zusammenfassende Darstellung).

Dieses Beispiel verdeutlicht zwei für die weitere Bewertung von Gruppendiskussionen wichtige Aspekte: Erstens, dass nicht nur dann von Gruppen gesprochen werden
kann, wenn Menschen einer festen, gewachsenen Einheit von Bezugspersonen angehören, sondern dass es zu spontanen Gruppenbildungen kommen kann. Auch bei
der Wahrnehmung und Bewertung von Produkten, Angeboten sowie von Ereignissen kommt es im Alltag zum Erfahrungsaustausch in Gruppen, sodass die von sozialen Erfahrungsräumen losgelöste Einzelentscheidung als Konstruktion entlarvt wird
und keineswegs als unverzerrtes Spiegelbild der Wirklichkeit gelten darf.

Zweitens zeigt das Beispiel, dass eine Gruppe nicht auf die Summe der Eigen-
schaften ihrer Mitglieder zu reduzieren ist. Gruppen sind mehr als eine bloße Ansammlung verschiedener Einzelpersonen. Wenn es darum geht Gruppengeschehen
zu verstehen, hilft es weder, individuelle Meinungen abzuzählen, noch sich auf eine
Differenzierung verschiedener Einzelmeinungen zu konzentrieren. Im Sinne eines
der Pioniere der Sozialpsychologie und Kleingruppenforschung, Kurt Lewin, geht es
vielmehr darum, *Wirkungszusammenhänge zu erkennen und zu beschreiben*. Dafür
muss man die Gruppe als eine eigenständige Einheit betrachten, die durch die „Interdependenz ihrer Glieder konstituiert" wird (Lewin 1982: 205). Diese Interdependenzen der einzelnen Teilnehmer zu verstehen, wird zur zentralen Aufgabe bei der
Analyse der Gruppendiskussion (vgl. Tab. 7). Dabei geht es insbesondere um Fragen,
was die Gruppe zusammenhält und welche Bedeutung mit der Einnahme bestimmter
Teilnehmerrollen innerhalb der Gruppe für die zu untersuchende Fragestellung verbunden ist.

Tabelle 7   Zur Begründung der Methode Gruppendiskussion

- Gruppendiskussionen sind kein Parallelinterview – Gruppen sind mehr als die An-
  sammlung verschiedener Einzelpersonen.
- Menschen sind Mitglieder verschiedener sozialer Gruppen.
- Menschliches Handeln ist immer sozial.
- Eine ausschließlich auf Individuen fokussierte Sichtweise führt zu einem verzerrten
  Abbild der Wirklichkeit.
- Um das Geschehen in Gruppen zu verstehen, geht es nicht um die Auszählung von
  Meinungen, sondern um die Analyse von Wirkungszusammenhängen.

2.4.2 Soziale Gruppen im Spannungsfeld wissenschaftlicher Auseinandersetzung

Halten wir fest: Gruppen sind also ein wichtiger, konstitutiver Bestandteil sozialer Realität und sollten deshalb in geeigneter Form im Rahmen von Sozial- und Marktforschung berücksichtigt werden. Dass dennoch weite Teile des psychologischen Diskurses von einer auf den Einzelmenschen ausgeprägten Sichtweise ausgehen, ist bemerkenswert und wird von Sozialpsychologen wie Manfred Sader scharf kritisiert:

> „Aus der Sicht der meisten Teilgebiete der Psychologie wird die Tatsache, daß der Mensch wesentlich in Gruppen lebt und in Gruppen handelt, zumeist vernachlässigt. […] Ob es sich um Fragen der Einstellung oder der Leistungsmotivation handelt, ob es um Lernen, Denken oder den Einfluß von Normen auf das Verhalten geht, zumeist ist der einzelne Mensch dabei das Thema. Der Mensch wird als einzelnes und isoliertes Wesen gesehen, der vielleicht ein- oder zweimal die Woche für ein oder zwei Stunden in eine Gruppe geht, und das ist dann der Gegenstand der Kleingruppenforschung. Das ist nicht nur insofern schief, als auch rein quantitativ große Teile des Tagesablaufs sich in Gruppen abspielen, mehr noch insofern, als auch beim Handeln des einzelnen Menschen (ohne eine gegenwärtig vorhandene Gruppe) der Bezug auf eine gedachte oder vorgestellte Gruppe häufig von entscheidender Bedeutung ist." (Sader 2002: 19)

Wenn man diese sozialpsychologische Sichtweise um historische, soziologische und sozialtheoretische Perspektiven erweitert, lässt sich der Fokus auf vereinzelt und selbständig handelnde Individuen als eigenständige Einheit als eine spezifische Sichtweise der Moderne verorten (vgl. Rosa 1998). Insbesondere in Folge gesellschaftlicher Individualisierungsprozesse sind in der (Fach-)Öffentlichkeit zunehmend die Autonomie und die Eigenverantwortlichkeit von Individuen in den Blickpunkt geraten. Der Einzelne wird mehr und mehr als für sein Handeln verantwortlich gesehen und als seines eigenen Glückes Schmied begriffen. Persönliche Schicksale und Lebensverläufe werden als Folge individueller Entscheidungen gezeichnet.

Ohne durch die Leugnung individueller Handlungs- und Gestaltungsspielräume ins andere Extrem verfallen zu müssen, ist diese Deutungsweise allerdings auf der Basis vieler soziologischen Studien als ungerechtfertigt, einseitig und ideologisch verzerrt zu kritisieren. Eine derartige auf das Individuum gerichtete Perspektive verkennt die Bedeutung sozialer Faktoren, wie Herkunft und strukturell vorgegebener Chancenstrukturen, ebenso wie die Bedeutung variabler kultureller Deutungsmuster. Das Gleiche gilt für den sich in den letzten Jahren abzeichnenden Trend, menschliches Handeln in den Zusammenhang mit naturwissenschaftlichen Erkenntnissen zu bringen, insbesondere mit den schnell wachsenden Neurowissenschaften, wenn etwa Entscheidungen einzig auf neuropsychologisch relevante interne Denk- und Bewertungsprozesse zurückgeführt werden sollen. Mit Martin Hartmann (2005: 35) ist einzuwenden, dass damit das menschliche Handeln fälschlicherweise „frei von sozialen Kontexten" gedeutet wird.

Wenn wir im Folgenden davon ausgehen, dass Gruppen stärker in den Fokus unserer Aufmerksamkeit rücken sollten als dies im Rahmen von Befragungen von Einzelpersonen geschieht, sollten wir uns zunächst damit beschäftigen, was eigentlich unter einer Gruppe zu verstehen ist. Wenn wir dafür wieder auf sozialpsychologische Erkenntnisse zurückgreifen, werden wir feststellen, dass diese auf den ersten Blick unkompliziert anmutende Frage keine einfache Antwort zulässt. Noch überraschender: Es gibt keine einheitlich geteilte Auffassung, sondern mehrere, unterschiedliche Definitionen des Gruppenbegriffs (Sader 2002: 37). Strittig ist insbesondere, inwiefern sich Mitglieder als zugehörig zur jeweiligen Gruppe erleben und definieren, gemeinsame Ziele verfolgen und Normen bezüglich eines Verhaltensbereichs teilen müssen. Die Schwierigkeit, eine allseits geteilte Definition von Gruppe zu finden, zeigt auf, *dass Gruppe einen „Konstruktbegriff" darstellt* (ebd.: 38), der je nach Kontext seines Gebrauchs unterschiedlich verwendet werden kann.

In diesem Zusammenhang ist es für die weitere Auseinandersetzung mit Gruppendiskussionen wichtig, sich vor Augen zu führen, wie unterschiedlich soziale Phänomene sein können, die unter dem Oberbegriff Gruppe zusammengefasst werden. So macht es beispielsweise einen großen Unterschied aus, ob wir in einer Familie jeden Tag mit den gleichen Bezugspersonen interagieren oder ob wir für ein Experiment, dessen Hintergrund wir eher schlecht als recht kennen, eine halbe Stunde lang in Kontakt mit bislang Fremden treten. In beiden Fällen sind wir Mitglieder von Gruppen, und es liegt auf der Hand, dass sowohl die das Gruppengeschehen prägende Dynamik als auch die damit einhergehende emotionale Gemengelage jeweils eine ganz andere ist.

> Dementsprechend sollte man jede als objektive Gesetzmäßigkeit titulierte Regel zu Gruppengeschehen – wie etwa Phasen, Interaktionsmodelle von Gruppen etc. – mit Vorsicht auf ihre Angemessenheit für die konkrete Situation prüfen, bevor man sie als Richtschnur für eigenes Handeln nimmt, etwa für die Durchführung von Gruppendiskussionen.

Dieser Befund wird auch Sader (2002: 40) eingeräumt, wenn er feststellt, dass in der sozialpsychologischen Literatur häufig von Gruppen die Rede ist, ohne diese näher einzugrenzen.

Bei allen einschränkenden Bemerkungen gibt es doch einige unstrittige Grundannahmen in der Sozialpsychologie, was eine Gruppe ausmacht (vgl. Sader 2002: 39):

> Wenn von Gruppen gesprochen wird, stehen stets zwei oder mehr Menschen miteinander in einer Verbindung, die dadurch gekennzeichnet ist, dass gemeinsame Funktionen und Rollenbeziehungen unter den Gruppenmitgliedern

entstehen. Von zentraler Bedeutung ist es, dass ein unmittelbarer Kontakt aller Mitglieder miteinander möglich sein muss. Dafür sollte für jedes Mitglied überschaubar sein, wer zur Gruppe gehört.

2.4.3 Bedeutung von Zugehörigkeiten für Diskussionen in Gruppen

Nicht nur die Gruppe, in der wir uns zu einem bestimmten Moment physisch aufhalten, beeinflusst unsere (Wort-)Beiträge, sondern auch die Zugehörigkeit zu sozialen Gruppen, die nicht direkt im Diskussionsraum sichtbar sind. Unser Handeln ist immer sozial – wir ahnen voraus, wie andere denken sowie handeln und richten unser Tun dementsprechend aus. Wer wir sind und wie wir auftreten, all das steht in enger Verbindung damit, wie uns andere aus relevanten Gruppen sehen – seien es Familienmitglieder, Arbeitskollegen oder Freunde. Mit der Zugehörigkeit zu sozialen Gruppen sind demzufolge bestimmte Verhaltensweisen verbunden. Auch die Art und Weise, wie wir uns artikulieren, hängt damit zusammen, in welcher (imaginierten) Gruppe wir uns befinden. Ein Jugendlicher spricht anders in der Gruppe seiner Freunde als mit seinen Eltern – er benutzt andere Wörter, spricht in einer anderen Stimmlage und nimmt eine andere Körperhaltung ein. Innerhalb von sozialen Gruppen gibt es auch jenseits des individuellen Ausdrucks bestimmte typische Interaktionsformen zwischen den Mitgliedern. Da wir mehr als nur einer Gruppe angehören, ist jedoch nicht immer klar, aus welcher Perspektive jemand spricht – und ob sein Gegenüber aus der gleichen Perspektive antwortet. Mit dem Verweis auf ein vom Soziologen Hartmut Rosa angeführtes Beispiel lässt sich diese parallele Zugehörigkeit zu verschiedenen Gruppen gut veranschaulichen:

> „Eine Person A) beantwortet die Identitätsfrage (Wer bin ich? und damit auch: Was will ich?) mit folgender Selbstdefinition: Ich bin 1) Familienvater, 2) Katholik, 3) Deutscher, 4) Christdemokrat, 5) Maurermeister, 6) FC Bayern-Fan etc. Eine zweite Person B) definiere sich dagegen als 1) Unternehmensberater, 2) Operngänger, 3) Homosexueller, 4) Liberaler, 5) Reisebegeisterter, 6) Atheist etc." (Rosa 1998: 185)

Wenn wir uns im Geiste in eine Gruppendiskussion hinein versetzen, an der diese beiden Personen A und B teilnehmen, ist etwa folgende Interaktion denkbar: Person A und B leisten sich zunächst aus der Perspektive Christdemokrat versus Liberaler einen Schlagabtausch, ehe sich dieselbe Person A als Katholik mit derselben Person B als Atheisten auseinander setzt, bevor sie sich schließlich aus den jeweiligen Perspektiven als FC-Bayern-Fan und Operngänger gemeinsam für ein das Leben in der Stadt aussprechen. Denkbar ist auch, dass Person A aus der Perspektive des Christdemokraten Person B als Unternehmensberater anspricht und seine Wortbeiträge dementsprechend ausrichtet. Person B antwortet aber aus der Perspektive des Reisebegeisterten – und beide reden aneinander vorbei.

> Die Perspektive, aus welcher Teilnehmer an einer Gruppendiskussion argumentieren, muss deshalb in allen Phasen des Prozesses sorgfältig berücksichtigt und in Bezug zur Zugehörigkeit zu sozialen Gruppen gebracht werden.

Allerdings ist es in den Sozialwissenschaften keineswegs unumstritten ist, mit welchen Begriffen Gruppenzugehörigkeit zu erfassen ist – und welche Implikationen damit verbunden sind, z. B. hinsichtlich der Bedeutung unserer Handlungsspielräume und der uns umgebenden Umwelt. Diesbezügliche Debatten – etwa um die Bedeutung sozialer Rollen – gehören zu Kernfragen der Soziologie und Sozialpsychologie. Dementsprechend vielschichtig sind damit verbundene theoretische Grundannahmen, die etwa mit Begriffen wie Lebensstil, Habitus oder Milieu verbunden sind. Um kollektive Einflüsse zu definieren, kann man von kollektiver Identität sprechen, um z. B. die Bedeutung von Nationalität zu beschreiben. Allerdings ist es problematisch, eine eindeutige und von allen Mitgliedern einer Gruppe geteilte Deutung kollektiver Identität jenseits von einzelnen Individuen zu verorten (vgl. Reicher/Hopkins 2001). Zum Teil wird auch von kollektiven Meinungen gesprochen, und in der Emotionsforschung gewinnt die Auseinandersetzung mit kollektiven Emotionen, wie dem Wir-Gefühl, Stolz oder auch Schuld an Bedeutung (vgl. Sullivan 2007, 2009). Dass unser Handeln nicht nur aus einer individuellen, sondern auch aus einer kollektiven Perspektive heraus zu verstehen ist, ist in der Soziologie unstrittig. Gleichwohl fehlt es an einer allgemein anerkannten Theorie, wie das Kollektive zu fassen ist. Für die Theorie der Gruppendiskussion bedeutet dies, dass zum Teil kollektive Einflussfaktoren nur rein pragmatisch in Lehrbüchern besprochen werden oder aber es in Verbindung zu ausgewählten Theorien unterschiedliche Ansätze gibt, das Kollektive greifbar zu machen.

Tabelle 8 Komplexität von Gruppendiskussionen als Herausforderung

---

- Gruppe ist ein Konstruktbegriff: Gruppe ist nicht gleich Gruppe.
- Der Forschungsstand zum Geschehen in Gruppendiskussionen ist unbefriedigend.
- Offenheit und Kontextualität von Gruppen-Zugehörigkeit: Da wir mehr als nur einer Gruppe angehören, ist jedoch nicht immer klar, aus welcher Perspektive jemand von sich spricht.
- Menschen sind zugleich Individuen mit einer einzigartigen Lebensgeschichte und persönlichen Identität als auch abhängig von einer gesellschaftlich vorbestimmten sozialen Matrix, anhand derer wir uns verorten.
- Individuum und Gesellschaft sind untrennbar miteinander verwoben.
- In den Sozialwissenschaften gibt es zahlreiche alternative Ansätze, um die Bedeutung von Kollektivität für unser Handeln zu erfassen.

2.4.4 Von der Gruppe zur Gruppendiskussion

> Da Gruppen für unser Handeln eine unumstritten hohe Bedeutung innehaben, sollten sie in den Blickpunkt von Forschung geraten. Daraus lässt sich die Notwendigkeit einer Methode ableiten, welche das Interaktionsgeschehen in Gruppen untersucht. Gruppendiskussionen sind dazu in besonderem Maße geeignet.

Wie für die Gruppe gibt es auch keine allgemein geteilte Definition einer Gruppendiskussion. Dies liegt daran, dass je nach theoretischem Standpunkt der Kern und der eigentliche Wert einer Gruppendiskussion anders auf den Punkt gebracht wird. Unterschiedliche Definitionen lassen sich als Zeichen dafür ansehen, dass „sprachliche Differenzierungen auch Ausdruck verschiedener Vorstellungsinhalte sind bzw. sein können" (Lamnek 2005: 26). Das Problem eines einheitlichen Verständnisses verschärft sich noch, wenn man nicht nur den deutschsprachigen, sondern auch den englischsprachigen Sprachraum betrachtet. Es gibt verschiedene Versuche, die Begriffe ‚focus group', ‚group discussion' und ‚Gruppendiskussion' voneinander abzugrenzen und mit spezifischen Verständnis- und Vorgehensweisen in Verbindung zu bringen. Jedoch gibt es diesbezüglich keine einheitlich anerkannte Klassifizierung – und in der Praxis werden alle Begriffe in unterschiedlichen Kontexten für verschiedene Herangehensweisen verwandt[7]. Gruppendiskussionen werden nicht nur als „ermittelnde Methode" (vgl. Lamnek 2005: 29 f.) angewandt, sondern auch in anderen Kontexten, z. B. als Methode der Personalauswahl im Rahmen von Assessment-Centern oder wenn es darum geht, bewusst Veränderungsprozesse bei Teilnehmern hervorzurufen (z. B. in der Aktionsforschung, vgl. Lamnek 2005: 29 f. für eine Unterscheidung; Kromrey 1986: 116 ff. für eine Auseinandersetzung mit der Verwendung von Gruppendiskussionen im Kontext der Aktionsforschung). Wir beziehen uns im Folgenden ausschließlich auf die Gruppendiskussion als Methode im Kontext qualitativer Forschung.

Da es keine einheitlich geteilte Definition von Gruppendiskussionen gibt, werden wir uns auf die Suche nach dem kleinsten gemeinsamen Nenner begeben und unterschiedliche Auffassungen sowie ihre Bedeutung für die Forschungs-Praxis in den fol-

---

7 Bohnsack/Przyborski (2007) beispielsweise versuchen, Gruppendiskussionen von ‚focus groups' abzugrenzen, indem sie zwischen einem amerikanischen und einem deutschen Grundverständnis unterscheiden. Das deutsche Grundverständnis setzen sie gleich mit dem von ihnen entwickelten Verfahren. Dabei werden sie allerdings der Vielfalt der in Deutschland entwickelten Ansätze ebenso wenig gerecht wie der Bedeutung amerikanischer Theorietraditionen, wie z. B. des symbolischen Interaktionismus, für in Deutschland entstandene Auffassungen von Gruppendiskussionen. Die Abgrenzung, dass der Ausdruck „focus groups" eher für Gruppendiskussionen im Marktforschungs-, die Bezeichnung ‚Gruppendiskussion' eher im akademischen Kontext verwandt wird (ebd.: 493), berücksichtigt zu wenig, dass in der Marktforschungspraxis in Deutschland konsequent von Gruppendiskussionen gesprochen wird.

genden Abschnitten herausarbeiten. Lamnek (2005: 26 ff.) setzt sich mit verschiedenen Auffassungen von Gruppendiskussionen auseinander und schlägt in Anlehnung an Morgan (1997) folgende Definition vor:

> „Die Gruppendiskussion ist eine Erhebungsmethode, die Daten durch die Interaktionen der Gruppenmitglieder gewinnt, wobei die Thematik durch das Interesse des Forschers bestimmt wird" (Lamnek 2005: 27).

Nimmt man diese Definition zum Ausgangspunkt, lassen sich zunächst Charakteristika von Gruppendiskussionen bestimmen, die als ein gemeinsames Grundverständnis zwischen den verschiedenen Schulen angesehen werden können:

- Es gibt mehrere Teilnehmer, die explizit zu einer Diskussionsrunde eingeladen wurden.
- An der Diskussionsrunde nimmt mindestens ein Moderator teil, der eine andere Rolle inne hat als die Teilnehmer.
- Die Teilnehmer sollen untereinander und mit dem Moderator interagieren.
- Es gibt thematische Anlehnungspunkte für die Diskussionsrunde, welche vom Forscherteam vorgegeben werden.

Diese Liste von Gemeinsamkeiten mag auf den ersten Blick banal oder unscheinbar klingen, aber bei einer genaueren Betrachtung erschließt sich, dass selbst dieses Fundament auf weichem Grund gebaut ist. Wir werden das bei der Auseinandersetzung mit verschiedenen Ansätzen noch zu spüren bekommen (vgl. Kapitel 8.1), wollen das Spannungspotenzial an dieser Stelle aber bereits kurz zusammenfassend benennen. Beginnen wir mit dem letzten Punkt – dem Thema. Im Sinne Morgans wird die *Thematik* durch den Forscher bestimmt, bei Peter Loos und Burkhard Schäffer (2001: 13) heißt es dagegen, dass eine Gruppe zusammen kommt, „um sich über ein von der Diskussionsleitung *zunächst* vorgegebenes Thema zu unterhalten". Während gemäß der ersten Definition der thematische Rahmen durch das Forscher-Team vorgegeben wird, bietet er der anderen Auffassung zu Folge lediglich einen vorgezeichneten Anknüpfungspunkt zu einer möglichst selbstläufigen Diskussion, im Kontext derer sich neue Themenschwerpunkte erschließen können, ohne dass dies durch die Forscher in diese Richtung gelenkt würde.

Ganz unterschiedlich sind auch die Auffassungen zur Bedeutung von *Interaktionen der Gruppenmitglieder* untereinander und zur *Rolle des Moderators*. Während zum Teil gewünscht wird, dass der Moderator sich so gut es geht aus dem Geschehen heraus hält, gibt es andere Ansätze, welche ein engagiertes Auftreten des Diskussionsleiters wünschen, um sicher zu stellen, dass der thematische Fokus gewahrt oder als kontraproduktiv eingeschätzten gruppendynamischen Entwicklungen vorgebeugt bzw. entgegen getreten wird.

Und nicht zuletzt herrscht Dissens darüber, wen man eigentlich als *Teilnehmer* zu einer Gruppendiskussion einladen soll – oder anders ausgedrückt, welche Voraussetzungen gegeben sein müssen, damit man überhaupt von der Diskussion mehrerer Teilnehmer tragfähige Rückschlüsse auf soziale Gruppen ziehen kann. Sollten sogenannte „Realgruppen" eingeladen werden, damit Leute miteinander diskutieren, die auch im Alltag einer Gruppe angehören? Und wenn ja, müssen diese Leute sich bereits kennen oder reicht es aus, wenn sie aus einem gemeinsamen sozialen Raum (wie z. B. einem Milieu) stammen, der durch die Sozialwissenschaften bestimmt wird? Oder sollte man gerade Teilnehmer einladen, die sich nicht kennen – und wenn ja, kann diese Auswahl ganz zufällig sein oder sollte sie bestimmten im Vorfeld definierten Kriterien Genüge leisten? Diese Fragen werden von Vertretern unterschiedlicher Schulen ganz anders beantwortet. Wir werden darauf in den nächsten Abschnitten noch genauer eingehen (vgl. Kapitel 3.3 und 8.1).

In Anbetracht dieser Differenzen ist selbst die Einordnung der Gruppendiskussion im Kanon der Methoden nicht unumstritten. Lamnek (2005: 23 ff.) zählt die Gruppendiskussion nicht zu den Befragungsmethoden, sondern sieht sie als eine Mischform von Experiment, Beobachtung und Befragung an. Die Nähe zum Experiment begründet er damit, dass am Anfang ein Grundreiz präsentiert werde und im Anschluss die Reaktionen darauf erfasst würden. Auch finde die Diskussion der Teilnehmer „unter relativ kontrollierten Bedingungen" statt (Lamnek 2005: 27). Von Beobachtung könne man insofern sprechen, als man die Interaktion der Teilnehmer untereinander in den Mittelpunkt der Analysen rücke (Lamnek 2005: 23). Gleichzeitig räumt Lamnek aber ein, dass man Gruppendiskussionen auch als einen „Spezialfall der Befragung" betrachten könne (ebd.: 23) und dass die Methode diesem Verständnis gemäß als eine „nicht bzw. nur sehr begrenzt standardisierte Methode" zu den qualitativen Formen der Befragung zu rechnen sei (ebd.: 33).

Genau in diesem Sinne nähern wir uns in diesem Buch der Methode Gruppendiskussion. Denn gemäß unserem Verständnis sollte eine qualitative Befragung nicht gleich gesetzt werden mit einer im Vorfeld festgelegten Sequenz von Fragen und Antworten. Auch bei Befragungen einzelner Personen – z. B. im Rahmen narrativer, themenzentrierter oder problemzentrierter Interviews – geht es eher um die Erzeugung einer Gesprächssituation, in der die Teilnehmer an einer Studie ausführlich Raum haben, ihre Erfahrungen und Ansichten in eigenen Worten zu schildern. Dieser Grundgedanke kennzeichnet in gleichem Maße auch die Gruppendiskussion, weshalb wir sie als eine qualitative Form der Befragung verstehen. Dagegen entspringt die Methode des Experiments einem anderen Forschungs-Paradigma.

Auch die Kennzeichnung als Beobachtung geht unseres Erachtens zu sehr am Kern vorbei, weil sie zu wenig die Handlungs- und Gestaltungsspielräume eines Moderators als spezifischen Teilnehmer am Diskussionsgeschehen widerspiegelt und zu wenig verdeutlicht, dass es bei einer Gruppendiskussion vorwiegend um verbale Interaktionen geht. Allerdings sind Gemeinsamkeiten mit dem Ansatz der teilnehmenden Beobachtung nicht von der Hand zu weisen.

Wenn man auf der Ebene der praktischen Durchführung nach einem gemeinsamen Nenner zwischen den verschiedenen Ansätzen von Gruppendiskussionen Ausschau hält, so lassen sich folgende Aspekte benennen:

- Die Diskussion sollte in einem Raum stattfinden, der eine angenehme Atmosphäre bietet und in dem sich die Teilnehmer wohl fühlen.
- Es gibt einen zeitlichen Rahmen für die Gruppendiskussion. Dieser kann
  entweder als verbindlich angesehen werden oder der Orientierung dienen.
- Der Verlauf der Gruppendiskussion wird dokumentiert. Dies kann mit einem Protokoll, einer Tonband- oder einer Videoaufzeichnung verbunden
  sein.
- Die Teilnehmer an einer Gruppendiskussion sind am Anfang über die Rahmenbedingungen zu informieren.

Unterschiedliche Auffassungen gibt es bezüglich der idealen bzw. noch akzeptablen
Gruppengröße. Nach Schreier (2010: 222) schwankt die Zahl der Teilnehmer an einer
Gruppendiskussion zwischen fünf und 15. In Deutschland schlägt der Arbeitskreis für
qualitative Marktforschung (AkQua) eine ideale Größe von 8 Teilnehmern vor (Berufsverband Deutscher Markt- und Sozialforscher 2011). Da das Gruppengeschehen
abhängig von raumzeitlichen Kontextfaktoren (vgl. Sader 2002: 41) ist, gibt es für eine
Gruppendiskussion in der Regel einen im Vorfeld festgelegten zur Verfügung stehenden Zeitrahmen, der meist zwischen 90 und 180 Minuten liegt und den Teilnehmern
eine konzentrierte Bearbeitung eines Themas ermöglichen soll.

2.5   Zusammenfassung

Da sich eine gute Gruppendiskussion durch eine nah an der Alltagssprache und den
tagtäglichen Erfahrungen ausgerichtete ungezwungene Gesprächsatmosphäre aus-
zeichnet, besteht die Gefahr, dass bei einem ungeschulten Beobachter ein falsches
Bild entsteht, demzufolge es für die Durchführung von Gruppendiskussionen wenig
Vorbereitung und theoretischen Hintergrundwissens bedarf, in der Folge aber auch
keine fundierten Erkenntnisse zu erwarten sind. Das Potenzial von Gruppendiskussionen ist jedoch größer als es auf den ersten Blick erscheint.

Gruppendiskussionen bedürfen einer intensiven Vorbereitung und eines durchdachten Settings. Nur eine gut strukturierte und durch einen kompetenten, empathi-
schen Moderator geleitete Gruppendiskussion führt dazu, dass die Teilnehmer sich
im Verlauf der Diskussion öffnen, indem sie Erfahrungen und damit verbundene Erlebnisse schildern. Gruppendiskussionen gehören zu den qualitativen Methoden und
sind vor dem Hintergrund des interpretativen Forschungsparadigmas zu verstehen.
Es geht um die Rekonstruktion subjektiver Sinngebungsprozesse und das Verständnis einer symbolischen Lebenswelt, welche das Alltagshandeln von Menschen prägt.

Qualitative Forschung lässt sich anhand der Grundzüge Verstehen, Offenheit, Reflexivität, Alltags- und Prozessorientierung charakterisieren.

Bereits anhand einiger von uns betrachteter Anwendungsbeispiele wurde deutlich, wie breit das Spektrum der Themen und Fragestellungen ist, für die Gruppendiskussionen herangezogen werden. Außerdem zeigt sich, wie heterogen das Grundverständnis von Gruppendiskussionen hinsichtlich ihres Erkenntnispotenzials und der mit ihnen verbundenen Qualitätskriterien ist. Während es einigen Forschern eher um eine detaillierte Differenzierung von Inhalten geht, welche in der Diskussion im Mittelpunkt standen, geht es anderen darum, die Art und Weise auszuwerten, wie miteinander diskutiert wurde. Während einige möglichst unvoreingenommen auf der Basis von Diskussionsinhalten zentrale Gesichtspunkte herausarbeiten wollen, sind für andere in psychologischen und oder soziologischen Theorien verankerte Grundbegriffe ein zentraler Anker – von der Auswahl der Teilnehmer bis hin zur Auswertung der Diskussionen.

Allein diese unvollständige Auflistung umstrittener Auffassungen macht deutlich, wie wichtig ein eigener theoretisch fundierter Standpunkt ist, um das eigene Vorgehen begründen und in seiner Bedeutung einschätzen zu können.

Anhand mehrerer Fallbeispiele konnte verdeutlicht werden, wie in Gruppendiskussionen die Diskussion scheinbar banaler, alltagsnaher Themen mit grundsätzlichen Fragen der menschlichen Existenz verwoben wird. Gerade darin ist für uns die Faszination der Methode Gruppendiskussion begründet. Im Rahmen von Forschungsprojekten können Gruppendiskussionen als einzige Methode (stand-alone) eingesetzt werden, aber auch mit anderen Methoden kombiniert werden. Im Sinne einer Vorstudie können Gruppendiskussionen der Vorbereitung einer standardisierten Befragung dienen. Es kann aber auch sinnvoll sein, eine Gruppendiskussion einer quantitativen Befragung nachzuschalten. Unabhängig von der Reihenfolge der Durchführung gewinnt in der Praxis die Sichtweise an Gewicht, in der Endauswertung die mit qualitativen und quantitativen Methoden erzielten Ergebnisse als gleichwertig zu betrachten und das Augenmerk darauf zu richten, wie eine Fragestellung mit Hilfe der aus unterschiedlichen Perspektiven gewonnenen Erkenntnisse am umfassendsten beantwortet werden kann.

In der Praxis gibt es vielfältige Bereiche und Anwendungsfelder, in denen Gruppendiskussionen zum Einsatz kommen. Dies umfasst Grundlagenforschung ebenso wie die Unterstützung für eine strategische Entscheidung. Gruppendiskussionen können dazu genutzt werden, ein grundlegendes Verständnis von Zusammenhängen zu generieren, verschiedene alternative Konzepte zu testen oder zu evaluieren, inwiefern ein Angebot die gewünschte Wirkung erzielt. In der Marktforschung werden Gruppendiskussion neben Konzepttests und der Wirkungsanalyse von Kommunikation häufig im Rahmen von Usage/Attitude Studien eingesetzt, um grundlegende *Consumer Insights* zu Tage zu fördern. Außerdem dienen sie der Entwicklung strategischer Ideen ebenso wie der Positionierung von Marken und Angeboten.

Vorbereitung von Gruppendiskussionen 3

3.1 Relevanz und Komplexität der Projektvorbereitung

An die Offenheit als einem Grundprinzip der qualitativen Forschung werden in Methoden-Lehrbüchern zum Teil irreführende Ableitungen hinsichtlich der Projektvorbereitung geknüpft. So heißt es etwa in einem der deutschen Standardwerke: „Für explorative Studien ist es weitgehend unerheblich, wie die Untersuchungsteilnehmer aus der interessierenden Population ausgewählt werden." (Bortz/Döring 2006: 71). Im Vergleich zu quantitativen Studien gölten die Richtlinien für die Planung von qualitativen Studien als „weniger verbindlich" – stattdessen ließen explorative Untersuchungen „der Phantasie und dem Einfallsreichtum des Untersuchenden viel Spielraum" (ebd.: 50).

Kommt es also bei Gruppendiskussionen weniger auf eine gut durchdachte Planung, sondern eher auf einen spritzigen und spontanen Entertainer an, den im Verlauf der Diskussion die Muse küsst? Bei Morgan (1998: 12) heißt es gar: „Focus groups are one of the few forms of research where you can learn a great deal without really knowing what questions you want to ask!" Morgan möchte verdeutlichen, dass Gruppendiskussionen sehr gut dazu geeignet sind, komplexe Themenfelder zu explorieren, über deren Strukturen bislang nur wenig bekannt ist. Diesbezüglich stimmen wir selbstverständlich zu – aber Vorsicht! Offenheit darf nicht mit Beliebigkeit gleich gesetzt werden und bedeutet weder, dass spontan einfach drauf los gefragt wird, noch dass man sich nicht allzu sehr den Kopf zerbrechen sollte, wen man eigentlich befragt – da es einem ja um keine Quantifizierung der Ergebnisse geht.

Das Gegenteil ist richtig: Gerade die Qualität von Gruppendiskussionen hängt entschieden von einer guten Planung und durchdachten Vorbereitung ab. Man sollte nicht einfach mal ein paar Leute aus einer intuitiv als stimmig erachteten Zielgruppe miteinander diskutieren lassen – in der Hoffnung, dass sich wie von selbst daraus die relevanten Fragestellungen und Erkenntnisse heraus kristallisieren werden. Nehmen wir als Beispiel eine qualitative Studie zum Thema Anforderungen an einen PKW.

Stellen Sie sich vor, dass Sie aus Ihrem Bekanntenkreis zufällig 6–8 Personen beiderlei Geschlechts und verschiedenen Alters zu dem Thema diskutieren lassen. Und nun nehmen wir einmal an, dass a) 6–8 Frauen im Alter 18–25 Jahre, b) 6–8 Männer im Alter über 60 Jahre, c) 6–8 Kleinwagenfahrer und d) 6–8 Fahrer von Sportwagen miteinander diskutieren. Es sollte auf den ersten Blick deutlich werden, dass die diskutierten Aspekte und die zu erwartenden Ergebnisse in starkem Maße von der Gruppenzusammensetzung abhängen. Deshalb gilt:

> Gerade bei qualitativen Studien, die mit geringen Fallzahlen arbeiten, ist es besonders wichtig, sich im Vorfeld sehr genau Gedanken darüber zu machen, wer befragt wird und welche Themen im Mittelpunkt stehen sollten.

Es ist ein folgenschwerer Irrglaube, wenn mit der Offenheit der Befragung Ungezwungenheit und Unverbindlichkeit bei der Projektvorbereitung verbunden wird. Für Gruppendiskussionen gilt die Sorgfaltspflicht noch stärker als für qualitative Interviews: Ein ‚falsch‘ rekrutierter Teilnehmer, der nicht die gewünschte Betroffenheit zum Thema aufweist, darf nicht als ein leicht zu verkraftender Ausfall verstanden werden: Als Bestandteil der Gruppe kommt es durch seine Anwesenheit und seine Wortbeiträge zu einer ganz andern Dynamik als bei einer sauber und durchdacht rekrutierten Gruppe, sodass im schlimmsten Fall die ganze Gruppendiskussion unbrauchbar für die weitere Analyse wird. Auch eine unzureichende Vorbereitung der Diskussion kann zu schwerwiegenden negativen Folgen führen, wenn z. B. der Leitfaden mit derart vielen Fragen überfrachtet wird, dass den Teilnehmern nur wenig Raum innerhalb der Diskussionsrunde für die Schilderung eigener alltagsbezogener Erfahrungen gelassen wird.

Die Vorbereitung von Gruppendiskussion umfasst eine Reihe von Aufgaben, die alle von grundlegender Bedeutung für den Erfolg des Forschungsprojektes sind. Deshalb widmen wir der Vorbereitung von Gruppendiskussionen – im Praxis-Kontext häufig auch „Project Set-Up" genannt – ein eigenes ausführliches Kapitel. Besonders komplex wird der Vorbereitungsprozess, wenn, wie z. B. in der Marktforschung, vielfältige Abstimmungsleistungen mit Kooperationspartnern erbracht werden müssen. Das Project Set-Up ist dann als ein mehrdimensionaler Kommunikationsprozess zu verstehen, der von vielfältigen Vermittlungs- und Übersetzungsleistungen zwischen Auftraggeber, Institut, Projektleiter, ggf. einem externen Moderator und einem mit der Rekrutierung beauftragten Dienstleister verbunden ist.

Dieser Kommunikationsprozess ist ein wichtiger Schritt, um eigene und fremde Erwartungen abzuklären und gemeinsam zu einem möglichst klaren Verständnis vom Ziel des Projekts und der damit verbundenen Vorgehensweise zu gelangen. Zur besseren Übersicht empfiehlt es sich frühzeitig einen *Projektablaufplan* (und eine *Check-Liste*) anzulegen.

Dies ist auch ratsam, um bei der Vorbereitung von Gruppendiskussionen nicht unter unnötigen Zeitdruck zu geraten und um sicher zu stellen, dass bei den vielen unterschiedlichen anfallenden Aufgaben wichtige Schritte nicht in Vergessenheit geraten. Ein am Beispiel der Marktforschung ausgerichtete Check-Liste der anfallenden Schritte findet sich im Anhang.

In angewandten Praxis-Kontexten wie der Marktforschung oder Organisationsberatung bildet in der Regel ein ,Briefing' den Ausgangspunkt, das durch einen potenziellen Auftraggeber im Rahmen einer Anfrage vorgegeben wird.

Dieses Briefing sollte die wesentlichen Rahmenbedingungen und Ziele des Projekts zusammenfassen. Da bei der ursprünglichen Anfrage jedoch häufig einzelne Aspekte nicht in hinreichendem Maße gewürdigt werden, bedarf es meist genauer Nachfragen, um zu einem grundlegenden Verständnis der Ausgangssituation zu gelangen. Auch wenn es, etwa bei selbstinitiierten Forschungsprojekten in der akademischen Praxis, kein extern vorgegebenes Briefing gibt, empfehlen wir die Abfassung eines *internen Briefings,* d. h. einer Zusammenfassung der mit dem Projekt verbundenen Ziele.

Ein sorgsam abgestimmtes, möglichst viele Ebenen des Forschungsprozesses einbeziehendes Briefing ist von zentraler Bedeutung für eine erfolgreiche Projektdurchführung.

Deshalb werden wir uns im nächsten Abschnitt genauer damit auseinander setzen.

3.2   Briefing und Angebotserstellung

3.2.1   Briefing als Grundlage des Forschungsprozesses

Obwohl das Research-Briefing die Grundlage für ein erfolgreiches Forschungsprojekt legt, findet es in der einschlägigen Literatur zu Forschungsmethoden – im Unterschied zur weithin beachteten Bedeutung von Briefings für Marketing und Kommunikation (vgl. Schmidbauer 2007; Back/Beuttler 2006) – keine oder nur sehr allgemeine, kursorische Beachtung.[8]

---

8   Bei Lamnek (2005: 95) heißt es z. B.: „Hat man einen Auftraggeber, so sind dessen Interessen genau zu ermitteln."

Die fehlende Auseinandersetzung mit Qualitätskriterien des Briefings ist eine mögliche Ursache dafür, dass in der Praxis immer wieder schlechte und oberflächliche Briefings anzutreffen sind, in denen z.B. Fragestellungen nur sehr abstrakt und allgemein beschrieben werden oder in denen auf eine differenzierende Zielgruppenbeschreibung verzichtet wird. Wenn an dieser Stelle durch den Forscher nicht hinreichend nachgehakt wird, können diese unzureichend auf den Punkt gebrachten Anforderungen die erfolgreiche Durchführung einer Studie gefährden. Wenn erst nach der Durchführung der Gruppendiskussionen klar wird, worum es eigentlich hätte gehen sollen, ist es zu spät. Damit derartige Fehler vermieden werden, ist es wichtig, sich intensiv mit der Bedeutung des Briefings auseinander zu setzen.

Das Research-Briefing ist der initiierende Startpunkt eines Forschungsprozesses. Es ist eine schriftliche, seltener eine mündliche Auftragsbeschreibung, welche die Grundlage für den Forscher bildet, um ein zielgerichtetes Forschungsprojekt durchzuführen und – im Falle eines externen Briefings – ein Angebot zu erarbeiten.

Im Rahmen eines *schriftlichen Briefings* sollte der potenzielle Auftraggeber die Zielsetzung des Forschungsprojektes möglichst genau beschreiben und alle für das Forschungsthema wichtigen Hintergründe, Problem- und Aufgabenstellungen dokumentieren sowie kurz erläutern. Wichtig ist, dass das Briefing einen tiefgreifenden Einblick in die der Forschungsfragestellung zugrunde liegenden Problemlage bietet und diese verständlich macht. Deshalb gilt die Aussage von Härlen/Vierboom (2003: 36): *„Ein gutes Briefing ist die Kunst der zielführenden Problembeschreibung und Auftragsklärung, die über das reine Abhaken von Checklisten und Tagesordnungspunkten hinausgeht."* Ein gelungenes Research-Briefing sollte folgende Funktionen erfüllen (siehe Tab. 9):

Tabelle 9 Funktion des Briefings

- Vorstellung der Ausgangssituation,
- Klärung der Aufgabenstellung,
- Definition von Projektzielen,
- Grundstruktur des Vorgehens,
- Aufzeigen der Rahmenbedingungen wie Timing, Budget, Team.

Der *Umfang* des Briefings sollte nicht mehr als drei bis fünf Seiten ausmachen. Ausführlichere Briefings, wie z.B. eine Powerpoint-Präsentation mit über 40 Folien, mögen zwar auf den ersten Blick eindrucksvoll erscheinen, sind jedoch häufig ein Zeichen dafür, dass es dem Briefinggeber schwer fällt, die Forschungsfragen auf den Punkt zu bringen. Mit der Fülle der Informationen geht einher, dass die Fokussierung auf Kernfragestellungen zu wenig im Vordergrund steht. Dies erschwert eine klare Vereinbarung von Zielen zwischen den Kooperationspartnern. Umfangreiche Informationssammlungen sollten daher eher als Hintergrundinformation nach Auftragserteilung dienen.

Inhaltlich sollten zunächst immer der *Untersuchungshintergrund und die zugrunde liegende Problemstellung* erläutert werden. Im Rahmen von organisationspsychologischen Projekten sowie Marktforschungsstudien sind in diesem Zusammenhang auch Hinweise zur Historie und dem unternehmensstrategischen Hintergrund von Produkten, Dienstleistungen oder Marken von Nutzen und dienen dem besseren Verständnis der Ausgangslage.

Nach dem Hintergrund sollten die *Aufgabenstellung und der Informationsbedarf konkretisiert* werden. Auch hier gilt: Je genauer die Erwartungen zum Ausdruck gebracht werden können, desto besser ist dies für das Forschungsvorhaben. Dagegen ist Vorsicht vor leeren Worthülsen oder theoretisch mehrdeutigen Fachbegriffen in der Aufgabenstellung geboten, wenn z. B. ‚neue Consumer Insights in die Produktkategorie erwartet' werden. Für die Beschreibung des Forschungsziels ist das Setzen von Prioritäten bezüglich Fragestellungen/Themenbereiche hilfreich, etwa in hauptsächliche und sekundäre Fragestellungen. Zum Informationsbedarf des Briefinggebers gehört idealerweise eine Spezifizierung der zu erwartenden Ergebnisse (z. B. Verwendungszweck, daran zu knüpfende Maßnahmen etc.).

Auch eine *Empfehlung der anzuwendenden Methoden* seitens des Briefinggebers ist nützlich, da sie als gute Grundlage für eine Methodendiskussion im Angebot genutzt werden kann. Im Rahmen des Briefings sollte deshalb kurz vor dem Hintergrund der Problemstellung diskutiert werden, welche Methodenansätze problemadäquat erscheinen, z. B. ob Gruppendiskussionen, Workshops und/oder Tiefeninterviews bevorzugt werden, ob es Überlegungen zu mehrstufigen Ansätzen (z. B. hinsichtlich einer Integration qualitativer und quantitativer Forschung) oder ggf. einer Kombination von Befragungen mit ethnographischen Ansätzen, Tagebüchern, Analysen von Blogs- und Foren etc. gibt (vgl. Kapitel 8.2).

Eng verbunden mit der Methode sind *Stichprobe und Zielgruppe*. Es sollte erläutert werden, welche Zielgruppen für die Studie von Interesse sind. Insbesondere bei Fragestellungen rund um die Themen Mitarbeiter- und Kundenzufriedenheit spielt die Bereitstellung von Adressen für die Kontaktaufnahme eine wichtige Rolle, da diesbezügliche Daten in der Regel nicht einfach aus einer anonymen Grundgesamtheit ermittelt werden können. Informationen zu Anzahl und Format (z. B. ob mit e-Mail-Adresse; Telefonnummer etc.) der verfügbaren Adressen sind sehr hilfreich. Auch eine Einschätzung zur Teilnahmebereitschaft und der zugrundeliegenden Motivation von Angehörigen der Zielgruppe sollte im Briefing enthalten sein, wenn dazu Angaben gemacht werden können.

Relativ kurz können die folgenden Bestandteile des Briefings abgehandelt werden: Unter dem Punkt *Ergebnislieferung* sollte das gewünschte Berichtsformat erläutert werden z. B. ob kurze zusammenfassende Key-Findings oder ein ausführlicher Full-Report erwartet und ob eine Präsentation gewünscht werden. Bei internationalen Studien sollte außerdem angegeben werden, ob einzelne Länderberichte und ein länderübergreifender Gesamtbericht erstellt werden sollten.

Sinnvoll sind auch immer Hinweise zu den zu verwendenden *Stimulus-Materialien* wie Konzepten, Storyboards, TV-Spots oder Testprodukten. Dabei sind die Anzahl der Materialien sowie das Entwicklungsstadium des Testmaterials von Bedeutung (z. B. grob/final, verbal/visuell). Wenn möglich sollte im Research Briefing auch ein ungefährer *Budgetrahmen* für die geplante Studie angegeben werden, der die Erstellung eines realistischen, auf Kundenbedürfnisse zugeschnittenen Angebots erleichtert. Informationen zum gewünschten *Timing* sind unverzichtbar, da diesbezügliche Vorgaben unter Umständen dazu führen könnten, dass ein Projekt realistischerweise nicht durchzuführen ist. Fixe Termine für die Angebotsabgabe, Berichtslegung und Präsentation sollten unbedingt aufgeführt werden.

Abschließen sollte das externe Briefing mit zusammenfassenden Angaben hinsichtlich der *Anforderungen an das Angebot.* Um Angebote verschiedener Institute besser vergleichen zu können, werden in der Praxis häufig bestimmte Standards gefordert, z. B. hinsichtlich des Dateiformats (Word, PowerPoint), der Kostenübersicht (z. B. aufgeteilt nach Set-Up, Feldarbeit/Moderation, Analyse), der Kennzeichnung optionaler Kosten (z. B. Präsentation, Simultandolmetscher). Idealerweise sollte auch angegeben werden, ob Lebensläufe vom Projektteam und Referenzen/Kompetenzen hinsichtlich ähnlicher Forschungsschwerpunkte im Angebot gewünscht werden. Eine Angabe des *(internen) Projektteams* beim Auftraggeber mit Ansprechpartner bei Rückfragen nebst Kontaktdaten schließt das gelungene Research-Briefing ab.

Sind diese Schwerpunkte beantwortet, dann hat der Briefinggeber zunächst seine ‚Bringschuld‘ erbracht. Häufig gibt es nach dem Erhalt eines Briefings inhaltlichen Klärungsbedarf. Auch weil die Entscheidung auf Seiten potenzieller Auftraggeber einer persönlichen Vertrauensbasis bedarf, empfiehlt sich für Forscher auf Institutsseite nach dem Erhalt des schriftlichen Briefings ein kurzer *Feedback-Call* des Projektleiters. Dies dient zum einen dazu, zu dokumentieren, dass das Briefing erhalten wurde und zum anderen zur Verdeutlichung, wer es bis wann bearbeiten wird. Außerdem dient das Gespräch der Klärung offener Fragen. Als Forscher sollte man die Möglichkeit zur Hinterfragung, Präzisierung und Vertiefung des Kommunizierten proaktiv wahrnehmen. Denn die Praxis zeigt, dass Unklarheiten im Kommunikationsprozess nicht selten sind, und gerade diese Punkte über Erfolg oder Misserfolg eines Angebots/Projektes entscheiden können. So kommt es häufig vor, dass der betriebliche Marktforscher mit nur wenigen Stichworten seines Produktmanagers und knapper Zeit ein Institutsbriefing zu einem Forschungsprojekt aufsetzen muss. Das kann zur Folge haben, dass wichtige Informationen unvollständig kommuniziert oder Ziele unklar ausgedrückt werden.

Durch proaktive Kontaktaufnahme tritt der Forscher nicht als passiver Empfänger auf, sondern bringt Kompetenz, Interesse und Einsatzbereitschaft zum Ausdruck. Wir empfehlen deshalb, jedes Briefing aktiv zu hinterfragen. Damit wird auch dem Befund von Härlen/Vierboom (2003: 39) Rechnung getragen, dass Auftraggeber in der Regel einen starken Partner auf Augenhöhe wünschen, welcher nicht unterwürfig auftritt, sondern Sicherheit und Kompetenz vermittelt. Sowohl zur Vorberei-

tung der Angebotserstellung als auch des persönlichen Gesprächs mit dem potenziellen Auftraggeber empfiehlt sich ein grundlegender *Desk Research,* d. h. die Suche
nach zusätzlichen Informationen. Hier sollte nicht nur ein Blick auf die Website des
Unternehmens, seiner Organisationsstruktur und seinen Marken geworfen werden,
sondern auch Blogs, Communities, Foren etc. systematisch auf neuere Statements
und Tendenzen untersucht werden.

> Beim Hinterfragen eines Briefings und bei der Angebotserstellung geht es um
> *Client Understanding.* Der Forscher sollte sich darum bemühen, Bedürfnisse,
> Wünsche, Motive, Anforderungen und Konflikte des Kunden im Zusammen-
> hang mit der Problemstellung, seine Marken und Produkten so gut wie mög-
> lich zu verstehen.

Gelingt dies, kann dies den Grundstein für eine langfristige Zusammenarbeit bedeuten – ganz im Sinne eines Ausspruches durch einen CEO nach einer Angebotspräsen-
tation: „Wer uns am besten verstanden hat, gewinnt!" Im Sinne des Client Understanding sollte man stets bemüht sein, sich so gut wie möglich zu vergegenwärtigen, wer
auf Kundenseite welche Informationen benötigt, warum diese wichtig sind und wie
sie in künftige strategische Entscheidungen eingebunden werden sollen. Zum Abschluss unserer Auseinandersetzung mit dem Briefing noch ein Tipp:

> Das Briefing ist nicht nur für die Angebotserstellung wichtig, sondern soll-
> te auch bei der Leitfadenerstellung und Berichterstellung noch einmal zur
> Hand genommen werden, um zu prüfen, ob alle darin enthaltenen Fragen sich
> im Leitfaden widerspiegeln bzw. im Bericht beantwortet oder zumindest an-
> gesprochen werden.

Im Anhang findet sich eine Checkliste, welche die sinnvollen Bestandteile eines Re-
search-Briefings am Beispiel der Marktforschung zusammenfasst.

3.2.2 Bedeutung des Angebots im Forschungsprozess

Bei der *Angebotserstellung* an sich gibt es in der Regel institutseigene Vorgaben bezüglich Layout und Aufbau. Derartige Anforderungen im Sinne eines stimmigen Cor-
porate Designs sind ratsam, um die eigene Außenwirkung zu schärfen und die Angebotserstellung bei weiteren Anfragen in der Zukunft zu erleichtern. Hilfreich ist
es in diesem Sinne auch, auf eine Sammlung von Textbausteinen (etwa zu Vor- und
Nachteilen von Methoden) zurückgreifen zu können sowie besonders gelungene Angebote in einem elektronischen Ordner zu archivieren, um sich daran anlehnen zu
können.

Keinesfalls sollte man jedoch aus Zeitgründen standardisierte Angebote erstellen, die nicht auf die individuellen Bedürfnisse des Kunden eingehen. Alle im Briefing angeführten Bestandteile sollten auch im Angebot enthalten sein.

Um dem Auftraggeber Einblicke hinsichtlich des geplanten Vorgehens zu gewähren, kann im Angebot eine Grobstruktur des Leitfadens entwickelt und eingefügt werden. Jedoch ist dies immer im Einzelfall abzuwägen, weil damit ein nicht unerheblicher Arbeitsaufwand verbunden ist und außerdem Vorsicht gewahrt werden sollte, eigene Ideen nicht vorschnell aus der Hand zu geben, bevor das Projekt beauftragt wurde. Je stärker das Vertrauensverhältnis zu Kunden ausgeprägt ist, desto detaillierter kann das geplante Vorgehen skizziert werden. Selbst wenn das Angebot nicht zu einer Beauftragung führt, wird durch das Eindenken in den Kontext Einsatzbereitschaft demonstriert und langfristig die Kundenbeziehung gestärkt.

In der Regel ist es bei einem Angebot ratsam, mehrere Optionen aufzuzeigen, um dem Kunden Spielräume bei der Entscheidung zu eröffnen. Allerdings sollten die Stringenz und Übersichtlichkeit des Angebots immer oberste Priorität haben. Wenn zu viele alternative Optionen erläutert und methodische Feinheiten zu stark differenziert werden, kann nicht sichergestellt werden, dass das Angebot auch attraktiv für Entscheider ist, die nicht im Methodenbereich Experten sind, sondern auf der Fachseite, etwa im Marketing oder in der Produktentwicklung. Die Gefahr besteht darin, dass man sich zu sehr über methodische Finessen auslässt und daher der Kern des Angebots nicht schnell genug ersichtlich wird. Generell gilt es bei der Angebotserstellung, sich immer möglichst genau darüber zu informieren, wer eigentlich der Adressat des Angebots ist und wie beim Kunden letztendlich die Entscheidungsstrukturen sind. Betriebliche Marktforscher beispielsweise sind häufig selbst in komplexe und nicht immer konfliktfreie Kommunikations- und Kooperationsbeziehungen innerhalb ihres Unternehmens eingebunden[9]. Da die betrieblichen Marktforscher in der Regel am engsten mit dem Institut kooperieren, sollten ihre Bedürfnisse besonders genau exploriert und ernst genommen werden. Im Rahmen der Angebotserstellung und weiteren Projektdurchführung sollte immer darauf geachtet werden, ein möglichst partnerschaftliches Verhältnis zu ihnen zu entwickeln. Gemeinsam an einem Strang zu ziehen ist die Voraussetzung dafür, dass der Stellenwert der Marktforschung insgesamt im Unternehmen an Bedeutung gewinnt – mit positiven Auswirkungen für den betrieblichen Marktforscher ebenso wie für das Institut.

---

9   Krueger/Casey (2009: 18) veranschaulichen die Herausforderungen von Konflikten zwischen Mitarbeitern des Kunden anhand eines Beispiels: Eine Gemeinde beauftragte nach einer Häufung von Unfällen im Zusammenhang mit übermäßigem Alkoholkonsum ‚das Problem' mit Hilfe von Gruppendiskussionen zu untersuchen. Allerdings stellte sich im Abstimmungsprozess heraus, dass ganz unterschiedliche Auffassungen darüber bestanden, was eigentlich das Problem darstellte. Während es einigen darum ging, Programme zu entwickeln, die das Trinken von Jugendlichen generell verhindern sollten, ging es anderen um Programme, die darauf abzielten, trinkende Jugendliche vom Fahren abzuhalten. Beide Ziele hätten unterschiedliche Implikationen für das Studiendesign. Wenn dies nicht im Vorfeld geklärt würde, wäre ein Teil der Kunden am Ende auf jeden Fall unzufrieden mit der Studie.

Wenn ein Angebot nicht zu einer Beauftragung führt, ist dies zwar bedauerlich, sollte aber nicht dazu führen, dass man die darin investierte Zeit im Nachhinein als verloren betrachtet.

Es empfiehlt sich erstens, mit dem Briefinggeber noch einmal ein telefonisches Feedbackgespräch zu suchen, um die Hintergründe zu eruieren, die zur Ablehnung geführt haben. Das Gespräch dient zum einen der Suche nach generellen Verbesserungsmöglichkeiten bei der eigenen Angebotserstellung und zum anderen dem individuellen Client Understanding, da es je nach Kundentyp sehr unterschiedliche Bewertungskriterien von Angeboten gibt. Oberste Priorität sollte im Gespräch darauf gelegt werden, auf einen freundlichen Ton zu achten, sich auf keinen Fall zu rechtfertigen oder die Entscheidungskompetenz des Gesprächspartners in Frage zu stellen. Auch Informationsbarrieren durch den Briefinggeber sollten respektiert werden. Auf keinen Fall dürfen dem Gesprächspartner Schuldgefühle für seine Entscheidung vermittelt werden. Es ist vielmehr wichtig, ihm zu verdeutlichen, dass man auch in Zukunft Interesse daran hat, in den Kreis der Institute zu gelangen, denen vertrauliche Informationen zur Verfügung gestellt werden, um zur Abgabe eines Angebots aufgefordert zu werden.

Zweitens sollte man sich vergegenwärtigen, dass mit jedem erstellten Angebot das eigene Wissen steigt – insbesondere hinsichtlich der bearbeiteten Problemstellung. In der Regel drückt die von einem Kunden angefragte Fragestellung neben einer spezifisch auf das Unternehmen ausgerichteten Thematik auch eine allgemeinere ‚aktuelle' Frage aus, die auch andere Unternehmen zur selben Zeit bewegt. Damit steigt zum einen die Marktkenntnis, die für mögliche zukünftige Projekte benötigt wird. Zum anderen bietet sich auch die Möglichkeit, sich proaktiv in Bedürfnisse von bestehenden und potenziellen Neukunden einzudenken, den Kontakt zu suchen und selbst Vorschläge für zukünftige Projekte zu machen oder im Sinne einer über einzelne Projekte hinaus gehenden Kundenbeziehung die gegenwärtige Lage am Markt zu diskutieren. Selbstverständlich dürfen dabei auf keinen Fall sensible Daten dafür missbraucht oder gar weiter gegeben werden, die man dem Briefing anderer Kunden entnehmen kann. Denn die Wahrung eines Vertrauensverhältnisses durch Verschwiegenheit ist die oberste Norm in der Forschung, die auf keinen Fall in Frage gestellt oder eingeschränkt werden darf.

Wenn das Angebot zu einer Beauftragung führt, beginnt ein intensiver Abstimmungsprozess hinsichtlich des zuvor skizzierten Studiendesigns, des Rekrutierungsfragebogens, des Diskussionsleitfadens, der Verwendung von Stimuli-Materialien oder der Kombination mit anderen Methoden.

Insbesondere bei von Unternehmensseite als besonders wichtig erachteten Projekten, an denen Mitarbeiter aus verschiedenen Abteilungen ein Team bilden, und bei neu gewonnenen Kunden kommt es im unmittelbaren Anschluss an die Auftragsvergabe zu einem „*Kick-Off-Meeting*", bei dem ein persönliches Research-Briefing gegeben und die nächsten Schritte abgestimmt werden[10]. Im Diskurs von Vertretern des Unternehmens (z. B. betrieblicher Marktforscher, Produktmanager, Abteilungsleiter, Einkäufer usw.) und des Forschungsinstituts (Projektleiter, Moderator) wird erörtert, ob die Kernfragestellung um bestimmte Zusatzfragen ergänzt werden muss. Außerdem erhält das Institut Einsicht in die z. T. nicht verschriftlichten strategischen Hintergründe („Management Objectives") des Forschungsprojektes, die aus Vertraulichkeitsgründen nicht an alle Institute weitergegeben wurden, welche zur Angebotserstellung aufgefordert waren. Neben inhaltlichen Aspekten geht es im Kick-Off-Meeting auch darum, sich näher zu kommen und eine gemeinsame Vertrauensbasis aufzubauen. Es ist daher sehr wichtig, zu einem solchen Meeting möglichst gut vorbereitet zu erscheinen, um einen professionellen Eindruck zu hinterlassen.

Wenn das Projekt neben der qualitativen auch eine quantitative Studie umfasst, ist es empfehlenswert, gemeinsam aufzutreten. Wichtig ist es, beim Briefing sehr detailliert Protokoll zu schreiben und insbesondere die Interaktion von Mitarbeitern des Kunden zu beachten. Eventuell vorhandene Interessenskonflikte, die nicht immer offen ausgetragen werden und zu unterschiedlichen Erwartungen an das Projekt führen können, sollten auf jeden Fall wahrgenommen und nicht ignoriert werden.

Gegebenenfalls sollte die Vertrauensperson beim Kunden, z. B. der betriebliche Marktforscher, in einem späteren Gespräch noch einmal darauf angesprochen werden, um gemeinsam eine abgestimmte Umgangsweise mit dieser herausfordernden Ausgangslage zu entwickeln. Wenn man dagegen derartige atmosphärische Spannungen ignorierte und sich lediglich auf die im Briefing angegebenen Informationen konzentrierte, liefe man Gefahr, am Ende aufgrund einer im Vorfeld nicht zu antizipierenden Dynamik auf Seiten des Unternehmens nach Abschluss der Feldforschung mit Kritik konfrontiert zu werden, die man zwar selbst als ungerechtfertigt erleben würde, die aber dennoch dazu führen könnte, dass der Kunde in der Zukunft nicht mehr die Zusammenarbeit mit dem Institut suchen wird. Auch hier sollte das Bemühen um Client Understanding deshalb höchste Priorität haben.

Wir haben in diesem Abschnitt die Praxis der Projektvorbereitung sehr explizit an den Marktforschungs-Kontext geknüpft, weil er sich besonders gut dazu eignet, die Komplexität und Relevanz dieser Forschungsphase zu veranschaulichen. Gleichwohl möchten wir abschließend noch einmal darauf hinweisen, dass ein zusammenfassendes Briefing auch bei Gruppendiskussions-Projekten jenseits der Marktforschung wichtig ist. Für andere Praxis-Felder, in denen man als Forscher einen Auftraggeber hat, stellen sich leicht übertragbare Anforderungen, etwa hinsichtlich der Identifizierung von internen Spannungsfeldern als Grundlage für die Organisationsberatung.

---

10 Bei internationalen Projekten wird dieses persönliche Kick-Off-Meeting immer häufiger als Telefonkonferenz (,Conference Call'/,Dial-In-Conference') oder als ‚Web Conference'/‚Web Meeting' via Internet durchgeführt.

Wenn man keinen externen Auftraggeber hat, sondern ein selbstinitiiertes Projekt durchführt, empfehlen wir ein internes Angebot zu verfassen, das quasi die Grundlage dafür bietet, sich selbst den Auftrag zu erteilen, ein klar umrissenes Projekt durchzuführen.

3.3   Festlegung des Studiendesigns

In diesem Abschnitt wollen wir uns genauer mit dem Schritt der Projektvorbereitung beschäftigen, bei dem es um die Festlegung des Studiendesigns geht.

Den Ausgangspunkt bildet die Klärung der Frage, welche Bedeutung Gruppendiskussionen für die Studie haben (vgl. Kapitel 2.2). Bei der folgenden Konkretisierung von Stichprobe und Forschungsfragestellungen ist ein derartiges Grundverständnis der Bedeutung von Gruppendiskussionen unentbehrlich.

Um zu verdeutlichen, worauf beim Studiendesign zu achten ist, diskutieren wir im Anschluss die folgenden zentralen Fragen:

- Wer bildet das Forschungsteam und wer moderiert die Gruppendiskussionen? (Abschnitt 3.3.1),
- Sollten Real-Gruppen oder Ad-hoc-Gruppen befragt werden? Welche Anforderungen gibt es bezüglich Homogenität und Heterogenität der zu rekrutierenden Teilnehmer? (Abschnitt 3.3.2),
- Wie viele Gruppendiskussionen sollen insgesamt durchgeführt werden und wie viele Teilgruppen sind dabei zu unterscheiden? (Abschnitt 3.3.3),
- Wie viele Teilnehmer sollten an der Gruppendiskussion teilnehmen? (Abschnitt 3.3.4).

3.3.1   Teambildung und Wahl des Moderators

Zunächst sollte entschieden werden, wer zum Forschungsteam zählt und wer welche Aufgaben übernimmt. In der Regel ist es ratsam, dass eine Person die Verantwortung für die Organisation übernimmt und gegebenenfalls Aufgaben an Dritte, wie z. B. freie Rekrutierer und Teststudios, delegiert.

Ob der Projektleiter selbst die Moderation übernimmt oder noch ein Moderator bzw. eine Moderatorin hinzugezogen werden sollte, hängt von verschiedenen Faktoren ab:

Erstens ist zu berücksichtigen, ob gegebenenfalls Auftraggeber oder Kooperationspartner die Diskussion aus einem angrenzenden Raum beobachten wollen. In diesem Fall sollte idealerweise ein Projektmitglied anwesend sein, um spontan auftretende Rückfragen zum Vorgehen und Diskussionsverlauf klären und ggf. einer einseitigen Interpretation der Dynamik entgegen wirken zu können. Außerdem bietet sich die Möglichkeit, die unmittelbaren Eindrücke von Kunden sofort für eine anregende Diskussion zu nutzen, aus der sich wichtige Ansatzpunkte für die Beratung ergeben.

Zweitens ist bei der Wahl des Moderators darauf zu achten, dass dieser von der Zielgruppe akzeptiert wird und in der Lage ist, eine vertrauensvolle Atmosphäre herzustellen. Zugespitzt gefragt: Kann ein Mann eine Gruppendiskussion mit weiblichen Teilnehmerinnen zu ‚Frauenthemen' moderieren? Darf ein CDU-Mitglied eine Diskussion von ‚Grünen' leiten? Sollte eine 25-jährige eine Gruppendiskussion zum Thema ‚Wechseljahre' moderieren? Kann ein Nicht-Techniker eine Gruppendiskussion mit IT-Spezialisten moderieren?

Grundsätzlich gilt, dass der Moderator zum Thema und zur Zielgruppe passen sollte. Nur dann ist der größtmögliche Erkenntnisgewinn aus der Diskussion zu ziehen, nur so können optimal Gesprächsbarrieren abgebaut werden, das Verständnis erleichtert und die Chance auf eine richtige Interpretation ermöglicht werden. Das bedeutet gleichzeitig, dass alle die oben genannten Fragen prinzipiell mit einem ‚ja' zu beantworten sind – allerdings sollte man sich bei der Auswertung bewusst sein, dass mit der spezifischen Rolle des Moderators immer auch eine besondere Dynamik verbunden ist (vgl. Kapitel 7).

> Fremdheit muss kein Hindernis darstellen, um Vertrauen zu gewinnen, sondern kann gerade als Chance gesehen werden, Befragte dazu zu bringen, scheinbar Selbstverständliches zu hinterfragen und in Worte zu fassen. Wichtiger als soziodemographische Kriterien sind daher Erfahrungsreichtum und Qualitäten eines Moderators, sich einzufühlen und Misstrauen ihm gegenüber abzubauen.

Diesbezüglich besteht für eine 25-Jährige mit Sicherheit eine geringere Herausforderung darin, eine Gruppe zum Thema ‚Bedeutung des Internets für junge Frauen' zu leiten als eine Gruppe zum Thema ‚Wechseljahre'. Gerade angehende Moderatoren sollten zu Beginn ihrer Karriere nicht mit besonders herausfordernden Zielgruppen konfrontiert werden, für die erfahrenere Moderatoren eingesetzt werden können.

Insbesondere wenn man sich die unterschiedliche Dynamik, die mit der Rolle eines Moderators verbunden ist, zunutze machen will, kann es auch Sinn machen, bewusst mit zwei Moderatoren zu arbeiten: also z. B. ein ‚Frauenthema' für die Hälfte aller durchgeführten Gruppendiskussionen von einem Mann und für die andere Hälfte von einer Frau moderieren zu lassen. Bei eingespielten Teams kann auch eine Duo-Moderation sinnvoll sein, etwa wenn das Thema ‚Wechseljahre' gemeinsam von einer jüngeren und einer älteren Moderatorin geleitet wird.

Bezüglich der Homogenität bzw. Heterogenität von Moderator und Zielgruppe gibt es also große Handlungsspielräume – als Grundregel gilt, dass die entstehende Dynamik im Vorfeld, etwa bei der Konstruktion des Leitfadens und bei der Auswertung berücksichtigt und nicht unter den Teppich gekehrt wird.

3.3.2 Diskussion um heterogene oder homogene Gruppen

Die Qualität einer Gruppendiskussion hängt entscheidend von der Zusammensetzung der Gruppe ab. Dabei ist zunächst einmal zwischen sogenannten ‚Realgruppen' und ‚Ad-hoc-Gruppen' zu unterscheiden. Von einer Realgruppe oder auch ‚natürlichen Gruppe' wird dann gesprochen, wenn die Teilnehmer einer Gruppendiskussion auch jenseits der Gesprächsrunde eine feste Gruppe bilden. Realgruppen können also beispielsweise durch Angehörige einer bestimmten Abteilung einer Firma gebildet werden. Unter einer Ad-hoc Gruppe wird dagegen eine auf der Basis von Kriterien eigens für die Diskussion rekrutierte Gruppe verstanden, die in dieser Zusammensetzung vorher noch nicht zusammen gekommen ist und auch nach der Diskussion nicht mehr als Gruppe weiter bestehen wird.

Diskussionen mit Realgruppen werden insbesondere dann durchgeführt, wenn es darum geht, eine konkrete, kleinere Gruppe kennen zu lernen und auf Basis dieser Erkenntnisse Verbesserungsvorschläge für genau diese Gruppe zu entwickeln – etwa in der Organisationsberatung. Realgruppen sind außerdem dadurch gekennzeichnet, dass bereits vor der Gruppendiskussion bestimmte Rollen in der Gruppe ausgeprägt sind. Damit sind typische Kommunikations- und Interaktionsmuster verbunden, welche sich im Diskussionsverlauf widerspiegeln und Rückschlüsse nicht nur auf die spezifische Gruppe, sondern auch gesellschaftliche Strukturen ermöglichen, welche den Kontext für diese Gruppenprozesse bilden.

Trotzdem gibt es viele Argumente, die für die Untersuchung von Fragestellungen anhand von Ad-hoc Gruppen sprechen, wenn es nicht um die Beratung bestehender Gruppen oder das Verständnis bereits vorstrukturierter gruppeninterner Kommunikations- und Interaktionsprozesse im Alltag geht.

Ad-hoc Gruppen schaffen für die Teilnehmer einen vertraulichen Raum, in dem sie sich öffnen können, ohne persönliche Konsequenzen für die geäußerten Ansichten fürchten zu müssen, da sie nicht – wie bei Realgruppen – nach der Gruppendiskussion weiterhin in Interaktion mit den Mitgliedern der Gruppe treten müssen. Während bei Realgruppen die Gefahr besteht, dass die Diskussion eher strategisch dazu genutzt wird, um die eigene Position im Rahmen der Gruppe zu optimieren, bieten Ad-hoc Gruppen die Möglichkeit, dynamische Meinungsbildungs- und Auseinandersetzungsprozesse zu verfolgen. Im Gegensatz zu Realgruppen sind Ad-hoc Gruppen nicht bereits hierarchisch vorstrukturiert, sodass zunächst mehr Offenheit für alle besteht und entstehende Rollenmuster im Laufe der Diskussion als Teil der Gruppendynamik verstanden werden können. Im Rahmen der Gruppendiskussion möglicherweise entstehende Konflikte können auf das Thema bezogen werden, ohne dass wie bei Realgruppen Unklarheit herrscht, ob hier ein schwelender, persönlicher Konflikt mit Bezug auf das Thema sozusagen als ‚Stellvertreterkrieg' durchgeführt wird. Mit Realgruppen ist außerdem die Gefahr verbunden, dass für den Forscher interessante Aspekte nicht benannt werden, weil sie innerhalb der Gruppe als geteilter

‚common sense' und als Selbstverständlichkeit voraus gesetzt werden (vgl. Lamnek 2005: 107 ff.; Wagner/Schönhagen 2008: 297 f.).

Wenn Ad-hoc Gruppen durchgeführt werden, ergibt sich die zentrale Frage nach den Kriterien, anhand derer die Teilnehmer ausgewählt werden. Dabei muss gewährleistet werden, dass durch die Diskussion Erkenntnisse gewonnen werden, die auch über die konkrete Gruppe der bei einer Diskussion anwesenden Personen hinaus Aufschlüsse ermöglichen und somit zu Verallgemeinerungen führen. Typische Muster sollen identifiziert werden – es geht nicht wie bei quantitativen Studien um Angaben zur prozentualen Verteilung[11] Da jeder einzelne Teilnehmer von großer Bedeutung für die sich innerhalb von Gruppen entwickelnde Dynamik ist, bedarf es für die Rekrutierung möglichst präziser Kriterien. Krueger/Casey (2009: 21) verdeutlichen dies anhand eines Beispiels, das wir hier zur Veranschaulichung kurz zusammenfassen:

Eine Universität bemüht sich, attraktiver für Studenten zu werden und will dafür eine Studie auf der Basis von Gruppendiskussionen durchführen. Auf den ersten Blick erscheint dies als ein einfaches Unterfangen, das durch eine Befragung von Studenten gelöst werden könnte. Aber auf den zweiten Blick wird die Komplexität deutlich: Geht es darum, gegenwärtige Studenten zu halten? Oder darum zu verstehen, warum andere Studenten die Universität ohne Abschluss verlassen haben? Darum, wie potenzielle neue Studenten die Universität wahrnehmen? Um die Sicht der Eltern, die das Studium finanzieren und Einfluss auf die Entscheidung nehmen? Oder um die Art und Weise, wie zukünftige Arbeitgeber die Qualität der universitären Ausbildung einschätzen? Sollte nach verschiedenen soziodemographischen Gruppen unterschieden werden, weil die Universität ein besonderes Augenmerk auf Angehörige ausgewählter sozialer Schichten richten will? Diese Liste von Fragen verdeutlicht, dass die präzise Definition von Kriterien, an welcher Zielgruppe man interessiert ist, vielschichtig und komplex ist – und sorgfältiger Überlegungen im Vorfeld bedarf.

Eine in der Literatur immer wieder diskutierte Frage ist die, ob die Teilnehmer an einer Gruppendiskussion nach zentralen Rekrutierungskriterien (wie z.B. Geschlecht, Alter, Nutzungsverhalten) möglichst homogen oder heterogen sein sollten. Allerdings greift die Diskussion darum u.E. häufig zu kurz und konstruiert einen nur scheinbar bestehenden Gegensatz.

Denn mit Kurt Lewin, welcher als Pionier der Forschung zu Gruppendynamik angesehen werden kann, ist festzuhalten, dass Ähnlichkeit hinsichtlich klassifikatorischer Merkmale noch kein homogenes Verhalten begründet. Menschliches Handeln ist derart komplex und an vielfältige Einflussfaktoren gebunden, dass es nie durch die Wahl eines Gruppenzugehörigkeitsmerkmals als vorbestimmt gelten darf. In der Gruppe entfaltet sich stets eine Eigendynamik, da das „augenblickliche Verhalten von

---

11   Vgl. Helfferich 2009: 172 ff. für eine Auseinandersetzung mit Anforderungen an eine Stichprobe im Rahmen qualitativer Forscher, Dammer/Szymkowiak 2008: 39 ff. für eine Diskussion des Kriteriums der Repräsentativität für Gruppendiskussionen.

allen Teilen des Feldes" abhängt (Lewin 1982: 202). Es ist daher eine analytische Aufgabe, Interdependenzen – d. h. wechselseitige Abhängigkeiten – aufzudecken. Auch wenn bei der Rekrutierung auf Ähnlichkeiten hinsichtlich wichtiger Kriterien geachtet wird (z. B. nur männliche Ingenieure), kommt es in jeder Gruppe zu einer eigenen Dynamik, weil nie dieselben Menschen im selben Moment zusammen kommen. In diesem Sinne entfaltet sich die Diskussion in jeder Gruppe in einer eigenen, spezifischen Art und Weise: „Nicht die Ähnlichkeit, sondern eine gewisse Interdependenz ihrer Glieder konstituiert eine Gruppe" (Lewin 1982: 205).

Auf Basis dieser Grundannahmen von Lewin stimmen wir nicht mit der von Lamnek (2005: 106) vorgeschlagenen Bevorzugung heterogener Gruppen überein. Lamnek verknüpft mit heterogenen Gruppen eine lebhaftere und durch eine größere Vielfalt von Argumenten geprägte Diskussion[12]. Wir weisen dagegen darauf hin, dass die Ähnlichkeit der Gruppe hinsichtlich zentraler Rekrutierungskriterien keineswegs zu einem ähnlichen bzw. homogenen Diskussionsverlauf führen muss.

Nehmen wir als erfundenes, konstruiertes Beispiel Gruppendiskussionen zum Thema Kauf eines PKW. Wir rekrutieren zwei nach Kriterien identische Gruppen, z. B. Käufer eines bestimmten Toyota-Modells der gleichen Farbe, im Alter zwischen 35 und 50 Jahren, alle verheiratet und mit einem vergleichbaren Einkommen.

Trotzdem kann das Gruppengeschehen ganz unterschiedlich verlaufen: In der ersten Gruppe könnten sich z. B. eher Komfort und Fahrleistung als Themen heraus kristallisieren. Wir finden hier innerhalb der Diskutanten zunächst eine eher homogene Meinung, aber im Verlauf der Gruppe kommt es zu Konflikten und Spannungen rund um die Frage, ob prinzipiell ein deutsches bzw. europäisches Auto bevorzugt wird – und der Wechsel zu einer japanischen Marke generell eher auf Enttäuschungen in der Kundenbeziehung zu vorherigen Anbietern zurück zu führen ist als auf die prinzipielle Überlegenheit japanischer Anbieter. In der zweiten Gruppe dreht sich die Diskussion schnell um alternative Antriebswege und die Bedeutung von Toyota als Vorreiter, die für einige der Befragten mit Innovativität und Leistungsfähigkeit insgesamt verbunden, von anderen als nicht gegeben oder irrelevant betrachtet wird. Dieses konstruierte Beispiel soll zeigen, dass auch bei der ‚homogenen' Rekrutierung von Gruppen nie alle Einflussfaktoren im Vorfeld antizipiert werden können.

Auch vermeintlich ‚homogene' Gruppen sind immer heterogen bezüglich der Biographien und Identitäten der Gruppenteilnehmer, sodass die Diskussion nicht ‚langweilig' oder einseitig verlaufen muss.

---

12 Lamnek leitet aus der Homogenität eine Einschränkung der Spannweite möglicher Äußerungen ab: „Nur junge oder nur alte Menschen, nur Akademiker oder nur Selbständige, nur Bewohner des Ortsteils A oder B zu haben, reduziert das Spektrum der Vorstellungen, Einstellungen, Beurteilungen so sehr, dass der Erkenntnishorizont unnötig limitiert wird" (Lamnek 2005: 106).

Während durch die oben angeführte Argumentation zunächst einmal die Annahme in Frage gestellt wird, dass es einer heterogen zusammen gesetzten Gruppe bedarf, um eine angeregte Diskussion zu fördern, muss gleichzeitig auch das sich aus der Homogenität ergebende Erkenntnispotenzial kritisch beleuchtet werden.

In der Literatur wird Homogenität z. T. mit einem hinreichend ähnlichen „Weltbild" auf der Basis geteilter „existentieller" Hintergründe und Erfahrungen (Loos/Schäffer 2001) in Verbindung gebracht, sodass man durch Gruppendiskussionen mit homogenen Gruppen auf eine kollektiv geteilte Erfahrungsbasis schließen könne, z. B. hinsichtlich Geschlechts- oder Generationsperspektiven und insbesondere hinsichtlich unterschiedlicher sozialer Milieus. Nach Wagner/Schönhagen (2008: 297) sind gleichartige sozialstatistische Daten der Diskussionsteilnehmer gar *„Indikatoren für die Zugehörigkeit zu ‚sozialen Großgruppen' (Mangold), die durch gleiche oder ähnliche Erlebnisse, Erfahrungen und Lebensgeschichte miteinander verbunden sind."*

Unserem Erachten nach sind jedoch erhebliche Zweifel angebracht, inwiefern sich durch ‚homogene' Gruppendiskussionen soziale Großgruppen abbilden lassen, die durch eindeutige Kriterien voneinander abgrenzbar sind. Bereits Wilson (1973) hat darauf hingewiesen, dass in modernen Gesellschaften nicht von klar abgegrenzten sozialen Gruppen mit eindeutigen Rollenerwartungen ausgegangen werden kann. Seitdem sind Gruppenzugehörigkeiten noch fließender geworden und stehen mit der Interpretation eigener Rollen in Verbindung. Insbesondere im Zuge von Individualisierungs- und Globalisierungsprozessen sind persönliche Identitäten komplexer geworden (vgl. Beck/Beck-Gernsheim 1994; Keupp et al. 2002). Die Gesellschaft ist im zweiten Jahrzehnt des zweiten Jahrtausends ist bezüglich der Sozialstruktur deutlich unübersichtlicher und komplexer als die Gesellschaft im Jahr 1960 zu Lebzeiten Mangolds. Auch wenn Homogenität bezüglich verschiedener soziodemographischer Merkmale besteht, lassen sich deshalb daraus keineswegs ein ähnlicher Lebensstil oder ein ähnlicher kollektiver Erfahrungsraum ableiten. Im Sinne Lewins ist außerdem kritisch darauf hinzuweisen, dass bei einer solchen Sichtweise eine (z. B. durch ‚Milieu'-Zugehörigkeit definierte) Gruppe lediglich auf der Basis von Ähnlichkeiten konstruiert wird, nicht aber durch das Verständnis dynamischer Interdependenzen (im Sinne einer durch Wechselbeziehungen und dynamischen Abhängigkeiten strukturierten Gruppe).

> Weder Homogenität noch Heterogenität eignen sich deshalb als ausschließliche Leitbilder bei der Festlegung von Kriterien für die Stichprobe. Stattdessen geht es bei jeder Studie um das richtige Spannungsverhältnis zwischen Homogenität und Heterogenität.

Unabhängig von dem spezifischen Ziel von Gruppendiskussionen gilt die Grundregel, dass alle Teilnehmer an der Gesprächsrunde von der Fragestellung betroffen sein müssen, sie folglich etwas dazu etwas zu sagen und sich auf gleiche Erfahrungsräume beziehen können.

Möglichst homogen sollte die Gruppe auf jeden Fall hinsichtlich des *Sprach- und thematisch bezogenen Wissensniveaus* sein. Es ist nicht ratsam, Laien und Experten in einer Gruppe miteinander diskutieren zu lassen, da Expertenwissen bei den anderen Teilnehmern zu Hemmungen führen kann, die eigene Meinung kund zu tun. Auch *Status* ist eine Kategorie, hinsichtlich derer eher homogene Gruppen angeraten sind, insbesondere bei ‚sensiblen‘ Themen, bei denen zu erwarten ist, dass einige Befragte sich aus Scham oder Unsicherheit an Meinungen von Autoritätspersonen, wie Ärzten etc., anlehnen werden. Statushomogene Gruppen sind meist auch bei Themen ratsam, bei denen es um ‚Statussymbole‘ geht, also z. B. Autos. Wenn in der Gruppe deutlich wird, wer sich ein teureres Auto leisten kann und wer nicht, führt dies schnell zu Re-de-Blockaden und imaginierten Hierarchien, welche sich in der Diskussion widerspiegeln.

Die Frage nach Homogenität und Heterogenität hängt außerdem in starkem Maße davon ab, über welche Zielgruppen man Rückschlüsse aus der Studie ziehen will. Deshalb ist es bereits zu Beginn der Studie wichtig, an die zu erstellende Analyse zu denken und sich zu vergegenwärtigen, über welche sozialen Gruppen differenzierende Aussagen getroffen werden sollen.

> Sollen mehrere Zielgruppen unterschieden werden, empfiehlt es sich, mehrere je nach Zielgruppe homogene Gruppen zu rekrutieren.

Wenn man beispielsweise in der Analyse Ableitungen erwartet, wie eine Anzeige aus frauen- und männerspezifischer Sicht wahrgenommen wird, ist es nicht empfehlenswert, ausschließlich gemischte Gruppen mit Frauen und Männern durchzuführen. Denn in diesem Falle könnte man nicht herausarbeiten, ob mögliche unterschiedliche Sichtweisen innerhalb der Gruppe mit dem Einflussfaktor Geschlecht zusammen hängen oder anderen dynamischen Wirkfaktoren geschuldet sind (z. B. dass zufällig ein paar eher ‚schüchterne‘ Männer mit ein paar eher ‚dominanten‘ Frauen diskutiert haben etc.). Wenn man reine Frauen- oder Männergruppen durchführt, lassen sich zwar im Sinne Lewins auch nicht per se ausschließlich auf der Ähnlichkeit des Geschlechts beruhenden Schlussfolgerungen ziehen. Stattdessen ist zu beachten, inwiefern die diskutierenden Teilnehmer sich als Frauen- bzw. Männergruppe begreifen und welche Dynamik sich daraus ergibt.

In der Regel bemühen sich die Teilnehmer aber am Anfang einer Diskussion darum, Ähnlichkeiten untereinander ausfindig zu machen – und in diesem Zusammenhang kommt es dann zu Wir-Gruppenbildungen im Sinne ‚wir Jungen/Alten‘, ‚wir Frauen/Männer‘. Insofern bieten nach Geschlecht aufgeteilte Gruppen zahlreiche Anhaltspunkte für eine Zielgruppenunterscheidung im Rahmen der Analyse[13].

---

13 Gemischtgeschlechtliche Gruppen wären hingegen zu bevorzugen, wenn gerade die Kommunikation zwischen Angehörigen verschiedener Geschlechter und die damit verbundene Aushandlung von möglichen Bedeutungen und Bewertungen im Mittelpunkt der Analyse stünde.

Zusammenfassend lässt sich also zum einen festhalten: Wenn Teilgruppen unterschieden werden sollen (wie z. B. Nutzer vs. Nicht-Nutzer, jüngere vs. ältere Konsumenten, Nutzer der Marke A vs. Nutzer der Marke B), sollten die Teilnehmer an einer Gruppendiskussion hinsichtlich dieses Merkmals möglichst *homogen* sein. Es sollten mehrere Teilgruppen gebildet werden, damit Unterschiede zwischen den Zielgruppen in der Analyse herausgearbeitet werden können.

Zum anderen ist darauf zu achten, dass die Teilnehmer bezüglich anderer soziodemographischer Merkmale möglichst heterogen sind. Dies gilt erstens, um ein möglichst weites Spektrum von lebensgeschichtlichen Hintergründen der Befragten einzubeziehen, damit Rückschlüsse auf eine breite Zielgruppe ermöglicht werden. Und zweitens ist Heterogenität geboten, weil Teilnehmer zu Beginn einer Gruppendiskussion nach Ähnlichkeiten suchen und sich dementsprechend als Gruppe konstituieren.

Veranschaulichen wir diesen wichtigen Aspekt noch einmal an einem erfundenen Beispiel. Eine politische Partei hat ein neues Programm entwickelt, mit dem neue Wählerschichten gewonnen werden sollen, ohne die bisherigen Wähler zu verschrecken. Es werden z. B. Gruppendiskussionen mit Stammwählern und Gruppendiskussionen mit Nicht-Wählern durchgeführt. Hinsichtlich Alter und Geschlecht werden keine Vorgaben gemacht – schließlich sollen doch Frauen und Männer aller Altersgruppen angesprochen werden. Bei der Rekrutierung werden deshalb diesbezüglich keine Quoten gesetzt. Zufällig ergibt es sich in der Folge, dass für die Gruppe der Wähler überwiegend ältere Frauen und Männer, für die Gruppe der Nicht-Wähler hingegen ausschließlich junge Männer eingeladen werden. Bei der Diskussion in der ersten Gruppe identifizieren sich die Befragten schnell als ,wir Alten' und die ein bis zwei Befragten, die nicht zu der Gruppe gehören, werden zunehmend ruhiger. In der zweiten Gruppe entsteht schnell ein Wir-Gefühl von ,Wir junge Männer'. Für die Auswertung ergibt sich das Problem, dass durch die entstandene Dynamik nicht zwischen der Wähler- und Nicht-Wähler-Perspektive unterschieden werden kann, wie es vom Auftraggeber gewünscht wurde, weil die Identifizierungen in der Gruppe eine andere war und auch die diskutierten Phänomene in der Gruppe aus einer anderen Perspektive beleuchtet wurden.

> Um dies zu vermeiden, muss Heterogenität bezüglich zentraler soziodemographischer Merkmale, welche nicht im Vordergrund des Erkenntnisinteresses stehen, durch die Rekrutierung gewährleistet werden, indem ein guter Mix hinsichtlich Kategorien wie Geschlecht und Alter sichergestellt wird.

Bei der Bestimmung des richtigen Spannungsverhältnisses von Homogenität und Heterogenität kommt es nicht immer nur auf soziodemographische Merkmale oder den Bezug zu bestimmten Marken/Produkten an. Bei vielen Studien ist es wichtig, auch grundsätzliche Werthaltungen und Einstellungen im Vorfeld zu erheben.

Bei der Bestimmung der Zielgruppe gilt es darauf zu achten, so gut wie möglich Störfaktoren der Gruppendynamik zu antizipieren und im Vorfeld auszuschließen.

Wenn es z. B. um die Optimierung einer Kommunikationskampagne geht, wäre eine konstruktive Diskussion gefährdet, wenn einige Teilnehmer Werbung grundsätzlich ablehnen und dies im Rahmen der Diskussion schnell zum Ausdruck bringen würden. Dadurch würde die Bereitschaft anderer Teilnehmer, sich auf das Thema einzulassen, deutlich gesenkt. Deshalb ist bereits bei der Rekrutierung die generelle Haltung zu Werbung abzufragen und darauf zu achten, dass nur Teilnehmer zur Gruppendiskussion eingeladen werden, welche dieser nicht grundsätzlich ablehnend gegenüber stehen. An diesem Beispiel kann gut ein weiterer Grundzug qualitativer Forschung verdeutlicht werden, der bei der Wahl möglicher Teilnehmer an einer Gruppendiskussion berücksichtigt werden sollte:

Bei der Rekrutierung von Gruppendiskussionen geht es nicht darum, einen statistisch repräsentativen Querschnitt von Befragten zu rekrutieren. Stattdessen sollte eine eher spitze Zielgruppendefinition getroffen werden um sicherzustellen, dass Personen eingeladen werden, die sich durch besondere thematische Betroffenheit auszeichnen und von denen eine konstruktive Diskussion zu erwarten ist.

Gruppen, die nach spitz-definierten Quotenmerkmalen rekrutiert wurden, diskutieren intensiver über ein Thema, weil sie bei ihren Beiträgen zur Gruppendiskussion auf zahlreiche Erfahrungen stützen können. Dies fördert das Diskussionsklima und führt nicht zu Verzerrungen, denn es ist nicht die Aufgabe qualitativer Forschung, die Häufigkeit bestimmter Phänomene zu bestimmen. Stattdessen sollen Sinnstrukturen und typische Muster herausgearbeitet werden, indem Wahrnehmungs-, Kommunikations- und Bewertungsweisen bestimmter Bevölkerungsgruppen verstanden werden. Die dafür ratsame spitze Zielgruppendefinition lässt sich erneut gut am oben entwickelten Beispiel der Kommunikationskampagne verdeutlichen: Nehmen wir an, dass sich diese an breite Bevölkerungsschichten richtet. Trotzdem sollte *nicht* ein möglichst heterogener Bevölkerungs-Querschnitt rekrutiert werden, weil sonst zu erwarten wäre, dass in allen Diskussionsrunden zahlreiche Teilnehmer ihre ablehnende Grundhaltung gegenüber Werbung in den Vordergrund rücken würden. Das daraus entstehende Diskussionsklima wäre kontraproduktiv für die Optimierung von Einzelheiten der Kampagne.

Stattdessen ist durch die bewusste Verengung – im konkreten Beispiel auf Befragte, die sich Werbung gegenüber überdurchschnittlich aufgeschlossen zeigen – ein positiver Effekt zu erzielen, der sich auch auf die Wahrnehmung und Bewertung der Kampagne von Bevölkerungsteilen auswirken wird, die nicht zur Diskussion eingeladen wurden.

Wichtig ist es deshalb, sich bereits im Vorfeld zu überlegen, aus welchen Anknüpfungspunkten sich für Teilnehmer einer Gruppendiskussion anbietet, eine
gemeinsame ‚Wir-Perspektive' einzunehmen und welche Konsequenzen sich
daraus für den dynamischen Verlauf ergeben könnten.

3.3.3 Anzahl der Gruppendiskussionen und Zielgruppen-Split

Mehrfach wird bei der Frage, wie viele Gruppendiskussionen durchgeführt werden
sollten, das an die Grounded Theory angelehnte Prinzip der Saturiertheit als Richtschnur angegeben (z. B. Morgan 1997, Wagner/Schönhagen 2008): Die Anzahl der
Diskussionsrunden solle demnach nicht im Vorfeld bestimmt werden. Stattdessen gelte es, solange weitere Gruppendiskussionen durchzuführen, wie man damit
grundlegende neue Erkenntnisse generiere. Sobald man durch weitere Gruppendiskussionen nichts Neues mehr dazu lernen würde, sei eine ausreichende Anzahl
durchgeführt, oder in den Worten von Krueger/Casey (2009: 21): *„Saturation is the
term used to describe the point where you have heard the range of ideas and aren't get-
ting new information."*

Allerdings ist ein solches Vorgehen nicht nur praxisfremd, sondern auch theoretisch auf weichem Grund gebaut: Zwar wäre es leicht möglich, unmittelbar im Anschluss an eine Gruppendiskussion festzustellen, ob sich die Spannweite der zum
Ausdruck gebrachten Sichtweisen erweitert hat oder nicht. In diesem Sinne wäre die
Bestimmung von Saturiertheit schnell möglich – allerdings bewegen wir uns dabei
auf einer oberflächlichen Ebene, welche dem Erkenntnispotenzial von Gruppendiskussionen nicht gerecht wird. Insbesondere wenn es bei Gruppendiskussionen nicht
vorwiegend darum geht, eine Spannweite von Einstellungen abzufragen, sondern dynamische Wechselbeziehungen aufzudecken sowie ein grundlegendes Verständnis
von Sachverhalten zu entwickeln, bedarf es zunächst einer zeitaufwändigen und sorgfältigen Analyse der bereits durchgeführten Gruppendiskussionen, um zu Ergebnisse
zu gelangen. Das heißt aber, dass erst im Nachhinein auf der Basis dieses Analyseprozesses Kriterien entwickelt werden könnten, mittels derer Saturiertheit zu bestimmen
wäre – dann aber erst mehrere Wochen nach der ersten Erhebung. Zu diesem Zeitpunkt müssen wir dann allerdings von veränderten Ausgangsbedingungen als während der ersten Erhebung ausgehen, wie man plastisch an der Evaluation eines neuen
möglichen Angebots veranschaulichen kann.

Dadurch wird es praktisch unmöglich, Saturiertheit zu bestimmen. Auch ohne
Einbezug von Zeit als Kontextfaktor erscheint es uns angesichts der Eigendynamik,
die mit jeder Gruppe einhergeht und der interpretativen Mehrdeutigkeit qualitativer
Daten als theoretisch fragwürdig, Saturiertheit als einzig gültiges Grundprinzip bei
der Bestimmung von Gruppen festzulegen.

Da es in der Praxis häufig konkrete Budget- und Zeitvorgaben gibt, sollte man
sich bei der Planung einer Studie deshalb an festen, erfahrungsbedingten Richtwer-

ten orientieren und festlegen, mit wie vielen Gruppendiskussionen das Projekt geplant wird. Allerdings sollte im Idealfall immer ausreichend Zeit einkalkuliert werden, um ggf. noch zwei bis vier weitere Gruppendiskussionen durchzuführen, falls die ursprünglich anvisierte Zahl sich als eindeutig zu klein erweist, um zu aussagekräftigen und stimmigen Ergebnissen zu kommen.

Die Anzahl der durchzuführenden Gruppendiskussionen hängt stark von der generellen Bedeutung der Methode im Rahmen des gesamten Studiendesigns ab. Wenn Gruppendiskussionen im Sinne einer Vorstudie als Vorbereitung der Erstellung eines standardisierten Fragebogens angesehen werden, sollten mindestens zwei Gruppendiskussionen durchgeführt werden, um ein Mindestmaß an Vergleichen durchführen zu können. Für alle anderen Studiendesigns ist eine größere Anzahl von Gruppendiskussionen ratsam, um die ganze Breite und Tiefe des Themas auszuloten.

Die Anzahl der durchzuführenden Gruppendiskussionen richtet sich dann vor allem nach der Anzahl der Teil-Zielgruppen, über die in der Analyse gesonderte Auskünfte zu geben sind. In der deutschen Marktforschungs-Praxis etwa sind mindestens zwei Gruppendiskussionen pro Teilgruppe die Regel, Krueger/Casey (2009: 21) empfehlen drei oder vier Diskussionen pro Zielgruppe als „accepted rule of thumb".

Weniger als zwei Gruppendiskussionen pro Zielgruppe sollten nicht durchgeführt werden, weil man dann keine Möglichkeiten hat, in der Analyse nach Ähnlichkeiten und Unterschieden Ausschau zu halten sowie abzuschätzen, inwiefern die beobachtete Dynamik auf andere Wirkfaktoren zurückzuführen ist als die bei der Rekrutierung leitenden Selektionskriterien.

Bei vielen Projekten bietet es sich an, auf zwei Hierarchieebenen Unterscheidungen zu treffen, insbesondere dann, wenn zwei Zielgruppen weiter differenziert werden sollen. Ein typisches Anwendungsbeispiel ist die Unterteilung in Nutzer und Nicht-Nutzer eines bestimmten Angebots auf der ersten Ebene und einer weiteren Unterteilung, etwa nach Markenpräferenz oder Intensität der Nutzung auf der zweiten Ebene. Ein derartiges Vorgehen ermöglicht in der Auswertung sowohl akkumulierte Aussagen zu Bedingungen von Nutzung und Nicht-Nutzung als auch weiter differenzierende Zusammenfassungen nach Untergruppen.

Wenn es z. B. im Rahmen eines Projekts um die Evaluation der Kommunikationskampagne einer politischen Partei geht, ist es sinnvoll, die Teilgruppe überzeugter Wähler von der Teilgruppe überzeugter Nicht-Wähler zu trennen. Würden Wähler und Nicht-Wähler in einer Gruppe miteinander diskutieren, bestünde die Gefahr, dass die Diskussion sich zunehmend auf das breitere Thema der politischen Programme generell ausweiten – und die Kampagne an sich mehr und mehr in den Hintergrund treten würde. Auf einer zweiten Ebene könnte beispielsweise zwischen Stamm- und Wechselwählern unterschieden werden.

Eher aus forschungspragmatisch denn aus theoretisch begründeten Gründen wird in der angewandten Forschung eine gerade Anzahl von Gruppendiskussionen durchgeführt: Da sie i. d. R. am späten Nachmittag bzw. abends stattfinden, damit berufstätige Menschen in ausreichender Zahl bei der Rekrutierung berücksichtigt werden können, lassen sich meist zwei Gruppendiskussionen pro Tag in einem Teststudio organisieren. Da sowohl Kosten für Raummiete als auch für freie Mitarbeiter wie Übersetzer und Moderatoren häufig auf der Basis von Tagessätzen kalkuliert werden, wäre es aus ökonomischer Perspektive suboptimal, nur eine Gruppendiskussion pro Tag durchzuführen. Auch für anreisende Kunden, welche die Diskussionen beobachten, ist es fruchtbarer, wenn mindestens zwei Gruppendiskussionen beigewohnt werden kann.

3.3.4 Gruppengröße

In Bezug auf die Gruppengröße gibt es in der Fachliteratur unterschiedliche Empfehlungen. Um diese bewerten zu können, gilt es, sich zunächst noch einmal einiger Grundzüge von Gruppendiskussionen zu vergegenwärtigen: Aufgrund der kleinen Stichprobe und der nicht gegebenen statistischen Repräsentativität geht es nicht darum, Aussagen über Größenordnungen zu treffen, etwa dahingehend, welche Sichtweise die Mehrheits- und welche die Minderheitsmeinung darstellt. Vielmehr geht es um die Ermittlung einer Spannweite von Sichtweisen sowie die Identifizierung von Zusammenhängen und typischen Mustern durch die Auseinandersetzung mit spezifischen gruppendynamischen Formen der Interaktion.

Lamnek (2005: 110) spricht sich bei kleineren Gruppen für eine ungerade Anzahl von Teilnehmern aus, um „Frontenbildung" und eine konfliktträchtige „Pattsituation" zu vermeiden. Da es im Rahmen von Gruppendiskussionen weder um die Ermittlung von Mehrheitsverhältnissen, noch darum geht, eine einheitliche Gruppenmeinung auszubilden, sondern gerade die Art und Weise, wie Konflikte ausgetragen und durch Argumente untermauert werden, von Interesse ist, vertreten wir einen unterschiedlichen Standpunkt. Wir erachten gerade bei kleineren Gruppen eine ausgeglichene Verteilung von Meinungen für eine dynamische Auseinandersetzung und damit auch den Erkenntnisgewinn für förderlicher als ein Ungleichgewicht. Zum Beispiel bevorzugen wir eine Diskussion zweier mit zweien als eine Verteilung zwei gegen eins, womit Ausgrenzungstendenzen verbunden sein könnten. Generell ermöglicht eine gerade Anzahl von Teilnehmern eine gleichmäßigere und homogenere Verteilung der Teilnehmer um einen rechteckigen Tisch, wodurch gleiche, symmetrische Rechte für alle symbolisiert werden.

Während Lamnek auf der Basis eigener Erfahrungen von einer idealen Gruppengröße bei 9 bis 12 Teilnehmern ausgeht, empfiehlt der Arbeitskreis für qualitative Forschung (AKQua) des Berufsverbands Deutscher Markt- und Sozialforscher (BVM) eine Größe von 8 Teilnehmern (BVM 2011). Diese Empfehlung können wir aus eigener Erfahrung unterstreichen.

Die in der Literatur genannte Zahl von bis 12 Teilnehmern erscheint aus der Reflexion unserer eigenen Praxis heraus als deutlich zu hoch, weil damit dem Einzelnen weniger Redezeit zur Verfügung steht. Mit einer höheren Teilnehmerzahl geht daher eine unruhigere Gesprächsatmosphäre einher, außerdem werden die Herausbildung von Meinungsführern und Schweigern ebenso begünstigt wie Störungen des Klimas durch Teilnehmer, die sich ins Wort fallen, um eigene Redeanteile zu sichern.

Um auf die unserer Erfahrung nach in der Regel ideale Zahl von acht Diskutanten zu kommen, empfiehlt es sich aber, zehn Teilnehmer einzuladen. Damit wird sichergestellt, dass eine ideale Anzahl an Teilnehmern zur Verfügung steht, wenn zwei der Eingeladenen nicht erscheinen.

3.4   Rekrutierung und Raumplanung

3.4.1 Grundzüge des Rekrutierungsprozesses

Der Prozess, mögliche Teilnehmer für die Gruppendiskussion anzusprechen, ihre Eignung gemäß bestimmter Screening-Kriterien zu überprüfen und sie ggf. zur Gesprächsrunde einzuladen, wird Rekrutierung genannt. Der dafür zur Verfügung stehende Zeitrahmen schwankt je nach Manpower, Schwierigkeitsgrad und Zeitdruck einer Studie. Im Marktforschungs-Kontext erfolgt die Rekrutierung für einen Großteil der Studien innerhalb von zwei Wochen.

Damit eine saubere Stichprobenziehung nach den vorgegebenen Kriterien in kurzer Zeit gewährleistet werden kann, kann es im Falle eines ausreichenden finanziellen Budgets ratsam sein, den Prozess der Rekrutierung durch professionelle Dienstleister durchführen zu lassen, die sich darauf spezialisiert haben. Bundesweit gibt es in zahlreichen Städten Teststudios, die man dafür beauftragen kann. (Vgl. Kapitel 3.4.4)

Je nach Fragestellung bieten sich unterschiedliche Rekrutierungsarten an. In der Praxis lassen sich drei Arten der Rekrutierung unterscheiden:

- aus *(Kunden-)Adressen,* Kundendatenbank,
- aus umfangreichen Kontaktdateien/einem *Adressenpool* der Teststudios oder
- *freie* Rekrutierung, Adresskauf/Rekrutierung über Medien z. B. Zeitungsanzeige, Schnellballsystem.

Am häufigsten übernimmt das Studio die Rekrutierung der Teilnehmer aus *eigenen Datenpools.* Gut gepflegte Datenpools verfügen über Profile interessierter Teilnehmer (inkl. Daten zur Soziodemographie, Produkt- und Markenverwendung etc.) und genauer Dokumentation der Teilnahmehäufigkeit an Studien. Der Vorteil von studioeigenen Datenpools ist, dass die Zielgruppe nicht ‚*kalt rekrutiert*‘[14] werden muss. Das Zurückgreifen auf Datenpools geht in der Regel mit einer höheren Zuverlässigkeit des tatsächlichen Erscheinens von potenziellen Teilnehmern zum vereinbarten Termin der Gesprächsrunde einher. Der Nachteil bei Datenpools liegt darin, dass manche Teilnehmer über Marktforschungsroutine verfügen könnten und in der Folge weniger authentische Konsumenten-Meinungen wieder geben könnten. Um das möglichst zu vermeiden, werden in der Regel Quoten gesetzt, wie häufig jemand in den letzten Monaten an einer Marktforschungsstudie teilgenommen haben darf. Außerdem findet eine strenge Identitätskontrolle statt.

Datenpools sind insbesondere bei sehr zeitkritischen Studien unentbehrlich. Wenn z. B. ein Auftraggeber ein Institut spontan damit beauftragt, innerhalb von nur wenigen Tagen „einige Gruppen zur Verwendung von Marke X durchführen soll, weil ein Vorstandsmeeting in einer Woche ansteht", ermöglichen Datenpools die Vorbereitung von Gruppendiskussionen in wenigen Tagen. Datenpools sind außerdem bei schwer für Gruppendiskussionen zu rekrutierenden Zielgruppen wie Ärzten, Unternehmern, speziellen Berufsgruppen etc. unverzichtbar.

Seltener als die Rekrutierung aus Datenpools ist es, dass Kunden *Adresslisten* zur Verfügung stellen – insbesondere bei Business-to-Business, Mitarbeiter- und Kundenzufriedenheits-Studien[15]. Der Vorteil besteht darin, dass Zeit und Ressourcen gespart werden, die mit der Suche nach Kunden eines bestimmten Produkts bzw. einer Dienstleistung verbunden wären. Insbesondere bei neu eingeführten Angeboten, die nur von sehr wenigen genutzt werden, und bei Angeboten, die sich an eine sehr schmale Zielgruppe richten (z. B. Industriemaschinen, Medizintechnik etc.) kann die Lieferung von Kundenadressen die Voraussetzung dafür darstellen, dass eine Rekrutierung überhaupt möglich wird. Der Nachteil besteht darin, dass die zu kontaktierenden Kunden des Auftraggebers häufig keine eigenen Erfahrungen mit qualitativer (Markt-)Forschung haben und im Sinne einer Kaltrekrutierung zunächst vom Sinn der Studie und der Teilnahme überzeugt werden müssen. Die Planung einer Gruppendiskussion wird dadurch erschwert, dass trotz Zusage die Teilnahme z. T. in letzter Minute abgesagt wird oder Teilnehmer nicht erscheinen. Bei ‚kaltrekrutierten‘ Gruppen ist es deshalb ratsam, stärker ‚über zu rekrutieren‘ als dies bei Rekrutierungen auf der Basis eines Datenpools der Fall ist – d. h. z. B. 12 Probanden einzuladen, wenn eine Diskussion mit acht Teilnehmern angestrebt wird. Bei der Rekrutierung auf Basis von Kunden-Adressen ist es sehr wichtig, im Vorfeld dem Auftraggeber zu

---

14 Unter einer ‚Kaltrekrutierung‘ versteht man, wenn man mit fremden Menschen in Kontakt tritt, um diese zu einer Teilnahme an einer Studie zu gewinnen. Dabei gilt es häufig, Misstrauen gegenüber einem möglicherweise versteckten kommerziellen Interesse und Barrieren im Zusammenhang mit der Artikulation persönlicher Vorlieben und Erfahrungen zu überwinden.

15 In der qualitativen Marktforschungs-Praxis ist es dagegen sehr selten, dass man aus externen Datenpools Adressen zur Rekrutierung kauft.

verdeutlichen, welche Anforderungen an das Adressmaterial bestehen – insbesondere bezüglich des Vorhandenseins aktueller Telefonnummern und E-Mail-Adressen. In der Praxis sehen sich Institute mit Datenmaterial in sehr unterschiedlicher Qualität konfrontiert. Wenn Kundenlisten durch den Auftraggeber nicht regelmäßig aktualisiert und gepflegt worden sind, kann es dazu gekommen sein, dass viele der aufgelisteten Daten veraltet sind – und zu einem erheblichen Mehraufwand des Recherchierens führen. Dies verursacht zusätzliche Kosten.

Wird eine selbst initiierte Studie durchgeführt, bei der kein oder nur ein sehr knappes Budget für externe Dienstleister vorhanden ist, sollte mehr Pufferzeit für die Rekrutierung einkalkuliert werden, um nicht in Zeitnot zu geraten. Gleichwohl sollten nicht mehr als drei bis maximal vier Wochen Zeit zwischen Beginn der Rekrutierung und Durchführung der Gruppendiskussion liegen, weil es sonst schwierig ist, zu Beginn der Rekrutierung verbindliche Termine mit Teilnahmewilligen abzustimmen.

Um mögliche Teilnehmer für die Gruppendiskussion zu gewinnen, können je nach Zielgruppe verschiedene Wege zum Erfolg führen. Denkbar sind etwa eine Rekrutierung durch Aushänge oder Anzeigen in Print- und Online-Medien, die Kontaktierung von bestimmten Institutionen (wie z. B. Freizeitzentren etc.) oder eine ‚Kaltrekrutierung‘, bei der z. B. Menschen auf der Straße angesprochen werden. Weniger empfehlenswert sind in der Regel ‚Schneeballsysteme‘ (Befragte selektieren und rekrutieren Befragte). Zumindest im professionellen Bereich sollte dieses Rekrutierungsvorgehen nur dann angewendet werden, wenn bestimmte Fragestellungen es nahe legen, weil es andernfalls kaum möglich wäre, eine ausreichende Anzahl an Teilnehmern für eine Studie zu finden (wie z. B. Rekrutierung über VW-Käfer-Clubs bei einer Studie zu Markenfans des VW-Käfer).

Die Forschungspraxis zeigt, dass diese Rekrutierungsform einen großen Bias auf Verlauf und Ergebnisse der Gruppen haben kann, wenn ein Großteil der Befragten miteinander bekannt oder befreundet ist, weil man die Meinungen und Einstellungen des anderen kennt und antizipiert. Eine sauberere Stichprobe kommt dagegen in jedem Fall durch eine unabhängige Stichprobenziehung zustande (vgl. auch Schreier 2007).

Unabhängig von dem gewählten Verfahren ist es wichtig, bei der Rekrutierung auf jeden Fall höchste ethische Maßstäbe anzulegen. Das heißt, dass mögliche Teilnehmer nicht überredet, manipuliert oder durch das Vorgaukeln falscher Ziele zur Teilnahme bewegt werden dürfen.

Im Sinne von Transparenz empfehlen wir die Formulierung und Einhaltung strikter Regeln im Sinne eines Qualitätsmanagements der Rekrutierung, wie wir sie beispielhaft in der folgenden Tabelle zusammengefasst haben:

Tabelle 10   Qualitätsmanagement bei der Rekrutierung

- Im Rekrutierungsfragebogen sollte durch Ausschlussfragen sichergestellt werden, dass interessierte Teilnehmer nicht mehr als einmal in den letzten 6 Monaten an einer Gruppendiskussion/Einzelexploration teilgenommen haben, sodass ‚Profitester' ausgeschlossen werden.
- Spätestens nach drei Jahren sollten Teilnehmer aus einer Kontaktdatei gelöscht werden. Die Datei sollte außerdem regelmäßig um neue potenzielle Teilnehmer erweitert werden (‚Pool-Auffrischung').
- Grundsätzlich sollte vor jeder Gruppendiskussion ein finaler Check der zentralen Rekrutierungskriterien und der Identität des Befragten durchgeführt werden (Ausschluss von Fehlrekrutierungen).
- Zu den Gruppendiskussionen sollten grundsätzlich nur Teilnehmer mit gültigem Personalausweis (Identitätscheck) zugelassen werden. Ziel: Ausschluss von Profitestern; Ausschluss von ‚Quoten-Springern'.
- Eine angemessene Aufwandsentschädigung (Incentive) stellt ein fast vollständiges Erscheinen der im Vorfeld rekrutierten Zielpersonen sicher.
- Bei Gruppendiskussionen sollten grundsätzlich ein bis zwei Personen zu viel eingeladen werden (Überrekrutierung), um sicher zu stellen, dass eine Gruppengröße von wenigstens acht Teilnehmern realisiert werden kann.
- Last but not least: Ein Anschreiben ein paar Tage vor der Gesprächsrunde und ein finaler Anruf zur Erinnerung an die anstehende Gruppendiskussion einige Stunden vor dem Beginn sichern das Erscheinen und lassen noch etwas Handlungsspielraum für Nachbesetzungen.

3.4.2   Entwicklung eines Rekrutierungsfragebogens

Nach der Festlegung der Kriterien für die Stichprobe sollte ein Rekrutierungsfragebogen erstellt werden, mittels dem die Teilnehmer ausgewählt werden. Ein solcher Fragebogen wird auch Screener genannt. Er ist für das Gesamtprojekt von großer Wichtigkeit. Seine Aufgabe besteht darin, die richtigen Zielpersonen zu identifizieren und herauszufiltern. Bei der Übertragung der Kriterien in den Screener ist noch einmal genau auf das richtige Spannungsverhältnis von Homogenität und Heterogenität zu achten (vgl. Kapitel 3.3). In diesem Zusammenhang sei noch einmal betont, dass es bei Gruppendiskussionen nicht um statistische Repräsentativität geht und dementsprechend auch keine Zufallsauswahl im Sinne es eines statistical sampling getroffen werden muss. Es geht eher im Sinne der Sicherstellung von Betroffenheit und inhaltlicher Repräsentativität darum, ein genaues Suchraster zu erstellen, mit dem geeignete Teilnehmerinnen und Teilnehmer für die Gruppendiskussion gefunden werden können (vgl. Wagner/Schönhagen 2008: 299 f.). Wenn es, wie in der Marktforschung, einen Auftraggeber gibt, sollte der Screener im Vorfeld der Rekrutierung genau mit ihm abgestimmt werden[16]. In der Regel entwirft das Institut einen ersten Entwurf auf Basis der schriftlich oder telefonisch mitgeteilten Anforderungen. Da der Screener die Kriterien noch einmal genau auf den Punkt bringt, bietet diese Phase auch die Chance, sich ein weiteres Mal über die Ziele und das Potenzial der Studie zu verständigen.

Der Umfang ein Screeners sollte 10 bis 12 zentrale Fragen nicht überschreiten, so dass eine Rekrutierung per Telefon nicht mehr als drei bis fünf Minuten in Anspruch nimmt. Er sollte auch nicht als eine Art Vorfragebogen verstanden (oder besser: missbraucht) werden, sondern ausschließlich dem Rekrutierer dabei helfen, geeignete Befragte gemäß der Quotenvorgabe für das Forschungsprojekt zu erkennen.

Wenn Adressen als Basis für die Rekrutierung benutzt werden, kann der Screener deutlich kürzer gehalten werden als bei einer freien Rekrutierung oder bei der Nutzung eines Datenpools, da zentrale Informationen bereits vorliegen. Höchste Priorität muss es immer haben, Kunden oder Kooperationspartner nicht zu verärgern, sondern ihnen mit Respekt zu begegnen.

Dramaturgisch teilt sich der Screener in *drei Hauptteile* auf: in den Einleitungsteil, den Screeningteil und abschließend die Einladung.

a) Kontakt/Einleitung

Der Einleitungsteil enthält die Ansprache und eine sehr kurze zusammenfassende Darstellung des Themas. In diesem Teil sollen die kontaktierten Ansprechpartner hinsichtlich ihrer prinzipiellen Teilnahmebereitschaft befragt werden. Er informiert außerdem über Zeitpunkt, Dauer und Ort der Diskussion. Wichtig ist ein Hinweis auf Anonymität und Datenschutz. In diesem Zusammenhang ist es außerdem notwendig, deutlich zu machen, dass es sich bei der Kontaktaufnahme und den Gruppendiskussionen um Forschung handelt und nicht um eine (getarnte) Verkaufsveranstaltung. Bezüglich des thematischen Hintergrunds der Studie sollten die potenziellen Teilnehmer nicht in die Irre geführt werden. Das Thema sollte aber eher in einer allgemeinen und umfassenden Art und Weise benannt werden, um nicht durch eine zu spitze Themenformulierung die Erwartungshaltung der möglichen Teilnehmer derart vorzuprägen, dass eine spätere offene Diskussion erschwert wird.

Gruppendiskussionen werden in der Marktforschung häufig als ‚Blind-Studien‘ durchgeführt. Das heißt, dass der Auftraggeber während der Rekrutierung nicht genannt wird. Dies ist häufig schon deshalb ratsam, weil die Kenntnis des Auftraggebers zu einem Bias in den Antworten der Befragten führen würde. Wenn der Auftraggeber damit einverstanden ist, ist es daher eher angebracht, den Auftraggeber erst am Ende der Gruppendiskussion zu nennen. Bei manchen vertraulichen Studien darf

---

16 In einigen Ländern, wie den Vereinigten Staaten, ist es durchaus üblich, dass der Auftraggeber gelegentlich dem Teilnehmerscreening telefonisch beiwohnt und es überwacht (Vgl. Edmunds 1999: 31). Dies ist im europäischen Raum nicht der Fall.

der Auftraggeber gar nicht genannt werden. Darauf sollten die potenziellen Teilnehmerinnen und Teilnehmer an der Diskussionsrunde auf jeden Fall im Vorfeld hingewiesen werden, damit es nicht am Tag der Gruppendiskussion zu Protesten und für die Studie negativen Effekten kommt. Für einige Studien ist es dagegen unentbehrlich, den Auftraggeber schon im Rekrutierungsfragebogen zu nennen, etwa wenn es um die Bewertung spezifischer Dienstleistungen oder um Kundenzufriedenheitsstudien geht.

b) Hauptteil mit Screeningfragen

Die Screeningfragen beginnen in der ersten Hälfte mit einigen *soziodemographischen Basisfragen* (Geschlecht, Alter etc.) und den wichtigen *Ausschlussfragen* (z. B. um eine zu häufige Teilnahme an Gruppendiskussionen auszuschließen). Die zweite Hälfte ist dann der eigentlich wichtige, forschungsindividuelle Teil des Screeners. Hier folgen all diejenigen Fragen, die im unmittelbaren Zusammenhang mit der Forschungsfrage stehen. Im Wesentlichen geht es hier in der Marktforschung um die Haltung zu bestimmten konsumbezogenen Themen, um Produktnutzung, Markenkenntnis und -verwendung, Mediennutzung etc. Stehen bei den geplanten Gruppendiskussionen spezielle Zielgruppen und Konsumententypen wie ‚Lohas‘, ‚Best Ager‘, ‚Smart Shopper‘, ‚Schnäppchenjäger‘, ‚Lead User‘ etc. im Mittelpunkt, dann folgen in diesem Teil auch einige Fragen zu Lifestyle, Werten, Psychographie. Sollen in einem Projekt mehrere Zielgruppen befragt werden, werden an dieser Stelle gelegentlich auch Screening-Algorithmen z. B. via Excel-Datei zur verdeckten Teilnehmerqualifizierung eingesetzt. Die besondere Herausforderung dieses entscheidungsbaumartigen Klassifikationssystems (Answer-Tree) liegt darin, dass der Rekrutierer im Vorfeld nicht genau einschätzen kann in welche Zielgruppe der Befragte möglicherweise fällt, da eine ‚verborgene‘ Gewichtung darüber entscheidet, welcher Teilnehmer in welche Zielgruppe fällt. Insbesondere bei der Besetzung von Kreativworkshops zur Ideenfindung sollte der Forscher den Rekrutierungsfragebogen um einige Fragen zur sprachlichen Ausdrucksfähigkeit anreichern.

c) Abschlussteil mit Einladung

Nachdem der potenzielle Teilnehmer alle Fragen beantwortet, nach den vorab festgelegten Kriterien als geeignet erscheint und sein Interesse an der Teilnahme der Studie zum Ausdruck gebracht hat, sollte er eingeladen werden.

In diesem Zusammenhang wird auch auf die *Aufwandsentschädigung* (Incentive) hingewiesen. Die Auszahlung eines Incentives gehört in der angewandten Praxis bei Ad-Hoc Gruppen fest zu einer Gruppendiskussion dazu (Mayerhofer 2007). Damit sollen nicht nur die Teilnahmebereitschaft erhöht und Kosten für die Anfahrt kompensiert werden, sondern auch eine Anerkennung für die Bereitschaft zur konstruktiven Diskussion ausgedrückt werden. Die Höhe des Incentives schwankt stark in Abhängigkeit von der Zielgruppe. In der Marktforschung variiert die Höhe von ca. 30 Euro pro Teilnehmer an einer zweistündigen Gruppe mit Konsumenten bis zu

200 Euro pro Teilnehmer für die Teilnahme an einer Expertenrunde (z. B. mit Geschäftsführern oder Freiberuflern). Es sollte bei der Kalkulation auf jeden Fall darauf geachtet werden, dass ein Incentive nicht so hoch ist, dass die Teilnahme nicht ausschließlich wegen der Aufwandsentschädigung erfolgt.

Zum Teil sind für die Gruppendiskussion ‚Vorarbeiten‘ bzw. ‚Hausaufgaben‘ durchzuführen, z. B. indem eine Art Verwendungstagebuch geführt wird. Darauf sollte auf jeden Fall deutlich hingewiesen werden. Im Anschluss werden die Adressdaten nebst Festnetz- und Handy-Nummer erfasst. Spätestens am Tag vor der Gruppendiskussion sollte ein Erinnerungsanruf erfolgen und am besten einige Tage vorher auch noch ein Einladungsschreiben versandt werden.

Im Anhang findet sich ein veranschaulichendes Beispiel für einen Rekrutierungsfragebogen.

Zur eigenen Absicherung und im Rahmen des Qualitätsmanagements ist es außerdem empfehlenswert, sich von den rekrutierenden Dienstleistern eine schriftliche Erklärung geben zu lassen, dass inhaltliche, datenschutzrechtliche und ethische Fragen genau beachtet wurden. Eine modellhafte Erklärung haben wir ebenfalls im Anhang beigefügt. Bei der Konstruktion von Rekrutierungsfragebögen hat sich bei vielen Instituten und Forschern aus guten Erfahrungen eine eigene ‚(Instituts-) Handschrift‘ heraus entwickelt – ähnlich wie bei der Erstellung von Diskussionsleitfäden. Unsere Beispiele sind deshalb als Vorschläge zu verstehen, die für den eigenen Gebrauch angepasst werden können.

3.4.3 Vorbereitungsprozesse zwischen Rekrutierung und Gruppendiskussion

Nach der telefonischen Rekrutierung erhält jeder Teilnehmer eine schriftliche Einladung mit Veranstaltungszeit und -ort sowie der Bitte, gut 15 Minuten vor Beginn zu erscheinen. In einer Tabelle (z. B. im Excel-Format) sollte während des Rekrutierungsprozesses aufgeführt werden, wer bisher seine Teilnahme zugesagt hat. Darin sollte auch eine Zusammenfassung bezüglich der wichtigsten Quotenmerkmale enthalten sein (also z. B. Geschlecht, Alter, Nutzungsverhalten bezüglich Marken/Produkten/Angeboten). Diese ‚Statusübersicht‘ dient zum einen dem eigenen Überblick und kann zum anderen einem etwaigen Auftraggeber weiter gegeben werden, wenn dieser sich über den Stand der Rekrutierung informieren möchte. Dabei ist streng darauf zu achten, dass alle Informationen, die auf die Identität der Teilnehmer schließen lassen könnten, zurück gehalten werden. Selbst bei B-to-B Studien, für die nur ein kleiner potenzieller Teilnehmerkreis zur Verfügung steht, muss in der Regel Anonymität gewahrt bleiben.

Während die Rekrutierung läuft, werden durch die (Instituts-)Forscher Leitfaden und ggf. weitere Materialien vorbereitet und mit dem Auftraggeber abgestimmt.

Außerdem sollten Vorbereitungen bezüglich des Raums getroffen werden, in dem die Gruppendiskussionen stattfinden werden.

Im Marktforschungskontext finden Gruppendiskussionen in der Regel in professionellen Teststudios statt, in denen es Diskussionsräume mit je einer Einwegspiegelwand gibt, durch die aus einem angrenzenden Kundenraum die Diskussion beobachtet werden kann. Solche Teststudios gehören zum Teil zur Grundausstattung von Instituten, zum Teil werden sie auf Tagessatzbasis angemietet. Die Durchführung in Teststudios bietet den Vorteil, dass neben einer Betreuung durch das Studio-Personal auch eine professionelle Ausstattung zur Verfügung steht, insbesondere für die Aufzeichnung der Diskussion auf Audio und Video.

Wenn Gruppendiskussionen in kleineren Städten, in denen es kein Teststudio gibt, durchgeführt werden sollen oder man Diskussionsrunden in den Räumlichkeiten des Kunden durchführt, bietet sich die Möglichkeit an, selbst eine digitale Videokamera aufzubauen und die Bilder live in einen Nachbarraum zu übertragen.

Bei selbstinitiierten Gruppendiskussionen sollte im Vorfeld genau überlegt werden, welche Arbeitsmaterialien benötigt werden. Empfehlenswert ist es, eine Meta-Plan-Wand, mehrere Flipcharts, Namenskärtchen, Pappen, farbige Stifte und Papier zur Hand zu haben, um darauf im Rahmen der Moderation zurückgreifen zu können.

Eine digitale Videoaufzeichnung bietet sich an, um non-verbale Kommunikation in der Analyse berücksichtigen und bei der Transkription Wortbeiträge eindeutig bestimmten Sprechern zuordnen zu können. Dies ist jedoch keine absolute Voraussetzung für die Durchführung von Gruppendiskussionen. Wenn es aus praktischen Gründen nicht möglich ist, eine Videokamera zu installieren oder Befürchtungen bestehen, dass durch die Präsenz einer Kamera Sprechbarrieren geschaffen werden, reicht auch eine Aufzeichnung mit einem Audio-Aufnahmegerät, wie z. B. einem Digital Voice Recorder.

Zum für die Gruppendiskussion vereinbarten Termin sollte die zur Verfügung stehende gemeinsame Zeit mit den Teilnehmern möglichst zur Diskussion genutzt werden und nicht mit der Vorbereitung des Raums für das Gespräch verschwendet werden. Deshalb empfiehlt es sich, Tische und Stühle bereits im Vorfeld so zu platzieren, dass die Diskussion bei Eintreffen der Diskutanten unmittelbar beginnen kann. Alle Teilnehmer an der Diskussion sollten sich anschauen können, ohne sich dafür verrenken zu müssen. Es bietet sich dafür entweder die Bildung eines Kreises oder eines Rechtecks an.

In der Praxis ist es häufig der Fall, dass zwei Gruppen von vier Befragten sich gegenüber sitzen und der Moderator davor an einem seitlichen Tisch sitzt, mit dem Rücken zum Einwegspiegel. Auf jeden Fall ist eine symmetrische Verteilung der Befragten wünschenswert, da dadurch gleiche Rechte für alle symbolisiert wird.

Bereits vor der Gruppendiskussion sollten ggf. Namenskärtchen aufgestellt werden, wenn man wünscht, dass die Befragten sich gegenseitig anreden können. Damit wird einer zu unpersönlichen Gesprächsatmosphäre vorgebeugt. Wenn die Befragten im Rahmen der Diskussion schreiben oder malen sollen, sollten Stifte verteilt werden. Auch Flipcharts und Boardmarker sollten in ausreichender Zahl vorgehalten werden. Wenn mit Stimuli-Materialien wie z. B. Storyboards oder Verbalkonzepten gearbeitet wird (vgl. Kapitel 4.5), sollten diese bereits derart im Raum angeordnet werden, dass sie möglichst schnell im Verlauf der Diskussion präsentiert werden können – ohne nach dem richtigen Konzept suchen zu müssen. Es ist außerdem empfehlenswert, den Befragten während der Diskussion Erfrischungsgetränke und ein paar Häppchen bereit zu stellen. Auch dies sollte im Vorfeld organisiert werden – und derart auf mehreren Tischen verteilt werden, dass jeder Befragte während der Diskussionsrunde problemlos darauf zugreifen kann.

Bezüglich eines idealen Settings zur Diskussion gibt es übrigens große Unterschiede zwischen verschiedenen Ländern. Im Unterschied zu Deutschland wird beispielsweise in England häufig in einem Wohnzimmer mit Polstermöbeln diskutiert und nicht in eher steril wirkenden Teststudios. Auch die Darreichung von alkoholischen Getränken wie Wein oder Bier ist dort eher üblich als in Deutschland.

Als Moderator sollte man spätestens eine Stunde vor Beginn der Diskussionsrunde im Studio anwesend sein. Wenn der Moderator zugleich Projektleiter ist, ist es auf jeden Fall empfehlenswert, noch mindestens eine zweite Person hinzuziehen, welche sich am Tag der Moderation um Organisationsfragen kümmert. Wenn die Teilnehmer ab ca. einer halben bis viertel Stunde vor Beginn der Gruppendiskussion erscheinen, sollten sie zunächst am Empfang ihren Personalausweis oder Führerschein zeigen, um die Identität zu belegen. Der Empfang sollte idealerweise nicht durch den Moderator selbst, sondern durch einen Mitarbeiter (des Teststudios) erfolgen. Dieser sollte auch noch einmal den Rekrutierungsfragebogen mit jedem eingeladenen Teilnehmer vollständig durchgehen, um zu überprüfen, ob die Rekrutierungskriterien tatsächlich erfüllt wurden. Anschließend sollten die Teilnehmer in einen Warteraum und noch nicht in den Gruppendiskussionsraum gebracht werden, damit es später einen gemeinsamen Start für die Gruppendiskussion gibt, an dem möglichst alle Befragten teilnehmen können. Im Warteraum können Zeitschriften oder Bücher bereit liegen. Wenn es hinsichtlich der beim Empfang angegebenen Antworten und den ursprünglich bei der Rekrutierung gemachten Angaben bei einem oder mehreren Eingeladenen Diskrepanzen auftreten, muss in jedem Einzelfall überprüft werden, wie gravierend die Abweichungen sind. Außerdem muss abgeschätzt werden, inwiefern die unterschiedlichen Antworten ein Zeichen für fehlende Glaubwürdigkeit des Befragten sind.

Bei bestimmten Fragen im Screener, etwa nach der Stellungnahme zu einer Aussage mit Hilfe einer Skala, ist es durchaus nachvollziehbar, dass es je nach Stimmung zu abweichenden Aussagen kommen kann – bei anderen Fragen, bei denen es hauptsächlich um ‚harte Fakten' wie Alter, Beruf etc. geht, sind Abweichungen immer auf jeden Fall ein Warnsignal.

Wenn mehr als acht[17] eingeladene Testpersonen erscheinen, sollten immer zunächst diejenigen für die Teilnahme an der Diskussion eingeladen werden, bei denen keine Diskrepanzen hinsichtlich der Antwort aufgetreten sind. Selbst wenn nur acht Teilnehmer erschienen sind, ist es aber ratsam, falsch rekrutierte Personen nach Hause zu schicken und nicht an der Diskussion teilnehmen zu lassen. Die Gruppendiskussion findet dann mit weniger Teilnehmern statt.

Wie damit umgegangen wird, wenn doch mehr als acht Teilnehmer erscheinen, wird unterschiedlich gehandhabt. In Hinblick auf optimale Rahmenbedingungen für die Diskussion empfehlen wir, die Gruppe trotzdem nur mit acht Teilnehmern durchzuführen. Den nicht berücksichtigten Teilnehmern wird das Incentive bereits zu diesem Zeitpunkt voll ausgezahlt, für Ihr Erscheinen gedankt und sie mit dem Hinweis auf eine notwendige Überrekrutierung nach Hause geschickt. Allerdings gilt auch hier das Gebot, dass ethische Gesichtspunkte stets die höchste Priorität haben sollten. Wenn es um sensible Fragen geht, bei denen die eingeladenen Testpersonen das Gefühl haben könnten, aufgrund persönlicher Defizite nicht mit in die Gruppe genommen zu werden, sollten alle erschienene Testpersonen auch die Möglichkeit bekommen, an der Gruppendiskussion teilzunehmen.

Den Teilnehmern an der Gruppendiskussion wird das Incentive direkt im Anschluss an die Gruppendiskussion ausgezahlt. Wenn die Gruppendiskussion in einem Teststudio durchgeführt wird, erfolgt dies durch einen Mitarbeiter des Studios und nicht durch den Moderator.

3.4.4　Die Rolle des Teststudios bei der Organisation von Gruppendiskussionen

Der überwiegende Teil aller Gruppendiskussionen in der Markt- und Meinungsforschung findet in professionellen Teststudios statt, die es in jeder größeren Stadt Deutschlands gibt. Neben Gruppendiskussionen können hier auch Tiefeninterviews, (Kreativ-)Workshops, Labor-Beobachtungen, Regaltests, sensorische Tests mit Degustationen, die Organisation von ethnographischen In-Homes oder auch quantitative und apparative Methoden (Eye-tracking, EEG etc. etwa zur Anwendung in der Werbeforschung) und vieles mehr durchgeführt werden.

Noch vor wenigen Jahren hatten große Marktforschungsinstitute vielfach eigene Teststudios, die ausschließlich für hausinterne Studien reserviert wa-

---

17　Wir gehen hier zur Veranschaulichung von einer Gruppendiskussion aus, die mit acht Teilnehmern durchgeführt werden soll. Bei Gruppendiskussionen, die mit weniger oder mehr Teilnehmern geführt werden, gelten die gleichen Grundsätze, die hier angegeben Zahlen müssen entsprechend angepasst werden.

ren. Das ist inzwischen – mit wenigen Ausnahmen – Vergangenheit. Denn der personelle, räumliche und vor allem technische Aufwand, den Teststudios heute leisten müssen, um die immer neuen Trends der Forschung bewerkstelligen zu können, rechnet sich nur, wenn das Studio gut ausgelastet wird. Kunden sind vor allem nationale und internationale Marktforschungsinstitute und marktforschungtreibende Unternehmen.

Warum sind gute Teststudios für das Gelingen von Gruppendiskussionen so wichtig? Fangen wir zunächst mit den *räumlichen Voraussetzungen* an. Je nach Größe verfügt ein Teststudio über eine bis hin zu 4 oder 5 sogenannten „GD-Einheiten". Eine Einheit besteht aus einem Diskussionsraum sowie einem Beobachtungsraum. Beide Räume sind mit einem Einwegspiegel (Ja – genau wie im Tatort!) verbunden, der es dem Auftraggeber ermöglicht, die Gruppendiskussion live zu verfolgen, ohne den Diskussionsprozess durch die eigene Anwesenheit zu stören.

In vielen Studios ist es mittlerweile üblich, diesen zwei Räumen noch einen dritten, die sogenannte „Kundenlounge", hinzuzufügen. Hier haben die Kunden der Teststudios die Möglichkeit zu arbeiten und im Team Ergebnisbesprechungen abzuhalten, was komfortabler ist als in dem dunklen und oft kleineren Beobachtungsraum. Je größer, desto komfortabler ist das Arbeiten sowohl für die Testpersonen als auch für die Kunden. Hinzu kommt, dass die Diskussionsräume flexibel gestaltet werden können: mal eine normale Diskussion mit 10 Personen, dann eine kleine mit nur 4 Testpersonen, manchmal wird eine Wohnzimmeratmosphäre gefordert oder ein großes Regal muss aufgebaut werden etc.

Die „GD-Einheit" ist mit allerlei *Technik* ausgestattet. Standard ist eine Audio-/Video-Übertragung vom Testraum in den Beobachtungsraum und – falls vorhanden – auch in die Kundenlounge. Teilweise haben die Kunden vom Beobachtungsraum aus die Möglichkeit die Kamera zu schwenken und z. B. einzelne Testpersonen (z. B. die Mimik und Gestik) durch einen Videozoom genauer zu betrachten.

Viele Gruppendiskussionen werden simultan gedolmetscht, deshalb gibt es in der Regel auch eine Kabine für den Dolmetscher inkl. Sprachaufzeichnung und Übertragung. Des Weiteren gibt es verschiedene Videokonferenzsysteme (Livestream-Übertragungen) damit internationale Auftraggeber in anderen Teilen der Welt der Diskussion folgen können. Angesichts der rasanten technischen Entwicklung der letzten Jahre (High Definition, Übertragungsgeschwindigkeit etc.) haben Teststudios sehr viel damit zu tun, mit der Technik immer wieder auf dem neusten Stand zu bleiben.

Ein weiterer sehr wichtiger Aufgabenbereich der Teststudios besteht in der *professionellen Betreuung* der Kunden vor Ort. Was hier als „Kunden" bezeichnet wird, ist oftmals ein bunter Kreis von Besuchern: Forscher, Moderatoren und Projektleiter vom Auftrag gebenden Marktforschungsinstitut, deren Kunden – dabei kann es sich um die Marktforschungsabteilung eines Unternehmens handeln – aber auch um das Marketing, R&D, den Vorstand, die Werbeagentur oder wiederum deren Kunden und/oder Dienstleister oder – und das ist nicht gerade selten – alle zusammen! So erscheint ganz schnell einmal eine Anzahl von 8–10 Zuschauern im Studio.

Einer der beliebtesten Fragen an Teststudios im Vorfeld eines Forschungsprojektes ist: Wie viele Forscher und Zuschauer haben im Beobachtungsraum Platz? All diese Menschen müssen begrüßt werden, dem richtigen Projekt zugeordnet werden; sie benötigen Ausdrucke, Kopien, schnelle Einkäufe von Produkten und nicht zuletzt müssen sie essen und trinken. Viele Marktforscher reisen ständig – national und international – von einem Studio zum anderen und sind darauf angewiesen, während ihres Aufenthaltes problemlos arbeiten und kommunizieren zu können. Um das zu ermöglichen, muss es stabile Internetverbindungen geben, alle nur denkbaren Kabel müssen vorhanden und verlegt sein, sämtliches Büro- und Kreativmaterial vorrätig. Viele Besucher bleiben oft den ganzen Tag oder sogar mehrere Tage. Sie müssen also auch den ganzen Tag über im Studio betreut und verpflegt werden. Es mag profan klingen, aber man kann einen Moderator, der 10 Tage lang jeden Tag zwei bis drei Gruppendiskussionen moderiert hat, sehr glücklich damit machen, wenn man ihm seinen Lieblingstee und ein leckeres Stück Kuchen vorbereitet.

Allerdings werden kein noch so leckeres Catering und auch nicht das ausgefallenste Möbeldesign in der Lounge den Kunden so glücklich machen wie die richtige *Rekrutierung der Testpersonen*. Und damit kommen wir zur Hauptaufgabe und zum wichtigsten Kriterium für die Auswahl eines Teststudios: die Qualität der Rekrutierung.

Ein Teststudio, das gut ausgelastet ist, muss im Monat mehrere hundert Testpersonen suchen, finden, einladen und betreuen. Die Zielgruppenbeschreibungen, die das Teststudio von den Forschern erhält sind zum großen Teil sehr detailliert, ausführlich und im Screener dokumentiert. Nicht selten muss eine Testperson 8 oder 10 Kriterien erfüllen, um sich für das Projekt zu qualifizieren. Neben den soziodemographischen Standardkriterien wie Alter, Geschlecht, Familienstatus und Einkommen, kommen immer weitere themenspezifische Kriterien hinzu. So kann ein angeblich „leichtes" Thema wie „Joghurt" schnell zu einer hochkomplizierten Angelegenheit werden: Verwendungshäufigkeit, Verwendungsgelegenheit, Geschmacksrichtung, Marke im relevant set, Nebenmarke etc. Das heißt dann konkret: Frau, 35 Jahre alt, 2 Kinder unter 8 Jahren, verheiratet, Haushaltsnettoeinkommen unter 3 000,–, vollberufstätig, verwendet 4–5 Mal die Woche Joghurt, kauft diesen nur im Supermarkt, nie im Discount, isst Joghurt vorwiegend als Zwischenmahlzeit, bevorzugt Geschmacksrichtung Erdbeere oder Mango, kauft 8 von 10-mal die Marke „superlecker" und 2-mal die Marke „lecker + gut". Wenn die Rekrutierung die so definierte Testperson schließlich gefunden hat, muss sie nur noch am Mittwoch um 11.00 Uhr für 2 Stunden Zeit haben! Aber Teststudios müssen nicht nur Joghurt-Verwender finden, sondern auch Bankangestellte, Gärtner, Leser bestimmter Zeitschriften, Menschen mit ungewöhnlichen Hobbies, Rotweintrinker, Friseure, Hundebesitzer, Fuhrparkleiter, Reitlehrer. Die Reihe ist unendlich.

Wie finden die Teststudios diese Zielgruppen? Grundsätzlich gibt es mehrere Vorgehensweisen: Genauso wie es in jeder Großstadt Teststudios gibt, gibt es „freie Rekrutierer". Das können „Einzelkämpfer" oder auch kleinere Firmen sein, die sich einzig und alleine auf die Rekrutierung von Testpersonen (z. B. über Straßenrekrutierung, Social Media, Anzeigenschaltung, Weiterempfehlung oder auf spezielle Zielgruppen wie Ärzte, Meinungsführer, Unternehmensentscheider etc.) spezialisiert haben. Sie verfügen über Datenbanken von unterschiedlicher Größe und Qualität. Eine andere Möglichkeit besteht darin, dass sich das Teststudio eine eigene Datenbank aufbaut und die Rekrutierung im eigenen Haus durchführt. Die überwiegende Mehrzahl der deutschen Teststudios arbeitet mit einer Kombination beider Ansätze. Nur sehr wenige, meist größere Teststudios setzen auf eine in-house Rekrutierung. Vor- und Nachteile liegen auf der Hand: Aufbau und Pflege einer solchen Datenbank sind zeit- und kostenintensiv. Aber sie ermöglicht eine deutlich höhere Qualität der Rekrutierung durch mehr Kontrolle, weniger Abhängigkeit von Sublieferanten und Etablierung eigener Standards für die Rekrutierungsqualität. Denn nur, wenn permanent neue, „frische" Testpersonen – eine der Hauptanforderungen vieler Auftraggeber – gewonnen werden können, ist die Rekrutierung in der Lage die vielen verschiedenen Zielgruppenanforderungen zu erfüllen.

Neben der Rekrutierung aus Datenbanken gibt es aber noch die Rekrutierung über vom Auftraggeber zur Verfügung gestellten *Kunden-Adressen* und die sogenannte *kalte Rekrutierung* (Rekrutierung über das Telefonbuch oder internet). Hier werden Zielgruppen gesucht, die es nur sehr selten in einer Datenbank gibt. Das sind z. B. Bankkunden, die gerade ein Girokonto bei der XY-Bank abgeschlossen haben, Versicherungsmakler, Tabakwarenhändler, Hebammen oder Restaurantbesitzer.

All das setzt beim Teststudio ein hohes Know-How voraus und betont die große Bedeutung von Teststudios im qualitativen Forschungsprozess in der Markt- und Meinungsforschung.

Angesichts neuer, digitaler Methodentrends wie Online-Communities, (virtueller) Ethnographie und mobiler Befragungen wird häufig gefragt: Wie wird die weitere Entwicklung der Teststudios sein? Wird man in einigen Jahren überhaupt noch Teststudios benötigen? Sicherlich konnte man bereits in den letzten Jahren feststellen, dass Teststudios viele Projekte, die früher wie selbstverständlich analog im Studio durchgeführt wurden, an die Online-Forschung verloren haben. Das trifft insbesondere auf den quantitativen Bereich zu. Aber es gibt immer noch sehr viele Fragestellungen, die online nicht so sensibel zu testen sind: Alles was man fühlen und schmecken muss, um es zu beurteilen, aber auch vieles was man besser live, statt auf dem Bildschirm oder in virtueller Realität sehen sollte (Regaltests!).

Eine Einschätzung hierzu äußerte kürzlich Sabine Menzel, Director Consumer & Market Insights bei L'Oréal Deutschland in einem Interview mit marktforschung.de (2015):

„Nach meiner Erfahrung können zum Beispiel Market Research Online Communities und Blogs klassische qualitative Marktforschung nicht immer ersetzen. Explorieren in der Tiefe, Nachfassen und Klarstellen, Nuancen herausarbeiten – das lässt sich von Angesicht zu Angesicht einfach besser. Auch wenn Produkte angewandt werden müssen und die direkte Erfassung der Erlebnisse entscheidend für das Verständnis ist, kann dies nur im Studio oder In-Home von Interviewern begleitet werden und ist online mit Informationsverlusten verbunden." (https://www.marktforschung. de/hintergruende/themendossiers/teststudios/dossier/von-angesicht-zu-angesicht/ [Zuletzt aufgerufen am: 15.03.2017])

Abschließend ist sogar eine Gegenbewegung zur Abwanderung in die Online Forschung zu beobachten: Qualitative Tests und hier insbesondere Gruppendiskussionen und qualitative Einzelinterviews erleben derzeit geradezu einen Boom. Es scheint, dass je mehr Möglichkeiten man hat Marktforschung mit vielen Daten zu betreiben (Big data!), umso mehr legen viele Forscher Wert auf den persönlichen Kontakt zu den Testpersonen. Und hierfür ist ein Teststudio nach wie vor eines der besten Plätze.

Ute Wetzlar, Geschäftsführerin QUOVADIS field & tab GmbH, Oktober 2016.

Rolle und Ausgestaltung des Leitfadens und Stimulus-Materials

4

Um die Rolle des Leitfadens ranken sich zahlreiche Mythen. Zwei Extrempositionen lassen sich unterscheiden: Für die einen ist der Leitfaden eigentlich überflüssig und wenn doch einer eingesetzt wird, eher eine Gefährdung als eine Bereicherung, weil durch ihn die Offenheit der Diskussion und damit der dynamische Themen- und Selbstfindungsprozess der Gruppen begrenzt werde. Für die anderen handelt es sich um das zentrale Strukturelement, mit dem nicht nur genau festgelegt wird, welche Fragen gestellt werden, sondern auch in welcher Reihenfolge sie besprochen werden sollen und wie viel Zeit dafür zur Verfügung steht. Zwischen diesen beiden Extrempositionen spannt sich ein Kontinuum auf, das in der Praxis dazu führt, dass je nach Grundverständnis von Auftraggebern und Forschern Leitfäden in ganz unterschiedlicher Weise verwendet werden.

Ein ähnlich heterogenes Bild hinsichtlich der Bedeutung, die Leitfäden zugeschrieben wird, findet sich auch bei qualitativen Interviewverfahren. Allerdings gibt es einen großen Unterschied: Während im Allgemeinen nur von ‚der Gruppendiskussion' gesprochen wird, gibt es bei Interviews stärkere Ausdifferenzierungen in unterschiedliche, jeweils theoretisch begründete Ansätze, wie z. B. narrative oder problemzentrierte Interviews. Auch bei Gruppendiskussionen bieten sich aber unterschiedliche Ansatzpunkte z. B. hinsichtlich der Rolle des Moderators und damit verbundener Möglichkeiten und Anforderungen, in den Gesprächsprozess einzugreifen oder daran mitzuwirken (vgl. Kapitel 8.1).

An dieser Stelle sind die Sozialwissenschaften gefordert, die Gruppendiskussion ernster zu nehmen – und ähnlich wie dies in den letzten Jahrzehnten beim Interview geschehen ist – methodologische Pionierarbeit zu leisten. Eine systematische Differenzierung verschiedener Gruppendiskussionsverfahren würde den Rahmen dieses Praxis-Handbuchs allerdings bei weitem sprengen. Gleichwohl wollen wir einen Beitrag zu der unserer Meinung nach anstehenden Aufgabe einer stärkeren theoretischen Fundierung unterschiedlicher Vorgehensweisen leisten, indem wir eine Brücke schlagen zwischen einer in der Praxis sehr häufig zu findender Vorgehensweise und theoretischen Annahmen, die wir aus der Debatte um die Fundierung von Interviews entnehmen: Denn es gibt Überschneidungen zwischen Grundannahmen des problemzentrierten Interviews (Witzel 1982, 2000; Witzel/Reiter 2012) und der Art und Weise, wie sich Moderatoren in der gängigen Praxis auf Leitfäden beziehen und auf dieser Grundlage am Gesprächsgeschehen teilhaben.

Deshalb schlagen wir für das von uns im Folgenden schwerpunktmäßig vorgestellte Verfahren die Bezeichnung *problemzentrierte Gruppendiskussion*[18] vor. Die Art und Weise, wie mit einem Leitfaden umgegangen wird, eignet sich besonders dazu, unterschiedliche Grundauffassungen bezüglich des Verhältnisses von Offenheit, Struktur und Vorwissen zu verdeutlichen.

Daher wollen wir in uns im Folgenden zunächst mit der Rolle des Leitfadens und damit verbundener Anforderungen an die Praxis ausführlich auseinandersetzen, ehe wir uns der Frage widmen, wie ein guter Leitfaden konstruiert und um angemessenes Stimulus-Material ergänzt werden kann.

4.1   Bedeutung des Leitfadens im Forschungsprojekt

Welche Bedeutung ein Leitfaden für das Forschungsprojekt besitzt, hängt davon ab, welche Grundannahmen zum Verhältnis von Offenheit, Strukturiertheit und Vorwissen bestehen. Diesbezüglich unterscheidet Lamnek (2005) zwischen einem eher qualitativen und einem eher quantitativen Grundverständnis. Wenn Gruppendiskussionen im Sinne qualitativer Forschung durchgeführt werden, sei ein Leitfaden nicht zwangsläufig erforderlich, sondern optional und ggf. durch eine kurze Auflistung von relevanten Einzelaspekten zu ersetzen, durch welche groben Rahmenthemen vorgegeben werden. Diesem Grundverständnis folgend, spielen für Lamnek Reihenfolgeeffekte „selbstverständlich" keine Rolle. Das heißt, dass die Reihenfolge der in der Diskussion behandelten Themen nicht durch den Leitfaden strukturiert werde, sondern ausschließlich durch die Teilnehmer an der Gruppendiskussion selbst (ebd.: 96). Durch den in Anlehnung an Krueger (1998) „topic guide" genannten Leitfaden werde die Thematik nur sehr grob eingegrenzt.

Demgegenüber stellt Lamnek ein „quantitativ-geschlossenes Verständnis" von Gruppendiskussionen. Diese sei durch einen ausführlich ausgearbeiteten Leitfaden gekennzeichnet und entspreche einer eher amerikanischen Grundauffassung (Lam-

---

18 Im ursprünglichen von Witzel (1982) entwickelten Verfahren des „problemzentrierten Interviews" wird explizit auch auf Gruppendiskussionen eingegangen. Allerdings wird Gruppendiskussionen lediglich eine vorbereitende Rolle für das folgende Interview zugeschrieben, bei der es darum gehe, einen ersten Überblick zu verschiedenen vorhandenen Ansichten zu erlangen. Anknüpfend an grundlegende Überlegungen von Witzel entwickeln wir ein erweitertes Verständnis von Gruppendiskussionen als eigenständiger, vollwertiger Methode. (Vgl. auch: Kühn/Koschel 2013)

nek 2005: 103). Dazu gehören Lamnek zu Folge die Ausformulierung von Fragen und die Vorgabe einer Reihenfolge, in welcher verschiedene Themen zu diskutieren seien – im Sinne einer „questioning route". Aus einem „deutschem Verständnis" (ebd.: 103) heraus sei dies jedoch zu kritisieren, da Offenheit und Flexibilität als Grundprinzipien qualitativer Forschung zu wenig berücksichtigt würden.

Unsere eigene Forschungspraxis reflektierend sprechen wir uns für ein weiter differenziertes Verständnis des Leitfadens aus. Denn innerhalb des weiten Felds der qualitativen Forschung gibt es unterschiedliche Arten und Weisen, Offenheit und Vorwissen auszubalancieren, wie nicht zuletzt die Unterscheidung verschiedener Interviewverfahren verdeutlicht. Niemand käme auf die Idee, jemandem, der etwa gemäß der Vorgaben problemzentrierter, themenzentrierter (Schorn 2000), episodischer (Flick 2002) oder Tandem- (Hoff 1985) Interviews einen Leitfaden ausformuliert, vorzuwerfen, einem quantitativen Grundverständnis zu folgen[19].

Dies sollte unseres Erachtens für Gruppendiskussionen gleichermaßen gelten. Das heißt, gerade im Rahmen eines qualitativen Verständnisses von Gruppendiskussionen halten wir eine sorgfältige Auseinandersetzung mit dem Themengebiet im Vorfeld der Diskussion und die Dokumentation dieses Auseinandersetzungsprozesses im Leitfaden für sehr wichtig.

In Übereinstimmung mit der Position von Lamnek ist zu betonen, dass der Leitfaden einen Rahmen, aber kein Korsett bilden soll.

> Das bedeutet, dass eine Gruppendiskussion nie durch den Leitfaden derart vorbestimmt sein sollte, dass dadurch den Teilnehmern quasi die Luft abgeschnitten wird, eigene thematische Impulse zu setzen.

Spontane Dynamik der Gruppe darf nicht durch einen zu stark vorstrukturierten Leitfaden behindert werden (vgl. Dammer/Szymkowiak 2008: 103). Auch der Moderator benötigt Gestaltungsspielräume, um vertiefende Nachfragen zu stellen und ‚überraschende Wendungen' zu berücksichtigen (vgl. Lamnek 2005: 103). Dammer/Szymkowiak haben die Bedeutung des Leitfadens mit einem griffigen Bild beschrieben: als einer unvollständigen Landkarte, die zugleich als Hilfestellung für die Wanderung dient als auch durch die Wanderung selbst verbessert wird:

---

19 Auch die Gleichsetzung bestimmter Verfahren mit nationalen Herangehensweisen halten wir für problematisch, weil dadurch Homogenität postuliert wird, die in der Praxis nicht gegeben ist. Zwar sind kulturelle Einflussfaktoren unbestritten, aber eine Gleichsetzung eines eher ‚quantitativen' Grundverständnisses mit einer amerikanischen Vorgehensweise im Gegensatz zu einer eher deutschen qualitativen Interpretation berücksichtigt u. E. zu wenig, wie sehr die qualitative Forschung auf in den USA entstandenen Ansätzen beruht – wie z. B. dem symbolischen Interaktionismus, der Grounded Theory und der Ausarbeitung von Grundlagen des interpretativen Paradigmas durch Wilson (1973). Auch in der gegenwärtigen amerikanischen Forschungslandschaft gibt es eine Vielzahl innovativer qualitativer Forscher, die keinem ‚quantitativen' Grundverständnis folgen, sondern an oben aufgeführte amerikanische ‚qualitative' Traditionen anschließen.

„Der Leitfaden sollte daher stets als eine erste vorläufige Landkarte mit weißen Flecken und noch nicht bekannten Untiefen angesehen werden. Wäre er das nicht, könnte man sich die Forschung sparen, da man bereits alles über das betreffende Problem wüsste. Er dient einer vorläufigen Orientierung und sollte als lernender Leitfaden stets mit Erkenntniszuwachs ergänzt werden. […] Behalten wir das Bild der Landkarte für den Leitfaden bei, dann wäre für die Gruppendiskussion das der Wanderung zu wählen. Die Landkarte liefert Groborientierungen und Ziele, aber während der Wanderung orientiert man sich an den tatsächlichen Gegebenheiten vor Ort." (Dammer/Szymkowiak 2008: 103 f.)

> Durch den Leitfaden wird sichergestellt, dass im Vorfeld als wichtig erachtete Themen und Fragestellungen während der Gruppendiskussion berücksichtigt werden. Versteht man ihn als eine unvollständige Landkarte für eine Wanderung, gibt er zumindest auch Impulse für die Reihenfolge, in der Themen und Fragestellungen besprochen werden – ohne allerdings eine feste Abfolge zu determinieren.

Ein Leitfaden darf dagegen nicht als ein Fahrplan missverstanden werden, der minutengenaue und sequentielle Vorgaben hinsichtlich der zu diskutierenden Themenvorgaben macht (vgl. Wagner/Schönhagen 2008: 294). Im Gegenteil: Wenn die Moderation von Gruppen stärker an zeitliche Rahmenvorgaben angepasst wird als sich an der jeweiligen Dynamik zu orientieren, kann mit Fug und Recht von einer „Unsitte" gesprochen werden (Dammer/Szymkowiak 2008: 101).

Insbesondere Auftraggeber, die über wenig ausgeprägtes Hintergrundwissen qualitativer Forschung verfügen und bislang kaum Erfahrungen mit Gruppendiskussionen gesammelt haben, zeigen in der Praxis zum Teil ablehnende Reaktionen gegenüber Leitfäden, die sie als zu offen und zu wenig konkret auf zentrale Forschungsfragen fokussiert erachten. Im Vorfeld aufgestellte feste Vorgaben bezüglich der Formulierung und Reihenfolge von Fragen sind ihnen ebenso wichtig wie damit verbundene klar vorgegebene Zeitbudgets für einzelne Themenblöcke.

Es ist aber von grundlegender Bedeutung für den Erfolg des Projekts, sich als Forscher nicht die Expertenkompetenz nehmen zu lassen und Auftraggebern im Sinne einer falsch verstandenen Serviceorientierung blind zu folgen. Es ist immer lohnenswert und in der Regel auch sehr fruchtbar, gegenüber dem Auftraggeber im Vorfeld zu argumentieren, dass es gravierende Unterschiede zwischen einem Leitfaden und einem standardisierten Fragebogen gibt. Denn die mit Gruppendiskussionen verbundene Offenheit und Alltagsorientierung sind keine Nachteile, sondern Grundprinzipien qualitativer Forschung, aus denen sich das Erkenntnispotenzial auch von Gruppendiskussionen als einer qualitativen Methode ergibt (vgl. Kapitel 2.3).

Wir wollen im folgenden Verlauf eine mögliche Vorgehensweise näher erläutern, welche sich zum einen eng an einen in der Praxis häufig anzutreffenden Gebrauch anlehnt und somit auf unseren eigenen Erfahrungen fußt, zum anderen eine Brücke schlägt zu theoretischen Grundannahmen einer in der qualitativen Forschung weit verbreiteten Befragungsmethode: dem problemzentrierten Interview. Es wird von ‚Problemzentrierung' gesprochen, um aufzuzeigen, dass die Befragung um ein im Vorfeld identifiziertes Themengebiet geht, d. h. an einer gesellschaftlich relevanten Problemstellung orientiert ist.

Wenn wir mit einem Projekt beginnen, sind wir kein unbeschriebenes Blatt. Wir haben unsere Vorannahmen und greifen auf Erfahrungen sowie Erkenntnisse zurück, die wir im Vorfeld gesammelt und uns angeeignet haben. All dies wird in der Methodenlehre unter dem Oberbegriff „Vorwissen" diskutiert. Wenn es darum geht, Gruppendiskussionen durchzuführen, ist es wichtig, mit dem eigenen Vorwissen in begründeter Weise umzugehen.

Das Vorwissen darf uns auf der einen Seite nicht daran hindern, dass wir uns bislang unbekannte Zusammenhänge durch die Diskussion zu verstehen beginnen. Dies könnte passieren, wenn wir so in unseren bereits bestehenden Denkschablonen gefangen wären, dass wir nicht offen für das Neue wären. Auf der anderen Seite sollte auch nicht versucht werden, das eigene Vorwissen ‚auszuschalten'. Dann bestünde die Gefahr, oberflächliche Erkenntnisse zu gewinnen, wenn der Forscher sich methodologischen Gründen unwissender dargestellt hat als er eigentlich ist, um Antworten nicht zu beeinflussen. Im schlimmsten Fall würde nur Altbekanntes zu Tage gefördert und durch die Diskussion nicht weiter vertieft.

Deshalb fließt das Vorwissen im Rahmen problemzentrierter Befragungen zunächst in die Entwicklung des Leitfadens ein, der als „heuristisch-analytischer Rahmen für Frageideen im Dialog zwischen Interviewern und Befragten" dient (Witzel 2000: 3). Dieser Leitfaden gibt aber keine feste Struktur für die Diskussion vor. Stattdessen sollen die Befragten die Gelegenheit bekommen, ihren eigenen roten Faden zu stricken, indem sie zu Erzählungen angeregt werden und ihnen die Möglichkeit eingeräumt wird, eigene thematische Schwerpunkte zu bestimmen. Damit wird dem Grundprinzip von Offenheit Folge geleistet.

Auch ein ausführlich ausformulierter Leitfaden sollte deshalb nicht per se als falsch oder als einer quantitativen Logik folgend angesehen werden. Der Leitfaden ist vielmehr der geeignete Ort, um sein eigenes Vorwissen zum Ausdruck zu bringen und für die Erhebung nutzbar zu machen.

Außerdem kann ein ausformulierter Leitfaden als eine Chance zur Abstimmung unterschiedlicher Perspektiven verstanden werden, wenn mehrere Forscher und Kooperationspartner an einem Projekt beteiligt sind. In der Marktforschung beispielsweise wird durch einen ausführlich ausformulierten Leitfaden sichergestellt, dass relevante Forschungsfragen mit Auftraggebern nicht nur vage streifend, sondern im Detail abgestimmt werden, bevor es zu spät ist. In diesem Sinne stellt ein Leitfaden „letztlich eine Formulierung des Kunden-Forschungsinteresses in moderationstaug-

licher Form" dar (Dammer/Szymkowiak 2008: 101). Aber auch wenn kein Auftraggeber vorhanden ist, sollte die Formulierung eines Leitfadens als ein wichtiger Schritt
der Vorbereitung betrachtet werden, um eigene theoretisch begründete Forschungsfragen in moderationstaugliche Form zu übersetzen, um einer zu abgehobenen, abstrakten und alltagsfernen Diskussion vorzubeugen.

Der Leitfaden bietet dem Moderator eine Möglichkeit, durch am Problem orientierte Fragen die Ausführungen der Diskussionsteilnehmer verstehend nachzuvollziehen und daran anknüpfend nachzuhaken. Dadurch beginnt der Moderator schon
während der Befragung mit der Interpretation subjektiver Sichtweisen der Befragten,
indem er die Erfahrungen bereits während der Erhebungssituation mit seinem Vorwissen verbindet. Das im Leitfaden dokumentierte Vorwissen stellt in diesem Sinne
eine Ressource dar, auf die der Moderator zurückgreifen kann, um geeignete Fragen zu entwickeln. Sie ermöglicht es dem Moderator, Problemstellungen weiter zuzuspitzen, und eigene Reflexionsprozesse den Befragten in geeigneter Form widerzuspiegeln, sodass diese ihre eigene Sichtweise noch stärker auf den Punkt bringen
können[20].

> Im Sinne einer problemzentrierten Befragung darf sein Leitfaden nicht bloß als
> eine Aufspaltung verschiedener thematischer Aspekte in Einzelfragen verstan-
> den werden, sondern muss *prozessorientiert* formuliert werden.

Das bedeutet, den unterschiedlichen Phasen einer Befragungssituation Rechnung
zu tragen: Durch das problemorientierte Nachfragen des Moderators entsteht zunehmend eine vertrauensvolle und offene Atmosphäre, weil sich Befragte in ihrer
Problemsicht ernst genommen fühlen. Dadurch werden vertiefende Reflexionsprozesse in Gang gesetzt, die dazu führen, dass im Laufe einer Gesprächsrunde zu einem Thema immer wieder neue Gesichtspunkte entwickelt werden – und es dabei
auch zu Korrekturen und Widersprüchlichkeiten kommen kann, die für die weitere
Auswertung von besonderem Interesse sind, weil sie „Ausdruck von Orientierungs-
problemen, Interessenswidersprüchen und Entscheidungsdilemmata angesichts wi-

---

20 Witzel (2000: 18) spricht in Anlehnung an Harold Garfinkel (1962) von einem induktiv-deduktivem
    Wechselspiel: „Die Zuordnung von Einzelaspekten der Erzählungen zu vorgängigen Mustern der
    Sinninterpretation, die der Interviewer in das Gespräch einbringt (Deduktion), wird ergänzt durch
    die Suche nach neuen Mustern für die mit diesen vorgängigen Mustern nicht zu erklärenden Einzel-
    phänomene in den Darlegungen des Interviewten (Induktion). Konkret fördert der Interviewer Nar-
    rationen durch erzählungsgenerierende Fragen und wartet dabei ab, bis einzelne Äußerungen sich
    zu einem Muster fügen. Umgekehrt können mit den unterschiedlichen verständnisgenerierenden
    Fragetechniken neue Muster des Sinnverstehens entstehen oder alte Muster durch spätere Detail-
    äußerungen oder Kontrollen des Interviewten korrigiert werden. Diese komplexe Gesprächsstra-
    tegie (das Vorwissen für Fragen zu nutzen, ohne damit die originäre Sichtweise der Befragten zu
    überdecken) stellt hohe Anforderungen an den Interviewer."

dersprüchlicher Handlungsanforderungen" (Witzel 2000: 6) sein können. Durch problemorientiertes Nachhaken wird auch verhindert, dass es zu einem alltagsfremden Frage-Antwort-Spiel kommt, bei dem der Problemhorizont gerade nicht deutlich wird, weil die Befragten „isolierte Antworten auf isolierte Fragen" (Bahrdt 1975: 13) geben. Als Folge von Prozessorientierung ist es wichtig, Kernfragen, die mit einer Problemstellung verbunden sind, in der Befragung mehrfach aufzugreifen und aus mehreren Perspektiven zu erörtern.

4.2   Aufbau eines Leitfadens

4.2.1   Grundregeln

> Ein guter Leitfaden sollte dem Moderator Sicherheit vermitteln und als Rückhalt dienen, ihn aber nicht unter Druck setzen. Dafür ist es wichtig, dass er nicht mit Fragen überladen und übersichtlich aufgebaut ist.

Da der Leitfaden dem Moderator in verschiedenen Phasen der Gruppendiskussion Anhaltspunkte für Frageformulierungen zur Verfügung stellen sollte, sollte er nicht als eine unstrukturierte Ansammlung verschiedener Fragen verstanden werden, sondern eine eigene Struktur aufweisen:

Es sollten *verschiedene Themenblöcke* unterschieden werden, zu denen jeweils wichtige Fragen aufgelistet werden.

Beispiel:

Block 1 – Die Bedeutung des Mobiltelefons im Alltag
Block 2 – Anforderungen an ein Mobiltelefon zur Nutzung des Internets
Block 3 – Konzepttest: Vergleich verschiedener Mobiltelefone

> Eine Hierarchisierung von Fragen fördert die Übersichtlichkeit eines Leitfadens.

Wir schlagen vor, Fragen nach ihrer Wichtigkeit und Logik zu ordnen, indem z. B. auf der ersten Stufe wichtige und an alle gerichtete Fragen von Fragen auf der zweiten Stufe unterschieden werden, die optionale thematische Anknüpfungspunkte zum Nachhaken benennen. Fragen müssen nicht immer ausformuliert sein. Häufig reicht es aus, thematische Stichwörter aufzuführen, insbesondere bei Fragen zum Nachhaken.

Beispiel:

Schildern Sie mir mal eine typische Situation in Ihrem Alltag, in der es Ihnen besonders viel Spaß macht, Ihr Handy zu benutzen!
Nachhaken: Wochentags/am Wochenende, Tageszeit, Stimmung, Kontext (alleine/ in Gruppe), Gesprächspartner, Art des Gesprächs

Wenn es einen Auftraggeber für ein Projekt gibt, dient der Leitfaden nicht nur dem Moderator als Stütze, sondern auch dem Kunden. Zur Orientierung empfehlen wir, dem Leitfaden eine kurze Einführung zu seiner Bedeutung im Forschungsprozess voran zu stellen. Beobachtern von Gruppendiskussionen, die über kein Vorwissen zu qualitativer Forschung verfügen, wird dadurch der Einstieg deutlich erleichtert. Aus demselben Grund ist es ratsam, auf einem gesonderten Deckblatt die Rahmenbedingungen der Studie kurz zusammenzufassen – und dabei insbesondere auf die Fragestellung und Zielgruppenunterschiede einzugehen sowie aufzuführen, wo und wann die Gruppen stattfinden (siehe Beispiele im Anhang).

Bei der Konstruktion des Leitfadens sollte man darauf achten, nicht von einem Thema zum anderen zu springen, sondern einen möglichst natürlichen Erinnerungs- und Argumentationsfluss zu unterstützen (vgl. auch Helfferich 2009: 180).

Neben Fragen, die sich an alle richten, sollten im Leitfaden auch interne *Regieanweisungen* enthalten sein – d. h. Stichwörter, wie der Moderator sich bei bestimmten Formen der Gruppendynamik verhalten sollte. Dazu gehört z. B. die Information, welche Fragen sich ausschließlich an Ablehner eines Konzepts richten, unter welchen Bedingungen die Frage zu stellen ist etc. Solche Regieanweisungen helfen dem Moderator bei der Entscheidung, wann und in welcher Form er sich am Gruppengeschehen beteiligt.

Beispiel:

- Wir haben jetzt zwei Modelle eines möglichen neuen Mobiltelefons gesehen. Ich möchte jetzt noch einmal Vor- und Nachteile besser kennen lernen.
- *Zunächst diejenigen befragen, welche das Modell A bevorzugen:* Was unterscheidet Ihrer Ansicht die beiden Handys? Was hat das Handy A, was das Handy B nicht hat?
- *Anschließend diejenigen befragen, welche das Modell B bevorzugen:* Was unterscheidet Ihrer Ansicht die beiden Handys? Was hat das Handy B, was das Handy A nicht hat?

Im Sinne der Prozessorientierung ist es wichtig, bei der Konstruktion des Leitfadens sensibel für verschiedene gruppendynamische Phasen zu sein (vgl. Kapitel 7 für eine Auseinandersetzung mit diesen Phasen). Auch dieses ‚Vorwissen' über typische Verläufe von Gruppenprozessen darf aber keinesfalls dazu führen, dass eine Gruppendiskussion von vorneherein in eine phasenlogische Schablone gepresst werden sollte. Da es zum Verlauf zu Gruppendiskussionen und ihrer Varianz bislang kaum empirische Forschung gibt, sollten bestehende Phasenmodelle lediglich im Sinne einer Heuristik Anhaltspunkte für die Chronologie eines Leitfadens geben.

Wir empfehlen deshalb, bezüglich der Berücksichtigung einzelner gruppendynamisch bedingter Diskussionsstufen den Leitfaden möglichst offen zu lassen und lediglich vier grundlegende Phasen zu unterscheiden:

- Eine *Einführungsphase,* in welcher der Moderator die Rahmenbedingungen und Grundregeln der Gruppendiskussion zusammenfasst,
- eine *Warm-Up-Phase,* die dazu dient, allgemeinere Aspekte des Themas zu diskutieren und vor allem eine vertrauensvolle, intime Gesprächsatmosphäre in der Gruppe herzustellen,
- den *Hauptteil* einer Gruppendiskussion, der dynamisch deutlich heterogener verlaufen kann als dies in gängigen Phasenmodellen gefasst wird und
- einen kurzen *Abschlussteil,* in dem die aus verschiedenen Perspektiven beleuchteten Gesichtspunkte noch einmal zusammen gefasst und in ihrer Bedeutung für mögliche zukünftige Entwicklungen auf den Punkt gebracht werden.

4.2.2   Einführung und Warm-Up

Es ist wichtig, dass der Moderator von Anfang an frei spricht.

Auch in der *Einführungsphase* sollte man nicht auf einen vorformulierten Text zurückgreifen, um die Teilnehmer zu begrüßen und den Kontext der Diskussion zu erläutern. Angehende Moderatoren haben zum Teil das Bedürfnis, einen fertigen Text in den Leitfaden einzufügen, um sicher zu stellen, dass keine wichtigen Informationen vergessen werden und man selbst als Moderator nicht schon zu Beginn ins Stottern kommt und eigene Unsicherheit preisgibt. Allerdings wird durch einen vorgelesenen Text eine förmliche Atmosphäre hergestellt, die kontraproduktiv zum Ziel der Herstellung einer zwanglosen und vertrauensvollen Stimmung ist. Den Befragten wird implizit der Eindruck vermittelt, dass man auf scharfe Formulierungen zu achten hat und Versprecher möglichst zu vermeiden sind. Dadurch werden Sprechbarrieren geschaffen. Deshalb sollten sich auch angehende Moderatoren vom geschriebenen Text lösen und sich vergegenwärtigen, dass sie sich ruhig auch mal verhaspeln oder einen Satz zweimal beginnen dürfen, denn die Gruppendiskussionsteilnehmer lernen damit gleichzeitig, dass in der Diskussion kein Anspruch an Perfektion gehegt wird.

Im Leitfaden sollten deshalb lediglich einige Stichwörter dazu gemacht werden, worauf hingewiesen werden sollte – insbesondere auf datenschutzrechtliche Belange, auf das Vorhandensein von Beobachtern und Aufnahmegeräten, auf Anonymität sowie auf Respekt und Wertschätzung als Grundregel der Diskussion. Den Teilnehmern sollte mitgeteilt werden, dass es weder um die Anpassung an eine Gruppenmeinung, noch um die Identifizierung von Mehr- oder Minderheiten geht, die je nach Gruppe ganz unterschiedlich verteilt sein können. Außerdem sollten Befürchtungen zerstreut werden, dass es sich um einen Wissenstest handelt und darauf hingewiesen werden, dass es keine richtigen oder falschen Antworten gibt – dass es stattdessen genauso interessant sei, wenn jemand zu einem Aspekt nichts wisse, weil er das Thema z. B. seit langem als stocklangweilig erlebe, wie wenn jemand sich als begeisterter Interessent zu verstehen gebe.

> Nach der Einführung durch den Moderator beginnt die *Warm-Up-Phase* mit einer Vorstellungsrunde.

Im Leitfaden ist diesbezüglich kurz zu vermerken, welche gemeinsamen Bezugspunkte bei dieser Vorstellung berücksichtigt werden sollten, wie z. B. Beruf, Alter, Hobbies. Bei Kreativ-Workshops oder überdurchschnittlich langen Gruppendiskussionen kann es auch sinnvoll sein, dass Teilnehmer sich paarweise zunächst austauschen und dann ihren jeweiligen Nachbarn vorstellen, um gleich zu Beginn die Interaktion zu fördern.

Damit eine persönliche Atmosphäre entsteht, sollte jeder Befragte seinen Namen sagen und ggf. auf ein Namenskärtchen schreiben, das vor der Gruppe an seinen Platz gestellt wird. Wichtig ist, dass nur der Vorname genannt und aufgeschrieben wird, um den Teilnehmern Anonymität zuzusichern. Deshalb sollten auch nicht Detailinformationen hinsichtlich der Betriebe abgefragt werden, in denen die Befragten erwerbstätig sind.

Krueger/Casey (2009: 39) weisen zu Recht darauf hin, dass mit der Vorstellungsrunde die Gefahr verbunden ist, dass Status-Unterschiede deutlich werden und diese entstehende Bewusstheit bei den Teilnehmern kontraproduktiv für eine ungezwungene, offene Diskussion ist. Zu befürchten ist, dass einige Teilnehmer sich bewusst zurück halten, weil sie Andere bedingt durch den Statusunterschied für gebildeter, klüger oder erfahrener erachten und sich vor diesen weder ‚aufspielen‘ noch blamieren möchten. Deshalb sollten sensible Informationen wie Bildungsstand, Einkommenslevel etc. keinesfalls abgefragt werden. Wenn es zwischen den Teilnehmern einer Gruppendiskussion große Status-Unterschiede bezüglich der sozialen Stellung gibt (z. B. Arzt/Arbeiter ohne Ausbildung), ist es ratsam, nicht den Beruf abzufragen. Unserer eigenen Praxis-Erfahrung nach stellt es in der Regel aber kein Problem dar, in einer Vorstellungsrunde kurz nach der gegenwärtigen Tätigkeit zu fragen, da so Barrieren eher ab- als aufgebaut werden: Erstens wird dadurch Transparenz geschaffen und eine bestehende Neugierde der Befragten angesprochen: zu erfahren, mit wem sie im weiteren Verlauf diskutieren werden. Andernfalls könnte schnell die Atmosphäre von Tabus geschaffen werden, indem durch die demonstrative Auslassung einer wichtigen Frage gezeigt wird, dass über bestimmte Themen lieber nicht geredet werden sollte. Zweitens wird während der Vorstellungsrunde oft deutlich, wie heterogen hinsichtlich der ausgeübten Berufstätigkeiten eine Gruppe zusammengesetzt ist. Dadurch wird den Teilnehmern Offenheit signalisiert: Es gibt keinen Zwang zur Konformität, und jeder kann sich als Mitglied der Gruppe verstehen, weil Gleichheit in der Andersartigkeit besteht. Es werden keine hierarchischen Unterschiede betont; stattdessen wird auch für die Teilnehmer eine spannende Ausgangslage geschaffen, die in der Vielfalt der Standpunkte aller Befragten begründet ist.

Nachdem sich alle Teilnehmer vorgestellt und damit ihren ersten Gesprächsbeitrag vor allen anderen hatten, ist schon eine lockerere Atmosphäre hergestellt als zu Beginn der Diskussion. Die Angst vor der ersten Äußerung wurde gleich zu Beginn der Diskussion durch die Vorstellungsrunde genommen. Gleichwohl ist es wichtig, im weiteren Verlauf noch systematischer auf eine offene, vertrauensvolle Atmosphäre für eine angeregte Interaktion hinzuarbeiten.

> Deshalb sollte der erste thematische Bezugspunkt der Gruppendiskussion sich noch nicht auf die zentrale Fragestellung erstrecken, sondern eher der Annäherung an das Thema dienen – und daneben den Teilnehmern die Möglichkeit eröffnen, Sprechbarrieren abzubauen.

In diesem ersten Teil der Diskussion ist es wichtig, die Aufmerksamkeit und Beteiligung der Teilnehmer dadurch zu sichern, dass das Thema Interesse an der weiteren Diskussion weckt. Wir grenzen uns deshalb explizit von Ansätzen ab, die für den Warm-Up Teil „Eisbrecherfragen" propagieren, welche lediglich der Förderung einer offenen Gruppenatmosphäre dienen, für die weitere Auswertung aber belanglos sind[21]. Auch das Warm-Up sollte bei der Analyse berücksichtigt werden, da alle Phasen einer Gruppendiskussion von Bedeutung sind, um die jeweils entstehende Gruppendynamik zu verstehen. Dementsprechend ist es wichtig nachzuvollziehen, welchen Stellenwert das Warm-Up für die weitere Diskussion hatte.

Wenn ein Thema diskutiert würde, das mit der zentralen Forschungsfrage nichts oder nur sehr randständig zu tun hat, wäre notwendigerweise im Anschluss ein Bruch notwendig, der von den Teilnehmern als künstlich erlebt oder sie zum Spekulieren bewegen würde, welche Verbindung wohl zwischen den Teilen besteht. Außerdem halten wir es auch aus ethischer Perspektive für bedenklich, wenn ein Thema

---

21 In diesem Sinne interpretiert etwa Lamnek (2005: 98) den Ansatz von Krueger (1998): „Diese Eröffnungsfragen werden später selten analysiert, da sie zumeist nicht von inhaltlichem Interesse sind. Mit ihrer Formulierung wird nicht beabsichtigt, Antworten bezüglich des Forschungsthemas zu liefern, sondern es geht eher darum, ein Gemeinschaftsgefühl zwischen den Diskussionsteilnehmern zu schaffen, auf deren Basis dann die Diskussion einen möglichst flüssigen Verlauf nehmen soll."

nur um einer positiven Gruppenatmosphäre wegen besprochen wird, aber inhaltlich nicht von Interesse ist: Wenn man jemanden zu einem Thema befragt, das einen
eigentlich gar nicht interessiert, verschwendet man im Endeffekt eigene und fremde
Lebenszeit.

Für gleichermaßen problematisch halten wir es, den Warm-Up-Teil dazu zu nutzen, faktische Informationen abzufragen (vgl. Krueger 1998). Am Anfang einer qualitativen Befragung sollte es darum gehen, Gesprächspartner zum Erzählen zu bewegen. Damit verbunden sind Lerneffekte zu Beginn der Gruppendiskussion: Befragte
sollen verstehen, dass sie nicht dazu aufgefordert sind, Dinge möglichst kurz auf den
Punkt zu bringen, sondern konkrete Alltagserfahrungen zu schildern – und dass dafür anders als in vielen Alltagssituationen im Rahmen der Gruppendiskussion ein
Ausdrucksraum besteht. Wenn man zu Anfang der Gruppendiskussion aber darauf setzt, Informationen abzufragen, verspielt man nicht nur diese Chance, sondern
erzielt im schlimmsten Fall einen gegenläufigen Effekt: dass die Teilnehmer zunehmend kurz angebunden antworten und es im Folgenden zu einem Frage-Antwort-
Spiel kommt.

> Wir empfehlen dagegen einen *lebensweltorientierten Einstieg*: Die Einstiegsfra-
> ge sollte offen formuliert werden, aber klare Bezüge zum Alltag der Befragten
> haben. Es sollte für alle Befragte unmittelbar möglich sein, eigene Erfahrun-
> gen zu schildern, in denen es um die angeregte Thematik geht. Die Frage sollte
> möglichst große Spielräume eröffnen, aus welcher Perspektive sich die Befrag-
> ten dem Thema nähern.

Wenn es z. B. um die Bereitschaft zur mobilen Internetnutzung geht, könnte man mit
einer Diskussion beginnen, in welchen Situationen im Alltag ein Handy benutzt wird
und in welchen Situationen – unabhängig vom Mobiltelefon – auf das Internet zu-
gegriffen wird. Wichtig ist es stets, einen ersten Eindruck von situationsspezifischen
Stimmungs- und Bedürfnislagen zu erlangen: Wann ist z. B. Unbehagen mit der Nutzung eines Mobiltelefons verbunden?

Die folgende Tabelle 11 listet einige Beispiele für geeignete Warm-Up Themen aus,
welche die lebensweltliche Perspektive in den Vordergrund rücken:

Tabelle 11 Beispiele für geeignete Einstiegsthemen

Fragestellung des Projekts	Warm-Up Thema
Bewertung des Marktumfelds durch Versicherungsmakler → Potenzialanalyse für ein neues Produkt	Beruflicher Alltag als Makler – Typische Erfahrungen und Grundzüge der Kundenbeziehung
Wirkungsanalyse einer möglichen neuen Kommunikationskampagne für ein neues Süßwarenprodukt (Bonbon)	Bonbonlutschen im Alltag – welche Marken werden erinnert, in welchen Stimmungen und Situationen werden Bonbons gelutscht, Gruppierung verschiedener Produkte/Marken
Imageanalyse eines Stromversorgers	Exploration verschiedener Kontaktpunkte mit verschiedenen Dienstleistern im Strom-Markt im Alltag (z.B. Rechnung, Werbung, Sponsoring, Hotline, Filiale, etc.) und Exploration der Kundenbeziehung zu einem Stromversorger
Ansprüche hinsichtlich Nachhaltigkeit und corporate responsibility, die an ein Großunternehmen gestellt werden	Erfahrungen mit „guten" und „schlechten" Unternehmen im Alltag und Bedingungen, die einen ein Unternehmen als eher „gut" oder „schlecht" erleben lassen

Bevor man im weiteren Verlauf der Diskussion die Fragestellung zunehmend zuspitzt, bietet das Warm-Up die Möglichkeit, die Gruppe aus einer psychologischen Perspektive besser kennen zu lernen. Damit gewinnt man wichtiges Hintergrundwissen, um im weiteren Verlauf gegebene Detailinformationen besser verstehen zu können.

Außerdem bietet das Warm-Up einen ausreichend breiten Rahmen, dass jeder der Teilnehmer problemlos etwas beisteuern kann, ohne durch eine spitze Fragestellung stark unter Druck gesetzt zu werden.

Das Thema sollte dabei immer möglichst offen angegangen werden und nicht so formuliert werden, dass die Diskussion tendenziös in nur eine Richtung gelenkt wird. Eine Ausnahme stellen Projekte dar, in denen Themen besprochen werden, zu denen in der Bevölkerung eine kritische Perspektive dominiert. Wenn es z.B. um die Optimierung von Kommunikationskampagnen geht, ist es legitim, die Befragten nach positiven Werbeerinnerungen zu fragen, um eine angeregte Diskussion von Details einer Kampagne im weiteren Verlauf zu ermöglichen. Würde dagegen generell die Bedeutung von Werbung im Alltag diskutiert, bestünde eine große Gefahr, dass einige Befragte demonstrativ ihre Unabhängigkeit von Werbung betonen und andere ihre Geringschätzung von Werbung als Institution als solcher zum Ausdruck bringen würden. Damit würde eine Atmosphäre entstehen, die kontraproduktiv für die Entwicklung von Optimierungsvorschlägen für eine Kampagne wäre.

Die Qualität der ersten Diskussionsphase oder gar der gesamten Diskussion wird z. T. in der Fachliteratur damit in Verbindung gebracht, den richtigen ‚*Grundreiz*‘ gewählt zu haben, mit der eine fruchtbare Diskussion stimuliert wird (vgl. z. B. Wagner/ Schönhagen 2008; Lamnek 2005). Gemäß unserer Praxis-Erfahrungen sollte man an dieser Stelle nicht von einem isolierten, lediglich einmal dargebotenen Reiz ausgehen, sondern eher von einer Serie aufeinander bezogener Fragen. Dabei kommt es eher darauf an, mit mehreren an der Lebenswelt der Befragten orientierten Fragen ein Thema aus verschiedenen Perspektiven zu beleuchten als ‚*die eine*‘ Superfrage oder ‚*das eine*‘ Statement zu entwickeln, welche die Diskussion im weiteren Verlauf trägt.

Basierend auf unseren Erfahrungen sollte bei einer zweistündigen Gruppendiskussion die Einführung etwa fünf Minuten, das Warm-Up inkl. Vorstellungsrunde nicht mehr als 20 Minuten ausmachen.

4.2.3 Hauptteil

Für den anschließenden *Hauptteil* sollten verschiedene Themenblöcke vorbereitet werden – allerdings nicht mehr als vier.

> Ein Thema sollte zunächst offen angegangen werden, bevor die Fragestellung im folgenden Verlauf zunehmend konkretisiert und zugespitzt wird.

Ein offener Einstieg lässt Raum für die Teilnehmer, eigene Akzente zu setzen. In der jeweiligen Gruppe kann sich eine spezifische Dynamik herausbilden, welche nicht bereits durch eine zu sehr auf Teilbereiche fokussierte Fragestellung gelenkt wird. Allerdings darf dies nicht in dem Sinne missverstanden werden, zunächst möglichst abstrakt und erst später nach konkreten situationsbezogenen Schilderungen zu fragen.

> Wenn möglich sollten stets konkrete Erfahrungen den Ausgangspunkt für Fragestellungen bieten.

Eine gute Einstiegsfrage bezieht sich häufig auf spontane Einfälle zu einem Thema, z. B.: „*Was fällt Ihnen spontan zum Thema Körperpflege ein? Welche Bilder, Gefühle, Namen, Situationen kommen Ihnen gleich in den Sinn?*“

Offene, zum Thema hinleitende Fragen haben viele Vorteile: Erstens sind sie einfach zu beantworten. Zweitens können die Teilnehmer zum Ausdruck bringen, welche Aspekte ihnen spontan wichtig sind. Drittens werden alle Befragten durch die Vielfalt der Antworten von anderen Teilnehmern zunehmend für das Thema sensibilisiert. Dies erleichtert die Vertiefung des Themas im weiteren Verlauf.

Krueger/Casey (2009: 57) schlagen deshalb vor, bei der Konstruktion eines Leitfadens sich das Bild eines Trichters zu vergegenwärtigen: Die Diskussion wird zunehmend thematisch verengt und auf besondere, zentrale Einzelaspekte gelenkt.

Auf eine offene Frage werden zu Beginn der Diskussion in der Regel sehr viele unterschiedliche Aspekte als Antwort genannt, sodass es folglich zunächst einmal ‚kreuz und quer durcheinander‘ geht. In dieser Phase ist es sinnvoll, dass sich der Moderator während der Diskussion Notizen macht, um ausgewählte Themen, die im Verlauf der sich ergebenden Gruppendynamik zunächst nicht weiter vertieft werden, zu einem späteren Zeitpunkt noch einmal aufgreifen zu können.

Um den Teilnehmern zu signalisieren, dass ihre Beiträge ernst genommen werden, können verschiedene Bezüge auch an einem *Flip Chart* gesammelt werden. Im Leitfaden sollte dann darauf hingewiesen werden, damit der Raum im Vorfeld entsprechend vorbereitet wird.

Allerdings sollte bei der Entscheidung, ob ein Flip Chart zur Sammlung von Aspekten eingesetzt wird, immer bedacht werden, dass dadurch die Diskussion verlangsamt wird und Teilnehmer implizit zu kürzeren, schlagwortartigen Wortbeiträgen gelenkt werden (vgl. auch Krueger/Casey 2009: 43). Denn der Moderator braucht Zeit, um die Beiträge am Flip Chart zu notieren und tut dies notwendigerweise in einer komprimierenden Form. Die Arbeit mit dem Flip Chart kann deshalb bewusst als eine Technik zur Entschleunigung eingesetzt werden, kann aber auch kontraproduktiv für die Entwicklung einer lebhaften Gruppenatmosphäre sein.

Wichtig ist es während des gesamten Hauptteils, die Befragten zur wechselseitigen Diskussion anzuregen, um reine Frage-Antwort-Sequenzen zu durchbrechen. Dementsprechend sollte ein Leitfaden für Gruppendiskussionen einen geringeren Umfang haben als ein Leitfaden für qualitative Interviews, damit die Befragten ausreichend Raum haben, zu wichtigen Fragen miteinander ins Gespräch zu kommen.

Der Vorteile eines nicht durch den Moderator unterbrochenen Austausches der Teilnehmer untereinander liegt darin, dass eine zunehmend ungezwungene Atmosphäre entsteht, in der Befragte spontan und in eigenen Worten ihre Sichtweise zum Ausdruck bringen können.

Im Rahmen der gemeinsamen Diskussion werden unterschiedliche Dimensionen des Bezugs zu einem Thema und damit verbundene Zusammenhänge deutlich. Bei der Ausgestaltung des Hauptteils sollten verschiedene Phasen der Gruppendynamik insofern berücksichtigt werden, dass sich im Verlauf der Diskussion nach Orientierungsphasen zunehmend eine Tendenz zur Einnahme einer ‚Wir-Gruppen‘-Perspektive mit Streben nach Konformität ergeben kann. Um diese zu durchbrechen oder die Gruppe zu einer kontroverseren Diskussion anzuregen, können bereits im Vorfeld provokative Aussagen überlegt und vorformuliert werden, welche der Moderator einstreuen kann, um die Rolle des advocatus diaboli einzunehmen (vgl. Kapitel 5.6). Schlüsselfragen sollten mehrfach in der Diskussion aus einer anderen Perspektive beleuchtet werden. Durch die wiederholte Annäherung ergibt sich die Möglichkeit, dynamische Entwicklungen in der Gruppe zu berücksichtigen und ggf. Widersprüche und Konflikte aufzudecken, welche wichtige Rückschlüsse für die Analyse ermöglichen. Es ist ratsam, im Vorfeld identifizierte Schlüsselfragen bereits im Leitfaden an mehreren Positionen zu verankern.

Im Sinne eines problemzentrierten Vorgehens ist es empfehlenswert, den Befragten in eigenen Worten zurück zu spiegeln, was gelernt wurde, um ihnen die Möglichkeit zu geben, daran anknüpfend Korrekturen und Vertiefungen vorzunehmen. Außerdem können Widersprüche und Ungereimtheiten, die sich z. B. aus der Diskussion eines Themas aus verschiedenen Perspektiven ergeben, benannt werden, um die Gruppe damit zu konfrontieren (vgl. Kapitel 5). Dies sollte generell jedoch erst am Ende des Hauptteils geschehen, um zunächst eine offene Diskussion und Meinungsbildung in der Gruppe zu ermöglichen. Auch um Platz für eine derartige Intervention des Moderators zu lassen, darf der Leitfaden keinesfalls durch zu viele Fragen überfrachtet werden. Da derartige Konflikte in der Regel erst während der Gruppendiskussion entstehen, ist die Spontanität und analytische Kompetenz des Moderators gefragt. Allerdings gibt es aufgrund des eigenen Vorwissens zum Teil schon Anhaltspunkte für zu erwartende Ambivalenzen bzw. Ungereimtheiten. Damit diese während der Diskussion nicht in Vergessenheit geraten, sollten diese dann als optionale Aspekte zur Diskussion im Leitfaden vermerkt werden.

Im Zentrum einer Gruppendiskussion sollte immer der Austausch der Teilnehmer miteinander stehen. Dafür ist die oberste Regel, genügend Raum dafür zu lassen und den Leitfaden keinesfalls mit zu vielen Detailfragen zu überlasten. Gleichzeitig empfehlen wir auf Basis unserer Erfahrungen aber auch nicht, den Hauptteil auf zwei bis fünf Schlüsselfragen zu verdichten und jede Frage zehn bis zwanzig Minuten zu diskutieren, wie dies Krueger/Casey (2009: 40) vorschlagen. Dadurch würde einer einzelnen Frage zu viel aufgebürdet, sodass die Gefahr droht, dass sich die Diskussion entweder im Kreis dreht oder versandet. Als besser erachten wir es, zwei bis vier Oberthemen festzulegen und diese aus unterschiedlichen Perspektiven zu beleuchten, indem zu jedem Oberthema verschiedene Fragen vorbereitet und ggf. ergänzende Übungen sowie aktivierende Materialien vorbereitet werden.

4.2.4 Einsatz von Stimuli-Materialien und Übungen im Hauptteil

> Für viele Themenstellungen ist es sinnvoll, in den Leitfaden nicht nur Fragen
> aufzunehmen, sondern auch *Stimuli-Materialien* und/oder *Übungen* vorzu-
> bereiten. Dabei handelt es sich um ein Stilmittel, die Teilnehmer zu aktivieren,
> Rationalisierungen zu vermeiden und emotional bedingte Anteile an Entschei-
> dungen und Bewertungen aufzudecken.

Wenn es darum geht, jenseits des im Zuge des Gruppengeschehens entstehenden Ge-
samteindrucks einen Überblick *individueller* Sichtweisen der einzelnen Teilnehmer
zu erhalten, bietet sich die Arbeit mit kurzen Fragebögen, sogenannten *Selbstausfüllern* an. Dies ist insbesondere dann ratsam, wenn es um die Bewertung von bestimmten Konzepten, Leistungen, Marken oder Produkten geht.

Beispiel für einen Selbstausfüller:

Bitte beantworten Sie die folgenden Fragen! Schreiben Sie ganz spontan, was Ihnen einfällt! Es gibt keine richtigen oder falschen Antworten!

1) Was fällt Ihnen spontan zu dem gezeigten Angebot ein?
2) Was gefällt Ihnen daran?
3) Was gefällt Ihnen weniger daran?
4) Was könnte noch verbessert werden?

Um Missverständnissen vorzubeugen: Durch den Einsatz mit Selbstausfüllern soll
keine quantitative Auswertung qualitativer Gruppendiskussionen ermöglicht werden,
d. h. es geht nicht darum, am Ende aller Gruppendiskussionen auszuzählen, wie viele Prozent der Befragten jeweils Konzept A, B oder C am besten fanden. Aufgrund
geringer Fallzahlen und des nicht zu unterschätzenden gruppendynamischen Effekts
auf die im Rahmen der Diskussion punktuell zum Ausdruck gebrachten Ansichten
haben derartige Häufigkeitsauszählungen allenfalls dokumentarische Bedeutung,
lassen aber keine statistisch begründeten Ableitungen über die Attraktivität der Konzepte für eine größere Grundgesamtheit zu.

Warum wir Selbstausfüller dennoch als ein geeignetes Hilfsmittel für Gruppendiskussionen erachten, soll zunächst anhand eines imaginären Beispiels kurz veranschaulicht werden: Im Zentrum der Diskussion steht die Frage, woran Befragte
spontan bei verschiedenen Dienstleistern wie z. B. Telekommunikationsanbietern
denken. Nehmen wir an, ein erster Teilnehmer meldet sich folgendermaßen zu Wort:
„Ist doch klar, ich denke an das neue Angebot XY – das wird zur Zeit doch überall beworben und fällt nun wirklich jedem ins Auge". Er stellt damit eine Norm auf,

dass das Angebot eigentlich bekannt sein sollte. Unabhängig davon, wie der erste Gesprächsbeitrag eines Teilnehmers tatsächlich aussieht – er beeinflusst die folgenden Beiträge. Einige Teilnehmer werden den Spuren des Vorredners folgen, weil sie nach Anknüpfungspunkten für einen eigenen Beitrag suchen, andere werden gar nichts sagen, weil sie befürchten, eigenes Unwissen bloß zu stellen. Über die Motive ihres Schweigens erfahren wir im Rahmen der Gesprächsrunde aber nichts.

Natürlich ist die einsetzende Gruppendynamik hoch interessant – um ihrer willen führen wir ja die Gruppendiskussion überhaupt durch (vgl. Kapitel 7). Gleichwohl gibt es Fragestellungen, bei denen es wichtig ist, die Spann- und Variationsbreite möglicher Antworten detailliert kennen zu lernen. Dafür bieten sich im Vorfeld der Diskussion eines thematischen Blocks verteilte Selbstausfüller an. Bevor wir sozusagen die Dynamik einfangen, bekommen wir ein Bild verschiedener unterschiedlicher Sichtweisen, das uns sonst verloren gehen würde.

> Selbstausfüller sind außerdem ein geeignetes Mittel, um den Befragten Zeit und Raum für die eigene Meinungsbildung und Reflexion zu eröffnen.

Indem Teilnehmer direkt nach der Vorführung eines Stimulus (wie z. B. einer neuen Konzept-Idee) einige Minuten Zeit bekommen, zu Papier zu bringen, was ihnen aufgefallen ist, was ihnen gefallen hat bzw. was sie weniger gut fanden, wird eine konstruktive Diskussion vorbereitet. Wenn Teilnehmer hingegen unmittelbar nach der Präsentation zur Diskussion aufgefordert werden, besteht die Gefahr, dass sie sich der Konformität halber der dominierenden Meinung anschließen, ohne ausreichend tief in sich selbst hinein zu spüren, wie sie selbst eigentlich zur vorgestellten Idee stehen.

> Selbstausfüller ersetzen keine Diskussion, sondern bereiten diese vor! Sie werden nicht eingesetzt, um gruppendynamische Effekte als „Störfaktor" auszuschließen, sondern im Gegenteil, um zu einer anregenden Diskussion zu führen.

Natürlich steht bei der Auswertung nicht die Klassifikation und Auszählung unterschiedlicher Ansichten im Vordergrund, sondern die Analyse des Auseinandersetzungsprozesses im Kontext der Diskussion, unter anderem hinsichtlich damit verbundener Entwicklungen wie der Veränderung von Ansichten als Reaktion auf bestimmte Positionen.

Um möglichst wenig kostbare Diskussionszeit zu verlieren, sollten Selbstausfüller bereits im Vorfeld vorbereitet werden und jedem Teilnehmer im Verlauf der Gruppendiskussion in der Form eines vorbereiteten Fragebogens ausgehändigt werden. Dazu sollten die Fragen auf einem Zettel stehen und unter den Fragen ausreichend Platz für die Antworten gelassen werden.

Um bei der Auswertung eine Zuordnung zu im Verlauf der Diskussion zu beobachtenden dynamischen Entwicklung von Ansichten zu ermöglichen, sollten die Teilnehmer gebeten werden, ihren Vornamen auf dem Selbstausfüller zu vermerken. Es sollte ein verbindlicher Zeitraum, der für das Ausfüllen zur Verfügung steht, kommuniziert und dann auch konsequent beachtet werden. Nach dem Ausfüllen der Fragebögen sollten diese eingesammelt, aber nicht unmittelbar im Anschluss durchgesehen oder gar ausgewertet werden, um nicht wertvolle Zeit für die Diskussion zu vergeuden. Die systematische Sichtung und Auswertung erfolgt erst nach Ende der Gruppendiskussion.

Selbstausfüller können unterschiedlich gestaltet werden: Neben offenen Fragen ist es auch möglich, *Listen* erstellen zu lassen, Konzepte/Angebote etc. miteinander zu vergleichen und in eine Rangordnung zu bringen oder ein Ranking vornehmen zu lassen.

Beispiel für einen Listen-Selbstausfüller:

Bitte erstellen Sie eine Liste mit ca. 10 Begriffen, die besonders gut geeignet sind, Nivea zu beschreiben.

Listen können dazu verwendet werden, Sachverhalte zu vertiefen, indem Kernaspekte herausgearbeitet werden. Außerdem helfen Listen, eine möglichst große Variationsbreite zu erfassen. Ein weiterer Vorteil von Listen besteht darin, dass sie für jeden Teilnehmer leicht zu erstellen sind. Sie haben gleichzeitig eine aktivierende Wirkung und führen dazu, dass jeder Teilnehmer einen Artikulationsraum bekommt.

Listen sind deshalb besonders zu Anfang einer Diskussion ein geeignetes Hilfsmittel für den Moderator, wenn es darum geht, Teilnehmer zu sensibilisieren und die Vielfalt eines Phänomens zu erfassen, bevor die vertiefende Diskussion beginnt.

Besonders häufig werden Listen eingesetzt, wenn die Gruppendiskussion im Sinne einer Vorstudie dazu dient, die Itementwicklung eines standardisierten Fragebogens vorzubereiten: Durch sie wird die Alltagssprache der Befragten erfasst, außerdem lassen sich wiederholt genannte und bei der bisherigen Planung von den Forschern noch nicht-bedachte Aspekte identifizieren.

Der Nachteil der Erstellung von Listen kann darin liegen, dass sie dazu führen, dass eine lebhafte Diskussion unterbrochen wird und die Befragten nicht zu alltagsnahen Erzählungen, sondern zu verkürzenden Abstraktionen angeregt werden. Deshalb sollte bei der Gestaltung eines Leitfadens bewusst entschieden werden, an welcher Stelle in Hinblick auf die zu erwartende Gruppendynamik mit Listen gearbeitet werden sollte – und zwar am Anfang eines thematischen Blocks sowie in eher seltenen Fällen am Ende zur Abrundung.

Kurzfragebögen zum Rating oder Ranking sind insbesondere dann sinnvoll, wenn verschiedene Alternativen diskutiert werden, also z. B. verschiedene Konzepte eines neuen Angebots. Durch den Fragebogen werden die Befragten aufgefordert, eine klare Position zu beziehen und bekommen Raum für die Bildung und den Ausdruck einer eigenen Meinung, die aber durchaus variabel im weiteren Verlauf der Diskussion sein kann.

Beispiel für einen Ranking-Selbstausfüller:

1) Welches der Konzepte hat Ihnen am besten gefallen?
2) Was hat Ihnen an diesem besser gefallen als den anderen Konzepten?
3) Was könnte man noch besser machen?
4) Welches der Konzepte hat Ihnen am wenigsten gefallen?
5) Was hat Ihnen weniger gefallen als an den anderen Konzepten?

Solche Rankings oder Ratings sollten aber nicht als Selbstzweck verstanden werden, sondern als Vorbereitung einer Diskussion in der Gruppe. Sie fördern die Abgrenzung verschiedener Konzepte und dadurch der Herausarbeitung von Kerndimensionen hinsichtlich derer wichtige Unterschiede benannt werden können. Dazu empfiehlt es sich, nach dem Ausfüllen eines Ranking-Fragebogens am Flipchart ein Meinungsbild zu erheben, welche Konzepte zu den Favoriten gehören und welche eher weniger gut ankommen. Danach sollte den Gruppenteilnehmern die Möglichkeit gegeben werden, das Ergebnis der Gesamtgruppe zu kommentieren.

Rankings oder Ratings müssen nicht immer individuell mit Hilfe eines Fragebogens erstellt werden. Es bietet sich auch an, etwa verschiedene Konzepte oder Teilaspekte (z. B. Ansprüche an einen Dienstleister) mit Karten an einer Metaplan-Wand zu befestigen und jedem Teilnehmer eine begrenzte Anzahl an *Punkten* auszuhändigen. Diese Punkte sollen dann auf die verschiedenen Karten verteilt werden.

Dabei kann auch mit unterschiedlichen Bedeutungen der Punkte gearbeitet werden, indem diese z. B. Wichtigkeit für den Befragen symbolisieren oder als Ausdruck für das Bedürfnis stehen können, über bestimmte Themen im weiteren Verlauf der Diskussion diskutieren zu wollen. Wenn unterschiedliche Aspekte bewertet werden sollen, können Punkte verschiedener Farben ausgegeben werden.

Eine Herausforderung für jegliche Befragung ist die Tendenz von Befragten, Ansichten, Orientierungen und Entscheidungen zu rationalisieren. In einer Gruppe von eigenen Gefühlen zu sprechen, setzt die Überwindung zahlreicher Barrieren voraus. Im Wesentlichen ist es die Aufgabe des Moderators, die Teilnehmer dabei zu unterstützen und ein vertrauensvolles Diskussionsklima zu sichern. Durch die Fokussierung auf Alltagserfahrungen und konkrete Schilderungen wird mit dem Leitfaden ein erster wichtiger Schritt in diese Richtung unternommen. Darüber hinaus gibt es noch andere Möglichkeiten, das bewusste Erleben, das Nachvollziehen und den Ausdruck von *Emotionen* zu erleichtern. Dazu zählt es insbesondere, projektive Techniken und Rollenspiele einzusetzen – und dies bereits im Leitfaden zu verankern. Näher auf damit verbundene Möglichkeiten und Anforderungen an den Moderator gehen wir im fünften Kapitel dieses Buches ein.

Neben diesen vor allem durch den Moderator flexibel im Verlauf der Diskussion zu handhabenden Bausteinen gibt es auch die Möglichkeit, mit vorbereiteten Bildern zu arbeiten und dadurch den Ausdruck von Emotionen zu fördern. Da Emotionen in allen Bereiche des Alltags und Wirtschaftsleben von außerordentlicher Bedeutung für Entscheidungen sind, gleichzeitig der Zugang zu dieser inneren Welt von Befragten mit großen Hürden verbunden ist, bieten sich hier für Marktforschungs-Institute Ansatzpunkte zur Differenzierung und Profilbildung. Viele große Institute haben in Grundlagenforschung investiert, um interkulturell getestete Standardvorlagen zu haben, mit denen sie sich einen Zugang zur Gefühlswelt versprechen – basierend auf unterschiedlichen Menschenbildern und psychologischen Grundannahmen. Eine ausführliche Auseinandersetzung mit den jeweiligen Portfolios unter Berücksichtigung ihrer Nachvollziehbarkeit und ihres theoretischen Fundaments würde den Rahmen dieses Einführungs-Buches jedoch bei weitem sprengen. Um die Möglichkeiten eines derartigen Zugangs im Rahmen von Gruppendiskussionen dennoch zu veranschaulichen, soll kurz exemplarisch auf ein ‚Tool' des Marktforschungsinstituts Ipsos hingewiesen werden, den sogenannten ‚Emoti*Scape-Fragebogen' (vgl. Abb. 1): Darin werden verschiedene Emotionen mit Hilfe von 41-Cartoons, den ‚Emoticons', visualisiert und entlang zwei Achsen angeordnet: eher positive und eher negative sowie eher aktive und eher passive Gefühle.

Was auf den ersten Blick wie ein lustiges, buntes Sammelsurium aussehen mag, ist das Ergebnis aufwändiger internationaler Forschung und in der Psychologie der Emotionen begründet: Diese belegt die hohe Relevanz von Mimik und Körpersprache für die Kommunikation von Emotionen. Dementsprechend soll das Modell einen Zugang zur inneren Welt der Emotionen verschaffen. Im Rahmen von Gruppendiskussionen kann es z. B. dazu genutzt werden, Emotionen und Stimmungen gewissermaßen auf die Tagesordnung zu rufen und salonfähig zu machen.

Denn wenn man in einer Gruppendiskussion direkt nach Gefühlen fragt, droht bei bestimmten Zielgruppen ein Fiasko, das mit Albernheit bis zu belächelnden Blicken durch die Teilnehmer bezüglich eines als gefühlsduselig erlebten Moderators verbunden sein kann. Zum Teil sind Teilnehmer darüber hinaus kaum in der Lage,

Gefühle jenseits sehr allgemeiner Kategorisierung („find' ich gut") auf den Punkt zu bringen. Der Einsatz visueller Stimuli, wie z. B. Emoticons, leistet Abhilfe: Man kann die Teilnehmer bitten, zunächst jeder für sich all die Emoticons anzukreuzen, die für ein Gefühl stehen, das sie verspüren, nachdem ihnen z. B. ein möglicher neuer Kampagnenansatz präsentiert wurde[22]. Auf eine sehr spielerische Art und Weise werden sie angeregt, in sich hinein zu spüren und eigene Gefühle auszudrücken. Im weiteren Verlauf der Diskussion kann man dann die Teilnehmer auf freiwilliger Basis bitten, zu erläutern, welche Emoticons sie angekreuzt haben und was sie dazu bewegt hat. Ohne Teilnehmer zu überfordern, werden dadurch auf eine unverkrampfte Art und Weise Gefühle thematisiert. Wenn alle Teilnehmer sich auf die Übung eingelassen haben, sinkt außerdem die Barriere, eigene Gefühle in der Gruppe zum Thema zu machen.

Abbildung 1   Die emotionale Landschaft der Emoti*Scapes

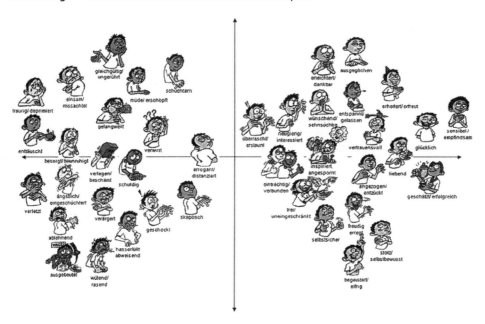

Ähnliche Effekte sind zu erzielen, indem mit *Bilder-Sets* gearbeitet wird, z. B. mit verschiedenen Fotografien, welche unterschiedliche Stimmungen vermitteln. Dabei kann es sich um eine feste Gruppe von Bildern handeln, die immer wieder verwendet wird, oder um verschiedene aus Zeitschriften entnommene Fotos und Grafiken. Man kann die Teilnehmer bitten, ihre Reaktion auf einen vorgestellten Reiz (wie z. B. ein Konzept, ein Angebot oder ein mögliches neues Produkt) spontan mit einem oder

---

22 Für eine detailliertere Auseinandersetzung für Grundlagen der Emoti*Scapes und den Einsatzmöglichkeiten im Rahmen qualitativer Forschung vgl. Rademacher/Koschel (2006).

mehreren Bildern auszudrücken. In einer anschließenden Runde wird zunächst über die ausgewählten Bilder gesprochen und was mit ihnen verbunden wird (z. B. welche Stimmung), ehe dann von den Teilnehmern erläutert wird, in welchem Zusammenhang die Bilder mit der eigenen Wahrnehmung und Bewertung des vorgestellten Inhalts stehen. Bilder können auch ihren Ausdruck in Form von *Collagen* finden.

Eine andere Form, bereits bei der Leitfadengestaltung mit Visualisierungen zu arbeiten, ist der Entwurf einer ‚*Landkarte*‘, mit der während der Diskussion gearbeitet werden kann. Geeignet ist diese insbesondere dann, wenn es darum geht, Prozesse nachvollziehend abzubilden – wie z. B. biographische Entwicklungen oder Wege zur Entscheidung. Dafür können z. B. verschlungene Wege auf eine Karte gezeichnet werden, Wolken, Berge etc. Diese Symbole können in der Diskussion als Metaphern Ankerpunkte liefern, um emotionale Aspekte zu verdeutlichen und ausreichend zu würdigen, wie z. B. ‚Stolpersteine‘, ‚Hürden, die es zu überwinden galt‘, etc.

4.2.5 Abschluss-Teil

> Der Abschluss-Teil einer Gruppendiskussion dient dazu, die Ergebnisse noch einmal zusammen zu fassen, sodass im Idealfall bei allen Teilnehmern und bei etwaigen Beobachtern nach Ende der Diskussion ein ‚runder‘ und stimmiger Gesamteindruck entsteht.

Außerdem bietet er wichtige Anknüpfungspunkte für die Analyse der Gruppendiskussionen, weil er Ableitungen zur Wichtigkeit und inneren Zusammenhängen von Teilaspekten ermöglicht. Krueger/Casey (2009: 40) benennen derartige zusammenfassende Endfragen als „all-things-considered questions“, welche es den Befragten ermöglichen, alle diskutierten Aspekte zu einem kritischen Thema noch einmal zu reflektieren und die Punkte zu identifizieren, die mit dem größten Handlungsbedarf verbunden sind oder die am bedeutsamsten erscheinen[23].

Dafür ist es aber wichtig, nicht die Teilnehmer einfach noch mal das wiederholen zu lassen, was sie schon vorher gesagt haben, indem Schlüsselfragen in unveränderter Form einfach ein zweites Mal gestellt werden. Dies wäre reine Zeitverschwendung und ermüdend für die Teilnehmer sowie etwaige Beobachter. Stattdessen sollte es darum gehen, verschiedene Teilaspekte unter einer ganzheitlichen Perspektive zusammen zu führen.

Außerdem können die Befragten gebeten werden, die im Rahmen der Diskussion diskutierten Aspekte zu gewichten, z. B. indem sie ausdrücken, was ihnen besonders wichtig ist. Wenn es einen Auftraggeber gibt, der bekannt gegeben werden darf, ist es auch ratsam, den Befragten die Gelegenheit zu bieten, diesem direkt einen Ratschlag

---

23 Dies ersetzt natürlich keinesfalls eine sorgfältige Analyse von Zusammenhängen im Anschluss an die Gruppendiskussionen.

für die weitere Entwicklung mit auf den Weg zu geben[24]. Ansonsten kann man die Befragten auch bitten, sich in einer Art Rollenspiel einen wichtigen Entscheidungsträger als Adressaten für ihr Abschluss-Plädoyer vorzustellen.

Beispiel:

Stellen Sie sich vor, Sie hätten eine Minute Zeit, dem Vorstandschef des Unternehmens XY Ihre Verbesserungsvorschläge vorzustellen. Was würden Sie ihm sagen?

Wenn der Abschluss-Teil im Sinne eines zusammenfassenden Fazits genutzt wird, sollten dafür bei einer zweistündigen Gruppendiskussion etwa fünf bis zehn Minuten eingeplant werden. Insbesondere bei besonders offenen Themen, bei denen es wichtig ist, eigene inhaltliche Schwerpunktsetzungen der Befragten zu erfassen, sollte am Ende noch eine Rückversicherungsfrage gestellt werden, die Krueger/Casey (2009: 41) generell als finale Frage vorschlagen. Die Teilnehmer sollten dann gefragt werden, ob bestimmte Aspekte im Rahmen der Diskussion nicht diskutiert worden oder zu kurz gekommen sind. Wenn eine solche Frage gestellt wird, sollte dafür ein zusätzlicher Puffer von mindestens fünf Minuten Zeit einkalkuliert werden, damit ausreichend Raum besteht, um etwaige Aspekte noch zu berücksichtigen.

Obwohl eine solche Frage den Befragten Anerkennung ausdrückt und ihrem Expertenwissen Respekt zollt, sind wir aufgrund unserer Erfahrungen nicht der Auffassung, dass sie immer ein notwendiger Bestandteil einer Gruppendiskussion sein muss. Insbesondere droht entweder die Gefahr, dass am Ende neue Themen angesprochen werden, für die nicht mehr ausreichend Zeit zur Diskussion vorhanden ist, oder aber dass von den Teilnehmern nichts mehr kommt und man am Ende fünf Minuten kostbarer Diskussionszeit an anderen Stellen der Gruppendiskussion ungenutzt ‚verschenkt' hat. In beiden Fällen wird das Ziel verfehlt, einen runden Abschluss der Gruppendiskussion zu realisieren.

Besser ist es deshalb häufig, lieber bereits bei einzelnen Oberthemen immer wieder nachzufragen, ob es Aspekte oder Perspektiven gibt, die noch berücksichtigt werden sollten. Durch die Integration in den Hauptteil ist ein effizienteres Zeitmanagement des Schluss-Teils möglich.

---

24 Falls der Auftraggeber erst am Ende der Diskussion benannt werden soll, ist es außerdem sinnvoll, ein paar Minuten Zeit für den Austausch zwischen den Teilnehmern einzuplanen, inwiefern dies vorher geäußerte Ansichten und Bewertungen verändert. Dies sollte dann jedoch als Abschluss des Hauptteils konzeptualisiert werden.

Neben der zusammenfassenden Funktion kann man den letzten Teil der Gruppendiskussion aber auch noch dazu nutzen, dem Moderator stärkere Eingriff- und Interventionsmöglichkeiten einzuräumen, als dies im Verlauf der Gruppendiskussion bis dahin der Fall war.

Dies ist am Ende der Diskussion eher möglich, weil man den vorherigen Austausch der Teilnehmer sozusagen 'im Kasten' hat und daher keine störenden oder zumindest lenkenden Implikationen auf die Gruppendynamik mehr zu erwarten sind. Deshalb ist es möglich, dem Moderator in den letzten Minuten die Aufgabe zu erteilen, stärker als vorher als Teilnehmer an der Diskussion sichtbar zu werden, eine Position zu beziehen und ins Diskussionsgeschehen einzugreifen. Dazu bieten sich insbesondere die folgenden Interventionen an:

Der Moderator kann

- einzelne Punkte, die für ihn noch diskussionsbedürftig sind, in eigenen Worten zuzuspitzen, um die Teilnehmer zu einer pointierteren Diskussion zu bewegen,
- provokante Aussagen treffen oder bisherige Diskussionsbeiträge in spitzer Form verschiedenen Polen zuordnen, um die Befragten aus der Reserve zu locken,
- Stimmungen ansprechen, die er während der Diskussion erlebt hat und die Befragten bitten, darüber zu reflektieren, inwiefern dies mit dem Thema zusammen hängt,
- Widersprüche oder Brüche in den Aussagen der Befragten ansprechen, auf den Punkt bringen und die Befragten bitten, zu reflektieren, inwiefern bestimmte Positionen tatsächlich ambivalent sind oder aus einer anderen Perspektive doch ein stimmiges Ganzes bilden,
- eigene Eindrücke, Gefühle in Worte fassen, auf Themen beziehen und mit Deutungen des Geschehens verbinden um Rationalisierungen zu durchbrechen und tiefere Antworten zu bekommen, welche deutlicher auch emotionale Anteile enthalten.

Wichtig bei derartigen Interventionen ist es, dass sie nur durch einen erfahrenen Moderator angewandt werden sollten, der ein Gespür für Grenzen von Interventionsmöglichkeiten entwickelt hat. Eine Gruppendiskussion ist keine Selbsterfahrungsgruppe und hat weder einen therapeutischen Anspruch noch bietet sie den Raum, durch die Diskussion ausgelöste Krisen bei Individuen adäquat aufzufangen. Deshalb sollte der Respekt vor den Aussagen der Befragten im Vordergrund stehen, selbst wenn der Verdacht besteht, dass damit in einem gewissen Maße die Konstruktion von Fassaden verbunden ist. Diese Fassadenhaftigkeit anhand der Dynamik der Gruppe herauszuarbeiten und in ihrer Bedeutung für das Thema zu verstehen, wird dann eher Aufgabe der Analyse.

Im Leitfaden können die oben genannten Interventionen im Detail nicht vorausgeplant werden, weil sie in starkem Maße vom Verlauf jeder einzelnen Gruppendiskussion abhängen. Es sollte aber im Vorfeld entschieden werden, ob ein derartiges Vorgehen gewünscht wird oder nicht. Insbesondere wenn tiefenpsychologische Aspekte bei der Auswertung systematisch Berücksichtigung finden sollen, ist es ratsam, für diesen Abschluss-Teil mindestens fünf bis zehn Minuten Puffer mit einzuplanen. Im Leitfaden sollten keine konkreten Fragen dazu aufgelistet werden, es können aber Hinweise integriert werden, auf welche potenziellen Spannungsverhältnisse der Moderator auf jeden Fall achten und ggf. eingehen soll.

> Schließlich kann der Abschluss-Teil einer Gruppendiskussion dazu genutzt werden, den Teilnehmern die Möglichkeit einzuräumen, deutliche Hinweise für die kommende Auswertung zu geben, indem der Fokus von der inhaltlichen Diskussion unterschiedlicher Themen auf die Deutung des gemeinsam erlebten Diskussionsgeschehens gerichtet wird.

Dazu gibt es in der Fachliteratur unterschiedliche Vorschläge, auf die in der Praxis zurückgegriffen werden kann. Krueger/Casey (2009: 40) schlagen vor, eine „summary question" zu stellen: Einleitend soll der Moderator zunächst eine etwa zwei bis drei Minuten lange spontane Zusammenfassung seiner Sichtweise von Kernaspekten der Diskussion geben. Im Anschluss werden die Teilnehmer gebeten, zu beurteilen, inwiefern es sich um eine für sie stimmige Sichtweise handelt und welche Schlussfolgerungen gegebenenfalls anders gezogen werden.

Birgit Volmerg (1988: 234 ff.) regt an, den Teilnehmern eine noch aktivere Rolle zuzuordnen, indem sie in Kleingruppenarbeit auf einem Blatt Themen und Aspekte visualisieren, die für sie eher im Zentrum und eher am Rand der Diskussion standen. Dadurch soll das selbstreflexive Potenzial der Teilnehmer für die Auswertung genutzt werden. Ein derartiges Vorgehen ist erneut zeitintensiv. Es ist unseres Erachtens insbesondere dann wichtig, wenn Themenstellungen besonders offen sind oder wenn – wie z. B. in der Arbeits- und Organisationsforschung – zwischenmenschliche kollegiale Beziehungen einen wichtigen Aspekt der Gruppendiskussion ausmachen.

4.3 Frage- und Aufgabenformulierungen im Leitfaden

Über ein zentrales Qualitätskriterium des Leitfadens haben wir bislang noch nicht gesprochen: die Art und Weise, wie Fragestellungen und ggf. Aufgaben formuliert werden sollten.

> Der Leitfaden muss der Forschungsfrage gerecht werden, aber an die Sprache der Zielgruppe angepasst werden.

Damit ist stets die Herausforderung verbunden, theoretisch aufgeladene Begriffe oder Konzepte, die z. B. aus dem Marketing stammen, auf alltagsbezogene Situationen und Erfahrungen zu überführen. Dieser Vorgang darf nicht mit einer Operationalisierung gleich gesetzt werden, die bei der Konstruktion standardisierter Fragebögen notwendig ist. Denn es geht nicht darum, geschlossene Fragen zu entwerfen, die ein enges Begriffsverständnis vorgeben, sondern im Gegenteil darum, durch möglichst viele offene Fragen den Befragten die Möglichkeit einzuräumen, in eigenen Worten Zusammenhänge zu entfalten.

> Die Kunst liegt darin, komplexe Forschungsinteressen in einfache, klare Fragen zu übersetzen.

Am wichtigsten ist, dass die Befragte in der Zielgruppe diese Fragen problemlos verstehen. Für Auftraggeber dagegen ist es auf den ersten Blick manchmal nicht nachvollziehbar, warum man sich den Schlüsselfragen nicht direkter nähert. Allerdings sollte man als Forscher hier auf seine Methodenkompetenz pochen und keine faulen Kompromisse schließen, sondern lieber das eigene Vorgehen erläutern und veranschaulichen. Dammer/Szymkowiak (2008: 101) weisen zurecht darauf hin, dass man zwar Teilnehmer einer Gruppendiskussion beispielsweise direkt fragen könne, ob sie ein Produkt kaufen wollen, aber dass die von den Befragten aufgestellten Einschätzung des eigenen künftigen Handelns keine direkten Ableitungen auf tatsächliche Kaufentscheidungen in einem anderen Kontext und einer anderen Stimmung zulasse. Aus der Reflexion von Praxiserfahrungen insbesondere von beginnenden Moderatoren haben wir eine Zusammenstellung von typischen Fehlern von Moderatoren bei der Formulierung von Fragen erstellt:

- Sprachliche Verständigung gelingt nicht optimal – insbesondere bezogen der Wortwahl;
- Fragen bleiben zu abstrakt: Kein Kontext- und kein Handlungsbezug;
- Falsche Rückblicke: Fragen setzen in einer unbestimmten oder zu weit zurückliegenden Vergangenheit an;
- Ermüdungserscheinungen werden nicht vorgebeugt (z. B. zu viele Fragen, kein Spannungsbogen während der Gruppendiskussion);

- Fragen drängen Befragte zu sozial erwünschten Antworten (z. B. Prestige, ‚guter‘ Autofahrer);
- Fragen provozieren oberflächliche Antworten und Blockaden (Themen erscheinen als zu heikel und privat, weil sie zu unvermittelt eingeführt werden);
- Konflikte zwischen Ideal/Wirklichkeit werden nicht hinreichend thematisiert (z. B. Fernsehkonsum der Kinder);
- Befragte werden überfordert, wenn sie routinierte Handlungen (wie z. B. das Öffnen einer Packung) selbst-reflexiv en detail schildern sollen.

Um angemessene Fragen zu stellen, bedarf es des Einfühlungsvermögens eines Moderators. Trotzdem handelt es sich dabei nicht um eine Geheimwissenschaft oder um ein intuitiv abrufbares Talent. Stattdessen gibt es mehrere Regeln, die bei der Formulierung von Leitfäden für qualitative Befragungen berücksichtigt werden können – und sollten. Dazu gibt es in der Fachliteratur bereits sehr gute ausführliche Zusammenfassungen, unter anderem bei Lamnek (2005: 101 ff.), Krueger/Casey (2009: 52 ff.) und bei Helfferich (2009: 83 ff.). Im Folgenden sollen zentrale Punkte kurz zusammengefasst werden:

> Der Leitfaden sollte vornehmlich auf *offenen Fragen* beruhen, damit der Befragte eigene Schwerpunkte setzen und komplexe Zusammenhänge in eigenen Worten schildern kann.

Dabei ist darauf zu achten, dass man nicht eigentlich geschlossene Fragen nur in die Verkleidung einer offenen Frage bringt (vgl. Krueger/Casey 2009: 53), indem man implizit nach einer Maßangabe fragt (z. B. durch Fragen wie „In welchem Maße sind Sie mit … zufrieden?" statt „Was halten Sie von …?").

Beispiele für offene Fragen:

Was ist Ihnen bei der Auswahl Ihrer Frühstücksbrötchen wichtig? Was fällt Ihnen spontan zur Headline dieser Anzeige ein? Was macht ein gutes Frühstück aus?

> Aber auch *geschlossene Fragen* sind kein Tabu. Sie können sinnvoll sein, um Befragte dazu bewegen, eine eigene Position zu beziehen oder um sich einen Überblick über die Verteilung in einer Gruppe zu machen, z. B. wer Käufer/Nicht-Käufer ist etc.

In diesem Sinne können geschlossene Fragen quasi in Funktion eines Filters einem nur an eine bestimmte Teilzielgruppe gerichteten Frageblock voran gehen (z. B. ,Könnten Sie sich prinzipiell vorstellen, dieses Angebot zu nutzen? Wenn ja, in welchen Situationen ihres Alltags könnten Sie sich eine Nutzung vorstellen?' etc.)

> Fragen sollten immer möglichst *konkret* und *erfahrungsbezogen* sein und in der Regel vermeiden, abstrakte und von Kontexten sowie Handlungen losgelöste Einstellungen anzusprechen.

Dadurch werden eher emotionale Anteile an Handlungen deutlich und Rationalisierungen sowie Idealisierungen vermieden. Komplexe Zusammenhänge sind aus alltags-/lebensweltbezogenen Schilderungen eher abzuleiten als aus selbstreflexiven, stark abstrakten und zum Teil ,geschönten' Darstellungen (wie z. B. ,Ich vergleiche immer alles ganz genau und wähle das Produkt mit dem besten Preis-Leistungsverhältnis'). Dagegen bezieht sich die Schilderung von Erlebnissen auf konkrete Praxis. Wenn die Befragten gebeten werden, an eigene Erfahrungen zurückzudenken, sollte das Erlebnis allerdings nicht so weit zurück liegen, dass die Befragten sich nur noch mit Schwierigkeiten an Details erinnern können.

Im Sinne einer biographischen, prozessorientierten Perspektive ist es neben der Abfrage von vergangenen Erfahrungen und damit verbundenen Bilanzierungen auch sinnvoll, nach möglichen Handlungen und antizipierten Ereignissen in der Zukunft zu fragen. Dabei sollte man sich bewusst sein, dass zukunftsbezogene Einschätzungen von Befragten dem Wissenschaftler nicht als Abbild für Prognosen dienen sollten (z. B. bezüglich der Einschätzung von Kaufbereitschaft). Vielmehr bewegen sich Aussagen zur Zukunft auf ganz unterschiedlichen Ebenen zwischen Wünschen, Träumen, Hoffnungen, Befürchtungen, Erwartungen, vagen Vorstellungen und konkreten Planungen (vgl. Kühn 2003 für eine Auseinandersetzung mit einem biographisch fundierten Planungsbegriff).

> Fragen sollten immer möglichst *einfach, kurz und klar* formuliert werden. Es sollten nicht zwei oder mehr Teilfragen miteinander verschachtelt und keine ausufernden Einleitungen voran gestellt werden.

Schwer verständliche Fachausdrücke oder Fremdwörter sollten ebenso vermieden werden wie Zweideutigkeiten und umständliche Annäherungen an das Thema.

Kurze Fragen bedeuten nicht, dass darauf kurze Antworten zu erwarten sind – im Gegenteil fördern sie einen fokussierten, angeregten Austausch. Sie erlauben eher als mehrdimensionale Fragen, dass die Diskussion auf einen Aspekt konzentriert wird. Außerdem sind sie einprägsamer als lange Fragen, sodass es den Befragten auch bei einer längeren Diskussion ermöglicht wird, ihre Beiträge daran zu orientieren. Frageformulierungen sollten der Verständlichkeit halber möglichst positiv sein und keine Negationen enthalten.

Nicht nur Fragen sollten möglichst einfach und kurz formuliert werden, sondern auch etwaige Aufgabenstellungen für die Teilnehmer an einer Gruppendiskussion. Ihnen sollte auf keinen Fall zu komplizierte Aufgaben zugemutet werden, wie z. B. zehn Marken oder Firmen in eine Rangreihe zu bringen. Generell gilt, dass es für eine fruchtbare Diskussion einer ungezwungenen, angenehmen Atmosphäre bedarf. Deshalb sollten die Teilnehmer an der Gruppendiskussion nicht zu einer Präzision gedrängt werden, welche nicht dem Empfinden im Alltag entspricht, z. B. indem sie wiederholt dazu aufgefordert werden, Produkte zu differenzieren, die für sie nur schwer zu unterscheiden sind.

> Die Befragten sollten weder unter *Rechtfertigungsdruck* gesetzt werden, noch sich wie in einem Verhör fühlen. Deshalb sollten ‚Warum'-Fragen entweder ganz vermieden oder nur sehr sparsam eingesetzt werden.

Befragte neigen dazu, auf Warum-Fragen rationale Begründungen ins Feld zu führen und spontane Impulse, Gewohnheiten und Stimmungen, die mit dem eigenen Handeln verbunden waren, weniger zu berücksichtigen. Deshalb ist es in der Regel besser, weiter auszuholen, z. B. durch Fragen wie „Wie kam es dazu?" oder „Inwiefern sind Sie dieser Auffassung?".

> Insbesondere wenn Prozesse rekonstruiert werden, sollte aufgepasst werden, dass man nicht durch die Art und Weise der Fragestellung die Befragten zu einer *(chrono-)logischen Rekonstruktion von Abwägungen und Entscheidungen* drängt.

Wenn es z. B. um Kauf- und Entscheidungsprozesse geht, darf man nicht a priori davon ausgehen, dass es im Alltag die Regel ist, systematisch nach verschiedenen Informationen Ausschau zu halten. Kaufentscheidungen erfolgen z. B. häufig spontan oder nach nur sehr spärlichem Vergleich auf der Basis von Empfehlungen. Die Orientierung von Fragen an einer angenommenen Prozesslogik, etwa nach dem Muster: Interesse – Informationssuche – Vergleich – Entscheidung, stellt bereits ein Rahmen dar, welcher zu sehr einem Korsett gleicht und den freien Ausdruck von Erfahrungen behindert. Wenn man etwa in der Gruppendiskussion alle Teilnehmer befragt, wo nach welchen Informationen gesucht wurde und wie diese verglichen wurden, passen die Befragten ihre Antworten diesem Modell an – und werden darüber hinaus im weiteren Verlauf immer weiter rationalisierende Antworten zu ihrem Handeln zum Ausdruck bringen. Dabei entfernt sich die Diskussion aber zunehmend von der im Alltag erlebten und gelebten Wirklichkeit.

> Ein Thema sollte in der Regel zunächst *offen* angesprochen werden. Erst in einem zweiten Schritt macht es Sinn, mittels vorbereiteter Stichwörter oder Fragen nachzuhaken.

Das Nachhaken ist häufig wichtig, um zu klären, ob ein Unterthema nicht angesprochen wurde, weil es als nicht wichtig erachtet wurde oder ob andere Gründe dafür verantwortlich waren. *Beispiele* und *Kontextinformationen* in Fragen sollten dabei sehr sparsam und mit Vorsicht verwendet werden, da sie die Antwort der Befragten in bestimmte Richtungen lenken. Wenn man auf Beispiele zurückgreift, um Themen zu veranschaulichen und Teilnehmer dazu zu bewegen, weniger wortkarg als bisher dazu Stellung zu nehmen, sollte man ein Thema zunächst offen explorieren und erst im Rahmen von nachhakenden Fragen ein Beispiel bringen.

Es sollten in der Regel keine möglichen *Antworten vorgegeben* werden, insbesondere dann nicht, wenn diese tendenziös sind und die Befragten zu einer Meinungsbildung bewegen könnten. Die Frage bestimmt dann in starkem Maße das Ergebnis, wie das folgende Beispiel verdeutlicht.

Beispiel:

Offene Formulierung: „Was halten Sie davon, dass in einem Betrieb alle Mitarbeiter an der Betriebsratswahl teilnehmen sollten?" Dagegen mit einer tendenziösen Antwortvorgabe: „Finden Sie, dass in einem Betrieb alle Mitarbeiter an der Betriebsratswahl teilnehmen sollten oder sollte man es jedem einzelnen selbst überlassen, ob er wählen geht oder nicht?"

Bei der Formulierung der Fragen sollte man versuchen, sich der *Alltagssprache* der Befragten anzupassen, ohne dabei durch die Übernahme von Slang unglaubwürdig oder anbiedernd zu wirken.

Frageformulierungen sind so zu wählen, dass sie allgemein verständlich, in der befragten Zielgruppe üblich und gebräuchlich sind. Fragen implizieren häufig als selbstverständlich vorausgesetzte Grundannahmen der Auftraggeber und Forscher, die für den Befragten im Alltag aber nicht relevant sind. Es ist deshalb wichtig, Fragen auf die Lebenswelt der Befragten zu beziehen.

Wenn es um Bewertungen geht, sollte man sich immer bemühen, *nicht nur einseitige Meinungsäußerungen* einzuholen, sondern immer beide Seiten einer Medaille zu betrachten – und auch sensibel für Unentschiedenheit, Schwanken und Ambivalenzen zu bleiben.

Im Leitfaden sollte deshalb darauf geachtet werden, dass bei der Reaktion auf Stimuli sowohl positive, negative als auch nicht eindeutig zu einer Seite tendierende Antworten eingeholt werden. Erfahrungsgemäß ist es besser, zunächst nach positiven Aspekten zu fragen (vgl. auch Krueger/Casey 2009: 57). Wenn zunächst nach negativen Seiten gefragt wird, kann dies dazu führen, dass durch die Gruppendynamik ursprünglich positive Eindrücke sich zunehmend in Luft auflösen und nicht mehr genannt werden. Umgekehrt zeigt sich nicht das gleiche Phänomen. Trotzdem sollte den Befragten die Möglichkeit eingeräumt werden, sich nach der Präsentation eines Stimulus zunächst frei zu äußern, was ihnen spontan in den Sinn kommt – auch wenn hier ein negativer Bezug deutlich wird. Das Prinzip der Offenheit, das den Befragen Raum gibt, selbst Schwerpunkte der Diskussion zu setzen und diese dadurch zu strukturieren, hat diesbezüglich Vorrang. Nach der Diskussion spontaner Eindrücke sollten jedoch zunächst positive Aspekte vor den negativen en detail exploriert werden. Am Ende ist es ratsam, auch explizit noch nach den Zwischentönen, dem Uneindeutigen und Unentschiedenen zu fragen.

Es gibt verschiedene Arten von Fragen, die für die Strukturierung des Leitfadens verwendet werden können. Die wichtigsten werden wir im Folgenden kurz vorstellen. Wir unterscheiden erzählgenerierende, projektive, assoziative, Enthemmungs-, Aufrechterhaltungs-, Steuerungs-, Einstellungs-, Informations- und Wissensfragen sowie den Einsatz von Laddering-Techniken.

Erzählgenerierende Fragen sollen die Befragten dazu bewegen, erfahrungsbasierte Schilderungen zu einem vielschichtigen Themenbereich vorzunehmen. Aus diesen Schilderungen ergeben sich zahlreiche Anker, an die andere Teilnehmer und der Moderator im weiteren Verlauf der Diskussion anknüpfen können.

Beispiele:

„Wie sind Sie zu Ihrem Auto gekommen?", „Wie kam es, dass Sie Kunde des Anbieters X wurden?", „Wie waren im letzten Winter ihre Erfahrungen mit ihrem Auto?" etc.

Projektive Fragen eröffnen ein Rollenspiel (vgl. Stahlke 2010). Die Befragten versetzen sich selbst in eine andere Rolle oder betrachten andere Personen oder gar ein im Zentrum der Befragung stehendes Thema aus einer neuen Perspektive.

Beispiele:

„Stellen Sie sich einmal vor, die Deutsche Bank wäre ein Mensch und käme jetzt zur Tür hinein. Was für eine Person sehen Sie?" oder „Was denken Sie, würde ein besonders kritischer Ablehner zu diesem Angebot sagen?"

Durch projektive Fragen werden zum einen Barrieren gelockert, sozial Unerwünschtes oder nicht Beweisbares zu sagen, für das man als Person die Verantwortung übernehmen müsste. Zum anderen wirken sie aktivierend, sodass dem eigenen reflexiven Bewusstsein verborgene Aspekte ans Tageslicht befördert werden können (vgl. Kapitel 5.6).

Mit *assoziativen Fragen* werden spontane Einfälle und Bilder zu einem Thema erhoben („Was fällt Ihnen spontan zur Fußball-Bundesliga ein?"). Sie sind insbesondere zu Beginn der Diskussion eines Themas wichtig, um einen ersten Eindruck über die Spannweite der relevanten Aspekte und die Dringlichkeit einzelner Unterthemen zu erhalten.

Beispiele:

„Was fällt Ihnen spontan zur Fußball-Bundesliga ein?" oder „Welche Stimmungen und Bilder verbinden Sie spontan mit Brasilien?"

Auf *Suggestivfragen* sollte verzichtet werden, wenn es darum geht, eine unvoreingenommene Antwort zu bekommen, wie das folgende Beispiel anschaulich verdeutlicht: „Manche Ärzte sagen ja, dass es schädlich für die Haut ist, wenn man allzu häufig duscht. Wie oft duschen Sie in der Woche?". Suggestivfragen können aber im Sinne von ‚Enthemmungsfragen' als ein Stilmittel bewusst eingesetzt werden, wenn es darum geht, eine Gruppe zu heiklen Themen aus der Reserve locken zu wollen oder Blockaden und Redetabus zu überwinden. Es geht dann weniger um die konkrete Antwort auf eine suggestiv geäußerte Provokation als vielmehr um den Versuch, die Diskussion eines Themas auf eine tiefere Ebene zu bringen.

Aufrechterhaltungsfragen dienen dazu, ein Thema zu vertiefen und zu verhindern, dass zu schnell zu einem neuen Thema übergegangen wird. Mit den Fragen werden die Teilnehmer angeregt, an ihre Schilderungen anzuknüpfen und um weitere Details zu ergänzen. Insbesondere am Anfang einer Diskussion sind Aufrechterhaltungsfragen wichtig, damit die Teilnehmer lernen, dass sie im Rahmen der Diskussion Raum haben, detaillierte Erfahrungen zu schildern. Cornelia Helfferich (2009: 104) unterscheidet zwischen inhaltsleeren Aufrechterhaltungsfragen (z. B. „Wie war das für Sie?", „Erzählen Sie doch noch ein bisschen mehr darüber!", „Können Sie das noch näher beschreiben?") und den Erzählvorgang vorantreibenden Aufrechterhaltungsfragen (z. B. „Wie ging das dann weiter?", „Und dann?"). Aufrechterhaltungsfragen sollten zum Repertoire eines guten Moderators gehören und müssen nicht im Leitfaden vermerkt werden. Für angehende Moderatoren kann es jedoch sinnvoll sein, sich als eigene Stütze für die Diskussion einige dieser Fragen auf dem Leitfaden zu notieren.

Für die Moderation sind außerdem sogenannte ‚*Laddering‘-Fragen* bedeutsam: Mit dem Bild des ‚Laddering‘ soll das Steigen auf einer Leiter symbolisiert werden. Stufe für Stufe hangelt man sich demnach durch das kognitive Bezugssystem des Befragten oder zu tieferen psychologischen Bedeutungs-Ebenen, indem aufgedeckt werden soll, welcher Nutzen mit Produktmerkmalen verbunden wird und welche Werte dafür verantwortlich sind, dass dieser Nutzen handlungs- und entscheidungsrelevant ist. Das Steigen auf der Leiter erfolgt durch Nachfragen, inwiefern das Gesagte für den Befragten wichtig ist.

Beispiel:

Teilnehmer: „Ich kaufe lieber kleine als große Verpackungen.“
Moderator: „Inwiefern ist das für Sie wichtig?“
Teilnehmer: „Bei kleineren Verpackungen ist es unwahrscheinlicher, dass ich am Ende Teile weg schmeißen muss.“
Moderator: „Was wäre so schlimm daran?“
Teilnehmer: „Ich hasse Verschwendung.“

Auch das Beherrschen von Laddering-Techniken sollte zum Repertoire eines erfahrenen Moderators gehören und nicht im Leitfaden extra vermerkt werden. Jedoch legen einige Auftraggeber größeren Wert auf diese Technik als andere – und es gibt Unterschiede, ob eher kognitive Verbindungen aufgedeckt werden sollen oder ein tiefenpsychologisches Verständnis generiert werden soll. Diesbezüglich sollte insbesondere, wenn ein externer Moderator die Diskussion leitet, ein Hinweis stehen, wenn auf die Arbeit mit der Laddering-Technik großer Wert gelegt wird.

Steuerungsfragen werden für die Lenkung der Diskussion benutzt, indem bei einzelnen Themen Aspekte zum Nachhaken eingeführt werden (z. B. „Inwiefern spielte XY eine Rolle?“), an ausgewählte von den Befragten eingeführte Aspekte angeknüpft wird oder durch den Moderator Sprünge zu neuen Themen gemacht werden.

Mit *Einstellungsfragen* oder auf bestimmte Optionen ausgerichtete *Bewertungsfragen* werden die Befragten aufgefordert, eine eigene Position zu beziehen. Solche Fragen können für die dynamische Entwicklung der Gruppe wichtig sein, sollten aber immer nur als Ergänzung zu erzählgenerierenden Fragen angesehen werden. Helfferich bringt die Begründung dazu treffend auf den Punkt:

„Einstellungsfragen setzen bei der interviewten Person andere Prozesse in Gang als die Aufforderung zu einer Erzählung aus dem Stegreif. Sie werden in der Regel als Frage nach Faktenwissen, nach reflektierten Argumentationen und Begründungen verstanden. Die Antwort zielt auf eine allgemeinere Ebene und die Antworthaltung ist distanzierter.“ (Helfferich 2009: 106)

Informations- und Wissensfragen können wichtig sein, um die Zielgruppe kennen zu lernen, entsprechende thematisch passende Anschlussthemen zu diskutieren und auch nach außen dokumentieren zu können, wer mit wem diskutiert hat. Informations- und Wissensfragen sind jedoch immer sparsam und sensibel zu verwenden, weil mit ihnen erhebliche Risiken verbunden sind. Befragte können ihre Ungezwungenheit verlieren, weil sie sich wie in einer Prüfungssituation unter Druck gesetzt fühlen oder Angst entwickeln, sich vor anderen bloß zu stellen. Außerdem kann eine innere Hierarchie in der Gruppe und eine Teilung in Experten und Amateure entstehen, die dazu führt, dass sich Befragte mit der Äußerung eigener Erfahrungen und Ansichten zurück halten.

4.4 Entwicklung eines Leitfadens

Abschließend wollen wir noch kurz verschiedene Wege diskutieren, wie man einen Leitfaden entwickeln kann. Dafür stellen wir zunächst zwei in der Fachliteratur vorgeschlagene Vorgehensweisen vor, in der systematisch verschiedene Phasen unterschieden werden. Anschließend schlagen wir eine Alternative vor, die insbesondere für erfahrene Moderatoren geeignet ist.

Sehr ausführlich beschreibt Helfferich (2009: 178 ff.) den Weg von den ersten Ideen bis zum fertigen Leitfaden. Sie bedient sich dabei eines einprägsamen Wortspiels in Anlehnung an eines der vorherrschenden Programme für die Auswertung statistischer Daten:

> Helfferich spricht vom ‚SPSS'-Prinzip bei der Leitfadenerstellung. Dahinter verbergen sich die Anfangsbuchstaben der vier chronologischen Phasen, die sie unterscheidet: Sammeln, prüfen, sortieren und subsummieren.

Obwohl Helfferich ihre Ausführungen auf die Erstellung eines Interview-Leitfadens bezieht, sind sie ohne Einschränkung auch für die Formulierung eines Gruppendiskussions-Leitfadens übertragbar. Sie bieten insbesondere Einsteigern und neu zusammengesetzten Teams eine sehr gute Möglichkeit, auf systematische Art und Weise einen Leitfaden zu entwickeln. Deshalb wollen wir im Folgenden die einzelnen Schritte kurz zusammenfassend darstellen:

a) Sammeln

In einem ersten Schritt werden alle Fragen gesammelt, die spontan im Zusammenhang mit dem zu untersuchenden Forschungsgegenstand als relevant erscheinen. Diese werden nach und nach – zunächst ohne jegliche Gliederung oder thematische Bündelung – notiert. Es geht darum, möglichst viele Ideen zu Papier zu bringen. Es sollte nicht zu viel Zeit darauf verwandt werden, auf adäquate Formulierungen zu achten. Dagegen sollte das Erfassen möglichst vieler potenziell relevanter Themen und Perspektiven im Vordergrund stehen. Dabei sollte man stets vor Augen haben, welche Fragen am Ende der Studie beantwortet werden sollten und zu welchen Themenbereichen man ein besonderes Interesse hat. Bei der Formulierung kann ruhig spielerisch vorgegangen werden – selbst auf den ersten Blick weit hergeholte oder gar abwegig erscheinende, aber doch intuitiv faszinierende Fragen können sich bei einer späteren Prüfung als relevant und wichtig erweisen. Andernfalls können sie anschließend problemlos wieder gestrichen werden.

b) Prüfen

Auf keinen Fall darf die im ersten Schritt erstellte Liste als Leitfaden verwendet werden, weil sie dafür zu ungeordnet, ausführlich und in der Regel sprachlich nicht ausreichend auf die Zielgruppe ausgerichtet ist. Es geht deshalb im zweiten Schritt darum, die Liste unter Aspekten des adäquaten Einbezugs des bestehenden Vorwissens und der gleichzeitigen Berücksichtigung des Grundprinzips der Offenheit Frage für Frage durchzuarbeiten. Viele Fragen der Liste werden gestrichen, andere überarbeitet.

c) Sortieren

Im nächsten Schritt geht es darum, Einzelfragen zu bündeln und Oberthemen zuzuordnen. Es sollten dabei maximal vier thematische Blöcke gebildet werden.

d) Subsummieren

Im letzten Schritt wird dem Leitfaden seine charakteristische Form gegeben. Dafür wird zu jedem Oberthema eine passende Erzählaufforderung gefunden und eine innere Strukturierung und Hierarchisierung vorgenommen. Außerdem werden Themen den verschiedenen Phasen zugeordnet (von Warm-Up bis Abschluss). Dabei können ggf. noch einzelne Fragen ergänzt oder gestrichen werden.

> Ein explizit auf Gruppendiskussionen ausgerichteter Vorschlag zur Entwicklung eines Leitfadens stammt von Krueger/Casey (2009: 52 ff.). Sie unterscheiden zwischen Phasen, in denen im Team und in denen in Einzelarbeit an der Entwicklung des Leitfadens gearbeitet werden sollte.

Die Arbeit am Leitfaden sollte demnach mit einer ‚Brainstorming'-Sitzung begonnen werden, an der möglichst auch Kollegen, Auftraggeber und eingeladene Experten teilnehmen. Ein Mitglied des Forscherteams übernimmt die Aufgabe der Protokollführung. In einer idealerweise ca. zweistündigen Sitzung mit vier bis sechs anwesenden Personen werden gemeinsam Ideen entwickelt und gebündelt. Dabei liegt das Schwergewicht darauf, möglichst viele relevante Perspektiven zu berücksichtigen und nicht zu viel Zeit mit der Kommentierung entwickelter Ideen zu verlieren. Gleichwohl sollte ein kurzer Austausch darüber, welche Fragen als eher wichtig und geeignet angesehen werden, Bestandteil der Sitzung sein. Wichtig ist es, stets an Kernfragestellungen orientiert zu bleiben und von Anfang an mitzudenken, welche Ergebnisse mit der Studie erzielt werden sollen.

Nach dem Brainstorming in einer erweiterten Gruppe übernimmt ein Forscher die Verantwortung für die Ausarbeitung eines ersten Leitfadenentwurfs in Einzelarbeit. Zunächst schärft er die Formulierung der Oberthemen und Fragen, ehe er sie in eine sinnvolle chronologische Reihenfolge bringt und abschätzt, welcher Zeitaufwand mit ihrer Diskussion verbunden ist. Danach versendet er den Leitfadenentwurf an Kollegen und Auftraggeber, es folgen mehrere Feedback- und Überarbeitungsschleifen, bis ein allseits zufriedenstellender Leitfaden erstellt ist. Gegebenenfalls wird dieser in Gänze oder in ausgewählten Teilen in Form von Probeinterviews, die leichter zu rekrutieren sind als Gruppen, getestet.

In der Praxis hat sich neben diesen beiden Verfahren noch eine weniger zeit- und abstimmungsaufwändige Art und Weise bewährt, einen Leitfaden zu erstellen. Diese sollte allerdings nur von erfahrenen Moderatoren gewählt werden. Dabei werden vom Projektleiter oder Moderator zunächst Oberthemen für die Diskussion festgelegt und mit Kollegen sowie ggf. dem Auftraggeber abgesprochen. Wichtig ist dabei, sich stets vor Augen zu führen, dass die Diskussion vom Allgemeinen zum Besonderen verlaufen sollte. Bei der Erarbeitung der thematischen Grundstruktur sollte deshalb bereits berücksichtigt werden, wie die Annäherung an das Thema im Warm-Up Teil erfolgen sollte und welche verschiedenen Hauptteile zu unterscheiden sind. In einem zweiten Schritt kann der Leitfaden gleich in seinem chronologischen Verlauf erstellt werden, indem der Forscher geeignet erscheinende Fragen dem jeweiligen Oberthema zuordnet. Nachdem ein erster Entwurf fertig gestellt wurde, gilt es, alle Teile noch einmal kritisch zu prüfen, Frageformulierungen zu verbessern und in der Regel den Leitfaden noch einmal auszudünnen. Danach sollte der Leitfaden Kunden und Kollegen geschickt werden, um Anregungen zur Optimierung einzuholen.

Unabhängig davon, welcher Weg eingeschlagen wird, eine Grundregel sollte auf jeden Fall beachtet werden: Da Leitfäden häufig zu lang sind, liegt die Meisterschaft in der Beschränkung.

Diesbezüglich ist es hilfreich, zwischen Fragen zu unterscheiden, die „nice-to-know" und „need-to-know" sind (vgl. Krueger/Casey 2009: 53). Der Leitfaden sollte so gut wie möglich auf Kernfragestellungen zugeschnitten werden, die aus verschiedenen Perspektiven und alltagsnahen Kontexten beleuchtet werden.

Generell sollte bei der Konstruktion eines Leitfadens immer auf psychologische Faktoren geachtet werden, die eine Antwort verzerren könnten. So ist eine Diskussion zum Thema „Wie beurteilen Sie den für ihre Waschmaschine gezahlten Preis?" schwierig, weil Menschen weder vor sich selbst noch vor anderen zugeben möchten, dass sie preislich einen Fehlkauf getätigt haben.

Beispiele für Leitfäden, wie sie in der Marktforschung verwendet werden, finden sich im Anhang.

4.5   Konzepterstellung und Konzepttest

Gruppendiskussionen werden in der Praxis häufig eingesetzt, um Konzepte zu evaluieren und eine Grundlage für die Optimierung zu erhalten. Dabei ist ein Konzept
eine skizzenhafte Darstellung von Ideen für neue Produkte und Dienstleistungen. Im
Folgenden möchten wir deshalb veranschaulichen, worauf bei der Erstellung eines
Konzepts und der Durchführung eines Konzepttests zu achten ist.

Bei einem Konzepttest werden i. d. R. mehrere Konzept-Alternativen eines Konzeptes auf ihre Akzeptanz, Attraktivität und Relevanz bei potenziellen Anliegern oder
Nutzern exploriert. Die Gruppendiskussionen sollen Hilfestellung bei der Entscheidung für ein finales Konzept leisten; dafür wird zum Teil auch kombinierend auf andere Methoden zurückgegriffen. An dieser Stelle wollen wir uns jedoch auf die Vorbereitung der Gruppendiskussionen konzentrieren.

> Konzepte können auf unterschiedliche Art und Weise präsentiert werden. Zu
> den wichtigsten Formen gehören Verbalkonzepte, Moodboards, Mood-Filme,
> Storyboards, Animatics, Dummies und Mock-Ups.

Diese Formen werden wir im Folgenden kurz erläutern.

Im Rahmen eines *Verbalkonzepts* wird ausschließlich in Textform zusammengefasst, worum es geht, welche Vorteile das Angebot bringen soll, woran das liegt und
an wen es sich richtet. Auf Marke und Preis wird in diesem Stadium meist verzichtet. Auch Bilder werden nicht präsentiert. Der Fokus soll ausschließlich auf der vorgestellten Grundidee liegen.

Wenn Konzepte vornehmlich über atmosphärische Bilder vorgestellt werden,
spricht man von *Moodboards*. Diese sollen Stimmungen vermitteln und emotiona-
lisieren. Sie werden zum Teil alleine verwendet, häufiger aber als Ergänzung zu Verbalkonzepten. Der Vorteil liegt darin, dass das die Idee stärker emotional und mit
allen Sinnen erfasst wird als beim reinen Verbalkonzept. Nachteile bestehen darin,
dass Bilder die Botschaft weniger auf den Punkt bringen, ihre Interpretation stark
zwischen Individuen schwankt und dadurch zum Teil unerwünschte Aussagen durch
sie transportiert werden, sodass es bei der Auswertung schwer ist zu unterscheiden,
ob eher das Bild oder die Grundidee des Konzepts akzeptiert oder abgelehnt wurde.

Statt Bildern werden zum Teil auch *Mood-Filme* eingesetzt, welche eine Stimmung
vermitteln sollen. Insbesondere wenn es um das Image von Unternehmen oder Marken geht, können unterschiedliche Mood-Filme im Rahmen eines Konzepttests zum
Einsatz kommen. Mood-Filme werden in der Regel von Kommunikationsagenturen
auf der Basis eines gegebenen Briefings produziert.

Storyboards gehen der Entwicklung eines Films voran, der z. B. im Rahmen einer
Kommunikationskampagne verwendet wird. Aber auch Konzepte für den Fortgang
von Serien oder für den Verlauf zentraler Teile von Kinofilmen können mit Hilfe
von Storyboards präsentiert werden. Auf einem Storyboard werden verschiedene

Schlüsselszenen in chronologischer Reihenfolge mit Bildern dargestellt. Dadurch wird eine Geschichte erzählt und angedeutet, wie diese im Rahmen eines Films produziert werden könnte. Es werden Produktionskosten für den Test gespart, die mit der vorherigen Produktion eines Films verbunden wären. Ob und wie der Film am Ende gedreht wird, hängt in starkem Maße von den Ergebnissen der Gruppendiskussionen ab. Werden die einzelnen Bilder des Storyboards in einem Kurzfilm zusammen geschnitten und mit Dialogen und Musik hinterlegt, dann spricht man auch von *Animatics*.

Bei *Dummies* oder *Mock-Ups* handelt es sich um ‚Rohversionen‘ oder Simulationen eines zukünftigen Produkts. Auf den ersten Blick sieht es täuschend echt aus, bei näherem Hinsehen handelt es sich aber um eine Attrappe. Dummies werden häufig für die Bewertung verschiedener Designalternativen eingesetzt, wenn es z. B. um Digitalkameras, Handys oder Flachbildschirme geht. Zum Teil dienen sie auch einfach zur Veranschaulichung verschiedener Verbalkonzepte, um ein zukünftiges Produkt auch bildhaft darzustellen und sozusagen greifbar zu machen.

Wegen der großen Bedeutung in der Marktforschung wollen wir uns nun näher mit *Verbalkonzepten* beschäftigen. Leider werden in der Praxis den Teilnehmern immer wieder komplizierte, sehr lange und zum Teil schwer verständliche Konzeptideen zur Diskussion vorgelegt. Es ist daher wichtig, als Auftraggeber und qualitativer Marktforscher ein Grundverständnis davon zu entwickeln, was ein gutes Verbalkonzept ausmacht. Hilfreich ist oft ein gemeinsamer, einführender Konzeptworkshop.

Verbalkonzepte werden in der Regel vom Auftraggeber angefertigt und ein bis zwei Tage vor der Gruppendiskussion dem Forscher zur Verfügung gestellt. In den meisten Fällen bedarf es jedoch noch einer Überarbeitung und Schärfung der Konzeptideen, damit das Testmaterial nicht schon wegen ‚struktureller‘ Mängel während der Gruppendiskussion auf Ablehnung stößt.

Die häufigsten in der Praxis anzutreffenden Probleme beim Konzeptschreiben sind folgende: Erstens das *Problem der Reduktion,* d. h. häufig gelingt es nicht ausreichend die Ideen einfach, kurz und klar in Worte zu fassen. Zweitens das *Problem der ‚werblichen Überhöhung‘.* Hier geht es darum, dass viele Konzepte bereits das Werbekonzept integrieren möchten und sich der Werbesprache („Das Waschmittel wäscht ‚weißer als weiß‘“) bedienen. Beim klassischen Konzepttest ist jedoch die Nutzung der Sprache der Konsumenten zielführender. Drittens das *Problem des Vergleichs,* wenn über andere Marken/Produkte negativ geschrieben werden sollte, um sein eigenes Produkt als Problemlösung zu präsentieren. („Die meisten Cornflakes haben zu viel Zucker und Kalorien…“; „viele Bohrmaschinen haben den Nachteil, dass …“; „Während herkömmliche Shampoos nur oberflächlich …“). Besser ist es, die Vergleiche dem Konsumenten zu überlassen.

In der folgenden Übersicht (Tab. 12) haben wir unsere Erfahrungen zusammengefasst, worauf bei der Erstellung von Verbalkonzepten geachtet werden sollte.

Tabelle 12　Tipps für das Schreiben von Konzepten

Verständlichkeit
- Bringen Sie Ihre Ideen mit wenigen Worten auf den Punkt (max. 6–8 Zeilen, kurze Sätze)
- Benutzen Sie die Sprache Ihrer Zielgruppe/Konsumenten
- Vermeiden Sie unverständliche (technische) Fachbegriffe (z. B. Langhalsflasche, Konvergenz, Prêt-à-porter), Marketingbegriffe (z. B. Convenience) und Fremdworte (z. B. Bagels, Switch)

Glaubwürdigkeit
- Seien Sie glaubwürdig in der Beschreibung
- Vermeiden Sie eine übertriebene Darstellung des funktionalen und emotionalen Nutzens (z. B. „Produkt X ermöglicht die mystische Erfahrung von …" „Ihre tägliche Haarwäsche wird zu einem Erlebnis voller Glückseligkeit")
- Benutzen Sie aussagekräftige Maßstäbe
- Vermeiden Sie eine laienhafte, marketingorientierte Tonalität

Relevanz
- Bauen Sie die Verbalkonzepte auf relevanten Produktnutzen und Konsumentenbedürfnissen (Consumer Insights) auf! Aber legen Sie nicht zu viel Gewicht auf (funktionale) Produkteigenschaften
- Beschreiben Sie eine relevante, nachvollziehbare Situation für die Zielgruppe

Differenzierung/USP
- Kommunizieren Sie Neues und Einzigartiges einfach und eindeutig!
- Stellen Sie relevante Unterschiede heraus!
- Vermeiden Sie Selbstverständlichkeiten!

Bei der Formulierung von Verbalkonzepten hat sich in der Praxis unabhängig von Branche, Marke und Produkt eine bestimmte festgelegte Grundstruktur bewährt. Ein gutes Verbalkonzept sollte folgende Teile in der dargestellten Reihenfolge beinhalten: Customer Insight, Benefit, Reason-to-believe und Tagline/Core Idea.

Im Folgenden wollen wir die Schlüsseldimensionen der Grundstruktur kurz vorstellen:

Der Consumer Insight (Einsicht/Bedürfnis des Kunden) eröffnet einen neuen Blickwinkel auf (potenzielle) Kunden und Konsumenten, ihre Bedürfnisse bzw. Problemstellungen. Um mögliche Innovationsfelder für Angebote zu identifizieren, ist es notwendig zunächst im Sinne einer Bestandsaufnahme zusammenfassend festzustellen, was eigentlich die Zielgruppe bewegt. Dramaturgisch kann die Beschreibung eines Consumer Insights in drei Schritte unterteilt werden:

Zuerst erfolgt eine Kurzbeschreibung der aktuellen Situation inkl. einer Beschreibung des aktuellen Verhaltens (1). Darauf folgt eine Beschreibung des Problems und der Folgen (2). Die Formulierung des Insights schließt mit einer Beschreibung der idealen, gewünschten Situation ab (3).

Beispiel:

Häufig spritzen Lebensmittel auf die weißen Oberhemden meines Mannes. Mit den üblichen Methoden und Mitteln bekomme ich hartnäckige Flecken nicht raus (1).

Nicht wirklich saubere, teure Hemden können von meinem Mann auf der Arbeit nicht mehr angezogen werden. Und ich muss mir immer was anhören, dass die Hemden nicht sauber werden. (2)

Am besten wäre es, wenn teure Oberhemden schmutzabweisend sein könnten. Sie sollten so etwas wie einen „Lotuseffekt" besitzen. Das wäre ideal! (3)

Nachdem der Insight auf den Punkt gebracht wurde, sollte der ‚Benefit' benannt werden: Unter Benefit wird der funktionale, emotionale oder soziale Nutzen des (neuen) Produktes und/oder der Dienstleistung verstanden. Der Nutzen muss eine relevante und befriedigende Antwort auf die Bedürfnisse bzw. die geschilderte Ausgangssituation (Insight) sein und einen interessanten Mehrwert bieten. Wenn der kommunizierte Nutzen von der Zielgruppe nicht als relevante und befriedigende Antwort auf ein Bedürfnis verstanden wird, besteht für das Produkt oder die Dienstleistung kaum Erfolgspotenzial. Der funktionale Benefit enthält dabei eine Beschreibung eines faktischen Produkt-Nutzens, den die Zielgruppe sich wünscht.

Beispiel (funktionaler Benefit):

Der neue Wagen kann 225 km/h schnell fahren.
Die Bank hat günstige Konditionen und bietet außerdem noch 1 % Zinsen auf das Girokonto.

Der emotionale Benefit liefert ein Nutzenversprechen, das die Zielgruppe eher emotional anspricht und belohnt.

Beispiel (emotionaler, sozialer Benefit):

Mit 225 km/h kann dich der neue Wagen schneller nach Hause zu Deiner Familie bringen.
Die Bank will nicht den eigenen Profit maximieren, sondern geht fair mit dem Geld ihrer Mitglieder um.

Stößt ein vorgestellter Benefit während der Gruppendiskussion auf starke Ablehnung, dann empfiehlt es sich immer zu überprüfen, ob dies aufgrund des Benefits an sich (d. h. trifft einfach nicht die Bedürfnisse der Zielgruppe) oder aufgrund der Art und Weise, wie er beschrieben wurde, geschieht. Um dies abschätzen zu können, lohnt es sich, während der Gruppendiskussion nachzufragen, ob es eine andere Möglichkeit gibt, den Benefit besser auszudrücken.

Damit ein Konzept als relevant und attraktiv betrachtet wird, reichen Versprechungen nicht aus. Der (potenzielle) Kunde erwartet, dass diese in glaubwürdiger Art und Weise untermauert werden, damit man ihnen vertrauen kann. Deshalb wird nach der Formulierung des Benefits der sogenannte ,Reason-to-Believe' (RtB) auf den Punkt gebracht. An dieser Stelle muss belegt und dokumentiert werden, inwiefern das vorgestellte Angebot die versprochenen Vorteile einlöst. Dies kann z. B. geschehen, indem die (technische) Wirkungsweise eines Produktes oder der strukturelle Hintergrund einer Dienstleistung erläutert wird.

Beispiele (Reason-to-Believe):

Der neue Wagen verfügt über starke 294 kW.
Die Bank ist eine Genossenschaftsbank.

Außerdem ist es, ratsam ein Konzept mit einer so genannten *Tagline* entweder einzuleiten oder zu beenden. Dabei handelt es sich um eine Verdichtung der konzeptionellen Botschaft in einem Satz (Core Idea).

Beispiele (Core Idea):

Der neue Wagen: Mehr Beschleunigung in einer beschleunigten Gesellschaft.
Die faire Bank: Günstig und gerecht zugleich.

Tabelle 13   Grundbausteine eines Konzepts

- **Consumer Insight** (Einsicht/Bedürfnis/Problem)
- **Benefit, funktional/emotional** (Nutzen für den Konsumenten/Problemlösung)
- **Reason-to-Believe** (Beweis/Beweisführung, dass das Produkt die Lösung ist)
- **Tagline/Core Idea:** (Verdichtung der konzeptionellen Botschaft in einem Satz)

Bezüglich der Frage, wie viele Konzepte pro Gruppendiskussion getestet werden können, gilt: Je mehr Konzepte einbezogen werden, desto weniger tiefgehend können die Antworten exploriert werden. Mehr als vier bis max. fünf Konzepte sollten deshalb in der Regel im Kontext einer zweistündigen Gruppendiskussion nicht verglichen werden. Gegebenenfalls sollte erwogen werden, einen mindestens drei Stunden dauernden Workshop durchzuführen (vgl. Kapitel 8.2).

Der Konzepttest sollte im Hauptteil des Leitfadens platziert werden. In der Regel ist es ratsam, einen allgemeinen Usage & Attitude Teil voranzustellen, um ohne einen expliziten Bezug auf die Konzeptideen abschätzen zu können, welche Bedürfnisse und Erwartungen in den jeweiligen Zielgruppen bestehen.

Im Anhang wird anhand eines stichwortartig ausformulierten Leitfadens veranschaulicht, wie ein Konzepttest gestaltet werden kann.

Gehen aus dem qualitativen Konzepttest ein oder mehrere viel versprechende Konzepte hervor, dann empfiehlt sich mit den (optimierten) Favoriten immer noch eine quantitative Konzeptüberprüfung zur Abschätzung des Markterfolgs.

Moderation von Gruppendiskussionen 5

5.1 Moderation als Aufbruch

Beginnen wir das Kapitel zur Moderation von Gruppendiskussionen mit einem kleinen Gedankenspiel: Stellen Sie sich vor, Sie treten eine Urlaubsreise an. Endlich Ferien! Ihnen behagt es, eine Zeit lang aus dem Alltag austreten zu können und gleichzeitig die Sicherheit zu haben, nach dem Urlaub wieder zurückkommen zu können? Sie können es kaum erwarten, die Koffer zu packen und sich auf den Weg zu machen? Sie freuen sich darauf, neue Bekanntschaften zu schließen sowie Land und Leute kennen zu lernen? Sie jauchzen innerlich vor Glück, wenn Sie daran denken, dass Sie sich bei der Gestaltung der Tage von Ihrer Neugierde leiten lassen und sich dem Trott eines fest vorgegebenen effizienten Arbeitsalltags entziehen können? Wenn Sie diesen Fragen zugestimmt haben, erfüllen Sie wesentliche Voraussetzungen dafür, als Moderator aktiv zu werden.

Die Situation des Moderators wenige Minuten vor Beginn der Gruppendiskussion ist mit der eines Erlebnisurlaubers kurz vor Beginn der Reise zu vergleichen. Auf der einen Seite steht die Vorfreude, auf der anderen ein Gefühl der Angespanntheit. Der Reisende sorgt sich darum, ob er alle Tickets dabei und nichts in den Koffern vergessen hat, ob er rechtzeitig am Flughafen eintreffen und alle Anschlüsse erreichen wird. Er versucht, sich den Verlauf der Reise im Kopf zu vergegenwärtigen, um sicher zu gehen, am Ziel anzukommen. Außerdem überprüft er noch mal, ob er nichts vergessen hat. Einem Moderator geht es ähnlich. Im noch leeren Moderationsraum überprüft er, ob genügend Stühle, Tische, Stifte dar sind und ob die Anordnung stimmt. Ein Blick in den Leitfaden vermittelt eine grobe Orientierung über die kommenden Stunden, aber erst in ein paar Minuten füllt sich der Raum mit Leben – und die Reise beginnt.

Die Moderation selbst weist in vielerlei Hinsicht Ähnlichkeiten mit einer Urlaubsreise auf: Man bricht auf, um seinen Horizont zu erweitern und Neues zu entdecken.

Anders als im Alltag, in dem man sich im Sinne effizienten Arbeitens vor Reizüber-flutung abschotten muss, ist die Aufmerksamkeit geradezu darauf gerichtet, neue Eindrücke zu sammeln und diese mit allen Sinnen zu begreifen.

Genau diese Grundhaltung kennzeichnet auch einen Moderator: Er schaut ge-nau hin, wie die Teilnehmer einer Gruppendiskussion miteinander interagieren und worüber sie sprechen. Dabei hinterfragt er scheinbar Selbstverständliches genau so, wie ein Reisender versucht, den Alltag der Einheimischen in der Region zu verste-hen, die er bereist. Wir werden auf dieses Bild des ‚Fremden‘ noch einmal genauer zu sprechen kommen, wenn wir uns mit der Rolle des Moderators auseinander setzen. Während im Alltag das zielgerichtete Beschreiten bekannter Wege dominiert, gibt es bei einer Urlaubsreise Zeit zum Flanieren: Sich treiben lassen in Gegenden, die man intuitiv als spannend erlebt, sich in den Bann ziehen lassen von den Erlebnissen, ohne ein festes Ziel vor Augen zu haben. Natürlich gibt es auch bei einer Urlaubs-reise Begrenzungen: Reservierungen im Restaurant, die letzte U-Bahn nicht zu ver-passen, Öffnungszeiten etc. Aber eine vollständig durchgeplante Reise verliert ihren Reiz und verwandelt sich in Urlaubs-Stress. Das wirklich Ergreifende an einer Reise sind die Entdeckungen und die ungeplanten Erlebnisse, die beim Schlendern in der Fremde entstehen.

Wer sich aber einfach nur treiben lässt, droht aus einem einzigen isolierten Viertel nicht mehr heraus zu kommen und aus Not eine enge und teure Absteige in einem unattraktiven Bezirk aufsuchen zu müssen. Die letzte Fähre auf die spannende Insel wurde verpasst. Vielleicht wurde die nahe Traum-Insel auch gar nicht erst entdeckt, weil man nicht so weit gekommen ist.

Ähnlich verhält es sich mit der Moderation: Zum einen gibt es Begrenzungen durch zeitliche Absprachen und durch den thematischen Rahmen. Als Moderator muss man diese vor Augen haben, um nicht zehn Minuten vor Ablauf der verein-barten Diskussionszeit in kalten Schweiß auszubrechen, weil viele thematische Fel-der unbeschritten geblieben sind. Zum anderen bleibt eine komplett vorstrukturierte Gruppendiskussion unbefriedigend, weil die Möglichkeit, sich von neuen Eindrü-cken inspirieren zu lassen und dadurch seinen Horizont zu erweitern, nicht genutzt wurde. Statt die Luft der Gruppe zu atmen, hat man sich sozusagen über die eigene mitgebrachte Sauerstoff-Flasche versorgt. Man hat überlebt, aber kann nichts über den Duft des Fremden berichten. Ein zu strukturiertes Vorgehen begrenzt daher das eigene Erkenntnispotenzial.

> Für eine gute Moderation bedarf es einer Verbindung aus zielgerichtetem Su-chen und der Bereitschaft, sich treiben, überraschen und vom Reiz des Frem-den ‚einfangen‘ zu lassen.

Häufig fällt der Abschied bei einer Reise schwer. Gerne würden wir noch länger ver-weilen und mehr Facetten einer fremden Landschaft entdecken. Gleichzeitig freuen wir uns auf bestimmte Dinge in unserer Heimat, die uns vertraut sind und mit denen wir uns identifizieren. Bestimmte Reisen würden wir nie antreten, wenn wir nicht im Vorfeld wüssten, dass wir wieder zurückkommen können. Das Gleiche gilt für die Moderation: Sie vermittelt den Zugang zu fremden sozialen Lebens-Welten. Für ein paar Stunden können wir in die Welt der Gartenzwergsammler, Komödienstadl-begeisterter, Waffennarren, Castingshow-Kandidaten und Spoilerkäufer eintauchen. Wir erhalten Einblicke in Teilbereiche unserer modernen Alltagswelt, die uns sonst verborgen bleiben würden; kommen mit Menschen ins Gespräch, die abseits von unseren gewohnten Zirkeln von Bekannten leben. Wir bekommen spannende Innen-einsichten und beginnen zu verstehen, was uns vorher abwegig erschien. Und wir können uns wieder zurückziehen, ohne uns rechtfertigen zu müssen oder durch das Bemühen, weiteren Kontakt zu vermeiden, Ablehnung zu signalisieren oder gar beleidigend zu wirken. Der Kontakt ist zeitlich begrenzt – das Ticket für die Rückreise schon im Vorfeld gebucht.

Nicht nur mit der Metapher der Urlaubsreise lassen sich der Prozess und das Besondere der Moderation auf den Punkt bringen, sondern auch durch das Bild eines ersten Rendezvous oder ‚Dates‘. Denn Moderation und Dating haben mehr Gemeinsamkeiten, als es auf den ersten Blick erscheint: Bei beiden Interaktionsformen geht es darum, mit zunächst fremden Menschen ins Gespräch zu kommen, Vertrauen zu gewinnen. Über das Einbrechen von Barrieren und Alltags-Tabus entsteht eine zunehmend intime Beziehung. Dinge, die im Alltag nicht thematisiert werden dürfen, kommen mehr und mehr zur Sprache. Genauso wie es bei einem Rendezvous prickelnd ist zu erleben, zunehmend einen ‚Draht‘ zum Gegenüber aufzubauen und zu erleben, wie dieser sich öffnet, so ist es auch für einen Moderator eine erhebende Erfahrung, zunehmend Anerkennung von der Gruppe als Vertrauensperson zu beziehen.

Um Missverständnissen vorzubeugen: An dieser Stelle hört die Analogie auf – denn während sich aus einem ‚Date‘ noch tiefer gehende und intimere Kontakte ergeben können, ist die Intimität zwischen Moderator und Gruppe von vorneherein auf die Zeit der Gruppendiskussion beschränkt und nicht von möglichen Hintergedanken auf weitere Treffen beeinflusst. Nach dem Ende Diskussion verabschiedet sich der Moderator von den Teilnehmern – dies gehört zum Setting. Hier liegt ein wesentlicher Unterschied zur Intimität eines Rendezvous begründet: Der Moderator muss unparteiisch auftreten und sollte nicht seine eigene Person in den Mittelpunkt des Geschehens rücken. Es geht um die Gruppe und nicht um ihn oder um das Austesten eines Passungsverhältnisses.

Wie aber nach einem Date persönliche Informationen des Gegenüber selbst dann vertraulich behandelt werden sollten, wenn sich die Wege im Anschluss (wieder) trennen und ein Date nicht als Vorwand benutzt werden sollte, um jemanden auszuspionieren, gibt es auch für den Moderator strenge ethische Regeln: Der Gruppendiskussionsraum sollte nicht als eine Art Legebatterie missverstanden werden, bei der die Teilnehmer der Gruppendiskussion als Hühner dienen und möglichst viele gol-

dene Eier der Erkenntnis legen sollen. Es geht nicht darum, Teilnehmer mit durchdachten Methoden dazu zu verführen, Dinge preiszugeben, die später gegen sie verwandt werden.

> Stattdessen geht es darum, den Teilnehmern an der Gruppendiskussion kon-
> sequent und dauerhaft Respekt entgegen zu bringen: Dies heißt, dass die
> Teilnehmer über den Zweck der Studie aufgeklärt werden und versprochene
> Grundregeln der Vertraulichkeit eingehalten werden müssen.

Mit den beiden Metaphern der Urlaubsreise und des ‚Dates' wollten wir ausdrücken:
Moderation ist angenehm und spannend zugleich – und für Einsteiger sollten keine zu hohen technischen Barrieren geschaffen werden. Eine gute Moderation hängt
nicht davon ab, wie viele Seiten Text zu Moderationstechniken man im Vorfeld ge-
büffelt und auswendig gelernt hat.

Wenn man nicht bereit ist, sich auf eine Urlaubsreise zu begeben sowie die Spannungen eines Rendezvous auszuhalten und zu genießen, hilft einem selbst das beste Einführungsbuch nicht weiter. Es wäre aber auch falsch, im Umkehrschluss die
Komplexität von Moderation zu unterschätzen. Im Sinne von: „Wer nichts wird, wird
Moderator – ein bisschen nett plaudern und Fragen stellen kann doch jeder …" Mit
Gruppendynamik sind zahlreiche Fallgruben und Herausforderungen für die Moderation verbunden (vgl. Kapitel 7). Um die eigenen Fähigkeiten als Moderator zu
steigern, bedarf es sowohl einer intensiven Auseinandersetzung mit theoretischen
Vorarbeiten etwa zu Gruppendynamik und Kommunikation als auch der Reflexion
eigener Erfahrungen.

Deshalb werden wir uns in diesem fünften Kapitel mit Grundzügen der Moderation von Gruppendiskussionen auseinander setzen und dabei insbesondere die Rolle des Moderators in den Mittelpunkt der Aufmerksamkeit rücken. Unsere Überzeugung besteht darin, dass es zunächst gilt, ein Grundverständnis vom ganzen Prozess
der Moderation zu entwickeln, bevor man sich einzelnen Techniken zuwendet. In
diesem Sinne werden wir uns mit der Frage beschäftigen, was eigentlich einen guten
Moderator ausmacht und welche typischen Fehler mit der Moderation verbunden
sind. Wir werden dagegen keinen vollständigen Überblick über verschiedene Fra-
ge- und Moderationstechniken geben – dies würde zum einen den Rahmen sprengen, zum anderen gibt es diesbezüglich bereits zahlreiche Veröffentlichungen (vgl.
z. B. Sperling/Stapelfeldt/Wasseveld 2007; Seifert 2004; Graeßner 2008). Stattdessen
werden wir anhand ausgewählter Beispiele veranschaulichen, wie im Moderations-
verlauf von Gruppendiskussionen verschiedene Techniken sinnvoll eingesetzt werden können, worauf dabei unbedingt zu achten ist und welche Handlungsspielräume
bestehen.

5.2   Begriffsbestimmung von Moderation

Der Begriff ‚Moderation' stammt vom Lateinischen ‚moderatio' ab, womit auf das rechte Maß verwiesen wird. In diesem Sinn bringt Josef W. Seifert (2003: 75) den Prozess der Moderation mit der Aufgabe des Mäßigens in Verbindung. Übertreibungen und einseitigen Thematisierungen ist durch den Moderator vorzubeugen. In Anlehnung an die im vorherigen Abschnitt aufgeführten Überlegungen geht es auch darum, das rechte Maß zwischen Laufen lassen und Strukturierung zu finden. Im nächsten Abschnitt werden wir darüber hinaus noch aufzeigen, dass auch das rechte Maß zwischen Distanz und Beteiligung des Moderators von großer Bedeutung ist.

> Mit Seifert definieren wir Moderation als Synonym für „Prozessgestaltung" (Seifert 2003: 75).

„Im Allgemeinen geht es dabei „immer um die Gestaltung von Kommunikationsprozessen und im engeren Sinne um die Gestaltung von Gruppengesprächen" (Seifert 2003: 75 f.).

> Moderation beruht auf der humanistischen Grundüberzeugung, „dass alle Menschen unterschiedlich, aber gleich viel wert sind" (Seifert 2003: 84). Dementsprechend ergreift ein Moderator nicht Partei, sondern bemüht sich um Vermitteln und Zusammenführen. Zugleich ist die Moderation von der Grundhaltung des Fragens und Bemühens um Verstehen geprägt.

Diese Definition verdeutlicht, dass Moderation weit mehr als das Ablesen und Einwerfen von Fragen bedeutet. Moderation ist auch mehr als Gesprächsführung. Denn während es einem Gesprächsleiter, der Wortmeldungen der Reihe nach aufnimmt und für die Einhaltung von Grundregeln der Diskussion Sorge trägt, um einen konstruktiven Meinungsaustausch geht, steht bei der Moderation das Gestalten und Steuern von Prozessen im Vordergrund. Deshalb bedarf es für eine gute Moderation „Prozesskompetenz" (vgl. Sterling, Stapelfeldt/Wasseveld 2007: 12).

Der Prozess beginnt bereits vor der eigentlichen Moderations-Situation: Der Moderator muss sich ausführlich mit dem Thema vertraut machen, wenn er es als Projektleiter nicht bereits ist. Denn als Moderator trägt er die Verantwortung für die thematische Zentrierung der Diskussion. Nur wenn er gut vorbereitet in die Diskussion geht, ist er in der Lage, Beiträge der Teilnehmer hinsichtlich ihres Aussagegehalts und ihrer Relevanz verstehen und einordnen zu können. Dies ist von entscheidender Bedeutung dafür, dass er von Teilnehmern respektiert wird und Nachfragen angemessen formulieren und platzieren vermag.

Außerdem wird ihm dadurch die Entscheidung erleichtert, ob es ratsam ist, einem im Vorfeld nicht antizipierten thematischen Aspekt, der von Teilnehmern eingebracht

wird, zu folgen, um neue Facetten der Problemstellung zu erarbeiten. Nur eine sorgfältige Vorbereitung schützt davor, vermeintlich Neues heraus zu finden, das längst
bekannt ist.

Während der eigentlichen Gruppendiskussion sollte der Moderator nach außen
ruhig und gelassen wirken, nach innen aber stets in Bewegung sein und sich dabei
verschiedene Ebenen vergegenwärtigen: Im Sinne des Prozessgedankens geht es stets
um die Verknüpfung von Vergangenheit, Gegenwart und Zukunft. Der Moderator
muss sich vergegenwärtigen, wie die Diskussion bisher verlaufen ist, welche thematischen Aspekte bereits diskutiert wurden und wie die Gruppendynamik verlaufen
ist. Er muss den Beiträgen der Teilnehmer in der Gegenwart aufmerksam zuhören
und dabei gleichzeitig Mimik und Körperhaltung der anderen Teilnehmer beobachten. Und er muss immer verschiedene Entwürfe im Kopf haben, wie es weiter gehen
könnte, was auf keinen Fall passieren darf und was auf jeden Fall geschehen sollte:

> „Successful moderators think about what has already been discussed, what is currently
> being said, and what still needs to be covered" (Krueger/Casey 2009: 91).

Dabei müssen verschiedene Anforderungen berücksichtigt werden: Der thematische
Fokus muss gewahrt werden, und es muss sichergestellt werden, dass die im Vorfeld
abgesprochenen Teilaspekte in die Diskussion einfließen. Dafür bedarf es eines ef-
fektiven Zeitmanagements. Gleichzeitig ist das Ziel eine möglichst selbstläufige Interaktion zwischen den Teilnehmern und kein direktives Frage-Antwort-Spiel. Der
Moderator sollte die Gruppe deshalb nicht nach einem festen, vorab definierten Ablaufschema befragen. Die Gruppe sollte stattdessen die Möglichkeit haben, ihre spezifische Sichtweise auf ein Thema, einen eigenen roten Faden und eigene Schwerpunkte zu entwickeln. Die Diskussion sollte ihren Nährboden in einer ungezwungenen,
vertraulichen Gesprächsatmosphäre haben, auf die der Moderator hinarbeiten muss,
ohne die Teilnehmer an der Gruppendiskussion zu bedrängen oder ein Gefühl von
Hektik zu vermitteln.

> Der Moderator ist also dafür verantwortlich, dass die Diskussion zeitlich und
> inhaltlich auf Kurs bleibt und in einer angstfreien Atmosphäre verläuft – in
> einer nicht verbissenen, lockeren, gleichzeitig aber auch ernsthaften und nicht
> albernen Art und Weise.

Auf keinen Fall darf die Stimmung sich derart entwickeln, dass keine produktive Diskussion mehr möglich ist. Wichtig sind die konsequente Ausrichtung an einer un-
parteiischen fragenden Grundhaltung und die Wahrung von Empathie für die Beziehungsebene: Die Teilnehmer an einer Gruppendiskussionen sollten nicht als eine
Art Informations-Container angesehen werden, aus dem Wissen geschaufelt werden
kann. Stattdessen sollte man sich als Moderator stets bewusst sein, dass die Art und
Weise der Beiträge von Teilnehmern entscheidend vom Klima und der Dynamik in

der Gruppe abhängt. Gruppendynamische Prozesse müssen deshalb entsprechend der Fragestellung und des damit verbundenen Erkenntnisinteresses berücksichtigt werden.

Der Moderator hat die Möglichkeit und die Aufgabe, stimulierend und bremsend in die Diskussion einzugreifen, um beispielsweise Schweiger in die Diskussion zurück zu holen sowie zu verhindern, dass Teilnehmer sich gegenseitig attackieren oder die Diskussion zu einseitig durch einen oder mehrere Vielredner geprägt wird. Man sollte sich diesbezüglich jedoch vor der Fehlannahme hüten, dass es generell darum geht, darauf hinzuwirken, dass alle Teilnehmer an der Diskussion in möglichst gleichem Maße zu Wort kommen. Stattdessen muss sich der Moderator bereits während der Diskussion darum bemühen zu verstehen, welche Bedeutung bestimmte Teilnehmerrollen für die Fragestellung haben könnten. Nur auf Grundlage dieser Einschätzung darf der Moderator intervenierend eingreifen.

Während einer Gruppendiskussion ist ein Moderator stets präsent – auch wenn er sich um Zurückhaltung bemüht. Auch Schweigen stellt in diesem Sinne ein Kommunikationsangebot dar, das von den Teilnehmern an der Gruppendiskussion interpretiert wird.

> Ein unabhängiger ‚reiner‘ Blick auf in sozialen Gruppen ablaufende Interaktionsprozesse jenseits der eigenen Beteiligung am Gruppengeschehen und jenseits des vom eigenen Standpunkt beeinflussten Verständnisses des Gruppengeschehens erscheint uns als eine Illusion, die in der Praxis nicht zu erreichen ist.

Deshalb halten wir es für wichtig, die eigene Rolle als moderierendes Gruppenmitglied möglichst reflexiv auszuüben. Welche Anforderungen damit verbunden sind, werden wir im folgenden Teilabschnitt näher beleuchten, indem wir uns damit auseinander setzen, was kennzeichnend für einen guten Moderator ist.

5.3   Kennzeichen einer guten Moderation

„Look, I am a foreigner!“: Ein guter Moderator nutzt seine Rolle als Fremder und strebt nach einer Balance zwischen Distanz und Beteiligung.

Der Moderator sollte sich nicht als einen Störfaktor oder eine Randfigur im Geschehen der Gruppendiskussion betrachten. Eine derartige Fehleinschätzung der eigenen Rolle birgt die Gefahr, dass man während der Diskussion überaus vorsichtig agiert und Unsicherheit nach außen ausstrahlt. Ein Moderator sollte nicht das Gefühl haben, sich entschuldigen oder gar schämen zu müssen, wenn er das Wort ergreift, weil er damit den vermeintlich ‚natürlichen‘ Diskussionsprozess der Gruppe stört. Schweigen und möglichst weitgehende Zurückhaltung sollten nicht als Leitbilder dienen. Denn wenn die ‚natürliche‘ Diskussion der Teilnehmer dem ‚künstlichen‘

Eingriff durch den Moderator gegenüber gestellt wird, wird ein irreführendes Arte-
fakt geschaffen, das der Wirklichkeit einer Gruppendiskussion nicht gerecht wird.
Während der gesamten Diskussion sind Moderator und alle Teilnehmer zusammen
gemeinsam Bestandteil einer Gruppe – und auch wenn der Moderator sich nicht zu
Wort meldet, ist er physisch präsent und auch in der Imagination der Befragten ein
Zuhörer und potenziell Eingreifender, sodass es keine ,natürlichen' Beiträge jenseits
der Moderatoren-Präsenz gibt[25].

Der Moderator ist also immer am Gruppengeschehen beteiligt – es kann daher
nicht darum gehen, seine Beteiligung zu negieren oder so gering wie möglich zu halten, sondern darum, zu einem bewussten und reflektierten Umgang mit ihr zu gelangen. Moderation wird damit zu einem „Werkzeug zur Gestaltung von Beteiligung", das
darauf angelegt ist „Begegnung und Miteinander zu ermöglichen" (Seifert 2003: 84).

Dafür sollte sich der Moderator seiner besonderen Rolle in der Gruppe vergegenwärtigen. Thomas Leithäuser (1988) fasst dies anschaulich im Bild des selbstbewusst
und offen auftretenden „Fremden" zusammen, aus dem sich gleichzeitig Distanz zu
den anderen Teilnehmern als notwendiger Gegenpol zur Beteiligung ergibt. Zur Veranschaulichung verweist Leithäuser auf eine autobiographische Episode des Schwei-
zer Ethnopsychoanalytikers Fritz Morgenthaler. Dieser schildert darin ein Erlebnis
während seines ersten Besuchs in den USA: Große Schwierigkeiten bereitete es ihm,
in einer Bar den gewünschten Kaffee ohne Zucker mit nur sehr wenig Milch zu bestellen. Sobald während des Bestellvorgangs das Wort „coffee" über seine Lippen ge-
huscht war, wandte sich der Ober prompt ab, ohne ihm weiter zuzuhören und ser-
vierte ihm in der Folge einen hellbraunen Kaffee mit Zucker – genau wie es vor Ort
üblich war. Nachdem sich dieses Vorgehen mehrere Tage lang wiederholt hatte, än-
derte Morgenthaler seine Strategie:

> „Als der Kellner mich bedienen wollte, sagte ich laut und deutlich: ,Look, I am a foreigner'.
> Die Wirkung war verblüffend. Die Leute neben mir schauten von der Zeitung auf und be-
> trachteten mich, während der Kellner etwas ratlos wartete, was ich jetzt sagen würde. […]
> Ich sagte: ,I am not American, you know. I would like to have a coffee without sugar and a
> little milk only.' ,Of course, Sir', antwortete der Kellner. Ein Mann neben mir legte die Zei-
> tung zur Seite und begann ein Gespräch. Er wollte wissen, woher ich kam und ob mit die
> Vereinigten Staaten gefielen. Ein Glas mit dunklem, ungezuckerten Kaffee stand vor mir."
> (F. Morgenthaler/Weiss/M. Morgenthaler 1984: 10)

---

25 Leithäuser (1988: 209) bringt diese Auffassung in Auseinandersetzung mit dem Leitbild des neutra-
    len Versuchsleiters bei Experimenten deutlich auf den Punkt: „Aus der Sicht der Psychoanalyse stellt
    das unkommunikative und neutrale Verhalten des Versuchsleiters geradezu ein extremes Übertra-
    gungsangebot dar. Auf der unbewußten Ebene werden die Versuchspersonen vielfältige familiale
    Beziehungsmuster auf die Projektionsfläche: Versuchsleiter übertragen, die als Variable des psycho-
    logischen Experiments nicht kontrolliert werden können und sich als Störung und Verzerrung auf
    die Experimentalsituation auswirken […]."

‚Look, I am a foreigner' – an diesem Leitbild sollte sich ein Moderator in seinem Rollenverständnis orientieren, wenn er mit den anderen Teilnehmern der Gruppe interagiert. Weder sollte er versuchen, sich schüchtern die Tarnkappe aufzusetzen, um möglichst unsichtbar zu werden und die anderen Teilnehmer für sich diskutieren lassen noch sollte er versuchen, sich zu verstellen, um sich so weit wie möglich der Gruppe der anderen Teilnehmer anzupassen: „Es geht nicht um *Selbstverleugnung,* sondern ganz im Gegenteil um eine Demonstration, wer man ist und wer man nicht ist" (Leithäuser 1988: 212, Hervorhebungen im Original).

Bei dieser Demonstration darf es selbstverständlich nicht darum gehen, die herausgehobene Rolle des Moderators dazu zu nutzen, die eigene Parteilichkeit und die eigenen Überzeugungen heraus zu stellen, um andere auf seine Seite zu ziehen. Morgenthaler verbindet seine Demonstration von Fremdheit nicht mit dem Versuch, auch die anderen Barbesucher für die Reize eines schwarzen Kaffees einzunehmen, sondern als Mittel, Aufmerksamkeit zu erlangen und ins Gespräch zu kommen. In diesem Sinne sollte ein Moderator nie Beteiligung mit missionarischer Überzeugungsarbeit verwechseln, sondern als Möglichkeit verstehen, das eigene Interesse an den Teilnehmern zum Ausdruck zu bringen. Es gilt, als ein „in der Forschungssituation Fremder und Unerfahrener" aufzutreten, „der etwas erfahren und wissen will" (Leithäuser 1988: 212). Das von Leithäuser gewählte Bild des Fremden veranschaulicht die notwendige Balance zwischen Beteiligung und Distanz: Zum einen versteckt sich der Moderator nicht, sondern drückt seine Neugierde und sein Interesse aus. Gleichzeitig tritt er aber als Außenstehender auf, dem es darum geht, etwas zu erfahren – und nicht darum, andere von seiner Meinung zu überzeugen oder in seinen Bann zu ziehen.

In einem ähnlichen Sinne wird in der Fachliteratur von „methodischer Naivität" als einer möglichen Grundhaltung des Moderators gesprochen: Um möglichst genau und im Detail Dinge erläutert zu bekommen, rückt der Moderator demnach seine Fremdheit in den Mittelpunkt und fordert damit Erklärungen von Zusammenhängen ein. Er tritt insofern besonders naiv auf, um systematisch einen Bruch mit dem alltäglichen Konsens zu begehen (Dammer/Szymkowiak 2008: 97) und zu verhindern, dass die verwandten Begriffe und Erfahrungen zu allgemein und vieldeutig bleiben. Denn gerade dadurch, dass das scheinbar Selbstverständliche und Nicht-Hinterfragte in Worte gefasst und thematisiert wird, können sich Anknüpfungspunkte für eine aufschlussreiche Folgediskussion bilden.

Methodische Naivität sollte unseres Erachtens aber nicht als Grundhaltung, sondern eher als eine Technik verstanden werden, die eingesetzt werden kann, um die Diskussion eines Themas zu vertiefen. Andernfalls bestünde die Gefahr, dass der Moderator als wenig authentisch oder kompetent wahrgenommen würde – und dementsprechend Redebeiträge zurückgehalten oder bewusst verengt würden. Wenn man sich ausschließlich als methodisch naiver Moderator präsentiert, ist die Fremdheit aufgesetzt – das Potenzial einer authentischen Balance zwischen Beteiligung und Distanz bleibt in der Folge ungenutzt. Dagegen ist das Leitbild des Fremden, der sich nicht verstellt, aber seine Fremdheit zum Anknüpfungspunkt für Gespräche nimmt, unseres Erachtens überzeugender. Man muss sich nicht so tun, als ob man von Kaffee nichts verstehe, um im Café mit Einheimischen in Kontakt zu kommen.

> Ein guter Moderator ist aufmerksam und empathisch nach innen und außen.

Da es im Rahmen eines Projekts nicht um Selbsterfahrung geht und der Moderator außerdem nicht Partei ergreifen sollte, könnte man meinen, dass die eigenen Gefühle während des Moderationsprozesses nur einen Störfaktor darstellen und man sich voll und ganz den Inhalten der Diskussion zuwenden sollte. Dabei handelt es sich aber um eine Fehlannahme: Die während einer Diskussion wahrnehmbaren Stimmungen sollten ebenso genau beachtet werden wie die Entwicklung der eigenen Gefühle. Die eigene Subjektivität stellt eine Erkenntnisquelle dar! Die Anforderung, sich als Fremder in einem neuen Kontext zu begreifen und Beteiligung mit Distanz auszubalancieren, gilt auch bezüglich des Umgangs mit der eigenen Moderatoren-Rolle. Neben der Beteiligung z. B. in Form von Fragestellungen oder Zusammenfassungen sollte man sich immer wieder innerlich zurücklehnen, um Distanz zum eigenen Handeln und zum Verlauf der Diskussion zu gewinnen. Selbstreflexion ist gefragt: Was mache ich hier eigentlich? Wie trete ich auf? Wie kommt es, dass ich derart auftrete? Wie interagiere ich mit der Gruppe? Wie beziehen sich die anderen Teilnehmer in der Gruppe auf mich? Was gefällt mir daran? Was gefällt mir nicht daran? Wie stehe ich dazu?

Die eigenen Gefühle während einer Gruppendiskussion stehen in Verbindung mit dem Verlauf – sowohl mit den Inhalten als auch mit der Art und Weise, wie diskutiert wird. Sie können insbesondere Aufschluss darüber geben, was unter der Oberfläche des manifesten verbalen Austausches liegt und damit den Weg weisen für das weitere Auftreten des Moderators.

Wenn der Moderator z. B. das Gefühl hat, sich zunehmend genervt zu fühlen und eingelullt zu werden, kann dies zum Ausgangspunkt genommen werden, noch stärker nachzuhaken und Beispiele aus dem Alltagsleben statt abstrakt zusammenfassender Äußerungen einzufordern[26].

---

26 Wenn man Gruppendiskussionen aus einer tiefenhermeneutischen Perspektive durchführt und auswertet, sind die eigenen Gefühle und Eingebungen aus der Perspektive von (Gegen-)Übertragungen zu begreifen. In diesem Sinne kann der Moderator beispielsweise unbewusst als guter Freund, strenger Vater, partnerschaftlicher Bruder, ratgebende Autorität, Helfer und Retter in Nöten, Beschützer vor Gefahren, Spender emotionaler Zuwendung etc. angesprochen werden – und sich seinerseits mit bestimmten Rollenerwartungen an die Teilnehmer wenden (vgl. Leithäuser 1988: 212 f.). Dass es zu diesen Übertragungen kommt, ist aus der tiefenpsychologischen Perspektive per se nichts Negatives und gar nicht zu vermeiden – gleichwohl erweitert die Reflexion möglicher Übertragungsprozesse aus einer distanzierten Perspektive den eigenen Handlungsspielraum. Beispielsweise kann man sich deutlicher von einer Rolle abgrenzen, die als kontraproduktiv für die Diskussion erlebt wird. Auch wenn man im problemzentrierten Sinne Gruppendiskussionen durchführt, ohne diese explizit an ein tiefenpsychologisches Grundverständnis zu binden, sind wiederholte Selbstreflexionsprozesse im Verlauf der Interaktion von zentraler Bedeutung.

Ein guter Moderator sollte auf seine Gefühle achten und sich bewusst machen, in welcher Rolle – z. B. Trostspender etc. – er von den Befragten angesprochen wird und aus welcher Rolle er darauf reagiert. Dies sollte er damit abgleichen, welches Rollenverhältnis ihm wünschenswert erscheint und gegebenenfalls zu Anpassungen des eigenen Auftretens führen. Da der Moderator während der Diskussion kontinuierlich empathisch nach innen und außen sein sollte, spricht man in diesem Zusammenhang von ‚gleichschwebender Aufmerksamkeit‘, die nicht als eine Nebensächlichkeit, sondern als zentrales Grundprinzip für eine gute Moderation verstanden werden sollte.

Der Moderator sollte diese Aufgabe deshalb keinesfalls an andere delegieren oder als unnütze Zusatz-Belastung empfinden. Da Stimmungen während der Gruppendiskussion auch für die Auswertung wichtige Anhaltspunkte geben, ist es außerdem ratsam, dass sich der Moderator dazu während des Gesprächsverlaufs stichwortartige Notizen macht, um im Analyseprozess darauf zurückgreifen zu können.

Generell gilt für eine gute Moderation, dass die innere Stimmigkeit wichtiger ist als der Versuch, fehlerfrei wie ein Roboter Moderationstechniken anzuwenden. Während einer Moderation wird man sich immer wieder entscheiden müssen, welchen Weg man im Weiteren einschlägt. Und immer wieder werden Situationen auftreten, dass man im Nachhinein eine andere Entscheidung getroffen hätte. Es ist aber wichtig, dass man sich auch dann nicht aus der Bahn werfen lässt, wenn man einen Fehler begangen hat. Perfektion sollte nicht das Leitbild für die Moderation sein, das Bemühen um innere Stimmigkeit zwischen dem eigenen Anspruch und dem eigenem Auftreten dagegen schon. Denn die „Forschungsrolle ist kein Korsett, durch das Haltungen des Forschers oder der Forscherin erzwungen werden" (Leithäuser 1988: 225).

Ein guter Moderator ist offen, souverän und unparteiisch.

Trotz seiner Beteiligung am Gruppengeschehen muss sich der Moderator davor hüten, durch eigene Meinungsäußerungen oder Akzentuierungen die Diskussion in eine bestimmte Richtung zu lenken. Bezüglich der Inhalte, die diskutiert werden, gilt das Gesetz, dass ein Moderator unparteiisch auftreten und nicht selbst Stellung beziehen sollte. Denn er ist zwar Mitglied der Gruppe – aber nicht in der Rolle des Teilnehmers. Offenheit ist dementsprechend das Grundprinzip – und dies betrifft auch Meinungsäußerungen, gegenüber denen man sich im Alltag deutlich ablehnend zeigen würde. Es geht darum, diese Positionen von innen heraus zu verstehen. Im Idealfall entspricht daher die Offenheit einer tatsächlich bestehenden Neugierde und ist nicht Resultat eines Prozesses, sich selbst zu verstellen.

Damit ein Moderator nach außen nicht unsicher, inkonsequent, überfordert, getrieben oder dominant treibend, sondern souverän wirkt, bedarf es verschiedener sozialer Kompetenzen. In Anlehnung an Krueger (1998: 41 ff.), Lamnek (2005: 142 f.) und Blank (2007: 290 f.) zählen dazu insbesondere Problemverständnis, Humor und die Fähigkeit, geduldig zuhören zu können. Ein Moderator sollte stets freundlich auftre-

ten und sich um ein sympathisch wirkendes Erscheinungsbild bemühen, ohne dabei
jedoch anbiedernd zu wirken oder die eigene Autorität als Moderator in Frage zu stellen – insbesondere hinsichtlich der Aufgabe als Bewahrer von Grundregeln der Kommunikation, wie z. B. der, dass persönliche Angriffe im Rahmen der Diskussion nicht
toleriert werden. Um nach außen souverän und gelassen zu wirken, bedarf es Selbst-
disziplin und der Fähigkeit, eigene Regungen und persönliche Reaktionen möglichst
umfassend kontrollieren zu können. Ein guter Moderator sollte deshalb nicht nur
authentisch auftreten, sondern gleichzeitig in der Lage sein, ein überzeugendes Po-
kergesicht aufsetzen zu können:

> „Moderators need to keep their personal views to themselves and focus on understanding
> the perceptions of the group participants. It's hard to listen to people who don't know a
> program as well as you do or who criticize a program near and dear to your heart. Harder
> yet is to smile and say ‚Thank you‘ after they've ripped up your sacred program." (Krueger/
> Casey 2009: 87)

Ein offen, souverän und unparteiisch auftretender Moderator ist zugleich ein guter
Berater und ein guter Helfer. Voraussetzung für eine gute Moderation ist, dass er die
selbst oder durch einen Auftraggeber gesetzte Zielsetzung vollständig erfasst. Im Verlauf der Diskussion stellt er sicher, dass alle im Vorfeld als wichtig erachteten und im
Leitfaden herausgehobenen Themengebiete entsprechend der Zielsetzung exploriert
werden. Gleichzeitig tritt er unvoreingenommen auf und lässt der Gruppe ausreichend Raum, einen eigenen roten Faden zu entwickeln. Er vermeidet es, selbst zu urteilen und nähert sich sensiblen Themen mit Taktgefühl. Im Kontext von Marktfor-
schungsprojekten erstreckt sich die Moderationskompetenz nicht ausschließlich auf
den Umgang mit den Diskussionsteilnehmern, sondern auch auf das Auftreten dem
oder den Kunden gegenüber. Veränderungswünschen gegenüber dem Vorgehen sollte ebenso offen wie souverän gegenüber reagiert werden. Wenn mehrere Kunden verschiedene Sichtweisen haben, sollte er in der Lage sein zwischen diesen Ansichten zu
vermitteln, um eine angemessene gemeinsame Perspektive zu finden.

Ein guter Moderator denkt analytisch.

Die Auswertung beginnt nicht erst nach der Gruppendiskussion, sondern im Grunde genommen bereits davor. Bereits im Vorfeld sollten sich die Mitglieder eines Forscherteams darüber intensiv austauschen, zu welcher Fragestellung genau Ergebnisse
erwartet werden und welche unterschiedlichen Formen der Darstellung denkbar erscheinen.

Selbstverständlich bedeutet das nicht, im weiteren Verlauf Scheuklappen aufzusetzen – auf das Grundprinzip der Offenheit haben wir ja bereits mehrfach hingewiesen
und dabei auch zu verdeutlichen versucht, dass dies nicht mit Naivität oder Unstruk-
turiertheit gleich zu setzen ist. Aber selbst erfahrene qualitative Auswertungsprofis

können ein noch so gut vorstrukturiertes Projekt nicht mehr retten, wenn der Moderator sich zwar als ein netter Plauderer erwiesen hat, aber nicht bereits während der Gruppendiskussion analytisch gedacht hat.

Es reicht nicht aus, kommunikativ und empathisch aufzutreten, Moderatoren müssen auch in der Lage sein, analytisch zu denken und Zusammenhänge zu erkennen. Nur das ermöglicht ihnen, an relevanten Stellen nachzufragen, Inhalte sachgerecht zusammenzufassen und die Diskussion gegenstandsorientiert zu leiten. Noch während der Diskussion sollte ein guter Moderator die Analyse und ggf. daran zu knüpfende Empfehlungen vor Augen haben und überprüfen, ob die Diskussion diesbezüglich aussagekräftig ist. Der Moderator sollte sich deshalb bereits während der Gruppendiskussion um Verständnis bemühen und nicht nur im Vertrauen auf die Aufzeichnung der Diskussion Moderationstechniken abspulen, ohne die Beiträge inhaltlich zu würdigen.

Eine detaillierte und sorgfältige Auswertung bedarf Zeit und Distanz zur Beteiligung an der Gruppe als Moderator – sie kann deshalb nicht annähernd vollständig bereits im Kontext der Diskussion erfolgen. Trotzdem ist das Bemühen um ein möglichst weitreichendes Verständnis während des Gruppengeschehens die Voraussetzung dafür, dass eine derartige Auswertung überhaupt möglich wird!

Ein guter Moderator agiert prozessorientiert.

Prozessorientierung ist eines der Grundprinzipien des problemzentrierten Interviews:

> „Wenn der Kommunikationsprozess sensibel und akzeptierend auf die Rekonstruktion von Orientierungen und Handlungen zentriert wird, entsteht bei den Befragten Vertrauen und damit Offenheit, weil sie sich in ihrer Problemsicht ernst genommen fühlen" (Witzel 2000: 4).

Auch für eine gute Moderation ist Prozessorientierung die zentrale Voraussetzung. Ein guter Moderator ist sich bewusst, dass es verschiedene gruppendynamische Phasen gibt. So ist es etwa insbesondere in der ersten Phase wichtig, für eine vertrauensvolle Atmosphäre zu sorgen. Jeder Beitrag von Teilnehmern ist vor dem Hintergrund des bisherigen Verlaufs und der noch verbleibenden Diskussionszeit zu betrachten. Das bedeutet gleichzeitig, dass es in der Regel notwendig ist, sich einem Thema mehrmals aus verschiedenen Standpunkten zu nähern. Ein guter Moderator muss in der Lage sein, widersprüchliche Aussagen der Teilnehmer quasi ‚aushalten‘ zu können, ohne sie logisch zu glätten. Den Teilnehmern sollte Raum gegeben werden, im Verlauf zunehmend neue Aspekte zu einem Thema zu entwickeln und neue Verknüpfungen zu entwickeln.

Prozessorientierung heißt aber auch, dass der Moderator den Spielraum hat, den Teilnehmern widerzuspiegeln, wie er ihre Sicht auf ein Thema bzw. Problem verstanden hat. Das bedeutet, dass er auch auf Widersprüche und Ungereimtheiten hinweisen kann, um den Gruppen-Teilnehmern die Möglichkeit zu geben, ihre Sichtweise noch deutlicher zu machen. Die Teilnehmer an einer Gruppendiskussion werden in diesem Sinne als „Experten ihrer Orientierungen und Handlungen" ernst genommen (Witzel 2000: 12). Bei derartigen Rückspiegelungen sollte immer die Stellung im Prozess der Diskussion berücksichtigt werden. Je weiter die Diskussion voran geschritten ist und je facettenreicher die Teilnehmer ihren Bezug auf ein Thema bereits dargestellt haben, desto eher ist ein derartiges Vorgehen gerechtfertigt. Fasst der Moderator dagegen zu früh Aussagen der Teilnehmer zusammen, unterbricht er den laufenden Prozess der thematischen Annäherung. Es besteht die Gefahr, dass er die Diskussion suggestiv in eine bestimmte Richtung drängt. Insbesondere im letzten Teil der Gruppendiskussion sind deshalb derartige Zusammenfassungen sinnvoll. Auf keinen Fall dürfen sie so formuliert sein, dass die Teilnehmer sich unter Rechtfertigungsdruck gesetzt fühlen.

Weil wir Moderation als Prozessgestaltung definieren, wollen wir uns im nächsten Abschnitt noch genauer mit den Anforderungen der Moderation in verschiedenen Phasen des Gruppengeschehens auseinander setzen. Dabei werden wir uns auch damit beschäftigen, in welchen unterschiedlichen Rollen Teilnehmer in das Gruppengeschehen eingreifen und wie man sich als Moderator darauf beziehen sollte.

5.4   Moderation als Prozessgestaltung

Im Diskussionsprozess bilden sich immer spezifische Teilnehmerrollen heraus. Bevor wir uns im Einzelnen damit beschäftigen, wie der Moderator darauf reagieren sollte, sind einige allgemeine Anmerkungen notwendig: Wir haben bereits mehrfach darauf hingewiesen, dass es sich bei einer Gruppendiskussion nicht um die parallele Befragung mehrerer Individuen geht, sondern die Gruppe als Ganzes im Blickpunkt steht.

> Wenn es darum geht, die Dynamik in Gruppen zu verstehen und für die Untersuchung der Fragestellung nutzbar zu machen, kann die Maxime nicht lauten, dass jeder der Teilnehmer im Idealfall etwa gleich viel zu Wort kommen sollte.

Die Rolle eines Moderators von Gruppendiskussionen ist deshalb nicht vergleichbar mit der eines Moderators von einer Diskussion von Spitzenkandidaten vor einer Wahl, bei der exakt darauf geachtet werden sollte, dass am Ende allen Teilnehmern in etwa gleich viel Gesprächszeit zur Verfügung stand. Man macht es sich deshalb zu einfach, wenn man vom Moderator fordert, Schweiger zum Reden zu bringen und Vielredner zu bremsen. Die Anforderung ist in Wirklichkeit deutlich komplexer und schwieriger: Der Moderator muss stets bemüht sein, ein Verständnis von der ablaufenden Dynamik zu gewinnen und dies als Grundlage für sein Handeln zu nehmen. Das bedeutet, stets den Prozess des Gruppengeschehens als Ganzes vor Augen zu haben.

Aufmerksamkeit sollte z. B. darauf gerichtet werden, wann viele etwas sagen wollen und es sozusagen hoch her geht, und wann die Gruppe eher wortkarg ist. Auch der Wechsel zwischen kontroversen und harmonischen Phasen sollte aufmerksam verfolgt werden. Es kann sich anbieten, der Gruppe die eigenen Eindrücke widerzuspiegeln, um dadurch die Diskussion zu vertiefen. Dabei sollte aber immer abgewogen werden, ob der Wechsel von der thematischen auf die Meta-Ebene möglicherweise einen laufenden Abwägungsprozess in der Gruppe unterbrechen könnte. Nicht nur die gesamte Gruppe, sondern auch einzelne Teilnehmer sollten sich im Blickfeld des Moderators befinden.

Im Zuge einer konsequenten Prozessorientierung sollten nicht alle Schweiger oder Vielredner gleich behandelt werden, stattdessen ist zunächst abzuwägen, wie sich die Beteiligung von einzelnen Teilnehmern im Verlauf der Diskussion entwickelt hat: Ist ein Schweiger kontinuierlich von Beginn an still? Hat sich seine Körpersprache dabei verändert? Oder hat jemand sich zunächst beteiligt und ist dann verstummt? Wenn ja, gab es möglicherweise ein Schlüsselereignis dafür, z. B. einen negativen Kommentar eines anderen Teilnehmers? Könnte der Teilnehmer das Gefühl haben, zu wenig Raum für eigene Beiträge zu haben und nicht zu Wort zu kommen? Hat er vielleicht den Mut verloren, weil andere Teilnehmer sich deutlich als Experten zu verstehen gegeben haben? Oder könnte sein Schweigen Ausdruck eines stillen Protests gegen die sich immer mehr herauskristallisierende Gruppenmeinung sein?

Erst nach der Auseinandersetzung mit derartigen prozessorientierten Fragen sollte der Moderator intervenieren. Das Ziel sollte dabei immer die Wahrung einer angenehmen Gruppenatmosphäre und die Förderung eines produktiven und konstruktiven Austausches der Teilnehmer sein – und nicht die Bewertung oder gar Abstrafung einzelner Teilnehmer für als unangemessen erlebtes Auftreten. Dafür ist es unerlässlich, dass er auf die Einhaltung von Grundregeln achtet und nicht zulässt, dass einzelne Teilnehmer sich persönlich angreifen. Häufig wird darüber hinaus das Verhalten einzelner Gruppenmitglieder nicht nur vom Moderator als störend erlebt, sondern auch von anderen Teilnehmern. Wenn der Moderator nicht frühzeitig eingreift, wirkt sich dies negativ auf den weiteren Prozess des Gruppengeschehens aus: Die Anspannung steigt deutlich, einzelne Teilnehmer werden zunehmend ungeduldig und unkonzentriert oder ziehen sich innerlich zurück, um weniger von den Störungen tangiert zu werden. Um dies zu verhindern, kann es sinnvoll sein, z. B. Vielredner zu bremsen oder zu versuchen, Schweiger wieder in den Diskussionsprozess zu integrieren. Dies liegt im Ermessen des Moderators, denn nicht zu allen thematischen Sequenzen haben alle Teilnehmer gleich viel zu sagen oder ein gleich hohes Mitteilungsbedürfnis, sodass eine selbstläufige Verteilung in eher aktive und passive Mitglieder nicht per se als schlecht oder kontraproduktiv einzustufen ist.

Auf jeden Fall sollte ein guter Moderator immer den Prozess vor Augen haben und weder nach prozessunabhängigen Regeln handeln, noch den Verlauf einfach dem Schicksal zu überlassen.

Gleichzeitig sollte sich der Moderator bewusst sein, dass er mit jeder Intervention die Selbstläufigkeit der Gruppe unterbricht – und damit auch deren Selbstorganisation bezüglich der Rollenfindung. Deshalb gilt: Je direktiver ein Eingriff des Moderators ist und je mehr dadurch in laufende Orientierungsprozesse der Gruppe eingegriffen wird, desto mehr Bedacht sollte im Vorfeld aufgewendet werden, um abzuwägen, ob es wirklich notwendig ist. Da wir den Moderator im Sinne eines problemzentrierten Vorgehens jedoch als Mitglied der Gruppe in einer besonderen Rolle betrachten, stehen wir derartigen Interventionen nicht prinzipiell ablehnend gegenüber, sondern betrachten ihn als notwendigen Bestandteil der Beteiligung eines Moderators.

In der folgenden Tabelle 14 haben wir wichtige Teilnehmerrollen, die im Verlauf der Diskussion entstehen können, zusammengefasst und skizzieren, welcher Handlungsspielraum sich für den Moderator ergibt, in Interaktion mit den teilnehmenden Rollenträgern zu treten. Aus Platzgründen kann diese Darstellung an dieser Stelle nur exemplarisch und nicht erschöpfend erfolgen (vgl. Dammer/Szymkowiak 2008: 66 ff.; Lamnek 2005: 161 ff. für eine weiterführende Auseinandersetzung mit unterschiedlichen Teilnehmer-Rollen)[27].

Tabelle 14   Umgang mit Teilnehmer-Rollen im Prozess der Diskussion

Teilnehmer-Rolle	Bedeutung im Prozess	Handlungsspielraum des Moderators
Schweiger	Schweigen zu Beginn kann mit Unsicherheit und dem Gefühl der Fremdheit in Verbindung stehen. Wenn Teilnehmer im Verlauf der Diskussion zu Schweigern werden, kann dies Protest, Rückzug, Distanzierung von der Gruppe oder die eigene Selbst-Attribuierung als weniger wertvolles Gruppenmitglied bedeuten.	Schweiger sollten nicht unter Druck gesetzt werden. Wenn sie persönlich angesprochen werden, dann nicht bei sehr intimen oder schweren Fragen, bei denen sie sich bloß gestellt fühlen könnten. Wenn eine direkte Ansprache vermieden werden soll, kann man auch ein ‚Blitzlicht' z. B. von einer Tisch-Seite einfordern, in der alle Befragte kurz ihren Standpunkt erläutern.

---

27 Eine ausführliche Auseinandersetzung mit der Bedeutung verschiedener Phasen während einer Gruppendiskussion findet sich im siebten Kapitel, in dem das Thema Dynamik in Gruppen noch einmal aus einer ganzheitlichen und nicht speziell auf die Moderation fokussierten Perspektive aufgegriffen wird.

Teilnehmer-Rolle	Bedeutung im Prozess	Handlungsspielraum des Moderators
Vielredner	Unterschieden werden sollte die Qualität der Beiträge und die Art und Weise, wie der Vielredner mit der Gruppe interagiert. Es gibt Vielredner, die versuchen, bei offenen Fragen immer als erste zu antworten, deren einzelne Beiträge aber nicht überdurchschnittlich lang sind. Es gibt Vielredner, die quasi ohne Punkt und Komma reden.	Wenn ein Teilnehmer bei offenen Fragen sich immer in den Vordergrund rückt, kann gezielt eine Tischseite angesprochen werden (auf der er nicht sitzt). Außerdem kann der Blickkontakt bewusst mit anderen Teilnehmern gesucht werden. Wenn ein Teilnehmer zu längeren Beiträgen neigt, kann er freundlich mit Hinweis auf die begrenzte Zeit unterbrochen werden.
Meinungsführer	Meinungsführer stellen per se nichts Schlechtes in einer Gruppe dar, wenn sie durch ihre Argumente und ihr Auftreten überzeugen. Es gibt aber auch manipulative Teilnehmer, die versuchen, andere unter Druck zu setzen, ihrer Meinung zu folgen.	Manipulationsversuche sollte der Moderator mit Hinweis auf die Akzeptanz unterschiedlicher Standpunkte unterbinden und darauf hinweisen, dass es keine richtigen und falschen Antworten gibt.
Schlechtredner	Wenn durch einen oder mehrere Teilnehmer versucht wird, eine grundsätzlich ablehnende Grundhaltung als Norm zu etablieren, kann dies eine weitere konstruktive Diskussion erheblich erschweren.	Der Moderator sollte hier frühzeitig eingreifen und versuchen die Diskussion auf eine andere Ebene zu bringen. Dies kann z. B. passieren, indem auf die Perspektive Betroffener verwiesen wird.
Experte	Grundsätzlich sollten alle Teilnehmer an der Gruppendiskussion von der Fragestellung betroffen sein. Sie gelten damit für den Forscher als Experten. Bei bestimmten komplexen Themen, z. B. bezüglich technischer Lösungen, ist Detailwissen jedoch unterschiedlich ausgeprägt. Solche Fach-Experten können andere Teilnehmer verunsichern und Befürchtungen wecken, etwas Falsches zu sagen. Sie können auch zu Passivität anderer führen, die erst hören möchten, wie der Fach-Experte denkt, bevor sie sich selbst positionieren.	Wichtig ist, zu allen Zeitpunkten allen Teilnehmern in der gesamten Gruppe Anerkennung zu zollen und ihnen deutlich zu machen, dass sie als Experten betrachtet werden. Im Umgang mit Fach-Experten sollte eine Balance angestrebt werden: Der Fach-Experte sollte nicht für seine Expertise getadelt werden, es muss aber ein Weg gefunden werden, dass er nicht die Gruppe dominiert. Dies kann z. B. geschehen, indem man bei bestimmten Fragen den Fach-Experten charmant um Zurückhaltung bittet und ihn ggf. erst zu Wort kommen lässt, nachdem ein paar Minuten diskutiert wurde.

Teilnehmer-Rolle	Bedeutung im Prozess	Handlungsspielraum des Moderators
Provokateur	Zuweilen provozieren Teilnehmer, indem sie Grundregeln der Diskussion brechen, z. B. durch Seitengespräche, Dazwischenreden, persönliche Angriffe und Kompetenzgerangel mit dem Moderator, indem sie durch das Stellen von Fragen die Diskussion vom Thema wegführen.	Wie ein Fußball-Schiedsrichter, der durch zu viele Pfiffe den Spielfluss beeinträchtigen kann, sollte auch ein Moderator nicht zu pedantisch auftreten. Es ist aber insbesondere zu Anfang der Diskussion auf die Einhaltung wichtiger Grundregeln zu achten, um die Basis für eine angenehme Atmosphäre zu schaffen. Auch seine eigene Rolle als Leiter der Diskussion sollte sich ein Moderator nicht streitig machen lassen.
Clown	Humor der Teilnehmer ist nicht per se Clownerie. Späße und Wortspiele können entscheidend zur Auflockerung der Atmosphäre beitragen und dazu führen, dass Teilnehmer sich öffnen. Wenn jemand jedoch versucht, Beiträge anderer ins Lächerliche zu ziehen oder das Thema zu veralbern, besteht eine ernsthafte Gefahr, dass im Folgenden nicht weiter konstruktiv diskutiert werden kann.	Der Moderator sollte selbst humorvoll auftreten und den Teilnehmern zu allen Zeitpunkten signalisieren, dass die Diskussion Spaß machen darf. Er muss aber den vorgestellten Inhalten gegenüber neutral bleiben und sich gegen alle Versuche der Teilnehmer, ihn zum Komplizen im Auslachen zu machen, abwehren. Wenn die Diskussion ins Alberne abzugleiten droht, sollte er die Teilnehmer an die Relevanz der Fragestellung erinnern und um Ernsthaftigkeit bitten.

Bei der Auseinandersetzung mit der Moderation als Prozessgestaltung sollte die Rolle von Zuschauern im Beobachtungsraum nicht in Vergessenheit geraten: Wenn Gruppendiskussionen in einem Studio durchgeführt werden, ist es z. B. in der Marktforschung üblich, dass am Projekt beteiligte Kollegen und gegebenenfalls auch Auftraggeber die Diskussion durch einen Einwegspiegel in einem benachbarten Raum beobachten.

Da sie nicht wie der Moderator unmittelbar mit den Teilnehmern interagieren und in diesem Sinne nicht direkt am Gruppengeschehen beteiligt sind, verfolgen sie die Diskussion aus einer anderen Perspektive. Daraus ergeben sich häufig Wünsche an den Moderator, bestimmte thematische Aspekte oder Fragestellungen zu erörtern. Im Marktforschungskontext wird mit diesen Wünschen in unterschiedlicher Art und Weise umgegangen. Eine, in Deutschland eher unübliche, Möglichkeit besteht darin, dass zwischen dem Moderator und den Beteiligten im Beobachtungsraum während der Diskussion dauerhaft über einen Computermonitor kommuniziert wird. Kunden haben dann die Möglichkeit, direkt Vorschläge für Fragen an den Moderator weiter zu geben oder darum zu bitten, Themenwechsel vorzunehmen. Wir raten nicht zu einem derartigen Vorgehen: Ganz im Sinne des Sprichworts ‚mehrere Köche verderben den Brei‘ ist damit die Gefahr verbunden, dass bei der Moderation keine klare Linie verfolgt werden kann, sondern sich der Moderator und der versteckte Co-Moderator ein Gerangel auf Kosten der Diskussions-Tiefe und Selbstläufigkeit der Gruppe leisten.

> Die Verantwortung für die Gruppendiskussion sollte deshalb eindeutig beim Moderator liegen.

Für durchaus akzeptabel halten wir es aber, wenn der Moderator Kunden die Möglichkeit einräumt, während der Diskussion wichtige Anregungen auf einen Zettel in den Diskussionsraum reichen zu lassen. In der Regel werden solche Zettel durch Projektkollegen oder Studio-Mitarbeiter ausgehändigt. Da dies von den Teilnehmern immer als eine externe Störung der internen Gruppendynamik aufgefasst wird, sollte aber auch damit sehr sparsam umgegangen oder darauf gänzlich verzichtet werden. Falls das Hereinreichen von Zetteln erwogen wird, sollte der Moderator auf jeden Fall bereits in der Einleitung der Gruppendiskussion darauf hinweisen, dass möglicherweise der beobachtende Kunde Informationen und Fragen in die Gruppe hineintragen wird, damit die Gruppe nicht den Eindruck bekommt, dass der Moderator abgestraft wird oder die Diskussion nicht den Erwartungen des Kunden entspricht. Die Verantwortung, ob und wann die auf einem Zettel dargereichten Anregungen des Kunden sinnvoll in die Moderation integriert werden können, liegt auf jeden Fall beim Moderator, der über die methodische Expertenkompetenz verfügt.

Wenn es dem Kunden wichtig ist, dass seine Wünsche während einer Gruppendiskussion berücksichtigt werden, ist es in der Regel sinnvoller, eine kurze Pause einzuplanen, während der die Teilnehmer gebeten werden, auf ihren Sitzen zu bleiben, um nicht zu viel Zeit zu verlieren. Währenddessen begibt sich der Moderator in den Beobachtungsraum, um sich kurz mit dem Kunden und ggf. mit seinen Kollegen zu besprechen. Eine derartige Pause kann auch aufschlussreich sein, um zu beobachten, wie Teilnehmer ohne die physische Anwesenheit des Moderators und ohne einen fest vorgegebenen thematischen Rahmen miteinander in Interaktion treten. Daraus sind z. B. Ableitungen möglich, wie stark das Thema die Befragten tatsächlich involviert.

5.5 Typische Fehler bei der Moderation

Auf der Grundlage unserer mehrjährigen Erfahrungen haben wir 12 typische Fehler bei der Moderation zusammen getragen, die insbesondere bei Einsteigern, zum Teil aber auch bei fortgeschrittenen Moderatoren zu beobachten sind. Dabei haben wir uns bemüht, die zentralen Aspekte zu erfassen, erheben aber keinen Anspruch auf

Vollständigkeit. Bei der Darstellung handelt es sich um eine Heuristik, die eine systematische Forschung und Differenzierung nicht ersetzen kann. Wir erachten sie aber im Sinne eines Handbuchs für wichtig, insbesondere um dem Einsteiger Anhaltspunkte mit auf den Weg zu geben, worauf er bei der Moderation achtgeben sollte. Dem fortgeschritten Moderator bieten die im Folgenden aufgelisteten Aspekte eine Art Checkliste, um die Qualität der eigenen Moderation abzusichern.

Fehler 1: Der Moderator versucht, sich möglichst perfekt zu präsentieren.

‚Nobody's perfect' – auch ein Moderator nicht! Natürlich sollte ein Moderator bemüht sein, souverän und kompetent zu wirken. Aber wenn er zu sehr darauf achtet, möglichst perfekt zu erscheinen, dass er angespannt und distanziert wirkt. Wenn er versucht, jeden seiner Wortbeiträge druckreif zu formulieren, entsteht Leistungsdruck. Wenn Teilnehmer aber jedes Wort auf die Goldwaage legen, geschieht dies auf Kosten der Authentizität. Sich als Moderator wohl zu fühlen und das auch auszustrahlen ist wichtiger für die Gruppendynamik als eine Moderation ohne Versprecher, redundante Fragen etc. Eine gewisse Lockerheit in der Frageformulierung bei gleichzeitiger konzentrierter und kompetenter Herangehensweise ist ideal, um ein angenehmes Diskussions-Klima zu fördern. Man sollte als Moderator deshalb lieber über einen eigenen Versprecher lächeln als sich selbst unter Leistungsdruck zu setzen, stets wie aus der Pistole geschossen gestochen scharfe Fragen formulieren zu müssen.

Fehler 2: Der Moderator klebt zu sehr am Leitfaden und agiert zu formal.

Der Leitfaden bietet dem Moderator Orientierung und eine Stütze. Vor allem drückt er das Problemverständnis aus. In diesem Sinne haben wir ihn im vierten Kapitel in Anlehnung an Dammer/Szymkowiak (2008: 103) als eine Landkarte bezeichnet, welche noch viele offene Stellen aufweist, welche während einer Gruppendiskussion ergründet werden. Es bedarf insbesondere für Einsteiger Mut, sich vom Leitfaden zu lösen, weil damit die Gefahr verbunden wird, sich im Dickicht einer unstrukturierten Diskussion zu verlieren, sich hoffnungslos zu verirren und rettungslos vom Weg abzukommen. Gleichwohl sollte man nicht vor diesem Schritt zurück schrecken. Wenn man sich bei der Moderation strikt an Formulierungen des Leitfadens hält und sich der Verlauf der Diskussion im Detail an der Reihenfolge von Fragen im Leitfaden orientiert, ist das in der Regel ein Zeichen dafür, dass man der Gruppe sozusagen die Luft zum Atmen abschneidet und das dynamische Potenzial von Gruppen zu wenig nutzt. Am Ende der Diskussion wird man feststellen, dass man zwar ein gutes Zeitmanagement betrieben hat, aber auch nicht wirklich etwas Neues, Überraschendes zu Tage gefördert hat. Ein zu starkes Kleben am Leitfaden geht häufig auch damit einher, dass eine eher formale Atmosphäre entsteht und Fragen wie Fremdkörper wirken, die nicht aus dem Verlauf der Diskussion heraus gewachsen sind. Der Moderator wirkt distanziert und im schlimmsten Fall als jemand, der gar nicht richtig zuhört, sondern einfach nur sein vorformuliertes Programm abspult.

Fehler 3: Der Moderator lässt sich in Einzelgespräche verstricken – und tritt wie ein Interviewer auf.

Zwischen der Moderation einer Gruppendiskussion und dem Führen eines Einzelinterviews gibt es zahlreiche Gemeinsamkeiten. Bei beiden Formen der qualitativen Befragung geht es um Verstehen von Sinn-Konstruktionen. Anschauliche Beschreibungen aus dem Alltag stehen bei beiden im Mittelpunkt der Erhebung, die jeweils durch das Prinzip der Offenheit gekennzeichnet ist. Es gibt einen erheblichen Unterschied: Beim Interview wird eine Einzelperson befragt, bei einer Gruppendiskussion dagegen die Gruppe. Daraus ergeben sich bedeutende Implikationen für das Auftreten eines Forschenden: Während es im Interview die Möglichkeit gibt, bei der Schilderung eines Befragten mehrmals nachzuhaken, um nach und nach immer mehr Details an die Oberfläche zu fördern, sollte sich ein Moderator in der Regel an die Gruppe als Ganzes und nicht an einzelne Teilnehmer wenden. Bei Schilderungen einzelner Teilnehmer darf natürlich nachgehakt werden, aber es sollte strikt vermieden werden, dass es zu einem Einzelgespräch zwischen dem Moderator und einem Teilnehmer kommt, durch das der Rest der Gruppe zum Zuhören verdammt wird.

Insbesondere bei Moderations-Einsteigern, welche bereits Vorerfahrungen als qualitative Interviewer gesammelt haben, lässt sich dieser Fehler beobachten. Daraus können mehrere negative Konsequenzen für den Verlauf der Gruppendiskussion erwachsen: Erstens wird die Gruppe als Ganzes unruhig, und der Wettkampf um einzelne Wortbeiträge steigt. Zweitens wird die Gruppe als Ganzes gebremst, weil die Mehrheit der Teilnehmer von einer aktiven in eine passive Rolle gedrängt wird. Drittens handelt es sich um eine Störung der selbstläufigen Dynamik von Gruppen und der damit verbundenen Entwicklung von Teilnehmer-Rollen, indem einzelnen Teilnehmer durch die besonders intensive Aufmerksamkeitsbekundung des Moderators eine herausgehobene Stellung zugewiesen wird.

Fehler 4: Der Moderator bewegt sich auf zu abstrakter Ebene und lässt sich einlullen.

Die Gefahr sozial erwünschter Beiträge wächst, je abstrakter die Befragten sich bestimmten Themenstellungen nähern (vgl. Kap. 7). Wenn man als Moderator zunehmend mit Beiträgen wie „für mich ist ausschließlich die Qualität des Fernsehprogramms entscheidend" oder „wenn man kauft, achtet man immer auf das Preis-Leistungsverhältnis" konfrontiert wird, sollte man sich damit nicht zufrieden geben, sondern vielmehr innerlich die Alarmglocken zum Läuten bringen: Die Diskussion bewegt sich weg von konkreten Alltagserfahrungen und findet auf einer abstrakten Ebenestatt. Damit ist die Gefahr verbunden, dass am Ende eher politisch korrekte als für die Beantwortung der Fragestellung angemessene Ergebnisse zu Tage gefördert wurden, der Austausch der Teilnehmer zu oberflächlich verlaufen ist oder durch Rationalisierungen, Wunschvorstellungen oder wirklichkeitsfremde „Geschichten" (Dammer/Szymkowiak 2008: 93) geprägt war.

Fehler 5: Der Moderator denkt zu wenig hinsichtlich der Aussagekraft der Beiträge – und konzentriert sich ausschließlich auf die Gesprächsleitung.

Wie wir in diesem Kapitel ausführlich veranschaulicht haben, handelt es sich bei der Moderation um die Gestaltung eines komplexen Prozesses. Moderation ist mit vielen verschiedenen Teilaufgaben verbunden. Um sich als Moderator von dieser Fülle von Anforderungen nicht überwältigt oder unter Stress gesetzt zu fühlen, könnte eine Lösung darin bestehen, Prioritäten zu setzen und sich auf die möglichst gelungene Bewältigung der Schritte zu konzentrieren, die als zentral und absolut notwendig für eine erfolgreiche Gruppendiskussion angesehen werden.

In diesem Sinne besteht ein verbreiteter Fehler darin, sich als Moderator auf die Gesprächsführung zu beschränken und die Analyse auf später zu verschieben, wenn man in aller Ruhe und ohne Zeitdruck reflektieren kann. Etwas überspitzt gesagt: Während der Diskussion wird das eigene analytische Denken quasi ausgeschaltet, um sich auf das korrekte Formulieren von Fragen und die Schaffung einer angenehmen Gesprächsatmosphäre zu konzentrieren. Eine derartige Trennung zwischen Moderation und Analyse ist aber kontraproduktiv: Denn nur, wenn man bereits während der Gruppe die Beiträge der Teilnehmer auf ihren Aussagehalt für die Fragestellung überprüft, kann man an den richtigen Stellen nachhaken und inhaltlich vertiefende Fragen stellen. Nur die innere Auseinandersetzung mit Inhalten bereits während der Gruppendiskussion ermöglicht es, bestimmte Positionen zu hinterfragen und weiterführende Nachfragen zu stellen. Nur wer den Äußerungen der Teilnehmer auch inhaltlich folgt, ist in der Lage, Meinungsänderungen in der Gruppe und andere dynamische Entwicklungen festzustellen und darauf ggf. reagieren zu können.

Einen typischen Ausdruck findet dieser Fehler bei der Moderation darin, dass man Äußerungen von Befragten nicht in eigenen Worten zusammenfassend zurück spiegelt, sondern im selben Wortlaut doppelt: Um den Befragten deutlich zu machen, dass man zuhört und weitere Äußerungen zu stimulieren, wiederholt man einfach noch mal, was sie gesagt haben. Dieses Nachplappern bringt aber keinerlei Vorteil für die Gruppendiskussion und führt nur dazu, dass kostbare Diskussionszeit verloren geht.

Fehler 6: Der Moderator bemüht sich um Unsichtbarkeit.

Ein weiterer verbreiteter Fehler ergibt sich aus einem unzureichend reflektierten Selbstverständnis des Moderators. Wenn man sich selbst eher als einen potenziellen Störfaktor betrachtet, kann dies zu der Bemühung führen, möglichst unsichtbar zu wirken, um die Gruppe so wenig wie möglich zu beeinflussen. Auch wenn ein Moderator sich dabei noch so sehr anstrengt, es wird ihm nicht gelingen. Ruth Cohn (1975: 189) bringt dies treffend auf den Punkt: Der „neutrale, abstinente Leiter, der nicht beeinflussen will, geht an der Tatsache vorbei, daß er eine viel größere (Übertragungs-) Macht durch sein Schweigen ausübt, als er je durch Meinungsäußerung oder offenes Einflußnehmen bewirken könnte."

Auch ein Moderator, der nicht eingreift, wenn z. B. zwei Teilnehmer miteinander in Streit geraten, wenn jemand sich als Vielredner zu erkennen gibt und andere Teilnehmer deutliche Signale der Gereiztheit aussenden, wenn die Diskussion zunehmend auf eine abstrakte Ebene gleitet, ist doch immer deutlich anwesend – und sein Schweigen wird von den Teilnehmern immer als Entscheidung zum Schweigen ausgelegt, mit der bestimmte Motive verbunden sind. In einen schweigenden Moderator kann so allerlei hinein interpretiert werden – von einer ablehnenden Haltung, über Desinteresse bis hin zu Inkompetenz. Auf jeden Fall entsteht ein Vakuum an Transparenz, wann und nach welchen Regeln der Moderator in die Diskussion eingreift und dies hat i. d. R. negative Auswirkungen auf die Atmosphäre in der Gruppe.

Fehler 7: Der Moderator nimmt sich nicht ernst genug.

Der Moderator sollte sich als Mitglied der Gruppe verstehen. Natürlich hat er eine besondere Rolle, die insbesondere mit der Anforderung verbunden ist, dass er unparteiisch sein muss und sich nicht in den Vordergrund rücken darf. Nicht seine Ansichten und Erfahrungen stehen im Mittelpunkt der Diskussion, sondern die der eingeladenen Teilnehmer.

Das heißt aber nicht, dass der Moderator während der Diskussion aufhören sollte, sich als Person zu begreifen, um wie ein technisches Instrument zu funktionieren. Es geht bei einer Moderation nicht nur darum, möglichst schnell Informationen aufnehmen und verarbeiten zu können, sondern vor allem auch darum, ein Gespür dafür zu haben, welche Entwicklungen im Gange sind. Deshalb sollte ein Moderator sich selbst ernst nehmen, indem er eigene Gefühle während der Diskussion wahrnimmt und reflektiert. Häufig werden diese aber eher als persönlich und nicht zur Sache gehörend abgetan – ein Fehler, denn gerade die eigenen Gefühle können einem während der Gruppendiskussion den Weg bahnen, an wichtigen Stellen nachzuhaken und die Beschränkungen einer netten, aber oberflächlichen Diskussion zu durchbrechen.

Fehler 8: Der Moderator sieht den Moment zu wenig vor dem Hintergrund eines Prozesses.

Aus einer prozessorientierten Grundhaltung ergibt sich die Notwendigkeit, verschiedene Phasen einer Diskussion ebenso zu berücksichtigen wie die Dynamik in der Gruppe, die mit verschiedenen Teilnehmerrollen verbunden ist. Eine zu sehr auf den Moment ausgerichtete Perspektive des Moderators drückt sich zum einen darin aus, dass einmal besprochene Themen quasi als abgehakt gelten und nicht zu einem späteren Zeitpunkt noch einmal aufgegriffen werden.

Zum anderen drückt sich das Fehlen einer konsequenten Prozessorientierung darin aus, dass unterschiedliche Teilnehmer-Rollen zu wenig berücksichtigt werden, indem der Moderator versucht, sich ausschließlich auf die inhaltliche Ebene zu beziehen und jegliche Verantwortung für die Entwicklung der Gruppendynamik ablehnt.

Dies kann zu einem inneren Rückzug bestimmter Gruppenmitglieder führen, die feststellen, dass eingangs aufgestellte Grundregeln nicht eingehalten werden. Es kann auch dazu kommen, dass bei der Wahl von Gesprächsbeiträgen durch die Teilnehmer immer mehr die Beziehungs-Ebene in den Vordergrund gerückt wird, um Positions-Kämpfe in der Gruppe auszutragen. Eine weitere mögliche Konsequenz besteht darin, dass bestimmte Teilnehmer versuchen, selbst als Ko-Moderator aufzutreten oder die Autorität des Moderators zunehmend in Frage zu stellen, indem sie ihn zu Rechtfertigungen treiben oder ihn selbst in die Position eines auf Fragen Antwortenden treiben.

Je mehr der Moderator die Grundhaltung hat, dass Gruppendynamik eigentlich nur ein überflüssiger Firlefanz jenseits der Sachebene ist, desto eher droht er von der Macht der Gruppendynamik derart überrollt zu werden, dass für die Sachebene kaum noch Raum besteht.

Fehler 9: Der Moderator verliert die Zeit aus den Augen.

Mit der Prozessorientierung ist auch ein gutes Zeitmanagement verbunden. Denn Gruppendiskussionen sind häufig einem rigiden zeitlichen Rahmen unterworfen. Insbesondere im Marktforschungskontext sollte dieser nicht wesentlich überschritten werden, weil Teilnehmer am Ende der vereinbarten Zeit unruhig werden oder aufgrund anderer beruflicher oder privater Verpflichtungen pünktlich ihre Teilnahme an der Diskussionsrunde beenden müssen. Ein gutes Zeitmanagement beginnt schon vor der Moderation – in Form einer ausführlichen Auseinandersetzung mit dem Thema und einer Schärfung der Fragestellung. Während der Moderation besteht ein typischer Fehler darin, dass einzelnen thematischen Aspekten am Anfang so viel Zeit eingeräumt wird, dass am Ende der Diskussion zu wenig Raum für die Erörterung weiterer wichtiger Aspekte besteht. Damit verbunden ist häufig ein inkonsequentes Auftreten des Moderators: Während er am Anfang ruhig und gelassen wirkt und der Diskussion keine Zügel anlegt, wirkt er am Ende hektisch und direktiv, indem er Teilnehmer unterbricht und von Frage zu Frage zu hetzt. Dies sollte unbedingt vermieden werden, indem der Moderator von Anfang an zeitlichen Rahmen vor Augen hat und auch in frühen Phasen der Diskussion in adäquater Art und Weise in das gruppendynamische Geschehen eingreift, um z. B. auf charmante und respektvolle Art und Weise den einen oder anderen Vielredner zu bremsen. Auch ein ineffizientes Zeitmanagement kann dazu führen, dass Hektik am Ende der Diskussion entsteht.

Ein typischer Fehler von Einsteigern besteht darin, zu viel am Flipchart oder an der Tafel mitzuschreiben. Dadurch wird als Moderator versucht, das flüchtige Wort festzuhalten. Es entsteht der Eindruck von Greifbarkeit und zu Tage geförderten Ergebnissen – aber gleichzeitig wird der Diskussionsfluss gestört, die Diskussion wird verlangsamt und Zeit verloren. Das heißt nicht, dass auf Visualisierungen generell zu verzichten ist, aber diese sollten bewusst und sparsam eingesetzt werden und nicht primär dazu dienen, eigene Unsicherheit zu bewältigen. Besondere Herausforderungen ergeben sich für einen Moderator, wenn in Folge einiger verspätet eintreffender Teilnehmer die Gruppendiskussion erst mit deutlicher Verspätung beginnen kann, gleichzeitig aber aufgrund der getroffenen Vereinbarung mit den anderen Teilnehmern pünktlich Schluss gemacht werden muss. Ihm steht in der Folge weniger Zeit für die gesamte Moderation zur Verfügung als ursprünglich vorgesehen. Je mehr Teilthemen in einem Leitfaden enthalten sind, desto schwerwiegender wird das Problem. Idealerweise sollte deshalb zum einen darauf geachtet werden, dass der Leitfaden kein Korsett bildet, zum anderen sollte der Moderator sich stets bereits im Vorfeld überlegen, welche thematischen Aspekte am ehesten ausgelassen werden können. Im Falle einer Auftragsforschung sollte dies vorher mit dem Kunden besprochen werden.

Zwei Fehler sind im Zuge einer verkürzten Gruppendiskussion häufig zu beobachten: Der erste liegt darin, dass der Moderator in den ersten Teilen der Diskussion genau so vorgeht, wie es vorgesehen war, ihm dann aber zum Ende hin die notwendige Ruhe fehlt und die Atmosphäre immer hektischer wird. Wenn es z. B. bei Konzepttests zunächst eine Diskussion zu Usage & Attitute gibt und erst im zweiten Teil verschiedene Konzepte diskutiert werden, fehlt dann die Zeit für die Erörterung zentraler Aspekte der Konzepte. Wichtig ist es daher, dass der Moderator stattdessen bewusst Prioritäten setzt, um eine sachgerechte Diskussion zentraler Fragestellungen ohne Hektik zu ermöglichen. Ein zweiter Fehler liegt darin, das vermeintlich „unwichtigere" Warm-Up der Gruppen einfach weg zu lassen und diese Phase zu überspringen, um sich gleich auf zentrale Inhalte zu stürzen. Nun ist zwar eigentlich genügend Zeit für die Diskussion dieser Themen vorhanden, die Gruppe aber noch nicht bereit und in der Lage, diese tiefgehend zu erörtern, weil sich die Mitglieder noch fremd sind und die Gruppe sich noch in einer Orientierungsphase befindet. Wichtig ist daher, auch bei einer verkürzten Gruppendiskussion nicht die Prozessorientierung aus den Augen zu verlieren.

Fehler 10: Der Moderator wechselt bei Pausen oder schleppender Diskussion zu schnell das Thema.

Die Zeit vor Augen zu haben, darf aber auch nicht auf der anderen Seite dazu führen, dass jede Gesprächspause als Ineffizienz bewertet wird. Als Moderator muss man in der Lage sein, Schweigen und einen eher schleppenden Diskussionsverlauf aushalten zu können. Die Teilnehmer brauchen Zeit zum Reflektieren und um sich im Gruppenprozess den anderen anzunähern. Ganz im Sinne der ‚Ruhe vor dem Sturm' kann das Aushalten einer ruhigen Phase die Voraussetzung dafür bilden, dass es kurz danach zu einer aufschlussreichen intensiven, lebhaften Diskussion kommt. Wenn man als Moderator aber die Ruhe zu schnell als Sättigung interpretiert und das Thema wechselt, nimmt man der Gruppe die Möglichkeit dazu.

Fehler 11: Der Moderator glättet Widersprüche und versucht Unsinn in Sinn zu verwandeln.

Nicht nur Pausen sollte man aushalten können, sondern auch Widersprüche und auf den ersten Blick Unsinniges. Ein typischer Fehler besteht darin, beim Bemühen um analytisches Verständnis Aussagen zu sehr zu glätten und in eine sinnhafte Logik zu pressen. Dies kann beispielsweise durch zu forsches Nachfragen, durch zweifelnde Mimik oder im schlimmsten Fall gar in Form einer Korrektur im Sinne von „Sie meinen doch sicher …" geschehen.

Wenn ein Teilnehmer sich im Verlauf einer Diskussion widersprüchlich äußert, kann dies zwar als störend erlebt werden, weil das Erfassen zentraler thematischer Aspekte dadurch nicht eben erleichtert wird. Trotzdem darf man diesem Teilnehmer nicht die Pistole an die Brust setzen und ihn dazu drängen, sich für eine Seite zu entscheiden. Denn es geht im Rahmen einer qualitativen Studie nicht darum, pro und contra Stimmen auszuzählen, sondern darum nachzuvollziehen, wie Sinn konstruiert wird und wie der spezifische Bezug zu einem Thema zu verstehen ist. Gerade Widersprüche oder auf den ersten Blick unsinnige Verknüpfungen sind in diesem Zusammenhang besonders aufschlussreich, z. B. indem sie eine Brücke zum Verständnis innerer Konflikte bilden oder unterschiedliche Wirkungsaspekte eines Angebots deutlich werden lassen.

Fehler 12: Der Moderator tritt suggestiv auf.

Wir haben mehrfach darauf hingewiesen, dass ein Moderator sich nicht als Fremdkörper, sondern Beteiligter am Gruppengeschehen begreifen sollte. Um Missverständnissen vorzubeugen, ist abschließend auf einen weiteren gravierenden Fehler bei der Moderation hinzuweisen, der in einem zu sehr lenkenden Auftreten besteht. Beteiligung darf keineswegs mit Manipulation verwechselt werden: Der Grundsatz von Unparteilichkeit darf nicht verletzt werden. Dies ist aber der Fall, wenn der Moderator sich selbst zu bestimmten Themen positioniert oder durch die Art und Weise der Fragestellung bestimmte Antworten nahe legt. Damit können fatale Konsequenzen verbunden sein, denn im schlimmsten Fall ist nicht mehr zu erkennen, inwiefern die Beiträge der Teilnehmer authentisch oder auf die Einflussnahme des Moderators zurückzuführen sind. Je suggestiver ein Moderator auftritt, desto mehr verwandelt sich die Gruppendiskussion von einer unabhängigen Forschung zu einer Show-Veranstaltung, mit der möglicherweise im Beobachtungsraum sitzende Entscheidungsträger beeindruckt und beeinflusst werden sollen. Als Moderator sollte man deshalb dem Kunden gegenüber auf die eigene Methoden-Kompetenz beharren, wenn man zu bestimmten Fragen oder Ablaufstrukturen gedrängt wird.

5.6   Grundregeln und Techniken der Moderation

Wir haben uns bislang in diesem Kapitel bewusst noch nicht mit einzelnen Moderationstechniken befasst. Denn eine gute Moderation basiert nicht auf dem Lernen einzelner isolierter Verfahrensweisen sondern auf einem umfassenden Hintergrundverständnisses des gesamten Prozesses. Nachdem wir uns diesem Prozess nach und nach von verschiedenen Seiten angenähert haben, wollen wir am Ende dieses Abschnitts verschiedene Techniken nicht unerwähnt lassen. Dabei geht es uns nicht um eine vollständige Abhandlung, für die ein eigenes Buch nötig wäre, sondern um eine zusammenfassende Darstellung. Exemplarisch sollen Einblicke gegeben werden, wie der Einsatz von Techniken im Rahmen des Moderationsprozesses sinnvoll sein kann. Wir unterteilen die Darstellung dabei in zwei Teile: Zunächst gehen bei der Auseinandersetzung mit der ‚Pflicht' der Moderation auf unerlässliche Bestandteile einer Moderation ein. Abschließend diskutieren wir unter der Überschrift ‚Kür' einige Techniken, die häufig für eine Gruppendiskussion nutzbar gemacht werden können, aber nicht immer zum Einsatz kommen müssen.

5.6.1 Grundregeln: Pflicht der Moderation

> Verdeutliche die Rahmenbedingungen und gebe klare Grundregeln vor!

Der Moderator sollte nicht am Anfang der Gruppendiskussion versuchen, Zeit einzusparen, indem er eine nur bruchstückhafte Einleitung gibt. Es ist wichtig für den gesamten weiteren Diskussionsverlauf, dass er klar den Rahmen absteckt. Dazu gehört, dass er am Anfang das Oberthema der Diskussion benennt und verdeutlicht, wozu die Studie durchgeführt wird.

Im Marktforschungskontext beispielsweise sollte darauf hingewiesen werden, dass man als Forscher unabhängig ist und sich weder gebauchpinselt, noch auf die Füße getreten fühlt, wenn die in der Folge vorgestellten Konzepte gelobt oder kritisiert werden. Der Name eines Auftraggebers muss bei vertraulichen Studien nicht unbedingt erwähnt werden, auf jeden Fall ist aber gegebenenfalls auf eine Video- und Audioaufnahme oder auf das etwaige Vorhandensein von Zuschauern in einem Beobachtungsraum hinzuweisen. Es empfiehlt sich, diese Informationen kurz zu erläutern: Dass die Aufnahmen der Auswertung dienen und nicht an Dritte weiter gegeben werden und dass aus methodischen Gründen die Anwesenheit von Kunden im Diskussionsraum nicht gewünscht wird, sich die Kunden also nicht aus Feigheit verstecken.

Absolut notwendig ist es, dass der Moderator zentrale Grundregeln der Diskussion benennt. Diese sollten so explizit wie möglich zum Ausdruck gebracht werden, um späteren Konflikten bei der Etablierung einer Gruppennorm vorzubeugen. Gruppen sollten nach wie vor Spielraum haben, ihren Diskussionsstil selbst zu finden, aber die Grenzen dieses Raums werden durch Grundregeln gesetzt, welche bei allen Gruppen zur Geltung kommen sollten, um angesichts einer begrenzten Zeit eine fruchtbare Diskussion zu ermöglichen.

Zu den zentralen Grundsätzen der Moderation gehört, dass alle Teilnehmer als gleichwertig betrachtet und behandelt werden und diese auch gegenseitig respektvoll miteinander interagieren sollten. Dementsprechend werden keine persönlichen Angriffe geduldet. Um diese zu vermeiden und Streitigkeiten vorzubeugen, in denen es darum geht, wer Recht hat, sollte darauf hingewiesen werden, dass es während der

Diskussion keine richtigen und falschen Antworten gibt. Außerdem sollte eine Abgrenzung von einer Testsituation erfolgen und verdeutlicht werden, dass keine Leistungspunkte vergeben werden, sondern alle persönliche Ansichten und Erfahrungen relevant und wertvoll sind. Weiter sollten die Teilnehmer zu Spontanität ermutigt und ihnen versichert werden, dass nicht jedes Wort auf die Goldwaage gelegt wird. Volmerg und Leithäuser schlagen vor, sich bei der Moderation von Gruppendiskussionen an den Grundregeln der Themenzentrierten Interaktion (TZI) zu orientieren[28], die von Ruth Cohn entwickelt wurden, um eine gleichwertige, erlebnisbezogene und auf ein Thema konzentrierte Verständigung unter den Gruppenmitgliedern zu fördern (Volmerg 1988: 180). Die folgenden Regeln zur Kommunikation können in diesem Sinne auf die Gruppendiskussion übertragen und am Anfang einer Gruppendiskussion vorgestellt werden:

Regeln zur Kommunikation

- „daß immer nur eine Person reden kann,
- daß man nicht zu lange spricht,
- daß man nicht unpersönlich und allgemein, sondern von sich selbst und seinen Erfahrungen spricht,
- daß man nicht abschweift, sondern sich auf das Thema bezieht,
- daß Seitengespräche eigentlich in die Öffentlichkeit der Diskussion gehören und
- daß Unbehagen und andere Störungen, die die thematische Auseinandersetzung behindern, wenn möglich, geäußert werden" (Volmerg 1988: 180 f.).

Diese Liste gibt einen guten Überblick über Grundregeln, die bei der Gruppendiskussion beachtet werden sollten. Allerdings steht die Forderung, dass Störungen prinzipiell Vorrang haben, in einem Spannungsverhältnis zu einem vorab festgelegten knappen zeitlichen Rahmen. Man sollte den Teilnehmern hier keine Versprechungen machen, die am Ende nicht einzuhalten sind. Wir empfehlen deshalb, diesen Aspekt nicht am Anfang einer zeitlich klar eingegrenzten Gruppendiskussion zu thematisieren, sondern ihn eher als innere Richtschnur zu betrachten. Denn wenn in den letzten zehn Minuten nicht mehr ausreichend Zeit besteht, die wahrgenommene Störung eines Teilnehmers zum Thema zu machen und befriedigend in der Gruppe zu reflektieren, sollte dieser Versuch von vorneherein unterbleiben. Vermeintliche Störungen in den Vordergrund zu rücken sollte auch nicht einzelnen Teilnehmern als gruppendynamisches Vehikel dienen, die eigene herausgehobene und zentrale Position in der Gruppe zu dokumentieren und zementieren.

---

28 Auch Blank (2007) entwickelt diesen Vorschlag bezogen auf den Marktforschungs-Kontext, ohne sich explizit auf Leithäuser/Volmerg (1988) zu beziehen.

Bemühe Dich um eine vertrauensvolle und verständigungsorientierte Atmosphäre!

Eine vertrauensvolle Atmosphäre ist der Nährboden für eine fruchtbare Diskussion, aus welcher wichtige Schlüsse zur Beantwortung der Fragestellung gezogen werden können. Deshalb sollte das Bemühen darum im Mittelpunkt jedes Moderationsprozesses stehen. Das Fundament zur Entwicklung einer vertrauensvollen Atmosphäre wird durch Respekt und Anerkennung gebildet. Bemühungen der Teilnehmer, konstruktive Beiträge zur Diskussion zu leisten, sollten stets wert geschätzt werden. Thematische Aspekte, die von den Teilnehmern genannt wurden, sollten vom Moderator wieder aufgegriffen werden, der vermeiden sollte, durch die Verwendung von Fremdwörtern oder fachspezifischen Erklärungen zu distanziert zu wirken. Auch non-verbal sollte der Moderator Anerkennung ausdrücken, indem er die jeweils sprechende Person ansieht und sich dauerhaft um eine offene, der Gruppe zugewandte Körperhaltung bemüht.

In der Regel werden Teilnehmer in Gruppendiskussionen mit dem Vornamen angeredet. Dies wird zum einen unternommen, um Anonymität zu wahren, zum anderen werden natürlich Schranken abgebaut (vgl. Volmerg 1988: 200).

Jeder Teilnehmer soll die Möglichkeit bekommen, seine Ansicht darzulegen und die Gewissheit haben, dass dies in einem geschützten Rahmen passiert, in dem er weder ausgelacht noch verurteilt wird. Besonders wichtig für die Herstellung einer vertrauensvollen und verständigungsorientierten Atmosphäre ist deshalb eine bewusste Minderheitenpolitik des Moderators: Er sollte verhindern, dass eine Abweichung von der (vermeintlichen) Mehrheitsmeinung von der Gruppe sanktioniert wird und zu Stigmatisierungen führt. Dafür ist es wichtig, deutlich zu machen, dass jede Meinung wertvoll ist. Die Grundhaltung der Toleranz sollte deutlich vermittelt und die Vielfalt an unterschiedlichen Meinungen als hohes Gut gepriesen werden.

Bevorzuge offene Fragen und verwende erzählgenerierende Gesprächstechniken!

Qualitative Forschung basiert auf dem Prinzip der Offenheit. Deshalb sollten voreingenommene, wertende oder suggestive Kommentare oder Fragestellungen vermieden werden. Fragen sollten i. d. R. offen und ohne die Vorgabe von geschlossenen Antwortalternativen gestellt werden – es sei denn, dass eine klare Positionierung auf einem vorgegebenen Raster wichtig ist, um geeignete offene Anschlussfragen zu stellen. Alltagsbegriffe der Befragten sollten aufgenommen und verwendet werden. Empfehlenswert ist es dabei, immer die Bedeutung von Begriffen für die Teilnehmer zu explorieren und nicht vorab davon auszugehen, dass eigene Verständnis mit der Interpretation anderer Gruppenmitglieder identisch ist. Moralisch aufgeladene Formulierungen und Begriffe sollten vermieden werden. Je mehr Teilnehmer abstrakt über bestimmte Gewohnheiten reflektieren, desto mehr wird die Schilderung von

eigenen Meinungen und Erlebnissen überlagert von Einschätzungen, wie es eigentlich sein ‚soll'. Eigenes Handeln wird rationalisiert und in einer moralisch gesäuber-
ten Art und Weise präsentiert. Abstrakte Fragen z. B. nach situationsübergreifenden
Einstellungen verstärken die Tendenz im Antwortverhalten zum Rationalen, sozial
Gewünschten und Abstrahierenden.

Deshalb ist es wichtig, dass Fragen möglichst konkret formuliert werden. Es ist
immer ratsam, nach Beispielen aus dem Alltag zu fragen und diese zum Ausgangspunkt für Diskussionen zu nehmen. Der Moderator soll darauf hinwirken, dass
Teilnehmer Erfahrungen nicht kurz und bündig auf einer allgemeinen Ebene zusammenfassen, sondern detaillierte Schilderungen von eigenen Erlebnissen geben.
Dementsprechend sind erzählgenerierende Fragetechniken wichtig, indem z. B. nach
Vertiefungen gefragt wird (z. B. „Inwiefern?" „Könnten Sie das bitte noch ein bisschen näher erläutern?" „Was geschah danach?" „In welchen Schritten lief das ab?"
„Was bedeutet das für Sie?" „Wer war noch dabei?" etc.). In der Marktforschung geht
es darum, dass Konsumenten ein Raum geschaffen wird, um lebendige, authentische Geschichten aus der Erfahrung mit der Marke bzw. dem Angebot zum Ausdruck
zu bringen. Für beobachtende Mitglieder des Unternehmens schafft dies die Möglichkeit, typischen und besonderen Geschichten ihrer Kunden zuhören und daraus
lernen zu können. Die Teilnehmer an einer Gruppendiskussion sollten schnell feststellen, dass ernsthaftes Interesse an ihren Erfahrungen besteht und sich dadurch angeregt fühlen, ins Erzählen zu kommen. Es soll also eine offene und im besten Fall inspirierende Atmosphäre entstehen, aber auf keinen Fall eine Art Offenbarungs- oder
Rechtfertigungsdruck geschaffen werden. Aus diesem Grund sollten ‚Warum'-Fragen
möglichst vermieden oder zumindest sparsam und mit Bedacht eingesetzt werden,
weil sich Befragte dadurch zu einer Erklärung genötigt sehen könnten.

> Nachfragen sollten erst nach einer offenen Exploration erfolgen!

Im Sinne qualitativer Forschung sollte die Grundregel beachtet werden, Fragestellungen zunächst möglichst offen nachzugehen. Gruppenteilnehmer sollten die Möglichkeit zu spontanen Äußerungen haben, Teilaspekte selbst benennen und eigenstän-
dig Verknüpfungen herstellen können. In einem zweiten Schritt sollte der Moderator
zunächst immanente Nachfragen stellen, d. h. bei Aspekten nachhaken, die von den
Teilnehmern selbst eingebracht wurden. Erst in einem dritten Schritt sollten ggf. Aspekte eingeführt werden, die bisher noch nicht genannt wurden. Den Teilnehmern
wird dann die Gelegenheit gegeben, dazu Stellung zu beziehen und ggf. weitere Zusammenhänge von unterschiedlichen Themen aufzuzeigen. Diese Reihenfolge gilt
insbesondere für die Diskussion unterschiedlicher Teilthemen. Auch der gesamte
Prozess der Diskussion sollte zunächst offen beginnen. Eher direktive Teile, wie z. B.
der Hinweis auf mögliche wahrgenommene Ungereimtheiten durch den Moderator
oder das Widerspiegeln von Kernergebnissen der Diskussion, sollten dagegen am
Ende stattfinden.

5.6.2 Techniken: Kür der Moderation

Rückkoppelndes Widerspiegeln: Paraphrasieren und aktives Zuhören sind wichtig.

Häufig ist es sinnvoll, den Befragten widerzuspiegeln, wie man als Moderator den bisherigen Diskussionsverlauf zu einem Thema zusammenfasst. Damit wird den Teilnehmern erstens angezeigt, dass sie ernst genommen werden, indem sich der Moderator bemüht, sie zu verstehen. Zweitens wird ihnen die Möglichkeit gegeben, mögliche Fehleindrücke zu korrigieren, Zusammenhänge anders darzustellen und bestimmten Themen noch tiefer auf den Grund zu gehen. Drittens kann eine gute analytische Zusammenfassung des Moderators auch für die Teilnehmer einen befriedigenden Abschluss der Diskussion eines Teilthemas darstellen und damit die Bereitschaft fördern, sich einem neuen Aspekt zu widmen. Insofern kann durch die Zusammenfassung Ruhe in eine aufgebrachte Gruppe gebracht werden. Im Sinne eines rückkoppelnden Widerspiegelns sind insbesondere die Techniken des Paraphrasierens und des aktiven Zuhörens von Bedeutung. Wenn ein Moderator paraphrasiert, bemüht er sich, komplexe geschilderte Sachverhalte in eigenen Worten zusammen zu fassen. Er wertet nicht, sondern versucht, vorher Geäußertes quasi komprimierend so gut wie möglich auf den Punkt zu bringen. Dabei bemüht er sich zwar um eine Sprachwahl, die auch von Teilnehmern verstanden wird, benutzt aber nicht dieselbe Wortwahl der Teilnehmer. Ein paraphrasierender Moderator sollte sich nicht am Leitbild des Papageien orientieren, denn das reine Nachplappern von Worten ist weder schwer, noch gewinnbringend. Vielmehr wählt er eigene Worte, das heißt, er versucht das von Teilnehmern Gesagte in sein eigenes Bezugssystem zu transformieren und gibt den Teilnehmern durch die Paraphrase die Möglichkeit, ihm dabei behilflich zu sein, indem Ergänzungen und Korrekturen möglich werden.

Das aktive Zuhören ist eine Technik, die aus der Gesprächspsychotherapie stammt und von Carl Rogers entwickelt wurde (vgl. Rogers 1985). Es geht nicht nur darum, einen komplexen Sachverhalt zu komprimieren, sondern insbesondere darum, durch die Rückspiegelung verborgene emotionale Schichten aufzudecken. Als aktiv zuhörender Moderator nimmt man Anteil, fühlt sich in die Teilnehmer ein und versucht sie zu verstehen – sowohl hinsichtlich der von ihnen geäußerten Inhalte, aber auch der damit verbundenen Emotionen. Indem man die Wahrnehmung in eigenen Worten zusammenfassend zurückspiegelt, ohne darüber zu urteilen, wird der Gruppe ein Gesprächsangebot erteilt, das dazu einlädt, auch die emotionale Ebene bei der folgenden Diskussion stärker zu berücksichtigen.

Entschleunigung ist eine geeignete Technik, um Details und Prozesse sichtbar zu machen.

Viele Menschen sind es aus dem Alltag gewöhnt, dass sie Dinge möglichst kurz und abstrakt zusammenfassen sollen. Diese Grundregel ist derart verinnerlicht, dass es auch im Rahmen einer Gruppendiskussion bereits nach wenigen Minuten so erscheinen kann, als sei alles gesagt. Nehmen wir das Beispiel einer Studie, in der die Wirkung eines Werbefilms untersucht werden soll. Die spontane Runde dazu ist nach fünf Minuten beendet, alle Befragten haben ihre Ansicht klar zum Ausgang gebracht und gucken nun den Moderator mit großen Augen an: Und was kommt jetzt? Statt aber zum nächsten Punkt im Leitfaden zu springen, tut der Moderator gut daran, für eine Entschleunigung der Diskussion zu sorgen. Ein bewährtes Mittel dazu ist die Zerdehnung (vgl. weiterführend Dammer/Szymkowiak 2008). Statt den Film als Ganzes zu behandeln, werden die Teilnehmer gebeten, ihn Szene für Szene nachzuerzählen und zu empfinden. Dadurch ist es möglich, viel mehr Details zu erörtern als dies bei einer Gesamteinschätzung der Fall wäre. Außerdem lässt sich der dramatische Wirkungsverlauf erschließen: Wie verläuft ein Spannungsbogen? Wann kommt es zu Brüchen? Wann erwarten Erwartungen geweckt, befriedigt und enttäuscht? Entschleunigung ist ein bewährtes Mittel, um Prozesse nachvollziehen und vertieft diskutieren zu können. Auch die Zerdehnung von z. B. Informations-, Vergleichs- oder Entscheidungsprozessen in einzelne Szenen und der Nachvollzug des Prozesses dieser Szenen trägt entscheidend dazu bei, komplexe Zusammenhänge aufzudecken und zu verstehen.

> **Projektive Techniken helfen, emotionale Anteile aufzudecken.**

Der Begriff der Projektion stammt aus der Psychoanalyse und bezeichnet einen Abwehrmechanismus. Was für das eigene psychische Gleichgewicht zu bedrohlich wirkt, wird auf andere übertragen. Im Rahmen zahlreicher qualitativer Studien werden projektive Techniken ohne diesen direkten Bezug zur Psychoanalyse genutzt (vgl. Kirchmair 2007), die Grundidee lehnt sich jedoch daran an: Wenn man nicht über sich selbst spricht, sondern über andere(s), muss man weniger Verantwortung übernehmen und kann deshalb auch gewagtere Aussagen treffen, für die man später nicht zur Rechenschaft gezogen wird. Projektive Techniken sprechen die spielerische, emotionale Seite von Teilnehmern an und dienen dazu, wichtige Aspekte freizulegen, an die man durch eine direkte, rationale Fragestellung nicht kommen würde. Dafür werden immer mehrdeutige Stimuli präsentiert, welche von den Befragten gedeutet werden.

Wenn Teilnehmer in einer Studie z. B. gebeten werden, Unterschiede zwischen Banken zu benennen, stößt man auf Aussagen wie „die nehmen sich nicht viel, sie sind alle gleich" oder auf die Auseinandersetzung mit Konditionen wie Zinssätzen etc. Aufgrund solcher Aussagen wird es nicht möglich sein, verschiedene Marken-Images differenzierend darzustellen. Wenn man die Teilnehmer aber bittet sich vorzustellen, dass nacheinander die Deutsche Bank, die Targobank, die Postbank und die lokale Sparkasse als Mensch zur Tür hinein kommen und sie auffordert, die jeweils imaginierte Person zu beschreiben, werden gänzlich unterschiedliche Markencharaktere sichtbar. In der Marktforschung gibt es zahlreiche projektive Verfahren wie z. B. die Personifizierung, Imaginationsreisen und Rollenspiele (vgl. Kirchmair 2007 für eine weiterführende Auseinandersetzung). Im Anhang haben wir einige typische Beispiele zur Veranschaulichung zusammengefasst.

> Visualisierungen dienen der Strukturierung von Diskussionen und helfen den Teilnehmern, ihre Gedanken, Gefühle und Erfahrungen auf den Punkt zu bringen.

Beim Einsatz von Visualisierungen sollte aber immer bedacht werden, dass mit ihnen immer ein erhöhter Zeitaufwand verbunden ist.

Ohne die Vielfalt möglicher Visualisierungen erschöpfend behandeln zu können, soll das Potenzial anhand einzelner wichtiger Anwendungsbeispiele veranschaulicht werden:

- das *Festhalten von Kernbegriffen* (z. B. Ansprüchen an eine Dienstleistung) in Listenform auf einem Flipchart, wenn darauf zu einem späteren Zeitpunkt noch einmal zurückgegriffen werden soll;
- das *Erstellen von ‚Mappings‘*, d. h. von Karten mit mehreren Polen, anhand derer z. B. bestimmte Angebote, Produkte oder Marken voneinander abgegrenzt werden,
- *Verbildlichung* von abstrakter Komplexität als Brücke zu Erfahrungen: Zum Beispiel die Darstellung einer Landschaft mit Bergen, Tälern, schmalen und breiten Wegen als Sinnbild, um den Entscheidungs- und Kaufprozess für ein Angebot nachzuvollziehen: Wo und wann traten Barrieren auf, welche Berge galt es zu überwinden? Verschiedene Aspekte können mit Post-Its auf dem Bild festgehalten werden und als Anknüpfungspunkt für die weitere Diskussion dienen;
- *Gewichtung von Teilaspekten*: Zum Beispiel können auf einer Metaplan-Wand alle genannten Kriterien angehängt werden, welche von den Teilnehmern abschließend in ihrer Bedeutung und Relation eingeschätzt werden;
- *Abschluss und Abrundung der Diskussion*: Volmerg (1988: 184) regt an, Klein-Gruppen am Ende einer Diskussion mittels einer Zeichnung zum Ausdruck bringen zu lassen, was im Mittelpunkt und was am Rande der Diskussion gestanden hat. Die Vorstellung und der Vergleich der verschiedenen Bilder sorgen für eine lebhafte Abschlussrunde, in der nicht nur wiederholt wird, was bereits im Verlauf der Diskussion verbalisiert wurde.

> Gezielte Konfrontationen und Provokationen können zu Vertiefungen führen, sollten aber sehr vorsichtig angewandt werden.

Obwohl der Moderator nicht gegen das Gebot der Überparteilichkeit verstoßen darf, ist es doch in bestimmten Situationen ratsam, gezielt zu provozieren und selektiv konfrontativ zu agieren. In die Rolle des ‚Anwalts des Teufels‘ *(advocatus diaboli)* begibt sich ein Moderator, wenn er es wagt, der Mehrheitsmeinung einer Gruppe eine entgegengesetzte Position gegenüber zu stellen. Dies kann sinnvoll sein, um Phasen der Konformität zu durchbrechen und ein Gegengewicht zu schaffen, sodass weitere Facetten eines Themas erschlossen werden können. Selbst wenn die Gruppe als Ganzes ihren Standpunkt beibehält, muss sie sich doch mit der alternativen Position auseinander setzen. Wichtig ist, dass der alternative Standpunkt nicht als eigene Ansicht eingeführt, sondern neutral und nicht wertend darauf hingewiesen wird, indem z. B. auf vorangegangene Gruppendiskussionen oder denkbare Ansichten verwiesen wird.

Weitere Strategien, um eine in Konformität und Sättigung abgleitende Diskussion zu beleben (vgl. Lamnek 2005: 154 f.), können darin liegen, die Konsequenzen bestimmter Positionen in den Mittelpunkt zu rücken oder unterschiedliche Auffassungen, die in der Gruppe deutlich wurden, kontrastierend auf den Punkt zu bringen, um die Teilnehmer anzuregen, Stellung zu beziehen. Insbesondere wenn man als Moderator den Eindruck hat, dass sich die Gruppe um ein Thema herum windet, es ihr aber nicht gelingen will, den Kern des Problems zu benennen, kann es sinnvoll sein, bewusst etwas provozierend nachzuhaken.

Derartige Interventionen sollten immer erst spät im Prozess der Diskussion erfolgen, gleichzeitig aber noch Raum für ein abrundendes, eher versöhnliches Fazit lassen. Durch Provokationen, etwa in Form überspitzter oder verschärfender Zusammenfassungen, kann man im günstigen Fall verborgene Emotionen aufdecken und zu einem vertieften Diskurs anleiten. Im ungünstigen Fall kann jedoch das Gruppenklima darunter leiden. Auch hier ist es daher wichtig, keinen persönlichen Standpunkt zu beziehen, sondern sich immer darauf beziehen zu können, lediglich mögliche Sichtweisen anderer darzulegen und diese von der Gruppe bewerten zu lassen.

Analyse von Gruppendiskussionen 6

6.1 Bedeutung einer offenen Grundhaltung

> „Natürlich hätte jeder gerne einen Auswertungsautomaten, den er bloß mit seinem Material zu füttern brauchte, um dann ein perfektes Ergebnis in Empfang nehmen zu können. So verständlich dieser Wunsch ist, so wenig ist er zu erfüllen. Und so wenig sollte seine Nichterfüllung als Grund genommen werden, die Auswertung nunmehr nach eigenem Gusto vorzunehmen." (Dammer/Syzmkowiak 2008: 130)

Bei der Analyse von Gruppendiskussionen kommt es zunächst einmal auf die eigene Haltung an. Weit verbreitet ist ein Bild, das an die Lösung von Mathematik-Aufgaben angelehnt ist: Im Vordergrund steht einzig und allein die richtige Anwendung von Techniken und die Befolgung klar festgelegter Regeln. Der Analysierende versteht sich quasi als eine Rechenmaschine oder Black Box, in die Rohdaten eingespeist werden und die nach der Anwendung der richtigen Algorithmen ein eindeutiges und zugleich das einzig richtige Ergebnis liefert. Der eigene subjektive Bezug auf die Daten, die eigene Perspektive und die eigene Betroffenheit werden außer Acht gelassen und eher als Störfaktoren betrachtet, welche die ‚reine' objektive Sicht auf die Dinge behindern.

Wir vertreten einen anderen Standpunkt:

> Voraussetzung für eine gute Analyse ist es, sich von einer Gruppendiskussion ins Staunen versetzen zu lassen.

Wenn dies nicht gelingt, wird das Erkenntnispotenzial nicht ausgeschöpft, und die Auswertung droht auf einer oberflächlichen Ebene zu verharren, indem etwa nur ausgewählte Aspekte zusammengefasst oder durch herausgehobene Zitate veranschau-

licht werden. Um die Oberfläche zu durchdringen, bedarf es einer offenen Grundhaltung als Auswertender, welcher Staunen nicht als emotionale Verfehlung verwirft.
Treffend bringt dies Gunter Gebauer (2006: 35) auf den Punkt: *„Staunen ist eine Vor-
stufe der Neugier, ein Anfang der Reflexion, die sich in einem Fragen fortsetzt, in einer
theoretischen Haltung."*

Die Fähigkeit zu staunen ist uns von klein auf in die Wiege gelegt worden. Allerdings ist es nicht immer leicht, sie zu bewahren. Denn vieles in unserem Werdegang
ist darauf angelegt, sie uns auszutreiben. Andere Grundhaltungen werden uns nahe-
gelegt und z. B. für das Bestehen von Prüfungen notwendig: Disziplin, Auswendigler-
nen und das Einüben von Techniken, die häufig fremdbestimmt sind und deren Sinn
sich uns nicht ohne weiteres erschließt. In gewisser Hinsicht lernen wir sogar explizit,
dass wir nicht staunen sollten, weil es sich dabei um eine subjektive Regung handele-
le, die zu einer verzerrten Wahrnehmung der Wirklichkeit führe. Stattdessen werden
wir angehalten, Regeln auswendig zu lernen, die wir nicht verstehen und deren Entstehungsgeschichte wir nicht kennen.

Dabei handelt es sich um ein an die Naturwissenschaften angelehntes Ideal, das
nicht ohne weiteres auf sozialwissenschaftliche Studien übertragen werden darf. Und
selbst in den modernen Naturwissenschaften wird dieses Ideal in Frage gestellt, etwa
von dem Quantenphysiker Hans-Peter Dürr, der lange Zeit das renommierte Max-
Planck Institut für Physik geleitet hat. Dieser kritisiert eine entfremdete Form der
Wissenschaft als Welterfahrung, die zum einen isoliert und eingeschränkt im Rahmen von Einzeldisziplinen stattfindet und sich zum anderen durch eine stark eingeschränkte Perspektive auf durch Techniken vermitteltes Teilwissen charakterisieren lässt. Die eigene ganzheitliche Wahrnehmung von Zusammenhängen bleibt dabei
außer Acht:

„Unser Wissen ist heute in viele Einzeldisziplinen zerstückelt [...] Meist beobachten wir
nicht mehr direkt die Natur, sondern verwenden dazu immer kompliziertere Geräte. Sie
wirken wie überlange Stöcke, die uns erlauben, weiter vorzufühlen, Entfernteres zu be-
rühren, stärker auszuholen, die andrerseits, aber gerade wegen ihrer großen Länge sich
zwischen uns und die Natur schieben und bewirken, daß uns der unmittelbare, tastende
Kontakt, das ‚Fingerspitzengefühl' für die Erfassung der Wirklichkeit im Ganzen verloren
geht. [...] Das Wissen in seiner Gesamtheit, wie es durch die Wissenschaft vermittelt wird,
ist deshalb für den einzelnen in diesem Sinne nicht mehr erfaßbar und überschaubar. Wir
fühlen uns trotz großer Anstrengung von den ständig wachsenden Anforderungen an unsere Auffassungsfähigkeit überfordert. Wir behelfen uns in dieser Notlage, indem wir auf-
geben, alles geistig zu durchdringen und verstehen zu wollen, und bauen ‚schwarze Kästen'
ein, die wir – ähnlich wie Autos, Fernseher, Waschmaschinen – einfach durch Knopfdruck
und Hebel bedienen, ohne ihre Wirkungsweise zu verstehen. In dieser uns überfordern-
den Situation scheint uns die Wirklichkeit auf die Existenz und Wirkung der vielen Werk-
zeuge und technischen Hilfsmittel reduziert, mit denen wir uns so reichlich umgeben
haben. Unsere hochdifferenzierte und harmonisch natürliche Mitwelt wird usurpiert und

dominiert durch eine von uns selbst geschaffene, borniert, mechanistisch strukturierte und funktionierende Teilwelt. Diese Teilwelt verstellt uns den Blick auf die eigentliche Wirklichkeit und isoliert uns von ihr. […] Es stellt sich nun die Frage, ob es andere und insbesondere zur Erfassung der ganzheitlichen Struktur der Wirklichkeit effektivere Arten der Welterfahrung gibt, als die mit unzählig vielen, überlangen spitzen Stöcken in ihr herumzustochern, wie es die Wissenschaft versucht. Noch prinzipieller stellt sich die Frage, ob eigentlich das Ganze, als welches ich als Erlebender und Erkennender die Welt – mich als erkennendes Ich eingeschlossen – begreife, ob eigentlich das Ganze sich überhaupt als Summe von Teilchen verstehen läßt, d. h. ob es eine analytische, zerleugnende Betrachtungsweise, wie sie von der Naturwissenschaft praktiziert wird, überhaupt ein geeignetes Mittel des Weltverständnisses ist." (Dürr 1988: 27 ff.)

Ganz im Sinne von Dürr muss festgehalten werden:

> Es ist unmöglich für uns, die ‚reine', objektive Wirklichkeit zu erfassen.

Denn wir sind auf unsere Sinnesorgane und unsere biographisch geprägten Denkstrukturen angewiesen, um zu beschreiben und zu verstehen, wie die Welt um uns herum beschaffen ist und welche Bedeutung wir in ihr innehaben. Sie bilden quasi das Netz, das wir auswerfen, um die Wirklichkeit zu erfassen. Wie die Realität jenseits dieser durch das eigene Netz erfassten Wirklichkeit aussieht, können wir nicht beurteilen[29]. Natürlich können und sollten wir uns darum bemühen, unsere Netze so feinmaschig wie möglich zu gestalten und dabei auf hochwertiges Material zurückzugreifen, aber die generelle erkenntnistheoretische Beschränkung wird dadurch nicht aufgehoben.

Für die Analyse von Gruppendiskussionen bedeutet dies einerseits, dass wir Auswertungstechniken kennen und damit verbundene Regeln sowie Anforderungen an den Auseinandersetzungsprozess mit dem Material befolgen sollten. Sie bilden einen wesentlichen Bestandteil unseres Netzes, das wir auswerfen, um die Wirklichkeit bestmöglich zu erfassen und quasi ‚einzufangen'. Vor allem aber bedeutet es andererseits, dass wir uns bewusst sein sollten, dass unsere Analysen immer einen subjektiven Anteil haben – selbst wenn wir in Anlehnung an die Metapher der Rechenmaschine so tun, als ob das nicht der Fall wäre.

---

29 Dürr spricht deshalb davon, dass Wirklichkeit und ihr naturwissenschaftliches Abbild sich einander gegenüber stehen wie ein Gegenstand zu seiner Zeichnung oder bestenfalls seiner Photographie (Dürr 1988: 31). Ein Wissenschaftsverständnis, das die prinzipielle Beschränkung der Wirklichkeitserfassung nicht anerkennt, sieht er als typisch für das 19. Jahrhundert an (Dürr 1988: 35). Diese Betonung der Perspektivgebundenheit von Wissenschaft hat auch in andere Wissenschaftsdisziplinen Eingang gefunden, etwa in der Konzeption einer persönlichen Soziologie durch Arthur Kühn (1993).

Im Sinne eines transparenten wissenschaftlichen Vorgehens ist es deshalb geboten, die eigene Subjektivität nicht zu unterdrücken, sondern selbstreflexiv in den Auswertungsprozess einzubeziehen.

Auch bezüglich des Umgangs mit der eigenen Subjektivität gibt es Regeln und Techniken, an denen man sich orientieren sollte. Subjektivität sollte weder mit ‚anything goes‘ verwechselt werden, noch zu Gefühlsduselei, Borniertheit oder einer Blickverengung auf Teilaspekte führen, die einem spontan in den Sinn kommen. Stattdessen geht es darum, im Sinne eines Philosophen offen zu sein, sich auf die Suche nach alternativen Deutungen zu begeben und diese möglichst mit Kolleginnen und Kollegen zu diskutieren. Ein reflektierter Umgang mit Subjektivität bedeutet dabei, sich selbst ernst zu nehmen und das eigene Potenzial auch zu nutzen.

Denn mit unserer Subjektivität sind wichtige Kompetenzen verbunden, die wir im Verlauf unserer Biographie im Alltag ausgebildet haben: Aus der Vielzahl an Reizen, die tagtäglich auf uns einströmen, bilden wir ein ganzheitliches Verständnis[30]. In der Wahrnehmungspsychologie wird dafür der Begriff der ‚Gestaltbildung‘ verwendet – wir sehen keine zusammenhangslosen farbigen Punkte, sondern einen Stuhl, Tisch oder Garten. Wir sind in der Lage, die Vielzahl vereinzelter persönlicher Erinnerungen aus dem Stegreif eine in sich schlüssige Geschichte zu überführen, welche die Ereignisse in einen Zusammenhang zueinander und zur gegenwärtigen biographischen Lage bringt. Wir begreifen Emotionen und ihre Bedeutung für menschliches Handeln, ohne dass wir dafür bewusst Techniken anwenden müssen: Wenn unser Gegenüber weint, sehen wir nicht nur Tränen, sondern verstehen, dass er traurig ist und imaginieren einen damit verbundenen Entstehungskontext. Häufig bilden wir ein intuitives Verständnis von Situationen aus, bevor wir es in Worte fassen können. Ohne dass wir uns aktiv oder bewusst darum bemühen, erfassen wir einen Tatbestand und reduzieren Komplexität, um zu verstehen. Unser Gehirn bildet sozusagen ein hochintelligentes und leistungsfähiges Power Tool, das wir auch bei der Auswertung von Gruppendiskussionen effizient einsetzen können, ohne dass wir dafür auf einen gesonderten Knopf drücken müssen.

Denn eine Gruppendiskussion liefert eine Vielzahl an Informationen – sowohl bezogen auf den Inhalt als auch auf die Dynamik, die wir beobachten können. Die Herausforderung für die Analyse besteht darin, sich nicht im Dickicht dieser Vielfalt zu verlieren, sondern Sinnstrukturen herauszuarbeiten. Das eigene Staunen ist in der Lage, einem dafür einen Weg zu bahnen.

Zur Erläuterung wollen wir an dieser Stelle kurz auf das philosophische Werk von Ludwig Wittgenstein und insbesondere die Interpretationen von Gunter Gebauer

---

30 Ralph Sichler weist darauf hin, wie wichtig dieses Verstehen als Anknüpfungspunkt für die philosophische Hermeneutik ist. Demnach ist das Herstellen von Verständnis eine „elementare Alltagskompetenz, die für viele soziale Situationen unverzichtbar ist" (Sichler 2010: 55). In Anlehnung an Philosophen Wilhelm Dilthey spricht Sichler vom elementaren Verstehen.

und Birgit Volmerg Bezug nehmen. Es ist demnach nicht möglich, die eigenen in der persönlichen Biographie und Lebenswelt ausgebildeten Bezüge zu einem Thema einfach abzustreifen, indem man sich sozusagen den Astronauten-Anzug anzieht, um die Analyse im Raumschiff in der Schwerelosigkeit durchzuführen. Auch als Forscher haben wir stets eine körperliche Existenz, sind in gesellschaftliche Prozesse eingebunden und sprechen dieselbe Sprache wie die Teilnehmer an einer Gruppendiskussion. Deshalb, so Gebauer (2009: 38), stifte das Leitbild eines autonomen Ichs eher Verwirrung als dass es etwas erkläre. Da wir uns selbst nicht vom gesellschaftlich geformten Alltag loslösen können, sind wir sozusagen „Mitspieler im Alltagsleben" (Gebauer 2009: 38) – und dies gilt für den Forscher, der sich mit der Auswertung von Gruppendiskussionen beschäftigt, gleichermaßen. Das heißt gleichzeitig:

> Kommunikation ist als „Sprachspiel" zu begreifen, das als eine durch Regeln geprägte Interaktion, die aber gleichzeitig Interpretationsspielraum und die flexible Konstruktion von Bedeutungskontexten zulässt (vgl. Volmerg 1988: 123 ff.).

Um die Bedeutung des Sprachspiel-Konzepts für die Analyse von Gruppendiskussionen zu verdeutlichen, nehmen wir als Beispiel das Wort ‚Genussmensch'. Auf den ersten Blick erscheint dieses Wort als klar verständlich – aber bei näherem Hinsehen stellen wir fest, dass wir die Bedeutung nur über den Kontext, das heißt die Relation zu anderen Sprachkonstrukten erschließen können. Ein Genussmensch kann in einem positiven Sinne als jemand erscheinen, der stilvolle Entscheidungen trifft, seine Sinne wahr und ernst nimmt, bewusst erleben kann und durch eine weltoffene Haltung geprägt ist. Das Wort ‚Genussmensch' kann aber auch in einem negativem Sinne gebraucht werden, etwa im Sinne fehlender Disziplin, überhöhter Ich-Orientierung und Ego-Zentrierung oder verbunden mit fehlender Durchhaltekraft und geringer Frustrationstoleranz. Wenn ein Teilnehmer im Rahmen einer Gruppendiskussion beginnt, über Genussmenschen zu sprechen, müssen wir bei der Analyse auf die Suche nach dem Sinn machen, der für ihn mit diesem Ausdruck verbunden ist. Dafür müssen wir auf den Kontext der Äußerung achten: Es geht darum, die Regeln des Sprachspiels offen zu legen – und dabei werden wir feststellen, dass ein und dieselbe Person denselben Ausdruck in durchaus unterschiedlicher Weise verwenden kann, ohne dies bewusst zu reflektieren und in der Gruppendiskussion offen anzusprechen.

Zum Beispiel könnten wir bei der Analyse feststellen, dass eine Teilnehmerin ihren Partner als einen Genussmenschen bezeichnet und in diesem Zusammenhang seinen guten Geschmack und seine Treffsicherheit bei der Auswahl frischer Lebensmittel lobt. Zu einem späteren Zeitpunkt beklagt sie sich, ohne konkret auf jemand Bezug zu nehmen, dass wir in der heutigen Zeit alle viel zu sehr Genussmenschen seien und unsere Pflichten sträflich vernachlässigten.

Dieser mehrdeutige Gebrauch eines Wortes könnte ein Auslöser sein, der uns ins Staunen versetzt, das heißt uns dazu anregt, intensiver als es uns im Alltag möglich ist nachzuspüren, worin diese Mehrdeutigkeit begründet ist und was sie für das Handeln bedeutet. Bei einer Gruppendiskussion liefern uns die Dynamik der Diskussion und die Einbindung in unterschiedliche sogenannte ‚diskursive Kontexte' dafür wichtige Hinweise.

Bei dieser Suche nach Zusammenhängen, Ursachen und Sinnstrukturen sind wir mitten im Herzen dessen, was eine gute Analyse ausmacht. Deshalb ist es wichtig, dass wir zum einen bereit sind, uns ins Staunen versetzten zu lassen und dieses Gefühl ernst nehmen. Zum anderen sollten wir aber nicht dabei halt machen, sondern mit dem Text arbeiten, welcher die Verschriftlichung der Gruppendiskussion darstellt. Dieser gibt uns z. B. die Möglichkeit, unterschiedliche Bedeutungen von Genuss genau heraus zu arbeiten. Dies kann für verschiedene Fragestellungen wichtig sein, wie z. B. die Untersuchung des Potenzials einer Kommunikations-Kampagne, in welcher Genuss einen zentralen Anknüpfungspunkt darstellt.

Bei der Analyse der Gruppendiskussion haben wir außerdem die Möglichkeit zu beobachten, wie die anderen Teilnehmer auf das ‚Spielangebot' des Genussmenschen eingehen. Greifen sie es auf und beziehen sich ebenfalls auf Genussmenschen? Inwiefern ändern sich dabei das Verständnis und der wertende Bezug auf das Wort? Gibt es beispielsweise konkurrierende oder komplementäre Grundhaltungen, kommt es zu Brüchen und wenn ja, wodurch werden diese ausgelöst? Dies sind einige Beispiele für Fragen, die wir uns während der Auswertung stellen, um Sprachspiele zu rekonstruieren.

Dies ist notwendig, weil Sprache immer bedeutungsoffen ist, d. h. Wörter flexibel in unterschiedlichen Bedeutungskontexten verwandt werden: „*Auf der Basis gemeinsam geteilter, durch die sprachliche Sozialisation vermittelter Regeln, muß sich von Situation zu Situation immer wieder verständigt werden können, in welchem Kontext welcher Verwendungszusammenhang von Sprache und Praxis gilt*" (Volmerg 1998: 124). Die Analyse von Sprachspielen eröffnet uns den Zugang, um unterschiedliche Lebensformen in unserer Gesellschaft zu verstehen, die damit verbundene Handlungspraxis im Alltag zu beschreiben und damit verbundene Regeln des gemeinsamen Miteinanders aufzudecken.

Zusammenfassend wollen wir anknüpfend an die Metapher des Sprachspiels festhalten, dass sich für den Auswertenden die Anforderung ergibt, den Spagat zwischen zwei Polen zu suchen: zwischen Distanz und ‚Reibung': Als Analysierender schlüpft der Forscher in die Rolle des Denkers, die mit „Abstand zu der Involviertheit in das alltägliche Leben" verbunden ist (Gebauer 2009: 16). Als Denker hat er eine andere Perspektive zum Alltagshandeln als die Teilnehmer in der Gruppendiskussion: Ihm geht es nicht darum, einen Beitrag zur Diskussion in der Gruppe und damit zur gemeinsamen Handlungspraxis zu liefern, sondern um die treffende Beobachtung, ein analytisches Verständnis und eine komprimierte Beschreibung. Distanz ist dafür die Grundvoraussetzung, weil der Denker Abstand zur Handlungspraxis gewinnen muss, um „denkend aus sich heraustreten und sein Verhältnis zur Welt, seine Sicht auf das Handeln in der Welt reflektieren" (Gebauer 2009: 33) zu können. Es geht also darum, eine offene, reflexive Grundhaltung einzunehmen, die mit der Bereitschaft verbunden ist, im Alltag scheinbar Selbstverständliches zu hinterfragen. In diesem Sinne werden gewohnte Dinge als fremd betrachtet, so dass „man den Eindruck hat, die Dinge zum ersten Mal zu sehen, indem man sich von der Gewohnheit und Banalität befreit" (Hadot 2001: 157; zitiert n. Gebauer 2009: 39).

Diese Notwendigkeit, einen Schritt zurück zu treten, ergibt sich daraus, dass wir in der alltäglichen Handlungspraxis nicht über die Bedeutung von Sprache als Ganzes und die Relation von Wörtern reflektieren, sondern Sprache als gegeben und klar verständlich erachten: „Es sind vielmehr die sich im menschlichen Zusammenleben bewusstlos einspielenden Formen der Praxis, die Sprache zum Medium einer wie selbstverständlich funktionierenden Verständigung werden lässt" (Volmerg 1988: 123).

Um diese Freiheit des Denkens vom Eingebundensein in eine konkrete Handlungspraxis und damit verbundene Anforderungen für eine gute Analyse nutzen zu können, bedarf es auf der anderen Seite aber auch der ‚Reibung' im Sinne von intensiver Auseinandersetzung mit einem Thema. Gerade die von der Alltagspraxis distanzierte Grundhaltung schafft ein großes Potenzial für eine Reibung mit Themen des Alltagslebens – und zugleich Potenzial für eine neue Nähe und höhere Intensität des Beteiligtseins als dies im Alltag möglich ist. Distanz darf deshalb nicht mit Emotionslosigkeit oder gar Desinteresse verwechselt werden. Der Denker sollte überparteilich sein, aber offen dafür, sich vom Reiz der neuen Perspektive in den Bann ziehen zu lassen und Begeisterung und Staunen zu entwickeln:

> „Ein Glanz im Inneren bei einer unscheinbaren Oberfläche ist eine Erscheinung, die das Interesse der Philosophie weckt. Sie gehört in die Domäne der ästhetischen Phänomene. Hier ereignet sich etwas, was wir aus der Dichtung kennen – ‚Gedichte sind gemalte Fensterscheiben', lautet ein Zitat von Goethe – wir müssen sie lesen, in uns aufnehmen können, dann entsteht eine Poesie, eine ‚Verklärung des Gewöhnlichen' (Arthur Danto). Weniger anspruchsvoll ausgedrückt, zündet ein Funken, obwohl niemand weiß, wie der Zündmechanismus gebaut ist, welcher Stoff hier wirksam ist. Man merkt nur an sich selbst, dass es gezündet hat. Alle ästhetischen Phänomene setzen im Betrachter etwas in Bewegung. […] Wenn sich die Oberfläche öffnet und hinter den Ereignissen neue, ungeahnte Dinge sichtbar werden, tritt der Moment ein, in dem die Philosophie mitspielen und mitwirken kann, eine bis dahin unerkannte Organisation der Dinge ans Licht zu holen." (Gebauer 2006: 14)

Die Frage, ob eine Analyse richtig oder falsch ist, verschiebt sich dahingehend, ob Grundhaltung und die Perspektive bei der Auswertung angemessen sind. Offenheit und die Bereitschaft, sich detailliert mit verschiedenen Verwendungskontexten auseinander setzen zu können, sind ebenso gefordert wie die Fähigkeit, Interpretationen von unterschiedlichen Standpunkten aus zu überprüfen.

Dies ist wichtig, denn aufgrund unserer eigenen biographischen Vorgeschichte haben wir für bestimmte Aspekte ein besonders stark ausgeprägtes Feingefühl, andere Aspekte entgehen uns dagegen, weil wir sie aufgrund blinder Flecken nicht identifizieren. Manches verstehen wir spontan nur sehr einseitig, weil wir uns aufgrund unserer Vorerfahrungen auf die falsche Fährte bringen lassen und bloße Scheinplausibilität konstruieren. Es wäre daher höchst fahrlässig, sich nur von seinem ersten Eindruck lenken zu lassen und beim Staunen halt zu machen. Stattdessen sollten wir stets systematisch nach alternativen Deutungen suchen und versuchen, Sachverhalte aus möglichst vielen verschiedenen Perspektiven zu begreifen.

Dafür gibt es Regeln, mit denen wir uns im weiteren Verlauf dieses Kapitels beschäftigen. Auch Erfahrungswerte spielen eine Rolle; die eigenen Auswertungskompetenzen lassen sich schulen. Im wissenschaftlichen Sinne lassen sich Gütekriterien herausarbeiten, nach denen sich die Qualität einer Analyse bestimmen lässt. Dennoch ist eine gute Auswertung mehr als die bloße Anwendung von Techniken[31].

6.2   Gütekriterien von Auswertung und Ergebnisbericht

Vor dem Hintergrund der oben aufgeführten Notwendigkeit einer offenen Grundhaltung lassen sich verschiedene Anforderungen herausarbeiten, die für eine gute Analyse auf jeden Fall erfüllt sein sollten und die in einen guten Ergebnisbericht münden:

a) Klarer und möglichst erschöpfender Bezug auf die Fragestellung

Die Bedeutung von Gruppendiskussionen im Rahmen eines Forschungsprojekts variiert. Dem sollte bei der Analyse Rechnung getragen werden. Zum Beispiel macht es einen großen Unterschied, ob es im Sinne einer Vorstudie darum geht, das Spektrum möglicher Antworten in einem Fragebogen vorzuselektieren oder aus tiefenpsychologischer Perspektive Kaufbarrieren zu identifizieren. Die Art und Weise, wie Gruppendiskussionen analysiert werden, richtet sich sowohl nach dem Ziel der Studie als auch nach dem theoretischen Hintergrund der Interpretation. Jede Studie verlangt deshalb ein individuell zugeschnittenes Auswertungsdesign. Immer sollte es jedoch eine klar herausgearbeitete Fragestellung geben, auf die sich die Ergebnisse beziehen. Diese Fragestellung sollte möglichst umfassend und scharf beantwortet werden; die Analyse qualitativer Daten darf sich nicht auf das Herausarbeiten von kursorischen Zitaten beschränken.

Auch muss der Transfer von der Beschreibung zur Interpretation erfolgen. Der Ertrag einer Studie sollte sich nicht darauf beschränken, zusammenfassend zu beschrei-

---

31   Eher lässt sie sich mit der Metapher der Kunst beschreiben: Nach Wittgenstein ist es das Verdienst eines Künstlers, uns das Einzelne so darstellen zu können, dass es uns als ein Kunstwerk erscheint: *„Das Kunstwerk zwingt uns – sozusagen – zu der richtigen Perspektive. [...] Die Dinge wieder einfach er machen, sie in ihrer Dinghaftigkeit zeigen, sodass sie vertraut und staunenswert in eins werden, dieser Kunstgriff macht aus einfachen Gegenständen Kunst."* (Gebauer 2009: 34 f.)

ben, was in den Gruppendiskussionen diskutiert wurde und wo die Unterschiede zwischen den einzelnen Diskussionsrunden lagen. Wenn es etwa darum geht, Kaufbarrieren aufzudecken, wäre eine derartige Beschreibung im Sinne der Fragestellung nicht aussagekräftig, weil es Auftraggeber nicht darum geht, die wenigen Teilnehmer einer Gruppendiskussion anzusprechen, sondern größere Teile der Bevölkerung. Die Analyse muss deshalb den Transfer dahingehend erbringen, zu verdeutlichen, was wir durch die Gruppendiskussion über die konkrete Situation des Miteinanders von acht Teilnehmern heraus gelernt und verstanden haben. Nicht zielführend wäre es in diesem Sinne außerdem, verschiedene Gruppen vorwiegend durch die Anwendung quantitativ beschreibender Attribute zu unterscheiden und dies als Endpunkt der Analyse zu verstehen, etwa im Sinne der Aussage, dass in der ersten Gruppe die Zustimmung, in der zweiten Gruppe dagegen die Ablehnung hinsichtlich eines vorgestellten Konzepts dominierte. Quantifizierende Beschreibungen können allenfalls den Ausgangspunkt für eine weiterführende Analyse bieten, welche Aufschlüsse über die Zusammenhänge bringt, die mit der Zustimmung und Ablehnung verbunden sind.

b) Bericht als schlüssige Gestalt mit eigenem roten Faden

Ein guter Ergebnisbericht sollte leicht verständlich sein. Es ist ein Irrglaube anzunehmen, dass die Komplexität eines Themas sich in komplizierter Ausdrucksweise niederschlagen muss. Daher ist es wichtig, dass der Bericht anschaulich geschrieben wird und viele Beispiele enthält, welche aber immer eine illustrierende Funktion haben und nicht als Endpunkt der Auswertung für sich stehen sollten. Ganz wichtig ist es, den Bericht als eine Einheit aufzufassen, in welcher alle Teile aufeinander bezogen sind. Dass dies viel zu häufig nicht der Fall ist, hat zwei typische Ursachen. Die erste ist, dass der Analyseprozess mit dem Prozess des Berichtschreibens gleich gesetzt wird. Nach und nach hangelt sich der Bericht zu einer größeren Tiefe vor, verstrickt sich aber viel zu sehr in Einzelaspekte und Teilfragestellungen, die nacheinander abgearbeitet, aber nicht zueinander ins Verhältnis gesetzt und zu wenig in ihrem Erkenntnispotenzial für die eigentliche Fragestellung betrachtet werden. Die zweite ist, dass der Aufbau des Berichts zu sehr an den Aufbau einer Gruppendiskussion angelehnt wird. Dadurch wird der Bericht viel zu deskriptiv und erscheint nicht als eine logisch aufgebaute analytisch begründete Einheit. Als Auswerter sollte man sich vor Augen führen, dass sich der Aufbau einer Gruppendiskussion an kommunikationspsychologische Regeln anlehnt: So gibt es beispielsweise einen Warm-Up Teil, um Vertrauen zu schaffen. Zentralen Fragestellungen wird sich zunächst einmal vage und offen genähert, um den Teilnehmern möglichst viel Raum zur eigenen Strukturierung zu geben. Für die Analyse gelten diese Gebote aber nicht: Der Leser eines Berichts erwartet nicht, in einem eigenen Kapitel aufgewärmt zu werden, um dem Autor zu vertrauen, sondern eine in sich stringente Darstellung, welche Ergebnisse auf den Punkt bringt und ihm möglichst wenig Zeit kostet, um zum Kern vorzudringen. Deshalb sollte der Bericht sich weder an die chronologische Struktur der Gruppendiskussion anlehnen, noch den für die Diskussion typischen Weg von relativ hoher Vagheit hin zu mehr Schärfe nachvollziehen. Vielmehr sollte ein eigener roter Faden gefunden werden, welcher Teilergebnisse in stringenter Art und Weise verbindet. Dafür bedarf es Mut: Mut dazu, nicht alle Details einer Gruppendiskussion zu reduzieren, sondern im Hauptteil eine begründete Selektion zu treffen und ggf. auf den Anhang zu verweisen. Mut zur eigenen Interpretation, dazu nicht auf der rein deskriptiven Ebene zu verharren, sondern begründete Schlussfolgerungen zu ziehen. Und nicht zuletzt auch Mut zur Aussage und zur Story, indem durch die Studie gewonnene Einsichten deutlich zum Ausdruck gebracht werden.

Eine eigene Struktur für den Bericht zu entwickeln, heißt aber nicht, dass man sich vollkommen vom im Leitfaden dokumentierten Ablaufschema trennen sollte. Häufig ist es durchaus ratsam, im Leitfaden gekennzeichnete thematische Blöcke auch im Bericht als eigene Teileinheiten zu begreifen. Dadurch wird Übersichtlichkeit und Nachvollziehbarkeit gewährleistet. Wichtig ist aber die Einbettung in einen logischen Gesamtzusammenhang und die im Sinne der Fragestellung selektiv aufbereitete Darstellung von Ergebnissen.

Wenn wir unsere eigene Praxis reflektieren, stellen wir fest, dass ein guter Bericht zunächst einmal die Rahmenbedingungen wie Fragestellung und Studiendesign zusammenfasst. Bevor dann einzelne thematische Aspekte diskutiert werden, ist es empfehlenswert, übergreifende Erkenntnisse zusammen zu führen, auf die dann in den folgenden Unterkapiteln immer wieder Bezug genommen wird. Solche übergreifenden Erkenntnisse können etwa in der Ausarbeitung einer Typologie und damit verbundener Kerndimensionen, anhand derer Typen unterschieden werden, bestehen oder der Erstellung eines psychologischen Zielgruppenprofils. Diese übergreifenden und analytisch begründeten Ergebnisse bieten den Rahmen für die dann intensivere Auseinandersetzung mit thematischen Teilaspekten. Den Abschluss eines guten Berichts sollten immer die Zusammenfassung der dargestellten Ergebnisse und damit verbundene Schlussfolgerungen bzw. Empfehlungen für das weitere Vorgehen bilden.

c) Bezug auf Hintergrundwissen und Informationen vor, neben und nach der Gruppendiskussion

Weder die Gruppendiskussion, noch die Analyse finden im luftleeren Raum statt. Bei der Festlegung eines Studiendesigns, bei der Moderation und auch bei der Auswertung spielt Vorwissen eine Rolle, das in eigenen biographischen Erfahrungen ebenso wie in der Auseinandersetzung mit Fachliteratur begründet sein kann. Im Sinne eines wissenschaftlich fundierten Vorgehens sollte man aber nicht so tun, als dass es keine Vorannahmen gäbe, sondern diese lieber in den Analyseprozess einbeziehen und dies im Bericht in geeigneter Form kenntlich zu machen, z. B. durch Verweise auf Literatur.

Im Rahmen von Auftragsstudien ist es von hoher Bedeutung, Informationen einzubeziehen, welche die Sicht des Kunden beinhalten. Darunter fallen Hintergrund-

informationen (z. B. zur Markenhistorie oder zum strategischen Kontext eines Angebots) ebenso wie spontane Deutungen des Verlaufs von Gruppendiskussionen
durch beobachtende Mitarbeiter des Auftraggebers. Deshalb ist es ratsam, bei Auftragsstudien immer mit mindestens zwei Projektmitgliedern parallel zu planen:
einem Moderator und einem Kollegen, der im Beobachtungsraum zusammen mit
den Kunden sitzt. Neben der Betreuung und damit verbundenen Moderationsanfor-
derungen sollte aufmerksam zugehört werden, wie verschiedene Beobachter die
Gruppendiskussion erleben und interpretieren. Auch die spontane Diskussion von
möglichen Ergebnissen direkt im Anschluss an eine Diskussion sollte nicht in Vergessenheit geraten. Diese Informationen bieten eine Hilfestellung zur notwendigen
Selektion und zum Argumentationsfluss im Bericht, indem etwa deutlich wird, mit
welchem Vorwissen auf Kundenseite zu rechnen ist und in welchem Spannungsfeld
die Ergebnisse bewertet werden.

d) Einbezug von Gruppendynamik und szenischer Informationen

Um Äußerungen, die im Laufe einer Gruppendiskussion fallen, zu verstehen, muss
berücksichtigt werden, in welcher Stimmung sie getätigt wurden und was diesen
Äußerungen voran gegangen ist. Die Teilnehmer an einer Gruppendiskussion sind
keine Maschinen, die auf Knopfdruck zu Informanten werden, d. h. unabhängig von
ihrem Standort das gleiche Ergebnis liefern. Sie sind Menschen und das bedeutet,
dass Äußerungen immer im Kontext zu verstehen sind, welcher beeinflusst, was und
wie es gesagt wird. Unabhängig vom theoretischen Standpunkt muss für eine gute
Analyse immer die Gruppendynamik berücksichtigt werden. Wenn in der Literatur
zuweilen zwischen einer thematischen oder gruppendynamischen Analyse differenziert wird, führt dies in die Irre, weil ein adäquates Verständnis zu einzelnen thematischen Aspekten ohne Einbezug der Gruppendynamik gar nicht möglich ist.

Bei der Analyse sollte deshalb immer nicht nur die Frage im Mittelpunkt stehen,
worüber gesprochen wurde, sondern wie bestimmte Themen erörtert wurden. In diesem Sinne sind szenische Informationen von Bedeutung. Das heißt darauf zu achten,
wie in bestimmten Szenen im Verlauf Sinn konstruiert wird und sich die Teilnehmer
von Thema zu Thema hangeln. Das beinhaltet z. B. die folgenden Fragen: Wie kommt
es zu Sprüngen und Brüchen? Wie kommt es zu Konflikten und wie wird mit diesen
umgegangen? Was sind eher typische, was eher ungewöhnliche Formen des Umgangs
miteinander in der Gruppe?

Zur Art und Weise wie Gruppendynamik zum Bezugspunkt der Analyse und Bestandteil eines Berichts werden sollte, gibt es keine einheitliche Sichtweise, sondern
erhebliche Unterschiede zwischen den verschiedenen Schulen (vgl. Kapitel 8.1). Eine
eingehende Auseinandersetzung damit würde den Rahmen dieses Handbuchs sprengen. Einige zentrale Grundregeln, die schulenübergreifend geteilt werden, lassen sich
aber festhalten:

Bei der Interpretation von Äußerungen sollte immer beachtet werden, in welchem
emotionalen Umfeld sie erfolgt sind. In einer aufgeheizten Atmosphäre kommt es eher

zu Übertreibungen und Polarisierungen als in einer eher ruhigen Stimmung. Wenn in einer Gruppendiskussion das Diskussionsklima schwankt, sollten die Übergänge in den Blick genommen und in Hinblick auf die Bedeutung für die Fragestellung interpretiert werden. Außerdem sollten immer auch die verschiedenen Teilnehmer-Rollen berücksichtigt werden. Auch deshalb ist es wenig zielführend, auszuzählen, wie häufig bestimmte Wörter genannt oder Themen angesprochen werden. Denn nur weil ein eher ausschweifender Vielredner mehr Wörter zu einer Gruppendiskussion beigesteuert hat als sein eher bedächtiger Nachbar, sind seine Beiträge nicht per se bedeutsamer, um im Sinne der Fragestellung relevante Zusammenhänge zu ergründen. Wichtig ist es vielmehr, bei der Analyse zu verstehen, welche Bedeutung das Ergreifen einer Rolle wie z. B. des Vielredners für das Gruppengeschehen hatte und wie die anderen Teilnehmer damit bei unterschiedlichen Teilfragen umgegangen sind. Wenn das Vielreden z. B. bei dem einen Aspekt eher Gleichgültigkeit auslöst, bei einem anderen aber erbitterten Widerstand, stellt das ein Indiz für die relative Bedeutsamkeit des zweiten Aspekts dar.

Nicht das Wirken einzelner Teilnehmer sollte im Zentrum der Analyse stehen, sondern das Geschehen in der Gruppe als Ganzes. Das heißt, über die Art und Weise, wie in der Gruppe miteinander interagiert wird, werden Rückschlüsse bezüglich der Fragestellung gezogen. Dazu gehört auch die Frage, inwiefern die Gruppe eher homogen oder aufgeteilt in mehrere Fraktionen erscheint. Wenn bei einem bestimmten diskutierten Aspekt Aufteilungen in verschiedene Lager zu beobachten sind, ist dies beispielsweise ein Indiz für die polarisierende Wirkung eines Themas, Stimulus oder Konzepts.

e) Stimmiger Theoriebezug

Für einen guten Bericht bedarf es einer klaren Sicht, das heißt eines begründeten Standpunkts, von dem aus die Gruppendiskussionen analysiert werden. Als Analysierender sollte man nicht Bausteine verschiedener theoretischer Ansätze eklektisch vermischen, indem z. B. Vorgehensweisen, die man aus empirisch-statistischen Verfahren gelernt hat, mit eher tiefenpsychologischen Deutungen ineinander verflochten werden, ohne dies zu reflektieren. Ein Beispiel wäre das – fälschlicherweise – als inhaltsanalytisch betitelte Auszählen von Wörtern, um die am häufigsten genannten Begriffe auf ihren unbewussten Bedeutungsgehalt zu beleuchten.

Die Anforderungen, die mit der Vorbereitung, Durchführung und Auswertung von Gruppendiskussionen verbunden sind, dürfen nicht unterschätzt werden. An verschiedenen Stellen haben wir deshalb in diesem Handbuch Hinweise auf weiterführende Literatur zu verschiedenen theoretischen Schulen gegeben. Damit sollen aber keine Barrieren errichtet werden, sich als Einsteiger an die Methode der Gruppendiskussion heran zu wagen. Neben der Auseinandersetzung mit der Theorie der Gruppendiskussion sind Reflexionen der eigenen Praxis von entscheidender Bedeutung. Dies gilt umso mehr, als dass der Forschungsstand insbesondere zur Bedeutung zahlreicher gruppendynamischer Phänomene im Rahmen von Gruppendiskussionen keineswegs als zufriedenstellend zu bezeichnen ist (vgl. Kapitel 7). Die Qualität eines Berichts misst sich daher nicht daran, wie wortreich der theoretische Hintergrund in den Vordergrund gerückt wird, sondern eher an der inneren Stimmigkeit. Wenn etwa im Kontext der Marktforschung die explizite theoretische Einordnung zum Teil eher kurz gehalten wird, heißt das daher keineswegs a priori, dass die Qualität der Auswertung unzureichend ist. Trotzdem sollten in einem guten Bericht theoretisch begründete Perspektiven klar ausgewiesen werden.

f) Nachvollziehbarkeit und Reproduzierbarkeit von Ergebnissen

Im Vergleich zu empirisch-statistischer Forschungen sind Gütekriterien für qualitative Forschung umstrittener. Einigkeit herrscht aber dahingehend, dass die an das naturwissenschaftliche Ideal angelehnten Kriterien der Objektivität, Validität und Reliabilität nicht in gleicher Form auf interpretative Verfahren angewandt werden können (vgl. z.B. Flick 2010). Veranschaulichen lässt sich dies gut am Beispiel der Reliabilität: Die „identische Wiederholung einer Erzählung" im Rahmen einer Befragung ist nach Flick (2010: 397) „eher ein Hinweis auf eine ‚zurechtgelegte' Version als auf die Verlässlichkeit des Erzählten."

Statt sich an naturwissenschaftlich begründeten Idealen zu orientieren, sollte die Diskussion um Qualität qualitativer Daten sich an geisteswissenschaftlich fundierte Richtlinien anlehnen, welche aus der Hermeneutik entlehnt werden. Die Hermeneutik widmet sich als „Kunstlehre des Verstehens" der Interpretation, Deutung und Auslegung von Äußerungen (Sichler 2010: 55). Damit stehen dieselben Schlüsselfragen im Mittelpunkt wie bei qualitativer Forschung, der es um die Erschließung von sprachlich-symbolisch vermittelten Sinnstrukturen geht und die dafür die soziale und kulturelle Kontextgebundenheit von Handeln berücksichtigen muss. Wie die qualitative Forschung setzt die Hermeneutik

> „[…] bei den alltäglichen Verstehensleistungen des Menschen an. Sie entwickelt aus der Basiskompetenz jedes Menschen, Äußerungen und Handlungsvollzüge anderer verstehen zu können, eine Kunstlehre, um auch dort Einsicht zu ermöglichen, wo auf den ersten Blick Unverständnis oder falsches Verstehen herrschen." (Sichler 2010: 50)

Aus der Perspektive der Hermeneutik verschiebt sich die Fragestellung nach Validität und Reliabilität von Forschung hin zu einer reflektierten und artikulierbaren Prozess-Logik. Es geht nicht darum, Ergebnisse zu Tage zu fördern, die in exakt der gleichen Form auch von einem anderen Wissenschaftler so zum Ausdruck gebracht werden würden. Dies ist im Sinne eines hermeneutischen Vorgehens weder das Ziel, noch eine realistische Konzeption von Forschung, die immer vom Vorwissen und vom Erfahrungsstand des Auswertenden beeinflusst wird. Dabei handelt es sich im hermeneutischen Sinn aber nicht um eine Schwäche von Forschung, sondern ganz im Gegenteil um eine Voraussetzung: Denn ohne unsere im Alltag erlernten und geschulten Kompetenzen elementaren Verstehens und ohne Bezug auf unser Vorwissen,

wären wir gar nicht in der Lage zu interpretieren und Sinn zu erschließen. Matthias
Jung (2001: 95) bringt dies folgendermaßen auf den Punkt: „Menschen sind daher
von Geburt an Hermeneutiker, und der Grundmodus ihres In-der-Welt-Seins ist das
Verstehen."

Im Rahmen der qualitativen Forschung stellt sich daher nicht die Frage, *ob* man
hermeneutisch vorgehen sollte, sondern lediglich *wie* dies angemessen umzusetzen
ist. Die Qualität des Auswertungsprozesses hängt von zwei Faktoren ab: Zum einen
von der begründeten Anwendung von Regeln und Techniken, welche genau dokumentiert und anderen Wissenschaftlern, Kollegen und Kunden gegenüber expliziert
werden sollten, um Transparenz zu schaffen, wie man zu den Ergebnissen gekommen
ist. In diesem Sinne Nachvollziehbarkeit zu schaffen, ist ein wichtiges Kriterium für
die Qualität der Auswertung. Zum anderen sind aber auch die Sensibilität eines Forschers, sein Feingefühl und sein empathisches Gespür von entscheidender Bedeutung. Das heißt, dass es wichtig ist, seine eigenen Kompetenzen in der Praxis zu schulen, um sich sozusagen immer besser auf's Verstehen zu verstehen – in Anlehnung an
Martin Heidegger, der Verstehen als eine „praktische Kompetenz, die Fähigkeit des
Menschen zum Ausdruck, eine besondere Art des ‚Sichauskennens' in der Welt zu
entwickeln" konzeptualisiert (Sichler 2010: 56)[32].

Bei der Auswertung von Gruppendiskussionen muss man sich diesem hermeneutischen Grundverständnis gemäß vom Leitbild der einzig richtigen Lösung befreien.
Da wir auch als Auswertende in bestimmten kulturellen, sozialen und zeitgeschicht-
lichen Kontexten leben, ist die Vorstellung von einem objektiv richtigen Ergebnis, das
unabhängig von unserem eigenen Standpunkt zu erkennen wäre, irreführend.

Dieser Befund wäre aber sowohl für Wissenschaftler als auch für Auftraggeber
vollkommen unbefriedigend, wenn damit der Geltungsanspruch von Forschung generell in Frage gestellt wird. Ein Unternehmen, das eine Entscheidung treffen will, ob
es ein Produkt auf den Markt bringen soll oder nicht, erhofft sich von Gruppendiskussionen eine verlässliche Klärungshilfe. Darüber hinaus möchte es möglichst klare
Angaben bekommen, wie das neue Produkt zu positionieren ist, mit welchen Marken-
attributen es versehen werden sollte und wie eine strategische Markenführung aussehen könnte. Dass dies möglich ist, liegt daran, dass man diese generelle Relativität
von Auswertungsergebnissen keinesfalls mit Beliebigkeit und unendlicher Freiheit
bei der Interpretation verwechseln darf. Vielmehr sollte das Ideal der Reproduzierbarkeit zentraler Kernergebnisse nicht aufgegeben werden. Das bedeutet weder, dass
ein anderer Forscher Ergebnisse in gleichen Worten wieder geben müsste, noch dass
bei der Wiederholung einer Gruppendiskussion die gleiche Dynamik oder gar die

---

32 Dies geht einher mit Grundannahmen des Philosophen Hans-Georg Gadamer, demnach es sich
    bei der Interpretation nicht um eine vollständig kontrollierbare Praxis handelt, sondern um einen
    Auseinandersetzungsprozess, der eher einem Dialog gleicht; indem der Befragte Äußerungen zur
    Kenntnis nimmt, diese reflektiert und sich auf der Basis seines sich permanent verändernden Be-
    wusstseins erneut dem Text zuwendet (vgl. Sichler 2010: 57 ff.).

gleichen Wortbeiträge auftreten müssen. Stattdessen geht es darum, dass die am Material herausgearbeiteten Ergebnisse für andere Wissenschaftler nachvollziehbar sind und diese – einer ähnlichen kulturellen Einbindung und einem ähnlichen Expertenniveau vorausgesetzt – auch im Kern zu vergleichbaren Deutungen kommen sollten.

Um diese Interpretation von Nachvollziehbarkeit verständlich zu machen, ist es wichtig, sich zu vergegenwärtigen, welche Dynamik in einer Gruppendiskussion von statten geht. Was im Rahmen der Gesprächsrunde diskutiert wird, ist nicht willkürlich, sondern basiert auf geteilten Erfahrungen in sozialen Räumen. Verstehen im Rahmen einer Gruppendiskussion setzt diese Gemeinsamkeiten voraus – sei es auf der Ebene von Geschlecht, Bildungszugehörigkeit oder Markenpräferenz. Um diese sozialstrukturell vermittelten gemeinsamen Erfahrungen zum Ausdruck zu bringen, ist es nicht notwendig, dass die Teilnehmer an einer Gruppendiskussion sich im Vorfeld kennen, sondern dass sie Verbindungen im Laufe der Diskussion ziehen. Aglaja Przyborski und Julia Riegler (2010: 439) sprechen in diesem Zusammenhang von der Gruppendiskussion als sozialem Ort zur „Artikulation und Repräsentation gemeinsamer Erfahrung", die auf der „Basis existenzieller Gemeinsamkeiten" gegründet ist.

Dies wollen wir an einem imaginären Beispiel veranschaulichen. Nehmen wir an, ein Unternehmen überlegt, eine neue Art von Restaurant zu eröffnen, welche dem immer wichtiger werdenden Bedürfnis nach einer zugleich schnellen als auch hochwertigen und nachhaltig produzierten Kost nachkommt. Mit Hilfe mehrerer Gruppendiskussionen soll eine Bestandsaufnahme gezogen werden, welche verschiedenen Arten von Fast Food Restaurants gegenwärtig aufgesucht werden, worin sich diese unterscheiden und hinsichtlich welcher Aspekte gegebenenfalls Bedarf nach einem neuen Restaurant-Typ besteht. Dafür werden sowohl regelmäßige Besucher von Fast Food Restaurants als auch potenzielle Nutzer befragt. Auf Seiten der Nutzer werden drei Untergruppen nach der Markenpräferenz gebildet und je zwei Gruppendiskussionen pro Subgruppe durchgeführt: mit Anhängern von McDonald's, Subway sowie Nordsee. Gemeinsame Erfahrungen können in den Gruppen auf unterschiedlichen Ebenen den Ausgangspunkt für die Diskussion und damit auch für die Auswertung bieten: So werden die Teilnehmer sich in allen Gruppen als Fast-Food-Restaurant Besucher erkennen und zu ihren diesbezüglichen Erwartungen und Erfahrungen austauschen. Wenn sich in mehreren Gruppen ähnliche Muster bei der Diskussion herausarbeiten lassen, ist davon auszugehen, dass es sich nicht um individuelle oder willkürlich vorgetragene Randaspekte handelt, sondern um Charakteristika, die auch für die große Zahl von Fast-Food Besuchern gelten, welche nicht an den Gruppendiskussionen teilnehmen. Nehmen wir zum Beispiel an, dass in mehreren Gruppen ein Grundkonflikt zu erkennen ist: zwischen dem Wunsch nach gesünderer Nahrung und dem befreienden Erlebnis, auch mal ungestraft ‚sündigen' zu können, ohne strengste Ernährungsnormen berücksichtigen zu müssen. Dies ist ein aussagekräftiges Ergebnis, das in der gemeinsamen Erfahrung von Fastfood-Nutzern unterschiedlicher Markenpräferenz begründet ist, und für den Auftraggeber ein relevantes Spannungsfeld verdeutlicht. Natürlich wäre es grob fahrlässig und nicht angemessen, aufgrund jeweils zweier Teilgruppen quantitativ bewertende Ableitungen zu treffen, etwa in Art von: Nordsee-Nutzer legen doppelt so viel Wert auf nachhaltige Nahrung wie McDonald's Nutzer – um solche Aussagen zu treffen, bedürfte es eines anderen Forschungs-Designs mit einer höheren Fallzahl und einem Ausschluss gruppendynamischer Effekte auf die Antworten.

Gleichwohl würde ein derartiges in verschiedene Subgruppen unterteilendes Design es auch ermöglichen, besondere Erwartungen und Erfahrungen zu identifizieren, die mit der bevorzugten Nutzung einer bestimmten Restaurant-Kette verbunden sind. Dafür ist es aber wichtig, immer mehr als eine Gruppendiskussion pro Untergruppe durchzuführen und verschiedene Personen einzubeziehen, um strukturell begründete Gemeinsamkeiten identifizieren zu können. Um jenseits der Markenpräferenz noch weitere Unterscheidungen, etwa hinsichtlich Geschlecht oder Alter treffen zu können, bedürfte es einer weiteren Feingliederung in Untergruppen.

> Zusammenfassend lässt sich also festhalten, dass es für einen guten Bericht wichtig ist, die einzelnen Auswertungsschritte transparent und nachvollziehbar zu machen, um zu zeigen, wie man bei der Analyse vorgegangen ist.

Reliabilität wird damit im Sinne einer „prozeduralen Konzeption" verstanden (Flick 2010: 398), indem der Analyseprozess so explizit wie möglich dargestellt wird und deutlich zu erkennen ist, an welchen Stellen der Forscher Sachverhalte beschreibt und wo er darauf aufbauende Interpretationen vornimmt.

Es muss außerdem sichergestellt werden, dass sich die getroffenen Ableitungen ausschließlich auf gemeinsame Erfahrungsräume der Befragten beziehen und nicht versucht wird, Unterschiede im Detail zu begründen, für die es keine gemeinsame Basis gibt.

6.3 Auswertung als Prozessgestaltung: Grundprinzipien

Bereits im letzten Abschnitt haben wir betont, dass die Auswertung intersubjektiv nachvollziehbar erfolgen sollte. Es muss deutlich werden, nach welchen Regeln und nach welcher prozessualen Ablauflogik vorgegangen wird, um zu einer Interpretation zu gelangen, die im untersuchten sozialen Kontext und vor dem Hintergrund der eigenen Verortung stimmig ist. Das bedeutet, dass der Analyseprozess systematisch erfolgen sollte und nicht als eine Aneinanderreihung von Bruchstücken unterschiedlichen theoretischen Hintergrunds verstanden werden darf.

Denn die Auswertung von Gruppendiskussionen erfolgt nie theoriefrei. Auch wenn der theoretische Hintergrund, welcher dem eigenen Vorgehen zugrunde liegt, nicht reflektiert oder explizit zum Ausdruck gebracht wird, basieren die durchgeführten Schritte immer auf Vorannahmen, wie am besten vorzugehen ist. Die Gefahr einer derart pragmatischen Vorgehensweise liegt allerdings erstens darin, dass das Potenzial einer theoretisch begründeten Auswertung nicht ausgeschöpft wird und dass zweitens möglicherweise Bausteine aneinander gereiht werden, die nicht zusammen passen. Dadurch kann, um im Bild zu bleiben, das konstruierte Haus des Ergebnisberichts derart fragil werden, dass es bei den ersten Windstößen in sich zusammen bricht. Dies ist der Fall, wenn der Bericht zwar auf oberflächlicher Ebene zunächst alle Fragen beantwortet, bei näherem Hinsehen aber Zusammenhänge nur unzureichend oder gar nicht erklärt (vgl. Dammer/Szymkowiak 2008: 129 ff. für eine gut lesbare Auseinandersetzung und überzeugende Veranschaulichung).

Für die Auswertung von Gruppendiskussionen gibt es im Rahmen verschiedener Schulen detailliert ausgearbeitete Regeln und Richtlinien[33]. Eine ausführliche Auseinandersetzung mit Gemeinsamkeiten und Unterschieden würde den Rahmen dieser Abhandlung bei weitem sprengen[34], obwohl deutlich werden würde, dass es trotz unterschiedlicher Begrifflichkeiten und Anknüpfungspunkte hinsichtlich der Prozesslogik weitreichende Überschneidungen gibt.

Wir werden an dieser Stelle den theoretischen Rahmen beschreiben, welcher für die uns vorgestellten problemzentrierten Gruppendiskussionen angemessen ist. Der Hintergrund wird durch Grundannahmen der Grounded Theory (z. B. Glaser/ Strauss 1967; Strauss/Corbin 1990; Kelle 1996; Strübing 2008; Mey/Mruck 2010b) und des symbolischen Interaktionismus (z. B. Blumer 1969; Abels 2007) gebildet. Andreas Witzel hat bereits die Auswertung des problemzentrierten Interviews in diesen Rahmen eingebettet (Witzel 1996; Kühn/Witzel 2000), wir übertragen seine Grundannahmen nun auf die Auswertung von Gruppendiskussionen und berücksichtigen dabei auch speziell durch die Gruppensituation bedingte Eigenheiten.

Die Theorie des symbolischen Interaktionismus verdeutlicht, dass Verstehen nicht allein durch die Beobachtung von Handlungen möglich ist, sondern der Kenntnis von damit verbundenen Intentionen der Akteure bedarf. Im Rahmen qualitativer

---

33 Dammer/Szymkowiak (2008: 116 ff.) begründen die Auswertung aus morphologischer, Leithäuser/ Volmerg (1988) aus tiefenhermeneutischer Perspektive. Loos/Schäffer (2001: 55 ff.) setzen sich ausführlich mit der Auswertung von Gruppendiskussionen im Sinne der dokumentarischen Methode der rekonstruktiven Sozialforschung auseinander; bei Lamnek (2005: 173 ff.) wird insbesondere der Auswertungsprozess aus inhaltsanalytischer Perspektive beleuchtet.

34 Am Anfang des achten Kapitels werden wir uns noch einmal mit unterschiedlichen theoretisch begründeten Perspektiven auf die Gruppendiskussion beschäftigen und dabei auch zusammenfassend auf die Implikationen für die Auswertung eingehen.

Forschung geht es darum, Begriffsbildungen, Typisierungen und somit spezifische
Formen der Weltdeutung und -wahrnehmung zu erfassen und Aushandlungsprozesse in Interaktionen nachzuzeichnen. Der Grundgedanke einer daran anknüpfenden
gegenstandsbezogenen Theoriebildung geht davon aus, dass zentrale Erkenntnisse in
einem stufenförmig verlaufenden Auswertungsprozess aus den vorliegenden Daten
herausgearbeitet werden, ohne dass es dafür der Anlehnung an Kategorien bedürfte,
die großen Universaltheorien entnommen werden (wie z. B. den Ödipus-Komplex
in der Psychoanalyse). Dadurch soll verhindert werden, dass im Vorfeld entwickelte
Grundannahmen und Schlüsselbegriffe einfach dem Material übergestülpt werden –
und dabei das Erkenntnispotenzial der Diskussionen nicht ausgeschöpft wird[35].

Kennzeichnend für die Analyse im Sinne der Grounded Theory ist eine intensive
Auseinandersetzung mit dem vorliegenden Material, bei der in verschiedenen Phasen
des Analyseprozesses bereits gesichtete Gesprächspassagen immer wieder aufs Neue
unter dem sich mit dem theoretischen Erkenntnisgewinn verändernden Blickwinkel
betrachtet und re-interpretiert werden. Dies dient der Überprüfung von entwickelten
Deutungen auf ihre Standhaftigkeit.

In der folgenden Tabelle 15 haben wir zentrale Grundregeln und Richtlinien zusammengestellt, die bei der Analyse problemzentrierter Gruppendiskussionen zu beachten sind und die wir im Anschluss erläutern werden.

Tabelle 15   Grundregeln und Richtlinien der Analyse

---

  a. *Vergleiche* stellen den Weg zur Erkenntnis dar.
  b. *Memos* weisen den Weg.
  c. Verstehen erfolgt durch ein *induktiv-deduktives Wechselspiel im Sinne einer herme-
      neutischen Spirale.*
  d. Es ist wichtig, zwischen einer eher *deskriptiven* und eher *analytischen Ebene* zu un-
      terscheiden.
  e. Es bedarf immer der *Reflexion des Verhältnisses von Inhalten und Gruppendynamik.*
  f. Der Analyseprozess ist durch *schrittweise Annäherungen und Ordnungsprozesse
      geprägt.*
  g. Sowohl die Suche nach dem *Besonderen* und nach dem *Gewöhnlichen* sind wichtig.
  h. *Sättigung* ist das Signal für ein gutes Ende.

---

35   Mey/Mruck (2010: 614) bringen die Entstehungsgeschichte anschaulich auf den Punkt: „Mit dem
     programmatischen Titel ‚The Discovery of Grounded Theory' wandten sich Glaser und Strauss glei-
     chermaßen gegen die Dominanz von Universaltheorien (grand theories) und die mit ihnen ein-
     hergehende Entfremdung zwischen Theorie und empirischer Sozialforschung wie gegen das
     hypothetico-deduktive Modell und die in ihrer Perspektive aus ihm folgende Aufteilung der For-
     schungswelt in einige wenige ‚theoretische Kapitalisten' und ein ‚Heer proletarischer Theorietester'."

a) Vergleiche stellen den Weg zur Erkenntnis dar.

Vergleiche bilden das Herzstück der Analyse und finden in allen Phasen statt. Dabei werden verschiedene Ebenen einbezogen. Vergleiche lassen sich etwa zwischen verschiedenen Gruppen ziehen aber auch innerhalb einer Gruppe, wie sich zu verschiedenen Zeitpunkten einem Thema auf unterschiedliche Art und Weise angenähert wird.

Die Wichtigkeit von Vergleichen ist darin begründet, dass über sie zentrale Dimensionen und Begriffe entwickelt werden können, mit deren Hilfe sich ein Thema erschließen lässt. In einem vorangegangen Beispiel etwa haben wir zentrale Anknüpfungspunkte heraus gearbeitet, indem wir unterschiedliche Verwendungsweisen des Begriffes ‚Genussmensch‘ im Verlauf der Gruppendiskussion verglichen haben. Durch den Vergleich haben wir festgestellt, dass Stil, Weltoffenheit und der Grad der Bewusstheit des Erlebens wichtige Dimensionen sind, anhand derer sich der Genussmensch von anderen Typen abgrenzen lässt. Gleichzeitig haben wir analysiert, dass auch Disziplin und Selbstbild zu berücksichtigen sind. Verschiedene Ausprägungen dieser Dimensionen müssen gleichzeitig gegeben sein, damit in spezifischen Kontexten vom Genussmenschen gesprochen werden kann – Kontexte die sich im Vergleich zu anderen, in denen das Wort unpassend wäre, bestimmen lassen.

Das Beispiel verdeutlicht, dass Vergleiche sowohl wichtig sind, um zentrale Begriffe zu bestimmen und um diese Begriffe zu einem späteren Zeitpunkt miteinander ins Verhältnis zu setzen. Darin liegt eine Grundannahme der Grounded Theory im Sinne einer „constant comparison method" (Mey/Mruck 2010b: 616). Durch permanentes Vergleichen lernen wir ein Untersuchungsfeld zunehmen besser kennen.

b) Memos weisen den Weg.

Das zentrale Instrument, um durch kontinuierliche Vergleiche zur Erkenntnis zu gelangen, stellt das Verfassen von sogenannten Memos während des Analyseprozesses dar. Dabei handelt es sich um Notizen, auf denen mögliche Deutungen, Ideen und Fragen sowie Verweise auf als wichtig erlebte Passagen festgehalten werden. Es ist wichtig, dafür ein eigenes System zu entwickeln.

Das kontinuierliche Schreiben von Memos wird im Sinne der Grounded Theory als „Mittel der Theoriegenese" (Strübing 2008: 34) verstanden:

> „Ähnlich dem von Kleistschen Diktum von der ‚allmählichen Verfertigung der Gedanken beim Reden‘ (Kleist 1964) zielt auch der Vorschlag, die analytische Arbeit durch einen fortgesetzten Schreibprozess zu unterstützen, auf die Schaffung von Bedingungen, die der Kreativität bei der Theoriegenese förderlich sind: Schreiben also als ‚Denkzeug‘. Mehr aber noch geht es um Aspekte wie fortgesetzte Ergebnissicherung, Entlastung von ‚Nebengedanken‘, Erleichterung von Teamarbeit, Theorie als Prozess und Unterstützung von Entscheidungsprozessen in der Theorieentwicklung." (Strübing 2008: 34)

Eine Möglichkeit besteht darin, das Abfassen von Memos computerunterstützt durchzuführen. Neben dem Verfassen theoretischer Memos ist es empfehlenswert, in

Form von einfachen Textverarbeitungsdateien zentrale Äußerungen zu einem thematischen Aspekt zu bündeln und dadurch Vergleichbarkeit zu erleichtern.

Wenn also in einer Gruppe beispielsweise über die Bedeutung von Genuss diskutiert wird, wäre es sinnvoll, in einer Datei verschiedene Passagen zu bündeln, welchen den Bezug auf das Thema in unterschiedlichen Phasen des Diskussionsprozesses verdeutlichen. Um den Kontextbezug jederzeit wieder zu ermöglichen, sollte auf jeden Fall auch festgehalten werden, an welcher Stelle der Diskussion die jeweilige Passage zu finden ist. Durch die Bündelung wird es möglich, auf einen Blick verschiedene Bezugspunkte im Zusammenhang mit Genuss zu unterscheiden. Um das Verhältnis der einzelnen Aspekte zueinander zu verstehen, bedarf es weiterführender Analysen.

Bei größeren Studien, bei der durch die Transkription von Gruppendiskussionen viel Textmaterial entsteht, ist es außerdem empfehlenswert, mit speziellen Programmen zu arbeiten, welche den Vergleich und die Ordnung von Textstellen erleichtern (vgl. Kühn/Witzel 2000). Dies bietet aber stets lediglich eine Erleichterung und ist keine Voraussetzung für die Durchführung einer begründeten Analyse.

c) Verstehen erfolgt durch ein induktiv-deduktives Wechselspiel im Sinne einer hermeneutischen Spirale.

Problemzentrierte Interviews und Gruppendiskussionen sind durch ein Wechselspiel von induktiven und deduktiven Prozessen geprägt. Bei der Auseinandersetzung mit der Leitfadengestaltung und Moderation haben wir schon darauf hingewiesen. Auch bei der Auswertung geht es im Sinne eines doppelten Blickes darum, Offenheit mit dem eigenen Vorwissen zu verbinden.

Von einem induktiven Schluss spricht man, wenn man vom Einzelnen aufs Ganze schließt. Dieser Prozess ist für qualitative Forschung sehr wichtig, da man über die Analyse dichter Beschreibungen von Alltagserfahrungen zunächst verborgene Zusammenhänge aufdecken kann. Durch Induktion lernt man Neues kennen und wird in die Lage versetzt, sein Vorwissen zu erweitern. Es darf aber nicht ausschließlich bei induktiven Schlüssen bleiben, da sonst die Gefahr groß wäre, unbegründete Fehlannahmen und unzutreffende Generalisierungen auf der Basis von Einzelfällen zu treffen. Deshalb sind auch deduktive Schlüsse bei der Auswertung wichtig, in deren Rahmen man eigene Deutungen am Material der Gruppendiskussionen prüft, im Sinne von: Wenn die Annahme X zutrifft, müsste das Phänomen Y im Verlauf der Gruppendiskussion zu beobachten sein[36].

Dieses deduktiv-induktive Wechselspiel ist charakteristisch für den sogenannten hermeneutischen Zirkel, der auf der Grundannahme beruht, dass das Einzelne nur aus dem Ganzen, und das Ganze nur aus dem Einzelnen verstanden werden kann.

---

36 Ein derartig induktiv-deduktives Wechselspiel gilt auch aus einer morphologischen Auswertungsperspektive als entscheidend: „Das beherrschende Prinzip der Auswertung ist dementsprechend der beständige Austausch zwischen Material und Erklärung" (Dammer/Szymkowiak 2008: 137).

In diesem Kreislauf spielt das sich im Laufe der Analyse immer weiter entwickelnde Vorverständnis als Grundlage für den Prozess des Verstehens eine entscheidende Rolle, worauf insbesondere der Philosoph Hans-Georg Gadamer hingewiesen hat (Sichler 2010: 58). Ralph Sichler verdeutlicht, dass die Zirkelmetapher den Auswertungsvorgang nicht angemessen beschreibt. Weil der Prozess des hermeneutischen Verstehens zu einer Erweiterung des Vorverständnisses führe, schlägt er in Anlehnung an Friedrich Schleiermacher stattdessen den Begriff der hermeneutischen Spirale vor (ebd.: 58).

Dass der spiralförmige Weg zur Erkenntnis keineswegs gleichförmig und kontinuierlich verlaufen muss, verdeutlichen Dammer/Szymkowiak:

„Im Laufe dieses Prozesses werden Hypothesen überprüft, modifiziert, verworfen, neu entworfen, Phänomene verstanden, wieder rätselhaft, neu verstanden. Eine derartige Beweglichkeit lässt die Forscher aller Erfahrung nach schwanken zwischen einem Schwelgen in den vielfältigen Überraschungen, die das untersuchte Wirkungsfeld preisgibt, und der Verunsicherung, wo in all dieser Buntheit denn nun die Festigkeiten stecken, auf die man schließlich ein sicheres Ergebnis gründen kann." (Dammer/Szymkowiak 2008: 138)

d) Es ist wichtig, zwischen einer eher deskriptiven und eher analytischen Ebene zu unterscheiden.

Unentbehrlich ist es bei der Analyse, verschiedene Ebenen zu unterscheiden. Dafür wollen wir zunächst ein imaginäres Beispiel geben. Nehmen wir an, dass im Rahmen einer Gruppendiskussion die Bedeutung von Nationalität und das Erleben derselben während sportlicher Großveranstaltungen im Fokus der Aufmerksamkeit steht. Die Teilnehmer an der Diskussion haben alle die deutsche Staatsangehörigkeit. Im ersten Teil der Diskussion geht es um die Bedeutung des Deutsch-Seins im Alltag. Schnell herrscht unter den Teilnehmern Konsens, dass es eigentlich ganz irrelevant sei, welcher Nationalität man angehöre. Am ehesten verstehe man sich sowieso als Europäer. Im zweiten Teil werden dann sportliche Großveranstaltungen diskutiert. Erfahrungen werden ausgetauscht, wie man etwa den Sieg der deutschen Mannschaft im Viertelfinale der WM 2010 gegen Argentinien erlebt und gefeiert hat.

Würde man in einem Bericht die Selbsteinschätzung der Befragten einfach übernehmen und die Schlussfolgerung ziehen, dass in der modernen Welt Nationalität keine Bedeutung für das Handeln im Alltag habe, beginge man einen schwerwiegenden Fehler – und zwar sowohl auf deskriptiver als auch auf analytischer Ebene.

Ein Ergebnisbericht muss zunächst einmal eine Zusammenfassung bieten, was in den Gruppendiskussionen stattgefunden hat. Das Selbstverständnis der Gruppe bzw. relevanter Untergruppen muss deutlich werden – aber auch deutlich als ein solches gekennzeichnet werden! Wenn in einem Bericht nur stünde, dass Nationalität keine Bedeutung besitze, hätte der Leser keinerlei Möglichkeit nachzuvollziehen, wie es zu einer derartigen Deutung gekommen ist. Deshalb ist es wichtig, klar zwischen zusammenfassenden Paraphrasen des Selbstverständnisses und Verlaufs auf der deskriptiven und darauf aufbauenden reflektierenden Schlüssen des Forschers auf der analytischen Ebene zu trennen.

Aber auch auf der analytischen Ebene würde es sich bei der konstatierten Bedeutungslosigkeit von Nationalität um einen Trugschluss handeln. Denn auf der analytischen Ebene muss stets der gesamte Verlauf einer Gruppendiskussion berücksichtigt werden. Aspekte, die nicht ins Bild passen, dürfen nicht einfach ausgeklammert oder ignoriert werden. Im Beispiel steht die klare Fokussierung auf eine nationale Perspektive während sportlicher Großveranstaltungen ebenso im Widerspruch zu der angenommenen Bedeutungslosigkeit wie die starken Emotionen, die etwa während des Siegs über Argentinien verspürt wurden. Ein derartiger Widerspruch darf nicht unsichtbar gemacht werden, sondern muss angesprochen werden – unabhängig davon, wie er interpretiert wird. Das bedeutet, dass auf deskriptiver Ebene zunächst einmal widersprüchliche Aussagen identifiziert und ihr Auftreten im Verlauf zusammengefasst werden. Auf analytischer Ebene werden dann in Abhängigkeit der jeweiligen Fragestellung und gegenstandsbezogenen Theorie Schlussfolgerungen gezogen[37].

Besonders aufmerksam sollte der Einsteiger Formulierungen bei Ergebnisberichten kontrollieren. Ein typischer Anfängerfehler besteht darin, sich bei Deutungen hinter Empfindungen und dehnbaren Kaugummi-Formulierungen zu verstecken, wie z. B. hinter Sätzen wie: „Es hat den Anschein, als ob …" oder „Unserer Empfindung nach argumentiert die Gruppe so, weil …." Ganz wichtig ist uns deshalb zu betonen, dass es einen gewichtigen Unterschied zwischen am Material belegten Interpretationen und Empfindungen gibt. Im Falle alternativer Deutungsmöglichkeiten sollten diese explizit benannt und nach Möglichkeit auf Stimmigkeit innerhalb der Gruppendiskussionen geprüft werden – aber auf jeden Fall explizit und nicht implizit (z. B. „vielleicht, wahrscheinlich, wir glauben") thematisiert werden.

Eigene Empfindungen, Gefühle sowie intuitiv gegebene Einsichten sollten ernst genommen werden, um im Material nach relevanten Stellen zu suchen. Sie stellen aber stets den Ausgangspunkt und nie den Endpunkt einer guten Analyse dar! Andernfalls steht die Qualität der gesamten Auswertung in Frage.

Ein zweiter schwerwiegender Fehler, den wir in der Praxis beobachten können, besteht darin, sich auf der analytischen Ebene zu wenig von der Wortwahl der Befragten zu lösen. Deshalb möchten wir noch einmal klar zum Ausdruck bringen, dass es bezüglich der Auseinandersetzung mit Umgangssprache gänzlich unterschiedliche Anforderungen an die Erhebungs- und Auswertungssituation gibt. Bei der Modera-

---

37 Eine derartige Trennung zweier Ebenen findet sich auch im Kontext anderer theoretischer Einbettungen der Gruppendiskussion. So unterscheiden Loos/Schäffer (2001) zwischen formulierender und reflektierender Interpretation, bei tiefenhermeneutischen und morphologischen Ansätzen ist die manifeste von der latenten bzw. szenischen Ebene zu trennen (vgl. Leithäuser/Volmerg 1988; Dammer/Szymkowiak 2008). Mit der Trennung verschiedener Ebenen wird in der Regel das Bemühen um Tiefe bei der Analyse verbunden (vgl. auch Kapitel 8.1).

tion geht es darum, analytisch aufgeladene Begriffe zu vermeiden, sich möglichst eng an die die Wortwahl der Teilnehmer anzulehnen und die Bedeutung der verwendeten Begriffe im Kontext des Alltags zu verstehen. Ein offenes Verständnis von Ausdrücken wie Planung oder Commitment sind hier die Voraussetzung für eine gelungene Diskussion. Umgekehrt verhält es sich bei der Auswertung: Begriffe, die der Wissenschaftler oder Praktiker auf der analytischen Ebene verwendet, sollten so eindeutig wie möglich definiert werden. Dafür ist es wichtig, sich von der Umgangssprache zu lösen und diese in Ausdrücke und Dimensionen zu übersetzen, welche vor dem Hintergrund des eigenen Vorwissens begründet erscheinen. Auf analytischer Ebene sind deshalb Aussagen wie „sie hat während der Spiele eifrig mitgefiebert" unbedingt zu vermeiden, weil es sich beim ‚Mitfiebern' nicht um eine klar bestimmte analytisch begründete Dimension handelt. Vielmehr ginge es darum, auf analytischer Ebene zu untersuchen, was dieses Mitfiebern im Sinne der Fragestellung bedeutet.

e) Es bedarf immer der Reflexion des Verhältnisses von Inhalten und Gruppendynamik.

Besondere Anforderungen an die Auswertung von Gruppendiskussionen ergeben sich aus der Dynamik, die in sozialen Gruppen entsteht (vgl. Kapitel 7). Kommen wir noch einmal auf die Äußerung „Nationalität spielt im Alltag eigentlich keine Rolle" zu sprechen. Um ihre Bedeutung zu analysieren, muss der Kontext, in dem sie gefallen ist, sorgfältig untersucht werden. Wenn sie z. B. am Anfang einer Diskussion vorgetragen wird, kann mit ihr der Sinn verbunden sein, den anderen Teilnehmern zu signalisieren, dass man sich von nationalistischen, rechtsradikalen Strömungen distanziert. Es ist keineswegs ausgeschlossen, dass derselbe Teilnehmer ein paar Minuten später angeben wird, während sportlicher Großereignisse eine Deutschlandfahne an seinem Auto zu befestigen. Am Ende der Gesprächsrunde, nach der Diskussion der eigenen Beteiligung an Public Viewing Events während der Fußball WM, müsste die Aussage gänzlich anders interpretiert werden – z. B. als bewusste Grenzziehung zwischen außergewöhnlichen temporär begrenzten Ereignissen und der zeitlich unbestimmten Normalität des tagtäglichen Alltags. Das Beispiel verdeutlicht die Wichtigkeit, Äußerungen immer im Kontext zu verstehen und zu deuten.

Das bedeutet gleichzeitig, sich nicht nur auf den Inhalt von Äußerungen zu konzentrieren, sondern auch die Atmosphäre, Interaktion und Körpersprache während der Gruppendiskussion zu beachten. In einer Runde, in der Stolz auf die eigene Nation von mehreren Teilnehmern zum Tabu erhoben wird, ist eine Äußerung, dass Nationalität keine Rolle im Alltag spiele, anders zu bewerten als in einer Diskussionsrunde, in welcher einige Teilnehmer die Vaterlandsliebe' zur obersten Bürgerpflicht deklarieren.

Nicht immer stimmen inhaltliche Aussagen und die sogenannten szenischen Informationen, die wir aus dem Miteinander der Teilnehmer erhalten, überein. Dammer/Szymkowiak veranschaulichen dies plastisch an einer Gruppendiskussion, in der es um den Bierkonsum geht:

„Eine Biertrinkergruppe etwa, die sich darauf einigt, dass man auch und gerade beim Biertrinken eigentlich immer den konventionellen Abstand wahrt, während zwei Drittel der
Teilnehmer gleichzeitig die Krawatte lockern, die Ärmel hochkrempeln oder sich gemütlich auf ihren Stuhl absenken, lässt erkennen, dass beim Biertrinken etwas ganz Anderes
am Werke ist als der artikulierte Konsens über die Formwahrung" (Dammer/Szymkowiak
2008: 123).

Derartige Widersprüche und Ungereimtheiten zwischen verbalen und szenischen
Äußerungen sind für die Analyse bedeutsam, da sie den Zugang zu einem bestehenden Spannungsfeld eröffnen können. Es ist deshalb wichtig, sensibel dafür zu sein,
nach möglichen Ursachen zu suchen und nicht die Augen davor zu verschließen

Eine besondere Herausforderung für die Analyse von Gruppendiskussionen ergibt
sich daraus, dass Gruppen im Mittelpunkt der Forschung stehen, Diskussionsbeiträge aber immer von einzelnen Individuen stammen. Sowohl die eigene biographisch
geprägte Identität als auch die Einbindung in die Gruppensituation bilden den Hintergrund für die Äußerungen der Teilnehmer. Bei der Analyse muss dem Rechnung
getragen werden, indem nicht in naivem Sinne entweder jede Äußerung ohne weiteres Hinterfragen als Ausdruck einer ‚Gruppenmeinung' betrachtet oder umgekehrt
jeder Beitrag als individuelle Ansicht ausgelegt wird, ohne dies auf die Dynamik der
Gruppe zu beziehen.

Führen wir uns zur Veranschaulichung noch einmal das Beispiel aus Kapitel 2.4.3
vor Augen, in dem wir Person A und Person B miteinander diskutieren lassen haben.
Gehen wir einmal davon aus, dass beide 40 Jahre alt sind, ein vergleichbares Einkommen haben und beide einen Audi A3 fahren. Deshalb befinden sie sich in einer
Gruppendiskussion, zu der nur männliche Audi A3 Fahrer im Alter zwischen 35 und
45 Jahren eingeladen wurden. Trotz dieser homogenen Zusammensetzung der Gruppe wäre es unangemessen, bei allen Beiträgen, die während der Gruppendiskussion
erfolgen, per se davon auszugehen, dass diese quasi automatisch aus der Perspektive
des Audi-Fahrers erfolgen. Denn A und B könnten sich, wie wir bereits gesehen haben, auch Wortgefechte aus der Position Christ vs. Atheist, Familienvater vs. Homo-
sexueller oder Christdemokrat vs. Liberaler liefern.

Das Beispiel verdeutlicht, dass wir uns je nach Kontext als Mitglied anderer Gruppen verstehen und dementsprechend auftreten. Diese Kontextualität des Handelns
sollte bei der Auswertung von Gruppendiskussionen immer im Bewusstsein der Projektleiter sein. In der Konsequenz ist es unentbehrlich zu untersuchen, wie Gemeinsamkeiten in der Gruppe konstruiert werden und auf welchem Grundverständnis der
Zugehörigkeit diese begründet werden. Loos/Schäffer (2001: 64) sprechen in diesem
Zusammenhang zu Recht von der Notwendigkeit einer „Rekonstruktion der Diskursorganisation, also die Art und Weise, wie Sprecher aufeinander Bezug nehmen."

In diesem Sinne ist es eine Anforderung an die Analyse herauszufinden, ob und
inwieweit es im Rahmen der Gruppendiskussion zur Identifizierung mit einer Wir-

Gruppenperspektive kommt und ob diese Perspektive auf geteilten Erfahrungen im Alltag beruht – eben z. B. mit der Nutzung des Audi A3 oder eines relativ leistungsfähigen Fahrzeugs.

Im Falle einer derartigen, zum Teil implizit deutlich werdenden Identifizierung mit einer Gruppe sollte die Analyse darauf gerichtet sein, wie die Gruppe sich „metaphorisch gewissermaßen selbst auf den Begriff bringt" (Loos/Schäffer 2001: 67)[38]. Das heißt, den Fokus auf Kollektivität zu richten und Äußerungen Einzelner im Sinne einer Gruppenmeinung zu deuten, wie es bereits von Werner Mangold auf den Punkt gebracht wurde:

> „Die Sprecher bestätigen, ergänzen, berichtigen einander, ihre Äußerungen bauen aufeinander auf; man kann manchmal meinen, es spreche einer, so sehr paßt ein Diskussionsbeitrag zum anderen. Eine Zerlegung dieses kollektiven Prozesses der Meinungsäußerung in die Ansichten der einzelnen Sprecher ist vielfach unmöglich. Die Gruppenmeinung ist keine ‚Summe‘ von Einzelmeinungen, sondern das Produkt kollektiver Interaktionen. Die einzelnen Sprecher haben zwar in verschiedenem Umfang Anteil, jedoch sind alle aneinander orientiert." (Mangold 1960: 49)

Die Teilnehmer müssen in diesem Sinne nicht immer ein homogenes, in sich geschlossenes Bild zeichnen. Es ist zu beachten, dass ein Konflikt zwischen Teilnehmern im Kontext einer Gruppendiskussion nicht bedeuten muss, dass diese gänzlich aneinander vorbei reden oder aus grundsätzlich verschiedenen Gruppen kommen. Vielmehr kann eine Auseinandersetzung auch eine typische Spannung innerhalb einer sozialen Gruppe zum Ausdruck bringen. Deshalb ist es wichtig, jenseits bestehender Meinungsverschiedenheiten darauf zu achten, auf welche Dimensionen sich Teilnehmer einer Gruppendiskussion beziehen – denn hier lässt sich möglicherweise trotz vordergründiger Streitigkeiten ein einheitlicher Bezugsrahmen erkennen, dessen Spannweite sich gerade im gegenseitigen Argumentationsprozess erschließen lässt.

Konflikte, Missverständnisse sowie Brüche im Interaktionsverlauf können aber auch damit in Verbindung stehen, dass im jeweiligen Kontext Teilnehmer auf Basis abweichender Gruppenzugehörigkeiten argumentieren. Nicht immer konstituiert sich im Verlauf einer Gruppendiskussion eine einheitliche Gruppe, stattdessen kann es auch dazu kommen, dass sich über bestimmte Zeitspannen der Diskussion mehrere Teilgruppen bilden.

---

38 Loos/Schäffer (2001: 63) knüpfen daran die Begründung der dokumentarischen Methode im Rahmen rekonstruktiver Sozialforschung: „Es geht also letztendlich nicht darum, wie die einzelnen Gruppen inhaltlich ein bestimmtes Thema bewerten, ob sie ihm bspw. positiv oder negativ gegenüberstehen, sondern wie sie es behandeln […] Dokumentarisch ist diese Form der Interpretation, weil ich die Frage nach dem Wie einer Äußerung nicht nur auf diese eine Äußerung beziehe, sondern als Dokument für ein Grundmuster ansehe, das in ähnlicher Form auch andere Äußerungen präformiert."

Trotz des Blickpunkts auf Gruppenmeinungen grenzen wir uns von einer Deutungsweise ab, welche jegliche Äußerungen im Rahmen einer Gruppendiskussion auf die
Mitgliedschaft in einer spezifischen sozialen Gruppe wie z. B. der Zugehörigkeit zu
einem bestimmten Milieu zurückführt. Zwar ist einerseits davon auszugehen, dass
sich je nach spezifischen Normen und typischen Formen des Miteinanders einer bestimmten sozialen Gruppe auch bestimmte Rollenkonstellationen ergeben. Es dürfte
auf den ersten Blick einleuchtend erscheinen, dass eine Diskussion unter Offiziers-
anwärtern etwa andere atmosphärische Eigenheiten aufweisen wird als eine Gesprächsrunde mit Angehörigen einer Hippie-Kommune. Insofern ist es auch gerechtfertigt, die szenischen Informationen, die mit der Verteilung von Rollen wie
Schweigern, Vielrednern etc. verbunden sind, für die Analyse bestimmter Gruppen-
settings zu nutzen. Andrerseits wäre es unseres Erachtens weltfremd, individuell biographische Eigenheiten gänzlich bei der Analyse außen vor zu lassen. Denn durch
unsere persönliche Lebensgeschichte werden wir zu einzigartigen Personen, auch
wenn wir nicht losgelöst von den uns umgebenden sozialen Kontexten zu verstehen sind. Wir sind keine fremdbestimmten Roboter, aber auch keine selbstbestimm-
ten Individuen, die losgelöst von Gesellschaft, Gemeinschaft oder Gruppen agieren.
Für Gruppendiskussionen bedeutet das: Wir verlieren als Mitglied einer Gruppe
nicht unsere individuelle Identität! Wie wir zu bestimmten Fragestellungen Stellung
nehmen und wie wir argumentieren, steht immer im Zusammenhang mit unserer
persönlichen Biographie, damit verbundenen (Schlüssel-)Erlebnissen und daraus
gewachsenen Werthaltungen. Das sollte bei der Beurteilung von bestimmten Rollenkonstellationen und Interaktionen, etwa zwischen Vielrednern und Schweigern nicht
in Vergessenheit geraten.

f) Der Analyseprozess ist durch schrittweise Annäherungen und Ordnungs- prozesse geprägt.

Wie wir bereits in den vorangegangenen Kapiteln verdeutlicht haben, beginnt die Auswertung nicht erst mit dem Ende der Gruppendiskussionen. Bereits im Vorfeld werden durch die Formulierung des Leitfadens wichtige Anknüpfungspunkte geschaffen und während der Gruppendiskussion bietet sich dem Moderator die Möglichkeit,
sein sich entwickelndes Verständnis zumindest ausschnittsweise den diskutierenden Teilnehmern widerzuspiegeln. Diese Prozesse sollten nach der Durchführung
von Gruppendiskussionen ebenso rekonstruiert und im Verlauf beachtet werden wie
möglicherweise parallel zu den Gruppendiskussionen ablaufende Ad-Hoc-Deutun-
gen im Beobachtungsraum durch Kollegen und Auftraggeber.

    Nach dem Ende einer oder mehrerer Gruppendiskussionen müssen zentrale The-
men und Dimensionen erarbeitet werden – und sind nicht einfach dem Leitfaden zu
entnehmen. Dieser bietet zwar wichtige Anhaltspunkte, ersetzt aber nicht die Auseinandersetzung mit der Eigendynamik von Gruppendiskussionen und den in diesem Zuge entstanden thematischen Verknüpfungen. Die Herausarbeitung dieser
zentralen Themen erfolgt über Vergleiche zwischen Gruppen und Äußerungen in-

nerhalb einer Gruppendiskussion. Leitend ist immer die Frage, welche Ähnlichkeiten und Unterschiede beobachtet werden konnten. Wenn es etwa um das Selbstverständnis eigener Nationalität ginge, müssten im ersten Schritt alle Passagen gebündelt und verglichen werden, in denen Nationalität explizit oder implizit thematisiert wird. Als erstes Ergebnis erhielten wir beispielsweise ein buntes Durcheinander von Sätzen, wie z. B. „von den Südländern können wir uns in Bezug auf das Temperament noch eine Scheibe abschneiden", „in Deutschland leben wir sicherer als in anderen Ländern", „wenn ich im Ausland bin, vermisse ich immer mein Kürbiskernbrötchen", „wir haben aufgrund unserer Geschichte eine ganz besondere Verantwortung", „wenn ich im Ausland bin, werde ich immer auf BMW und Porsche angesprochen, obwohl ich mich gar nicht für Autos interessiere", „und dann sagt der Heini doch: Ich stehe auf deutsche Girls und toucht mich einfach an" und „ich bemühe mich um ein Verständnis meiner Herkunft, indem ich vor allem deutsche Klassiker wie Goethe und Schiller lese".

Im nächsten Schritt ginge es nun darum, Ordnung in dieses Durcheinander zu bringen. Dafür böten sich je nach Fragestellung etwa Dimensionen wie Klischees vs. Erfahrungen, Selbstidentifizierung vs. Fremddidentifizierung, Identifikation mit vs. Abgrenzung von der eigenen Nationalität etc. an. Je mehr Äußerungen zusammengetragen werden und je differenzierter die Kontexte der Äußerungen einbezogen werden, desto mehr ergeben sich Ansatzpunkte für Vergleiche, im Rahmen derer sich die eigene Sicht auf das Material ändert, neue Dimensionen gebildet werden und mit derer Hilfe das theoretische Verständnis wächst. Im Sinne der Grounded Theory spricht man von offenen, axialen und selektiven Kodierprozessen, mit deren Hilfe Daten analytisch aufgebrochen und im Sinne der Theoriebildung geordnet werden (Strauss 1991: 59).

Durch schrittweise Annäherungs- und Orientierungsprozesse, mit der die permanente Überprüfung entwickelter Annahmen am Material verbunden ist, wird verhindert, dass man sich zu schnell auf eine Deutung festlegt, ohne alternative Ansätze einzubeziehen. Gerade die vergangenen Abschnitte von uns positiv heraus gestellten Aha-Erlebnisse erscheinen aus dieser Perspektive als gefährlich, weil es sich um isolierte Eindrücke handeln kann, die unzulässiger Weise generalisiert werden. Ähnlich wie intuitive Eingebungen sollten derartige Aha-Erlebnisse deshalb immer als ein Bestandteil eines Verständnisprozesses, nicht aber als dessen Ende angesehen werden.

Die Analyse sollte idealerweise diskursiv im Forschungsteam erfolgen, sodass die Sichtweisen der verschiedenen Auswerter diskutiert werden können, um zum einen bislang nicht explizierte theoretische Vorannahmen zugänglich zu machen und zum anderen eine möglichst umfassende Spannbreite möglicher Lesarten zu erfassen. Der Moderator sollte immer eine Schlüsselrolle im Auswertungsprozess übernehmen, weil er durch die Teilnahme am Diskussionsgeschehen am sensibelsten für atmosphärische Feinheiten ist, die bei der Auswertung berücksichtigt werden sollten. Auch mit der Beobachterperspektive sind jedoch Vorteile verbunden, die darin liegen, dass man während der Gruppendiskussion eine analytische Distanz aufrecht erhalten kann, ohne auf den positiven Kontakt (Rapport) mit den Teilnehmern achten zu müssen. Sollte aus Kapazitäts- oder Budgetgründen Projektleiter und Moderator identisch sein, sollte bei der Auswertung auf jeden Fall darauf geachtet werden, dass zumindest temporär ein Kollege zur Verfügung steht, mit dem über eigene Deutungen und daraus zu ziehende Schlüsse diskutiert werden kann.

g) Sowohl die Suche nach dem Besonderen und nach dem Gewöhnlichen sind wichtig.

Ein Grundprinzip der Grounded Theory besteht in der maximalen und minimalen Kontrastierung im Rahmen von Vergleichen (vgl. z. B. Kelle/Kluge 2010). Um Schlüsseldimensionen zu identifizieren, wird also zum einen nach Fällen gesucht, die hinsichtlich der untersuchten Fragestellung dem vorliegenden besonders ähnlich und besonders entfernt scheinen. Auch bei der Auswertung der Gruppendiskussion sollte man sich an diesem Grundprinzip orientieren. In diesem Sinne ist es wichtig, noch einmal zu betonen, dass es nicht in der Logik quantitativer Zusammenfassungen um Bestimmung von Durchschnittswerten, sondern um die Identifizierung von Eigenheiten und Zusammenhängen geht. Diesem Verständnis gemäß ist das scheinbar Normale ebenso erklärungsbedürftig wie das auf den ersten Blick Ausgefallene.

Äußerungen im Bericht wie „wir halten diesen Fall für durchschnittlich" sind dagegen genauso wenig zielführend wie Begutachtungen von einzelnen Beiträgen bezüglich imaginierter Normwerte. Es geht nicht darum zu bewerten, inwiefern sich Teilnehmer einer Diskussion über- oder unterdurchschnittlich aktiv oder passiv verhalten haben oder ob sie über- oder unterdurchschnittlich selbstreflexiv waren. Denn Gruppendiskussionen sollen nicht dazu verhelfen, Gruppen in eine Rangfolge zu bringen oder gar Persönlichkeitsstrukturen der Teilnehmer zu beschreiben. Vielmehr geht es darum, durch Gruppendiskussionen gesellschaftliche Probleme und Zusammenhänge besser zu verstehen.

h) Sättigung ist das Signal für ein gutes Ende.

Die Auswertung im Rahmen qualitativer Forschung ist nicht mit der Lösung einer Mathematikaufgabe vergleichbar, bei der man sich über die Durchführung der Probe von der Richtigkeit des Ergebnisses versichern kann. Wie wir in den vergangenen Abschnitten erläutert haben, sind Analysen notwendigerweise bedeutungsoffener und durch die eigene Subjektivität beeinflusst. Gleichzeitig bedarf es gerade aufgrund dieser Ausgangssituation klarer Regeln und Richtlinien, mit der die Nachvollziehbarkeit durchgeführter Analysen gesichert wird. Es stellt sich die Frage, wann eine Analyse eigentlich als abgeschlossen gelten kann.

In der Grounded Theory gibt es dafür das Kriterium der theoretischen Sättigung, das sich ursprünglich auf die Verschränkung von Erhebung und Auswertung richtet: Demnach werden nach dem Kriterium minimaler und maximaler Kontrastierung so lange Teilnehmer an einer Befragung rekrutiert und befragt, wie durch die Befragung eine Veränderung der gegenstandsbezogenen Theorie zu erwarten ist. Wir haben im dritten Kapitel die Angemessenheit des Kriteriums der Sättigung für den Rekrutierungsprozess kritisiert, weil sie zum einen nur selten pragmatischen Anforderungen an die Planung eines Forschungsprojekts Genüge leistet und zum anderen es für die Bestimmung von Sättigung unseres Erachtens zeitintensiver Analyseprozesse als Voraussetzung bedarf.

Wenn man das Kriterium der Sättigung jedoch vom Erhebungsprozess löst, bietet es für die Analyse ein geeignetes Signal für die Beendigung der Auswertung. Das heißt, es sollte so lange im Material nach alternativen Deutungen und in der gegenstandsbezogenen Theorie bislang nicht enthaltenen Gesichtspunkten gesucht werden, bis eine Sättigung eintritt: Sättigung bedeutet in diesem Sinne, dass eine weitere Auswertung nicht mehr zur „Verfeinerung des Wissens" (Strübing 2008: 33) beitragen würde. Jörg Strübing weist zu Recht darauf hin, dass das Feststellen von Sättigung immer auslegungsbedürftig ist und damit immer eine subjektive Entscheidung des Forschers oder Forscherteams darstellt. Deshalb gilt die gleiche Anforderung wie an den Umgang mit Subjektivität im Analyseprozess: Der Forscher muss intersubjektiv nachvollziehbar begründen können, worauf er seine Einschätzung stützt.

6.4 Verlauf des Analyseprozesses

Nachdem wir uns mit Grundprinzipien der Auswertung auseinander gesetzt haben, wollen wir uns nun näher mit dem Verlauf des Analyseprozesses beschäftigen.

In Tabelle 16 haben wir eine idealtypische Chronologie der Auswertung zusammengefasst. Die einzelnen Schritte werden wir im Folgenden näher betrachten. Vorher soll aber noch einmal auf das Bild einer hermeneutischen Spirale bei der Auswertung hingewiesen werden: Das heißt, dass die Analyse keineswegs linear verläuft, wie es das Bild einer Chronologie auf den ersten Blick nahe legt. Insbesondere zwischen den Schritten c und f gibt es in der Praxis ein häufiges Hin- und Herspringen, um durch kontinuierliche Vergleiche sich dem Ziel einer gesättigten Analyse zunehmend anzunähern. Wir haben uns trotzdem für die Darstellung eines chronologischen Ablaufes entschieden, um idealtypisch zu veranschaulichen, wie es im Prozess zu einem zunehmenden Erkenntnisgewinn kommt.

Tabelle 16   Idealtypische Chronologie des Analyseprozesses

a. Dokumentation der Gruppendiskussionen,
b. Erstellung von Moderatorenprotokoll und Postskript,
c. Brainstorming mit dem inneren und äußeren Team,
d. Aufspalten der Ganzheit und Sammeln von Einzelaspekten,
e. Ordnen und Sortieren,
f. Weben einer gegenstandsbezogenen Theorie unter Berücksichtigung des roten Fadens,
g. Berichtslegung und Erstellung einer Präsentation,
h. Finale Kontrolle.

a) Dokumentation

Im vorangegangenen Abschnitt haben wir mehrfach von der Auseinandersetzung mit dem ‚Material' gesprochen, durch das der Verlauf einer Gruppendiskussion dokumentiert wird. Dies wollen wir nun präzisieren. Die Art und Weise der Dokumentation bestimmt entscheidend das Potenzial der folgenden Analyse. Deshalb ist es wichtig, sich bereits im Vorfeld von Gruppendiskussionen systematisch mit den Fragen auseinander zu setzen, welche Informationen im Zuge des Auswertungsprozesses benötigt werden.

Das Mindestmaß an Dokumentation stellt *eine vollständige Audio-Aufzeichnung dar,* die z. B. mit Hilfe eines Digital Voice Recorders erstellt wird. Sie ist unbedingt notwendig, um den Verlauf der Diskussion noch einmal nachvollziehen und im Kontext des Analyseprozesses auftretende Fragen klären zu können.

Darüber hinaus sollten für die Planung der Dokumentation folgende Fragen beantwortet werden:

- Ist eine Videoaufzeichnung notwendig?
- Soll ein externes Protokoll angefertigt werden?
- Soll ein Transkript der gesamten Diskussion angefertigt werden?
- Sollen bestimmte Passagen zur ausschnittsweisen Transkription ausgewählt werden?
- Wie ausführlich soll der Moderator Protokollnotizen erstellen?

Eine *Video-Aufnahme* bietet gegenüber einer Audio-Aufzeichnung den Vorteil, dass nicht nur themenbezogene Aussagen festgehalten, sondern auch Körpersprache und Mimik der Beteiligten erfasst werden, sodass szenische Informationen deutlicher erkennbar werden. Um Gruppendynamik und Inhalte aufeinander zu beziehen, bietet eine Video-Aufnahme daher große Vorteile. In diesem Sinne bezeichnen Dammer/ Szymkowiak (2008: 119) Videos als „Nachschlagwerke, insbesondere bei Fragen, die die Gruppendramaturgie betreffen."

Aus diesem Grunde ist eine Video-Aufzeichnung in der Regel empfehlenswert. Dies gilt insbesondere wenn die Studie in einem voll ausgestatteten Teststudio durchgeführt werden kann, in dem durch die Aufnahme kein zusätzlicher Organisationsaufwand entsteht.

Allerdings ist auch anzumerken, dass eine systematische Auswertung von Video-Sequenzen nicht nur sehr zeitaufwändig ist, sondern es dazu auch an empirisch fundierten Richtlinien der Durchführung mangelt[39]. In der Praxis bleiben deshalb Videos häufig eher ungenutzte Nachschlagwerke. Im schlimmsten Fall bekommen sie sogar eine Alibi-Funktion, wenn der Moderator im Vertrauen auf die Aufzeichnung der Körpersprache von Teilnehmern wenig Aufmerksamkeit schenkt. Das muss unbedingt vermieden werden.

Eine Video-Aufzeichnung ist daher nicht immer notwendig. Insbesondere wenn die Einrichtung eines Aufnahmesystems mit hohem Aufwand verbunden ist oder im Vorfeld bereits klar ist, dass keine zeitlichen Ressourcen für eine systematische Analyse von auf dem Video dokumentierten Sequenzen bestehen, sollte lieber ein ausführlicheres Protokoll angefertigt werden, in dem szenische Informationen vermerkt werden.

Damit ist bereits der nächste Aspekt angesprochen, über den für die Dokumentation von Gruppendiskussionen entschieden werden muss: die Rolle von *Protokollen* für die Auswertung. Externe Simultanprotokolle sind dann empfehlenswert, wenn aus zeitlichen oder finanziellen Gründen kein vollständiges Transkript erstellt werden kann. Teststudios verfügen in der Regel über freie Mitarbeiter, die geschult darin sind, bei Gruppendiskussionen Protokoll zu führen und die dementsprechend feinfühlig auch schnelle Sprecherwechsel zu Papier bringen können. Dafür sitzen sie meist an einem gesonderten Tisch im Diskussionsraum, um auch leise und undeutlich gesprochene Beiträge erfassen zu können.

Der Vorteil eines solchen Protokolls liegt darin, dass es unmittelbar nach Ende der Diskussion bereits fertig gestellt ist und dem Moderator eine gute Grundlage bei der Auswertung bietet, den Verlauf der Diskussion nachzuvollziehen. Von den Befragten angeführte Erlebnisse und zentrale thematische Aspekte sind darin ausführlich enthalten – und bei Schlüsselszenen kann der Moderator die entsprechende Stelle in der Audio- oder Videoaufnahme ausfindig machen, um möglicherweise nicht protokollierte Details in die Analyse mit einzubeziehen.

Selbst ein von einem geschulten Mitarbeiter angefertigtes Protokoll bietet selbstverständlich nie den Detaillierungsgrad eines im Nachhinein angefertigten *vollständigen Transkripts*. Die Entscheidung zwischen einem Protokoll oder einem Transkript hängt daher immer von der Forschungsfrage und der damit verbundenen Methode ab. Wenn es etwa lediglich darum geht, das Spektrum möglicher Antworten auszulo-

---

39   Im Rahmen qualitativer Forschung gewinnt die Auseinandersetzung mit Videoanalysen zunehmend an Bedeutung (vgl. Deppermann 2010: 644; Heath/Hindmarsh/Luff 2010). Die Einbettung in den Kontext einer Gruppendiskussion steht dabei aber (noch) nicht im Mittelpunkt.

ten, reichen Protokolle in der Regel aus. Wenn es um die Analyse von Meinungsänderungen und Verschiebungen von Standpunkten geht, sind Transkripte empfehlenswert, bei denen detailliert aufgeführt wird, welcher Teilnehmer sich wann und wie zu
Wort gemeldet hat.

Bei der Durchführung einer Transkription gibt es mehr Handlungsspielräume,
als es auf den ersten Blick erscheinen mag. So macht es etwa einen großen Unterschied, ob ein personalisiertes Transkript erstellt wird oder ob bei der Kennzeichnung einzelner Beiträge lediglich aufgeführt wird, ob die Aussage von einem Mann
oder einer Frau stammt. Personalisierte Transkripte bieten deutlich mehr Möglichkeiten, die Gruppendynamik zu verfolgen, verursachen aber auch einen wesentlich
höheren Zeitaufwand bei der Erstellung, weil es bei bestimmten Passagen nicht ohne
weiteres möglich ist, einzelne Sprecher genau zu identifizieren.

Ein weiterer großer Unterschied zwischen Transkripten besteht darin, wie Sprache festgehalten wird. Auf der einen Seite des Spektrums finden wir Transkripte, bei
denen Aussagen der Teilnehmer sinngemäß zusammengefasst, Versprecher, abgebro-
chene Sätze etc. aber nicht aufgeführt werden. Zum Teil werden auch längere und
nicht präzise formulierte Passagen gekürzt zusammen gefasst. Diese Transkripte sind
vergleichsweise schnell und einfach zu erstellen und sollen ähnlich wie Protokolle
einen Überblick des thematischen Verlaufs ermöglichen. Wenn es allerdings darum
geht, z. B. die Verwendung von Begriffen in bestimmten Kontexten zu untersuchen,
sind sie zu ungenau. Da Vorteile gegenüber den Protokollen minimal, Aufwand und
Kosten aber deutlich höher sind, halten wir diese Form der Transkription nicht für
empfehlenswert.

Auf der anderen Seite des Spektrums finden wir Transkripte, bei denen möglichst
viele sprachliche Details erfasst werden, indem z. B. notiert wird, wann die Stimme
eher hoch oder runter geht, wann sie brüchig wird etc. Auch Versprecher, abgebro-
chene Wörter und Gesprächspausen werden minutiös festgehalten. Dafür erfolgt die
Transkription nach einem eigens dafür entwickelten Zeichensystem, das sozusagen
eine Fachsprache für sich darstellt. Derartig detaillierte Transkripte ermöglichen den
Nachvollzug von Interaktion quasi in Zeitlupe. Kleinste Veränderungen werden erfasst. Es ist aber wie beim Fußball: Wer würde sich wünschen, ein ganzes Spiel in
Zeitlupe zu sehen? Nicht nur, dass dafür wesentlich mehr Zeit gebraucht würde als
in der Regel zur Verfügung steht, auch der Reiz des Spiels ginge verloren. Man würde
derart mit Details überfrachtet, dass der Verlauf des Spiels als Ganzes aus dem Blick
geraten würde. Selbst wenn es um eine Beschreibung oder Analyse des Spiels ginge,
wäre diese Übertragung in Zeitlupe deshalb nicht hilfreich. Ähnlich verhält es sich
unserer Erfahrung nach mit den Transkripten: Es ist weder notwendig, noch hilfreich,
den gesamten Interaktionsverlauf in allen Details zu erfassen. Das am Ende entstehende Transkript von mehreren hundert oder tausend DIN A4 Seiten hätte eher eine
abschreckende, als eine den Weg zur Erkenntnis öffnende Wirkung.

Wenn mit Transkripten gearbeitet wird, empfehlen wir deshalb auf der einen Seite eine Verschriftlichung aller Aussagen, auch wenn diese zunächst redundant oder

unsinnig erscheinen, auf der anderen Seite aber nur besonders deutlich hervortretende szenische Informationen wie lautes Lachen aller Teilnehmer oder intensives Durcheinandersprechen aufzunehmen[40]. Derartige Vermerke bieten Anknüpfungspunkte, um bei der Auswertung sozusagen die Rolle des Regisseurs einzunehmen und ausgewählte Szenen in der Zeitlupe in den Blick zu nehmen, indem diese selektiv ausgewählten Passagen ggf. ausführlich mit allen szenischen Informationen transkribiert werden.

Auch bei der Erstellung der Transkripte kann man die Hilfe externer Dienstleister, wie darauf spezialisierte freie Mitarbeiter oder Schreibbüros in Anspruch nehmen. Dies ist in der Marktforschungspraxis die Regel, während im universitären Kontext dafür zum Teil nicht ausreichend finanzielle Mittel zur Verfügung stehen. Insbesondere dem Einsteiger möchten wir dringend anraten, selbst eine Transkription durchzuführen. Denn dadurch wird man gezwungen, genau hinzuhören und das eigene Vorgehen während der Moderation noch einmal zu reflektieren. Dadurch dass man längere Zeit zum Tippen als zum Hören einer Passage braucht, kommt es zu einer Entschleunigung – auch das Transkribieren selbst hat also die Funktion einer Zeitlupe. Im chronologischen Nachvollzug der Szenen entstehen unweigerlich auch Annahmen, Ideen und Einsichten bezüglich der Auswertung des Materials. Deshalb sollte parallel zum Transkribieren immer eine gesonderte Textverarbeitungsdatei geöffnet werden, in der im Sinne eines Memos Notizen zur weiteren Auswertung festgehalten werden.

Neben der Erstellung von Transkripten und Protokollen, welche den gesamten Verlauf der Diskussion einbeziehen, gibt es auch die Möglichkeit, lediglich ausgewählte Passagen zu verschriftlichen. Um die Gestalt des Verlaufs in ihrer Ganzheit zu erfassen, empfehlen wir aber, zusätzlich immer mindestens ein Verlaufsprotokoll zu erstellen, in dem wichtige Informationen zum chronologischen Ablauf der gesamten Diskussion enthalten sind. In diesem Verlaufsprotokoll sollten zentrale Gesichtspunkte diskutierter Themen in der Reihenfolge ihres Auftretens in der Gruppe paraphrasiert werden. Nur dadurch wird gewährleistet, dass man einzelne Passagen in den Kontext der Diskussion einordnen und im Anschluss ggf. zielgerichtet in der Aufzeichnung nach weiteren relevanten Ausschnitten suchen kann. Ein derartiges Verlaufsprotokoll kann auch durch den Moderator oder Projektleiter im Nachgang selbst durch das Abhören der Aufnahme erstellt werden.

Generell ist die vollständige Transkription immer empfehlenswerter, weil sie die Nachvollziehbarkeit der Auswertung erhöht und es ermöglicht, ausgewählte Textstellen immer wieder in ihren Kontext einordnen zu können. Da im Sinne der Grounded

---

40 Eine Ausnahme stellen konversationsanalytische Studien dar, bei denen es explizit darum geht, verschiedene Modi der Konstruktion von Sinnstrukturen in Gesprächen zu unterscheiden (vgl. Deppermann 2010).

Theory in verschiedenen Phasen ein und dieselbe Passage in mehreren Schritten aus unterschiedlicher Perspektive beleuchtet wird, ist dies ein wichtiger Vorteil.

Wenn dazu aber in der Praxis nicht ausreichend Ressourcen zur Verfügung stehen, ist die Verschriftlichung einzelner Passagen eine bedenkenswerte Alternative, um nicht ausschließlich auf das Protokoll angewiesen zu sein[41].

b) Moderatorenprotokoll und Postskript

Es bleibt die Frage nach der Dokumentation durch den Moderator. Generell gilt: Je weniger nach der Diskussion verschriftlicht wird, desto mehr sollte der Moderator während der Moderator selbst Notizen anfertigen. Wir raten aber dringend davon ab, dem Moderator die Dokumentation des Ablaufs quasi als Bürde auf die Schultern zu laden. Denn dadurch wird er von seiner Kernaufgabe, durch die Moderation Verantwortung für die Gestaltung des Diskussionsprozesses zu übernehmen, abgelenkt und kann den Interaktionen zwischen den Teilnehmern weniger Aufmerksamkeit schenken, weil er zu lange und zu oft mit Schreiben beschäftigt ist.

Trotzdem sollte der Moderator sich während der Diskussion einige Notizen machen. Diese haben eine doppelte Bedeutung: Zum einen dienen sie während im Moderationsprozess als Anknüpfungspunkte für spätere Nachfragen, wenn z.B. Beiträge der Teilnehmer notiert werden, auf die später noch einmal einzugehen ist. Zum anderen sollte der Moderator aber auch bereits während der Diskussion Stichpunkte zu Einsichten und Beobachtungen machen, auf die er im Rahmen der Analyse Bezug nehmen möchte. Ganz wichtig ist dies bezüglich szenischer Informationen, die im Transkript oder Protokoll nicht enthalten sein werden, wie z.B. das kollektive Lockern der Krawatte im weiter oben aufgeführten Beispiel der Gruppendiskussion mit Biertrinkern.

Während der Diskussion selbst hat der Moderator nur wenige Sekunden Zeit, um bedeutsame Beobachtungen zu vermerken. Das zwingt ihn zu einer stichwortartigen und in der Regel bruchstückhaften Art und Weise der Verschriftlichung. Dies ist als Erinnerungshilfe ausreichend, um sich im Anschluss an die Gruppendiskussion ausführlich die Situation vor Augen zu führen. Wenn der Moderator sich beispielsweise während der Gruppe mit den Biertrinkern lediglich das Wort ‚Krawatte' aufschreibt, wird er sich auch eine Stunde nach der Diskussion noch daran erinnern, was damit

---

41 Bei der Auswahl relevanter Passagen, die zugleich als Schlüsselszenen für das Verständnis einer Fragestellung angesehen werden können, gibt es im Rahmen tiefenhermeneutischer und rekonstruktiver Sozialforschung Richtlinien, welche auch bei problemzentrierten Gruppendiskussionen eine Orientierung bieten können. Loos/Schäffer (2001: 61) empfehlen, Sequenzen mit hoher „interaktiver und metaphorischer" Dichte zu verschriftlichen, bei der von einer hohen Relevanz des Themas für die Befragten auszugehen ist. Volmerg (1988: 240) führt Wiederholung thematischer Bezüge, besondere Betroffenheit, die Schilderungen eigener Erlebnisse und Erfahrungen sowie eine rege Beteiligung der Diskussionsteilnehmer als Maßstäbe an. Darüber hinaus gilt es nach Volmerg, auch Passagen auszuwählen, die einen selbst oder andere Mitglieder des Forscherteams spontan beeindruckt haben.

gemeint war. In den folgenden Tagen schwindet jedoch das Erinnerungsvermögen, insbesondere, wenn weitere Diskussionen durchgeführt werden.

Deshalb empfehlen wir, im Anschluss an eine Gruppendiskussion ein sogenanntes *Postskript* zu verfassen – wie es auch beim problemzentrierten Interview üblich ist. In diesem Postskript werden die unmittelbaren Eindrücke, die man als Moderator während und nach der Gruppendiskussion hatte, festgehalten, nachvollziehbar dokumentiert und für den Analyseprozess nutzbar gemacht. Das Postskript bietet die Möglichkeit, im Moderatorenprotokoll angerissene Gesichtspunkte zu vertiefen und deutlich auf den Punkt zu bringen. Darüber hinaus werden auch weitere Aspekte, die einem im Nachgang als wichtig erscheinen, aufgeführt. Durch die Verschriftlichung eigener Gedanken bildet das Postskript einen wichtigen ersten Analyseschritt, weil es einem selbst zugleich einen Artikulationsraum bietet und zum anderen die Ausformulierung und damit das Weiterentwickeln von Deutungen fordert.

Wie ein Postskript aufgebaut sein und welche Fragen darin thematisiert werden sollten, haben wir in Tabelle 17 zusammengefasst. Die Ausführlichkeit und der Stil der Ausführungen zu diesen Fragen hängen von persönlichen Vorlieben und vom Verlauf der Diskussion ab. Wichtig ist aber, dass das Postskript auch noch Wochen nach der Gruppendiskussion nachvollziehbar sein sollte.

Tabelle 17 Aufbau und Bestandteile eines Postskripts

- Zusammenfassung der Rahmenbedingungen
  - Wann? Wo? Welche Teilnehmer/Beobachter?
- Zusammenfassung spontan als wichtig erachteter Gesichtspunkte
  - Was waren zentrale Themen? Was waren zentrale Aussagen? Welches Spektrum an Positionen und Grundhaltungen konnte beobachtet werden? Welche Spannungsfelder wurden deutlich? Inwiefern waren Widersprüche, Ambivalenzen und Uneindeutigkeiten festzustellen? Was war überraschend?
- Zusammenfassende Bemerkungen zur Gruppendynamik
  - Welche Gruppen-Perspektive(n) wurde(n) deutlich? Wie verlief der Spannungsbogen der Diskussion? Welche Phasen waren zu unterscheiden? Inwiefern gab es Wendungen und Brüche? In welchen Rollen interagierten die Teilnehmer?
- Auflistung szenischer Auffälligkeiten
  - Was waren besonders auffallende Passagen und Interaktionen? Welche Beobachtungen hinsichtlich Körpersprache und Mimik wurden gemacht?
- Reflexion der eigenen Rolle und Befindlichkeit
  - Wie wurde die eigene Moderation erlebt? Welche Rolle(n) hatte man als Moderator inne? Wie verlief der Spannungsbogen bezüglich der eigenen Beteiligung und Distanz?
- Anregungen und Ideen für den weiteren Prozess
  - Worauf sollte bei weiteren Gruppendiskussionen geachtet werden? Was sind wichtige Anhaltspunkte für die Auswertung? Welche Ideen und Annahmen gibt es spontan bezüglich Zusammenhängen, auch wenn diese möglicherweise nicht haltbar sind?
- Sonstige Auffälligkeiten
  - Inwiefern gab es weitere Besonderheiten?

c) Brainstorming mit dem inneren und äußeren Team

Nachdem alle Gruppendiskussionen durchgeführt worden sind, sollte zunächst eine Sitzung mit dem inneren Team anberaumt werden. Dabei handelt es sich um eine Metapher in Anlehnung an den Kommunikationspsychologen Friedemann Schulz von Thun (1998), mit der innere Pluralität zum Ausdruck gebracht wird; das heißt, dass auf verschiedene innere Stimmen hingewiesen wird, die miteinander in Einklang zu bringen sind, um im Anschluss stimmig sowie authentisch kommunizieren und handeln zu können. Nach der Durchführung mehrerer Gruppendiskussionen ist ein Moderator meist voller Ideen für die Auswertung, hat verschiedene Szenen vor Augen und einige Annahmen zur Deutung, die er gerne weiter überprüfen möchte. Viele Stimmen melden sich sozusagen in ihm zu Wort und wollen sich zum Ausdruck bringen. Dafür sollte ein Raum geschaffen werden: in Form eines inneren Brainstormings. Wir empfehlen, sich ein bis zwei Stunden Zeit einzuräumen, ein Textverarbeitungsprogramm zu öffnen und all das nieder zu schreiben, was einem zu den durchgeführten Gruppendiskussionen in den Sinn kommt. Dabei sollte es allerdings nicht im literarischen Sinne um eine Verarbeitung der eigenen Erfahrungen als Moderator, sondern um den Versuch, problemzentriert Sachverhalte auf den Punkt zu bringen, gehen. Die Gedanken sollten auch nicht einfach in einem Fließtext aneinander gereiht werden, stattdessen sollte der Moderator sich bemühen, eine erste Gliederung und Struktur für dieses Brainstorming zu finden, indem er etwa in einer Sektion Ergebnisse nach der Ablauflogik des Leitfadens zusammenfasst und in einem anderen Abschnitt Gedanken zur Ordnung und Deutung der Beobachtungen festhält. Dabei können auch Visualisierungen (z. B. mit Hilfe von ,Mindmaps') eingesetzt werden.

Da unser Gehirn immer selbständig aktiv ist und Erfahrungen auch ohne unser bewusstes Eingreifen ordnet, handelt es sich beim inneren Brainstorming um einen wichtigen Schritt im Analyseprozess, der die Grundlage dafür bietet, sich noch einmal von den Vorannahmen zu lösen und im nächsten Schritt am Text oder Audiomaterial neue Gesichtspunkte zu entdecken. Dadurch, dass eigene Gedanken ausgedrückt werden konnten und festgehalten wurden, sinkt die Angst, sie zu vergessen und quasi zu verlieren – und das heißt gleichzeitig, dass man sich im weiteren Verlauf nicht daran festhalten muss.

Durch die zusammenfassende Analyse ohne den Bezug auf selektive Textstellen wird auch zum ersten Mal ein umfassender Überblick geschaffen und dadurch die Gefahr gemindert, sich durch eine zunächst nur an einzelnen Passagen ausgerichtete Analyse im Detail zu verlieren.

Bevor aber im nächsten Schritt die Arbeit mit dem Text oder der Aufzeichnung beginnt, ist es wichtig, sich auch mit den am Projekt beteiligten Kollegen zusammen gesetzt zu haben, um analog dem inneren Brainstorming eine gemeinsame Basis für die Auswertung zu schaffen. So ist es für den Moderator beispielsweise möglich, spezifische Perspektiven von Auftraggebern, welche den Diskussionen beigewohnt haben, kennen zu lernen und im weiteren Auswertungsprozess zu berücksichtigen. Wir

empfehlen, auch die Ergebnisse dieses Brainstormings mit dem Projektteam schriftlich festzuhalten.

d) Aufspalten der Ganzheit und Sammeln von Einzelaspekten

Der jetzt folgende Schritt ist der zeitaufwändigste und in der Regel mühsamste bei
der Auswertung. Er ist gleichwohl von höchster Bedeutung, um nicht vorschnell nur
scheinbar plausible Ergebnisse zu erzielen und in dem Blickfeld zu verharren, das mit
bereits bestehenden Vorannahmen verbunden ist.

Deshalb ist eine detaillierte und systematische Auseinandersetzung mit dem Material der Gruppendiskussionen in Kleinarbeit notwendig. Idealerweise geschieht
dies auf der Basis von Verschriftlichungen der Diskussion, wenn diese nicht vorliegen,
sollten unbedingt die Aufzeichnungen noch einmal zur Hand genommen werden.

Es geht darum, Text aufzubrechen, Gemeinsamkeiten und Unterschiede zu identifizieren, Auffälligkeiten festzuhalten, Ungenauigkeiten in den Blick zu nehmen und
scheinbar Selbstständiges zu hinterfragen. Dafür ist es wichtig, sich nicht vorschnell
auf die während einer Gruppendiskussion entwickelte Deutung festzulegen, sondern
möglichst viele Perspektiven einzubeziehen.

Gleichzeitig geht es darum, das thematisch durch die Forschungsfragestellung
vorgegebene Terrain zu vermessen. Als erster Schritt für die Entwicklung einer Landkarte geht es im Bild darum, zunächst einmal einzelne Buchten, Berge und Landstriche zu entdecken und zu identifizieren.

Für die Aufspaltung des Textes sind verschiedene Verfahren sinnvoll, die in der
folgenden Tabelle 18 aufgelistet und im Folgenden kurz erläutert werden:

Tabelle 18   Aufspalten des Textes

- Staunen als Ausgangspunkt: Auf den Spuren eigener Intuition,
- Freies Sammeln,
- Zusammenführen und Bündeln von Facetten,
- Sequenzanalytische Rekonstruktion der Diskussion,
- Identifizierung von Kernsätzen oder Fokussierungsmetaphern.

Zu Beginn dieses Kapitels zur Auswertung hatten wir auf die Bedeutung des *Staunens*
hingewiesen – im Sinne eines tiefergehenden Interesses, sich mit dem Material intensiver auseinander zu setzen. Dafür bietet sich nun die Gelegenheit, sozusagen genau
zu hinzusehen und sich auf die Suche nach Widersprüchen, Ungereimtheiten, Fas-
zinierendem und Doppeldeutigem zu begeben. Dafür darf man auch erst einmal im
Transkript quer lesen und sich die Passagen genauer angucken, von denen man Aufschluss auf die eigenen Fragen erwartet. Wichtig bei diesem wie bei den folgenden
Schritten ist, dass immer weiter an den eigenen Memos gearbeitet wird, in denen
Ideen und Deutungen festgehalten werden.

Die im Folgenden beschriebenen Schritte unterliegen einer anderen Logik, nämlich der Auseinandersetzung mit der Gruppendiskussion in ihrem chronologischen Verlauf. Als Einstieg empfiehlt sich, Protokolle, Transkripte oder Audio-Aufzeichnungen noch einmal von Anfang bis Ende durchzugehen und dabei auffallende und bedeutsame Aspekte zu kennzeichnen, z.B. durch Unterstreichungen und kurze Randnotizen bei Transkripten. Dadurch erzeugt man eine Liste noch ungeordneter Begriffe, welche im weiteren Verlauf der Analyse zu berücksichtigen und in eine Ordnung zu bringen sind. Wir sprechen in diesem Zusammenhang vom *freien Sammeln*.

Bereits gelenkter ist das *Zusammenführen* und *Bündeln von Facetten*. Dazu empfiehlt es sich, eine eigene Textverarbeitungsdatei anzulegen. In dieser werden über die Gruppendiskussion verteilte Äußerungen zu einem thematischen Aspekt zusammengeführt. Diese Datei wäre beispielsweise der Ort, um die weiter oben im Beispiel angeführten Aussagen zur reflektierten Bedeutung der deutschen Nationalität im Alltag zu bündeln. Dies kann durch copy/paste relativ schnell am Computer durchgeführt werden, wichtig ist aber für jede Textstelle kurz den Quellenbezug zu vermerken.

Deutlich zeitaufwändiger ist eine *Sequenzanalyse*. Diese kann auf verschiedene Art und Weise durchgeführt werden. Zum einen bietet sich erneut die Zeitlupe als veranschaulichende Metapher an: Satz für Satz bzw. Passage für Passage werden verschiedene Interpretationen geprüft, im Sinne von: Was könnte mit der Aussage X gemeint sein? Wie ist die Aussage im Verhältnis zur vorherigen Aussage zu verstehen? An welchen Anker wird angeknüpft? Wie könnte man es noch anders sehen? Wie könnte es im Sinne dieser Deutung weiter gehen? Wie steht der Satz bzw. die Passage im Verhältnis zu meiner vorherigen Deutung? Die Auflistung dieser zentralen Fragen verdeutlicht, wie zeitintensiv eine derartige Perspektive ist. Sie sollte deshalb unseres Erachtens nur bei ausgewählten Szenen zum Einsatz kommen, bei denen Diskussionsbedarf gesehen wird[42]. Ansonsten empfiehlt sich unserer Erfahrung nach eher die Sequenzanalyse im Sinne einer DVD, die in verschiedene Kapitel unterteilt ist. Der Film wird sozusagen nicht in einem Durchgang gesehen, sondern mehrfach durch das Drücken der Pause-Taste unterbrochen. Für die Arbeit mit einem Transkript bedeutet das, nach dem Lesen mehrerer Seiten z.B. bei Themenwechseln einen Halt zu machen und über die zuvor gelesenen Sequenzen zu reflektieren, was beobachtet werden konnte und was dies für den Verlauf der Diskussion bedeutet. Diesbezügliche Reflexionen sollten idealerweise im Team erfolgen oder nach individueller Durchsicht gemeinsam nachvollzogen werden. Erneut ist das schriftliche Festhalten im Rahmen eines Memos wichtig.

---

42 Ähnlich argumentiert Volmerg (1988: 244): „Das beschriebene Verfahren der Sequenzanalyse anhand exemplarisch ausgewählter Textpassagen hat zwar den Vorteil einer intensiven, bis in die Sprachformen gehenden Arbeit am Text, doch was sie auf dieser Weise an Tiefe des Verständnisses gewinnt, verliert sie an der Breite des Überblicks. Das Verhältnis zwischen dem Erhebungsmaterial und dem analysierten Text ist disproportional.“

Durch die Sequenzanalyse wird die Gestalt der Diskussion in mehrere Szenen bzw. aneinander gereihte Teile aufgebrochen. Dadurch wird insbesondere deutlicher, welche alternativen Verläufe und Verknüpfungen von Themen möglich gewesen wären und was es für die Fragestellung bedeutet, dass bestimmte Themen durch Moderator und Gruppe in der jeweiligen Art und Weise in einen Zusammenhang gebracht wurden. Außerdem rücken einzelne Phasen der Diskussion als eigenständige Einheiten stärker in den Blickpunkt der Interpretation als dies bei einer ganzheitlichen Betrachtung der Fall ist.

Genau dieser Logik folgt auch die Methode, nach *Kernsätzen* und *Fokussierungsmetaphern* Ausschau zu halten. Diese Begriffe sind der tiefenhermeneutischen bzw. dokumentarischen Auswertung entlehnt, aber in ihrer Bedeutung keineswegs an diese Methoden gebunden, sondern auch im Sinne einer Auswertung problemzentrierter Befragungen sinnvoll, die sich an Richtlinien der Grounded Theory anlehnt.

Unter Kernsätzen versteht Volmerg (1988: 245) „natürliche Verallgemeinerungen im Fluß der Diskussion." Mit Kernsätzen bringen Befragte ein bestehendes Problem oder eine Schlüsselerfahrung plastisch auf den Punkt. Volmerg schlägt vor, jeden identifizierten Kernsatz auf einer eigenen Karte zu notieren und dort auch die Verortung im Kontext der Diskussion aufzuzeichnen. Möglich ist außerdem ein anderes, weniger zeitaufwändiges Vorgehen, bei dem Kernsätze in einer eigenen Datei gebündelt und analog der Bündelung thematischer Facetten per copy/paste übertragen werden. Alternativ ist es auch möglich, Kernsätze im Transkript oder Protokoll farblich zu markieren.

Loos/Schäffer (2001: 70) sprechen in einer vergleichbaren Auslegung von Fokussierungsmetaphern und verstehen darunter Textstellen, „die sich durch eine hohe metaphorische und interaktive Dichte auszeichnen."[43]

e) Ordnen und Sortieren

Nachdem wir im vorherigen Schritt Buchten, Berge und Landstriche entdeckt und identifiziert haben, geht es uns nun darum, sie in Form mehrerer Insel-Landkarten zu verorten und ihr Verhältnis zueinander zu bestimmen. Das heißt, dass wir uns um eine Ordnung und Sortierung der im Schritt zuvor gesammelten Fundstellen, Facetten, Annahmen, Kernsätze und Fokussierungsmetaphern bemühen. Nicht zuletzt greifen wir dabei auf die in den bisherigen Memos dokumentierten Anregungen und Einsichten zurück.

Dieser Schritt des Ordnens beruht auf permanenten Vergleichen, bei denen insbesondere die folgenden Fragen im Mittelpunkt stehen: Wie wird sich einem Thema

---

43 Stärker als Volmerg betonen sie dabei den metaphorischen Charakter: „Metaphorisch sind diese Passagen dann häufig eben deshalb, weil sie auf aktuelle Handlungs- und Orientierungsprobleme der Gruppe hinweisen, die – weil noch nicht ‚gelöst' – nicht auf einen eindeutigen Begriff gebracht werden können" (Loos/Schäffer 2001: 70). Eine ausführliche und systematische Auseinandersetzung mit der Bedeutung von Metaphern findet sich bei Schmitt (2010).

in einer Gruppe zu unterschiedlichen Zeitpunkten und aus unterschiedlichen Wir-Gruppenperspektiven angenähert? Welche unterschiedlichen Haltungen werden innerhalb einer Gruppe deutlich? Welche Unterschiede und Gemeinsamkeiten lassen sich zwischen den Gruppen feststellen?

Je nach Fragestellung und Erkenntnisinteresse lassen sich folgende Strategien dabei anwenden:

- Identifizierung von *Spektren,* welche ein Kontinuum zur Einordnung von Befunden eröffnen (z. B. zwischen starker Identifizierung mit der Nationalität und starker Distanzierung),
- Bündelung von einzelnen Erfahrungen zu *Erfahrungsfeldern* (z. B. dem Erleben von Nationalität im Ausland),
- Identifizierung von *Spannungsfeldern* und dazugehörigen *Polaritäten,* welche für Konflikte und schwankende Aussagen verantwortlich sind (z. B. dem Bedürfnis nach Halt und Zugehörigkeit versus dem Wunsch nach Freiheit und Ungebundenheit)[44],
- Identifizierung von *Dimensionen* und unterschiedlichen *Ausprägungen,* anhand derer sich im Sinne der Fragestellung Unterschiede besonders gut auf den Punkt bringen lassen (etwa politische Grundhaltung, Kontakte im Alltag mit Angehörigen verschiedener Kulturen, Bedeutung von Reisen etc.),
- Erstellung von *Rangordnungen,* z. B. Kennzeichnen und Vergleich einzelner Themen oder Konzepte hinsichtlich ihrer polarisierenden und emotionalisierenden Wirkung.

Wichtig ist uns, noch einmal zu betonen, wie bedeutsam eine intensive Auseinandersetzung mit auf dem ersten Blick widersprüchlichen, uneindeutigen oder ,nicht zu Ende gedachten' Äußerungen ist. Gerade diese weisen häufig den Weg zu zentralen Spannungs- und Erfahrungsfeldern. Deshalb sollte auf jeden Fall eine Gutachterperspektive vermieden werden, wie wir sie in der Praxis insbesondere bei Einsteigern antreffen können, etwa in Formulierungen wie diesen: „Insgesamt drückt sich die Befragte recht schwammig und unkonkret aus, daher ist zu vermuten, dass sie sich nicht tiefer mit dem Thema auseinander gesetzt hat."

Ordnungs- und Sortierprozesse können auf verschiedenen Ebenen durchgeführt werden. So ist es z. B. möglich, in einem ersten Schritt unterschiedliche Spektren und

---

44 Die Identifizierung derartiger Spannungsfelder ist im Rahmen morphologischer Analysen von besonders hoher Bedeutung: „Motivgefüge sind in sich spannungsvoll. Polaritäten stellen ein Erklärungsmodell für Spannungsverhältnisse dar, indem sie zwei gegensätzliche Pole als begrenzende Markierungen setzen, zwischen denen Spannung herrscht. Es ist wie beim elektrischen Strom: Plus und Minus repräsentieren funktional unaufhebbare Gegensätze; hebt man sie doch auf, erlischt die Spannung, und es fließt kein Strom mehr. Analog dazu braucht man auch in der Auswertung Polaritäten, um die real wirksamen Spannungen analysieren zu können." (Dammer/Szymkowiak 2008: 143)

Erfahrungsfelder zu bestimmen und diese in einem nachfolgenden Schritt zu Spannungsfeldern oder Schlüsseldimensionen zu verdichten. Diesbezüglich gibt es aber keine festen Ablaufpläne, vielmehr muss für jede Fragestellung ein geeignetes Design festgelegt werden.

Wichtig ist, dass der Schritt des Ordnens und Sortierens nicht losgelöst vom vorherigen des Sammelns angesehen werden darf, bei dem aus der Auseinandersetzung mit dem Text Begriffe extrahiert und entwickelt wurden. Im Sinne der Grounded Theory und der hermeneutischen Spirale muss auch im Rahmen der Ordnung und Sortierung immer wieder der Bezug zum Transkript oder Protokoll gesucht werden, damit die Subsummierung auf ihre Stimmigkeit überprüft werden kann. In diesem Sinn fungiert der Text als ein „virtuelles Gegenüber", das uns „Antwort auf unsere Fragen nach dem Sinn" gibt (Volmerg 1988: 256).

Im Folgenden soll anhand eines imaginären Beispiels aus der Forschung noch einmal der Unterschied zwischen den einzelnen Ebenen und Schritten verdeutlicht werden. Hintergrund soll ein Projekt bilden, in dem es um die Wahrnehmung des Bedeutungskontexts von Nachhaltigkeit durch Bürger und die damit verbundenen Anforderungen an Unternehmen und deren Auftreten geht: Was wird eigentlich unter Nachhaltigkeit verstanden und welche Erwartungen ergeben sich daraus an Firmen?

Bei der Aufspaltung des Textes sammeln wir dazu zunächst verschiedene einzelne Aspekte und Kernsätze, wie z. B.: „Nachhaltigkeit hat vor allem was mit der Zukunft zu tun. Dass mit der ganzen Umwelt und den ganzen Rohstoffen effizient umgegangen wird. Dass auch mit den Menschen so umgegangen wird, dass die auch langfristig fair behandelt werden."

Im nächsten Schritt werden die so zusammengetragenen Kernsätze, Begriffe und Facetten geordnet. Nehmen wir an, dass wir drei verschiedene Dimensionen herausarbeiten können, anhand derer Nachhaltigkeit fest gemacht wird: Umweltschutz, sozialer Wandel der Arbeitswelt und soziale Gerechtigkeit aus einer globalen Perspektive. Damit sind jeweils spezifische Anforderungen an Unternehmen verbunden: Im Kontext des Umweltschutzes geht es um schonenden Umgang mit Ressourcen sowie der Entwicklung neuer Technologien. In Verbindung mit der Arbeitswelt werden von Unternehmen die Übernahme von sozialer Verantwortung für die Region und ein stärkerer Fokus auf das Wohlbefinden von Mitarbeitern erwartet. In Bezug auf soziale Gerechtigkeit wird mehr Transparenz über Herstellungsprozesse und die Herkunft von Angebots- und Produktbestandteilen gefordert.

f) Weben einer gegenstandsbezogenen Theorie unter Berücksichtigung des roten Fadens

Nachdem wir die Landkarten einzelner Inseln erstellt haben, fehlt uns nach wie vor die Übersicht. Wir könnten uns ebenso gut auf den nordfriesischen Inseln wie in der Karibik befinden. Das heißt, dass wir ein verbindendes Ordnungssystem benötigen. In anderen Worten: Wir brauchen einen roten Faden zwischen unseren Teilergebnissen. Dafür müssen wir logische Zusammenhänge aufdecken und im Sinne der Grounded Theory Schlüsselbegriffe entwickeln, anhand derer sich stimmige Einteilungen begründen lassen.

Eine uns aus dem Alltag bekannte und unmittelbar plausible Einteilung in derartige Schlüsselbegriffe stellt etwa die Unterscheidung zwischen Vergangenheit, Gegenwart und Zukunft dar. Der erste Schrei nach unserer Geburt gehört ebenso zur Vergangenheit wie die Handlung, die ich vor fünf Minuten ausgeführt habe. Die Gegenwart erscheint auf den ersten Blick als die zugängstliche Art und Weise des Wirklichkeitserlebens, und doch ist der als gegenwärtig erlebte Moment zum Zeitpunkt unserer bewussten Reflexion eigentlich schon Vergangenheit, weil er einige Millisekunden zuvor stattgefunden hat. Unter den Begriff Zukunft fällt der für den Abend geplante Kinobesuch ebenso wie die zeitlich nicht bestimmte Vorstellung, in ferner Zukunft möglichst nicht demenzkrank in ein Altenheim eingeliefert zu werden. Diese Auflistung macht deutlich, dass es sich selbst bei der Einteilung von Ereignissen in das Raster Vergangenheit, Gegenwart und Zukunft um eine Konstruktion handelt, die nicht für alle Kontexte ein sinnvolles Ordnungssystem darstellt und durchaus unterschiedliche Phänomene unter jeweils einem Oberbegriff subsummiert. In bestimmten Kontexten ist es beispielsweise sinnvoller, zwischen eher nahen und eher fernen Ereignissen zu unterscheiden, unabhängig ob diese in einer imaginierten Vergangenheit, Gegenwart oder Zukunft verortet werden.

Schlüsselbegriffe sollten deshalb nicht als absolut angesehen werden. Ihre Stimmigkeit hängt von der jeweiligen Perspektive ab und ist kontextgebunden. Das Beispiel einer Einteilung in Vergangenheit, Gegenwart und Zukunft drückt aber plastisch aus, dass eine kontextspezifisch schlüssige Ordnung sinnvoll zum Verständnis von Problemstellungen ist. Schlüsselbegriffe können etwa die Basis für typologische Unterscheidungen oder für das Aufzeigen grundlegender Spannungen und Zusammenhänge sein.

Zur Veranschaulichung dieses Schritts wollen wir erneut auf das imaginäre Beispiel zu sprechen kommen, in dem es um Anforderungen an Unternehmen bezüglich eines nachhaltigen Auftretens geht. Nehmen wir an, dass die Untersuchung in Auftrag gegeben wurde, um eine Kampagne zu evaluieren, bei der die Bürger zu mehr auf Nachhaltigkeit ausgerichtetes Handeln angeregt werden sollen. Um die Bewertung einzelner Konzeptentwürfe der Kampagne zu verstehen, bedarf es eines grundlegenden Verständnisses der Grundhaltung zum Thema Nachhaltigkeit.

Nehmen wir an, dass wir dazu aus den Gruppendiskussionen folgendes Spannungsverhältnis herausarbeiten können, das den Schlüssel zum Verständnis der Reaktion auf verschiedener Anzeigenmotive bildet: Die Bewertung der Kampagne hängt von der Kontextualisierung von Nachhaltigkeit ab. Entscheidend ist das Verhältnis zwischen Freiheit und Zwang: Den befragten Teilnehmern ist es wichtig, aus eigenem Antrieb handeln, sie wollen nicht den Eindruck bekommen, zur Nachhaltigkeit verpflichtet zu werden oder gar in die Ecke gestellt zu werden, wenn man nicht in allen Bereichen nach Grundsätzen der Nachhaltigkeit entscheidet.

An die Identifizierung dieses Grundkonflikts könnten noch weitere Schlüsseldimensionen geknüpft werden, welche sich z. B. auf Emotionen richten. Die folgende Abbildung 2 verdeutlicht dies exemplarisch:

Abbildung 2 Beispiel für eine Illustration gegenstandsbezogener Theoriebildung

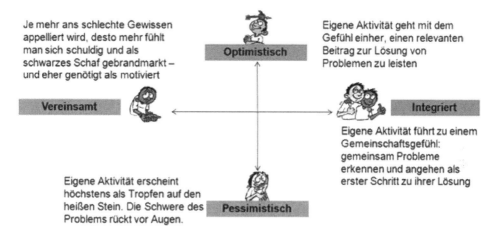

Durch die Identifizierung von Schlüsseldimensionen wurde im imaginären Beispiel auf Basis der Gruppendiskussionen ein gegenstandsbezogenes Modell entwickelt, das die unterschiedliche Bewertung verschiedener Anzeigenmotive verständlich macht und das im folgenden Bericht als Grundlage immer wieder hinzugezogen werden müsste, wenn es um die Auseinandersetzung mit einzelnen Kampagnen-Konzepten geht.

g) Berichtslegung und Erstellung einer Präsentation

Die Art und Weise, wie die Ergebnisse in einen Bericht umgesetzt werden, sollte nicht unabhängig von der Zielgruppe bzw. dem Adressaten gesehen werden. An eine wissenschaftliche Veröffentlichung werden andere Anforderungen gestellt als an einen Ergebnisbericht eines Marktforschungsprojekts. Unterschiede gibt es insbesondere hinsichtlich des Umfangs des Berichts an sich, des fachsprachlichen und konzeptuellen Grundverständnisses, das vorausgesetzt werden sollte, und des Verhältnisses von Text zu illustrierenden Bildern und Symbolen. Auch bezüglich des gewünschten Formats gibt es unterschiedliche Gepflogenheiten. Während in der angewandten Praxis häufig Powerpoint-Präsentationen voraus gesetzt werden, wird im akademischen Umfeld eher ein mit einem Textverarbeitungsprogramm erstellter Bericht erwartet.

Darüber hinaus gibt es aber auch zahlreiche Gemeinsamkeiten wie Anforderungen nach innerer Konsistenz, Tiefe, Nachvollziehbarkeit der Ergebnisse sowie eines klaren und intuitiv verständlichen Aufbaus der Darstellung.

Wir empfehlen, sich vor dem eigentlichen Schreiben des Berichts immer den roten Faden in Form von Kapitelüberschriften und behandelten Teilaspekten zu visualisieren. Im Bericht selbst sollten Aussagen so einfach wie möglich gehalten werden. Dies gilt in besonderem Maße für Powerpoint-Präsentationen, aber im Grundsatz auch für Ergebnisberichte, die mit einem Textverarbeitungsprogramm erstellt werden.

Erfahrungsbeispiele, Zitate und Dialogsequenzen bilden wichtige Bestandteile eines Berichts oder einer Präsentation, um Anschaulichkeit zu vermitteln. Keinesfalls aber dürfen sie die Analyse ersetzen. Beispiele und Zitate dürfen nie für sich selbst stehen, selbst wenn es sich um Kernsätze handelt, sondern müssen als Illustrationen auf einen klar benannten Zusammenhang hinweisen.

h) Finale Kontrolle

Das Kontrollieren der vollzogenen Schritte ist in allen Phasen des Analyseprozesses wichtig, insbesondere hinsichtlich der Überprüfung der Stimmigkeit von Deutungen und Zusammenfassungen am Text oder der Aufzeichnung.

Besonders wichtig die Kontrolle am Ende des Prozesses. Obwohl die Versuchung nahe liegt, mit der Fertigstellung des ersten vollständigen Berichtentwurfs die eigentliche Arbeit als erfolgreich abgeschlossen zu betrachten, lohnt es sich in der Regel, selbstdiszipliniert weiter nach Optimierungsmöglichkeiten Ausschau zu halten. Die Kontrolle bezieht sich dabei auf zwei Ebenen: die formale und die inhaltliche.

Auf formaler Ebene sollte zunächst geprüft werden, ob sich kontinuierlich am roten Faden orientiert wurde und ob die Einteilung von Unterkapiteln, Zusammenfassungen und Illustrationen einheitlich etwa hinsichtlich der Formatierung und Platzierung ist. Der ganze Ergebnisbericht sollte mindestens einmal ohne Fokus auf Inhalte gesondert sorgfältig auf sprachlichen Ausdruck und Rechtschreibfehler durchgesehen werden. Bei Teamarbeiten ist es ratsam, diesen Schritt von mehreren am Projekt beteiligten Personen durchführen zu lassen, die Verantwortung für die Endredaktion aber eindeutig einem Teammitglied zu übertragen.

Besonders hohe innere Barrieren sind für die inhaltliche Überarbeitung zu überwinden, da zum ersten Mal ein vollständiger Berichtsentwurf vorliegt, in den man viel Zeit und sozusagen harte Arbeit gesteckt hat. Manchmal kann es gar Schmerzen auslösen, mühsam formulierte Absätze wieder löschen oder in stundenlanger Kleinarbeit aufgestellte Graphiken verändern zu müssen. Trotzdem sollte man vor diesen Schritten nicht zurück schrecken. Denn auch bei sorgfältiger Vorarbeit kann es vorkommen, dass sich durch im Vollzug der Ausformulierung des Berichts eigene Perspektiven derart verändert haben, dass einzelne Teilergebnisse im Sinne der Konsistenz und Stimmigkeit der Analyse umformuliert werden müssen. Dies sollte auf jeden Fall immer geprüft werden – und um nicht unter Druck zu geraten, sollte für diesen Schritt der finalen Kontrolle ausreichend Zeit eingeplant werden. Im Rahmen von Teamarbeiten ist es immer ratsam, eine erste Berichtsversion von Kollegen gegen lesen und kommentieren zu lassen. Anregungen sollten auf jeden Fall ernst genommen, aber auch nicht blind umgesetzt werden. Im Zweifelsfall sollten strittige Punkte ausführlich diskutiert werden – im Bemühen, Streitpunkte für ein erweitertes Verständnis und noch eindeutigere Formulierungen zu nutzen, sodass am Ende alle Teammitglieder mit der Endfassung zufrieden sind. Trotzdem sollte auch bezüglich inhaltlicher Entscheidungen eine Person benannt werden, welche die Verantwortung für die abschließenden Korrekturen übernimmt.

Diskussion: Gruppendynamik verstehen

7.1 Vorsicht Gruppendynamik?

In den vergangenen Abschnitten haben wir uns mit der Ablauflogik von Gruppen-diskussionen auseinander gesetzt und sind dabei mehrfach auf das Thema der Grup-pendynamik als besonderer Herausforderung gestoßen. Wie Gruppendynamik bei der Konzeptualisierung des Projekts und bei der Erstellung des Leitfadens antizipiert werden sollte, haben wir ebenso behandelt wie den Umgang mit ihr im Verlauf von Moderations- und Auswertungsprozessen. An dieser Stelle nun wollen wir uns un-abhängig von einzelnen Phasen noch einmal ausführlich mit der Bedeutung von Gruppendynamik für Gruppendiskussionen beschäftigen und diskutieren, inwiefern dadurch die Aussagekraft der Methode Gruppendiskussionen beeinträchtigt oder im Gegenteil geradezu begründet wird. Im Bild: Stellt die Dynamik in Gruppen eher eine Fall- oder Goldgrube der Erkenntnis dar?

Die Erörterung dieser Fragestellung beginnen wir einer kritischen Betrachtung auf Gruppendiskussionen. Kritik wird nicht nur von Wissenschaftlern zum Ausdruck gebracht, sondern auch von Praktikern, die im Rahmen ihrer Tätigkeit mit Gruppen-diskussionen in Kontakt gekommen sind. Dies geschieht zum Teil auf sehr kreative und zugleich einprägsame Art und Weise. Bevor wir systematisch Kritikpunkte zu-sammen tragen und aus sozialpsychologischer Perspektive in ihrer Bedeutung be-werten, deshalb ein paar Beispiele kritischer Kreativität gegeben werden, auf die wir im Laufe der folgenden Diskussion wiederholt Bezug nehmen werden. Zu-nächst versetzt uns ein von der Agentur draftfcb und Jo!Schmid produziertes und im Jahr 2008 vom Verband Deutscher Werbefilmproduzenten für einen VDW Award (,Werbefilm-Oscar') für das beste Script nominiertes Video in die Steinzeit zurück – in eine imaginierte Frühphase, in der weder das Rad, noch das Feuer bereits erfunden bzw. entdeckt waren.

Abbildung 3   Screenshot aus dem Film „Stone & Stone Fire"[45]

Auf einem Stein sehen wir eingemeißelt die Inschrift „Test Institute – Stone &
Stone" Aus dem Off hören wir die Stimme des Moderators: „Thank you for your
time and welcome to our focus group." Als Beobachter sind wir eingeladen,
einen Konzepttest mit einer Mini-Gruppe zu verfolgen, die von einem imaginierten halbnackten Steinzeit-Moderator geleitet wird, der sehr auf Freundlich-
keit bedacht ist. Die Diskussion beginnt mit der Präsentation des Grundreizes.
Die Grundidee von Feuer soll auf ihre Akzeptanz und Relevanz hin getestet werden. Dazu zeigt der Moderator eine in Stein gehauene Zeichnung ein paar roter
Flammen. Außerdem gibt er den Teilnehmern zu Beginn der Diskussion in ein
paar Sätzen eine kurze Einführung, wie man sich das Feuer vorstellen könne: Gemäß der Entwickler könne Feuer zum Kochen genutzt werden, als Wärmequelle
und um wilde Tiere zu verscheuchen. Damit wird der Spielball den Teilnehmern
zugespielt: „Your thoughts?" Es folgt eine wenige Minuten dauernde Diskussion
zwischen insgesamt drei männlichen Teilnehmern, die leicht bekleidet auf einem
Stein in der freien Natur sitzen und nach einer Bewertung ringen. Bereits durch
die erste Äußerung von einem der Teilnehmer wird die Diskussion in eine ablehnende Richtung bewegt. „Mein erster Eindruck ist: Es sieht gefährlich aus!",
gibt Teilnehmer 1 sichtlich bewegt zum Ausdruck. Teilnehmer 2 und 3 nicken zu-
stimmend. Teilnehmer 1 geht sogar noch weiter: „Und wenn es heiß wird, könnte es Verbrennungen bewirken." Teilnehmer 3 gibt daraufhin ein erschrocken
mitfühlendes „Ja…" zum Besten, ehe er die Ebene der Diskussion auf Design-
Aspekte lenkt: Es sehe so asymmetrisch aus. Währenddessen zeigt Teilnehmer 2
wenig Interesse am Gespräch und beschäftigt sich lieber mit Rückständen in sei-

45 Dieser Film kann bei Youtube unter der folgenden Adresse abgerufen werden: http://www.youtube.
    com/watch?v=ku4.UgwolQ4Q [letzter Zugriff: 09.04.2011]

ner Nase. Eine Gesprächspause nutzt Teilnehmer 1, um sich an den Moderator zu wenden: „Wie kann man es ausschalten?", fragt er. Der Moderator hält sich zurück und lässt der Diskussion freien Lauf. Er beantwortet lediglich kurz die Frage, dass man kaltes Wasser rauf kippen müsse, um das Feuer zum Erlöschen zu bringen. Teilnehmer 2 entscheidet sich nun, doch aktiv am Gespräch teilzunehmen und bringt die Diskussion wieder zurück auf Designfragen. Er wisse nicht so recht, was er von der roten Farbe zu halten habe. Diese erinnere ihn an Blut – und wenn er an Blut denke, habe er sofort den Tod vor Augen. Eine kurze betretene Pause entsteht. Teilnehmer 2 ist es gelungen, die anderen beiden sichtlich zu beeindrucken und knüpft weiter an seiner Assoziationskette: Und wenn er an den Tod denke, erinnere er sich sofort an die ewige Unterwelt. Das Konzept ‚rotes Feuer' ist damit durchgefallen. Die Gruppe ist sich in ihrer Ablehnung einig und bemüht sich um die Ausarbeitung kreativer Optimierungsvorschläge. Ob es das Feuer nicht auch in Grün gebe, fragt Teilnehmer 2 den Moderator, der sich erneut in seine Rolle als Antwortmaschine fügt und die Frage mit einem kurzen „kein Grün" beantwortet. Teilnehmer 1 regt ein kaltes Feuer an, von dem keine Verbrennungsgefahr ausgehe – begleitet von nachdrücklicher Zustimmung durch Teilnehmer 3: „I would buy one of those." Damit ist die Gruppendiskussion beendet – und als Zuschauer haben wir gelernt, welcher Segen es war, dass das Feuer vor der Gruppendiskussion entdeckt wurde. Denn, wie uns im Film mit weißer Schrift auf schwarzem Grund verdeutlicht wird: „Killing good ideas can harm your future." Am Ende folgt noch ein Schwenk zu den Teilnehmern, die sich auf dem Nachhauseweg auf Trampelpfaden über die Berge noch mal über die Gruppendiskussion austauschen und gemeinsam darüber lachen, was für „Müll" sich die Leute immer wieder ausdenken.

Der Film vermittelt das eindringliche Bild von Gruppendiskussionen als Kreativitätskiller. Sie erscheinen eher gefährlich denn als hilfreich, weil sie verhindern, dass bahnbrechende neue Ideen in ihrem Potenzial verstanden werden. In die gleiche Kerbe schlägt Frederic Beigbeder in seinem Roman „39,90". In diesem vieldiskutierten Werk rechnet der ehemalige Werbetexter Beigbeder in sehr drastischen Worten mit der Werbebranche und ihrer Funktion in der Gesellschaft ab – und widmet sich, wenn auch eher am Rande, auch explizit der qualitativen Marktforschung – aus der Perspektive des Erzählers Octave Parango, der bei einer Pariser Werbeagentur arbeitet:

Den Rahmen bildet ein Meeting, in dem es um die Wirkung einer potenziellen neuen Werbekampagne geht. Diese wurde mittels einer qualitativen Marktforschungsstudie getestet. Der Produktmanager bemängelt eine kritische Gesamtwahrnehmung durch die Befragten und macht sie zum Ausgangspunkt für die Ablehnung des Entwurfs gegenüber der Media-Agentur, die sie entworfen hat:

„Zwanzig Käuferinnen wurden befragt, und sie haben von Ihren Spinnereien kein Wort begriffen: Text-Erinnerungswert null. Was sie wollen, ist Info, sie wollen das Produkt und den Preis sehen, Punkt, Ende. Und wo bleibt mein Key Visual? Ihre kreativen Ideen sind ja ganz nett, aber ich stehe im Wettbewerb, ich brauche etwas, das man in Aktionen am Selling Point umsetzen kann! […]"
Ich tat mein Bestes, um die Contenance zu wahren.
„Darf ich Ihnen eine Frage stellen, Monsieur? Wie wollen Sie eigentlich Konsumentinnen überraschen, wenn Sie sie vorher nach Ihrer Meinung fragen? Fragen Sie Ihre Frau auch, womit sie zum Geburtstag überrascht werden möchte?"
(Beigbeder 2001: 32)

Qualitative Marktforschung, so ist die Botschaft, vermag es nicht, neue Akzente zu setzen oder Innovationen anzuregen. Stattdessen werde ganz im Gegenteil nur der Status Quo reproduziert. Denn eine Veränderung hin zum Besseren werde nicht gefördert, sondern behindert, indem nur bereits etablierte Denkweisen und Wahrnehmungsmuster zu Tage gefördert würden – und nicht das, was in Zukunft sein könnte. Marktforschung insgesamt – Gruppendiskussionen im Besonderen – erscheinen aus einer derartigen Perspektive als Wegbereiter konservativer oder gar reaktionärer Wirkkräfte:

> „Big Brother is not watching you, Big Brother is testing you. Der Marktforschungsfetischismus ist purer Konservatismus. Eine Abtretung. Kein Angebot, das Ihnen WOMÖGLICH nicht gefallen könnte. So wird jede Innovation, Originalität, Kreativität und Rebellion erstickt. Daraus ergibt sich alles Weitere. Unsere geklonten Existenzen … unsere mechanische Stumpfheit … die Isolation der Menschen … die betäubende Hässlichkeit allenthalben … Nein, das ist keine harmlose Besprechung. Es ist das Ende der Welt in Bewegung. Man kann die Welt nicht verändern, wenn man sich ihr unterwirft." (Beigbeder 2001: 36)

Indem die Meinung einer Gruppe von Konsumenten zum Maßstab für Entscheidungen gemacht werde, werde die auf Experten-Kompetenz beruhende Führerschaft von Entwicklern aus der Hand gegeben. Oder in den Worten Beigbeders (2001: 36): *„Das Orchester dirigiert den Dirigenten."*

Im Folgenden wollen wir uns ausführlicher mit der Kritik an Gruppendiskussionen auseinander setzen, um die Bedeutung von Gruppendynamik für ihr Potenzial auszuloten.

Dafür werden wir uns im nächsten Abschnitt (Kapitel 7.2) zunächst mit theoretischen Grundlagen von Gruppendynamik aus sozialpsychologischer Perspektive beschäftigen. Im Anschluss diskutieren wir die beiden grundlegenden Kritikpunkte, die Gruppendiskussionen im Zusammenhang mit der inne wohnenden Dynamik entgegen gebracht werden: zunächst das Argument der Verflachung (Kapitel 7.3) und im Anschluss die Kritik der Verzerrung (Kapitel 7.4) der Diskussion. Am Ende kommen wir noch einmal auf die Ausgangsfrage zurück und ziehen ein Fazit zur Bedeutung von und zum angemessenen Umgang mit Gruppendynamik im Rahmen von Gruppendiskussionen (Kapitel 7.5).

7.2 Sozialpsychologische Perspektiven auf Gruppendynamik

7.2.1 Status Quo der Forschung

Das Gruppengeschehen wird durch die Interaktion der Gruppenmitglieder miteinander bestimmt. Umso mehr ist mit Margrit Schreier (2010: 224) zu beklagen, dass eine „systematische Erforschung der Art und Weise, wie sich die Gruppendynamik auf den Verlauf der Gruppendiskussion auswirkt", bislang weitgehend fehlt.

Einen Anknüpfungspunkt bietet die umfangreich betriebene sozialpsychologische Forschung zu Gruppenprozessen, welche aber häufig auf experimentellen Designs beruht und von einem Verständnis von Gruppe ausgeht, das nicht deckungsgleich mit dem einer Gruppendiskussion ist. Insofern kann es nicht ohne weiteres übertragen werden kann. Denn um eine größtmögliche Reliabilität zu sichern, finden diese Experimente idealerweise unter Laborbedingungen statt, um verschiedene Einflussfaktoren so gut wie möglich unter Kontrolle zu halten. Abgesehen von auch innerhalb der Sozialpsychologie deutlich werdender Kritik an der Methode des Experiments (vgl. Reicher/Hopkins 2001; Tuffin 2005), gibt es vier in Bezug auf die Übertragbarkeit der Ergebnisse kritisch herauszuhebende Faktoren[46]:

---

46 Dieses Problem wird zum Teil sogar in jüngeren sozialpsychologischen Handbüchern erfasst, allerdings ohne dass dies bislang zu einer grundsätzlichen Neuorientierung sozialpsychologischer Forschung geführt hätte. Zum Beispiel merkt Sader (2002: 40) an: „Da die weitaus meisten empirischen und experimentellen Befunde der Gruppenforschung von kleinen und sehr kleinen Laborgruppen stammen, die nur für diese Experimente rasch zusammengetrommelt worden sind, liegt es nahe, bei Diskussionen über Gruppen, Gruppengeschehen und Handeln in Gruppen von einem solchen vereinfachten Denkmodell auszugehen: zwei bis sechs Teilnehmer, ohne Vorgeschichte und ohne raumzeitlichen Kontext. Ich möchte auf diese naheliegende Tendenz zur Vereinfachung, die häufig ein schiefes Bild von dem faktischen Gruppengeschehen vermittelt, wenigstens hinweisen."

a) Andere Teilnehmer-Strukturen und Teilnehmer-Rollen

Die Teilnehmer an Gruppen-Experimenten werden häufig im Unklaren gelassen, worum es wirklich geht. Sie werden als Versuchspersonen aufgefasst. Dies hat natürlich große Auswirkungen auf deren Motivation sowie ihren Versuch, die Gruppensituation sinnhaft zu interpretieren. Auch individuelle Strategien, wie man sich vor den anderen gibt sowie wie man mit ihnen in Wechselwirkung tritt, sind von dem Wissen beeinflusst, worum es eigentlich geht. Bei einer Gruppendiskussion hingegen werden die Teilnehmer im Vorfeld über die Hintergründe und Ziele der Studie aufgeklärt. Auch die Motivation der Teilnahme ist eine andere. So kritisieren beispielsweise Sader (2002: 22) wie Bortz/Döring (2006: 74 f.), dass ein zu hoher Anteil experimenteller Forschung mit Studenten durchgeführt wird – zum Teil sogar mit Psychologiestudenten, die an der Forschung teilnehmen müssen, um einen Leistungs-Schein zu erwerben. Das Spektrum der Teilnehmer an einer Gruppendiskussion ist dagegen deutlich breiter, die Auswahl erfolgt anhand strenger und fein definierter Kriterien (vgl. Kapitel 3) und die Teilnahme ist freiwillig.

b) Vernachlässigung subjektiver Interpretationsprozesse der Teilnehmer während des Gruppengeschehens

Sader (2002: 43) kritisiert, dass in der Sozialpsychologie die Unterscheidung zwischen dem Objektiven und Phänomenalen weitgehend ignoriert werde. Wenn er vom „Phänomenalen" spricht, lehnt er sich an einen von Wolfgang Metzger (1975) entwickelten Begriff an, der zum Ausdruck bringt, dass Menschen sich die Wirklichkeit auf der Grundlage ihrer Erlebnisse konstruieren. Experimente werden i. d. R. aus der Perspektive des nomothetischen Forschungs-Paradigmas durchgeführt, der zu Folge es darum geht, möglichst objektive Gesetzmäßigkeiten aufzudecken. Qualitative Forschung, zu der Gruppendiskussionen zählen, entsprechen diesem Paradigma nicht, weil sie von einem alternativen Grundverständnis ausgehen: Dass wir verstehen müssen, wie Menschen die Welt interpretieren, was sie wahrnehmen und wie sie diese Wahrnehmungen mit Sinn verbinden (vgl. Kapitel 2.3). Bezogen auf die Gruppen-Situation bedeutet das: Es reicht nicht aus, bloß zu beobachten, wie verschiedene Individuen interagieren, um auf der Grundlage wiederholter Beobachtungen Regeln abzuleiten. Wir müssen uns stattdessen darum bemühen zu verstehen, wie die Teilnehmer mit der Situation umgehen, Mitglied einer Gruppe zu sein und was dies für ihr Auftreten in dieser Situation bedeutet. Das heißt zugleich, der Bedeutungsoffenheit von Sprache gerecht zu werden. Viele der Ausdrücke, die uns auf den ersten Blick ganz selbstverständlich erscheinen, können doch ganz unterschiedlich interpretiert und in ganz verschiedenen Kontexten verwandt werden (vgl. Kapitel 6). Zusammenfassend lässt sich festhalten, dass das subjektive Erleben der Situation und das daran gebundene Handeln im Kontext von Gruppendiskussionen stärker einbezogen werden muss als dies im Rahmen experimenteller Gruppenforschung in der Regel der Fall ist.

c) Fehlende Würdigung der Moderatoren-Rolle

Gruppen werden im experimentellen Kontext als vornehmlich durch die Teilnehmer gebildete selbstorganisierte Einheiten aufgefasst, bei denen jeder Eingriff von außen als eine Störung aufgefasst und welche die Reliabilität der Forschung gefährden würde. Wenn es einen Versuchsleiter gibt, um etwa die Bedeutung eines autoritären Führungsstils ermessen zu können, gibt es für diesen ganz klare und deutlich zu befolgende Handlungsanweisungen, um die Reproduzierbarkeit des Settings zu gewährleisten. Eine derartige Gruppen-Situation wird aber nicht im mindesten einer Gruppendiskussion gerecht, bei der ein Moderator Teil der Gruppe ist und auf unterschiedliche Art und Weise in das Gruppengeschehen eingreifen kann. Die Bedeutung unterschiedlicher Interventionsmöglichkeiten des Moderators in das Gruppengeschehen für den Verlauf von Gruppendiskussionen ist bislang nicht hinreichend zum Thema von Forschung gemacht worden.

d) Andere zeitliche und räumliche Kontexte

Manche Gruppen-Experimente dauern nur einige Minuten, andere mehrere Tage oder gar Wochen. Manche haben feste zeitliche Rahmenbedingungen, andere sind hinsichtlich der zur Verfügung stehenden Zeit offen. Auch der Ort, an dem sich Gruppen zusammen finden, variiert stark. Dagegen gibt es bei Gruppendiskussionen klare Vorgaben hinsichtlich der Zeit und des Orts, die jeweils im Vorfeld kommuniziert werden. Aufgrund des zeitlich gänzlich unterschiedlichen Settings sind auch Forschungsergebnisse, die nicht anhand von experimentellen Gruppen-Settings, sondern auf der Basis von realen Gruppen, die über Wochen und Monate bestanden, entwickelt wurden, nicht ohne weiteres auf die Gruppendiskussion übertragbar. Insbesondere sozialpsychologische Forschung zu Gruppendynamik bezieht sich auf derartige Gruppen (wie z. B. Ausbildungs-, Selbsthilfe- oder Trainingsgruppen, vgl. dazu z. B. Stahl 2002; König/Schattenhofer 2010; Antons/Amann/Clausen 2004).

Mit dieser Gegenüberstellung soll verdeutlicht werden, dass der gegenwärtige Status Quo sozialpsychologischer Gruppenforschung nicht als derart fortgeschritten angesehen werden könnte, dass man daraus zentrale Anforderungen an die Durchführung und Auswertung von Gruppendiskussionen entnehmen könnte. Im Gegenteil:

> Gruppendiskussionen selbst sind bislang viel zu selten zum Gegenstand der Forschung gemacht wurden.

Für Wissenschaftler bietet sich geradezu ein Eldorado für zukünftige Grundlagenforschung, für welche gerade auch der Marktforschungskontext als eine reichhaltige Quelle betrachtet werden könnte, weil hier zahlreiche Gruppendiskussionen durchgeführt werden, die sich jenseits des jeweiligen Forschungsthemas z. B. hinsichtlich der Bedeutung des Moderators für das Gruppengeschehen auswerten lassen könnten (Kühn 2004).

Die zweite Schlussfolgerung ist für dieses Praxis-Handbuchs noch relevanter: Sozialpsychologische Gruppen-Forschung kann zumindest gegenwärtig und auf absehbare Zeit nicht als Betriebsanleitung für Gruppendiskussionen fungieren.

Trotzdem sollten die sozialpsychologischen Forschungen nicht im Umkehrschluss einfach ignoriert werden[47]. Denn das hieße, einen gesamten Forschungskomplex außer Acht zu lassen, in dem seit Jahrzehnten zahlreiche Studien durchgeführt wurden. Eine Lösung sehen wir darin, sich mit der sozialpsychologischen Gruppenforschung auseinanderzusetzen, um sich für verschiedene Gruppen auftretende Phänomene zu sensibilisieren und ein erweitertes Problembewusstsein zu entwickeln, dass für die Durchführung und Analyse von Gruppendiskussionen hilfreich ist. Denn bei der Konzeptualisierung, Durchführung und Auswertung ist die Gruppen-Situation als ein Einflussfaktor auf getätigte Äußerungen auf jeden Fall zu berücksichtigen.

7.2.2 Verlaufsmodelle von Gruppendiskussionen und Gruppenprozessen

Bereits in den vorangegangenen Abschnitten haben wir auf den prozesshaften Verlauf von Gruppendiskussionen, der im mehreren Phasen verläuft, hingewiesen. Zum Beispiel bestehen am Anfang der Diskussion noch kein festes Rollengefüge, eine weniger vertrauliche Atmosphäre und noch keine Mehrheiten- oder Minderheitenpositionen, während am Ende der Diskussion die Teilnehmer die Positionen und Rollen der anderen bereits kennen.

In der Sozialpsychologie gibt es verschiedene Modelle, die den idealtypischen Verlauf von Gruppenprozessen beschreiben. Allerdings gibt es nur ein einziges verbreitetes Verlaufsmodell, das sich explizit auf Gruppendiskussionen bezieht. Friedrich Pollock hat es 1955 in Anlehnung an eine Dissertation durch Volker von Hagen (1954) als sogenanntes „Integrationskontinuum" entwickelt – auf der Basis einer groß angelegten Studie mit Gruppenexperimenten im Kontext der Frankfurter Schule (vgl. Kapitel 8.1). Dem Modell zufolge verläuft eine Gruppendiskussion idealtypisch in fünf

---

47 Allerdings ist diese wechselseitige Missachtung in der Literatur zu Gruppendiskussionen und zur Sozialpsychologie der Gruppe bisher eher die Regel als die Ausnahme. Pionierarbeit hat diesbezüglich Swantje Heikenwälder (2007) in einer umfangreichen, bislang leider nicht in Buchform veröffentlichten Diplomarbeit geleistet, in der sie zentrale Ergebnisse sozialpsychologischer Forschung zu Gruppen zusammenfasst und eine Verbindung zur Praxis der Marktforschung herstellt. Sie unterstreicht die These des Nebeneinanders der beiden Stränge: „Generell hat es den Anschein, als ob die Gruppendiskussion der Marktforschung völlig losgelöst von den Forschungsaktivitäten der Sozialpsychologie existiert und umgekehrt diese auch recht wenig die Gruppendiskussionen in der Marktforschung näher betrachten" (ebd.: 53). Die Praxis der Gruppendiskussionen stellt ihr zufolge bislang einen blinden Fleck sozialpsychologischer Forschung dar: „Gruppendiskussionen in der Marktforschung werden sehr oft und weit verbreitet eingesetzt, in der Forschung der Sozialpsychologie werden sie jedoch nicht explizit berücksichtigt. Vielmehr beschäftigt die Sozialpsychologie sich mit Projektgruppen, Teams und Arbeitsgruppen die in Unternehmen zum Einsatz kommen" (ebd.: 27).

Phasen. Manfred Nießen (1977) knüpfte an dieses Modell an und ergänzte es noch um eine sechste Phase (vgl. zusammenfassend Lamnek 2005: 133 ff.). In Tab. 19 wird das Modell zusammenfassend vorgestellt:

Tabelle 19 Verlaufsmodell von Gruppendiskussionen nach Pollock/Nießen

Diskussionphase	Erscheinungsform	Ursachen
I) Fremdheit	Vorsichtige Wendungen; Unverbindlichkeit; Rückversicherung	Unsichere, weil fremde Situation; Aushandeln der ‚Definition‘
II) Orientierung	Vorführen; stimulierende und provokative Äußerungen	Wunsch nach Gewissheit; Suche nach Gemeinsamkeiten
III) Anpassung	Rücksichtnahme auf vorhergegangene Äußerungen; Nachreden	Bedürfnis nach Zustimmung; Freude an der Bestätigung eigener Meinungsdispositionen; Gruppe als ‚objektive Instanz‘
IV) Vertrautheit	Stellungnahme gegenüber anderen Gruppenmitgliedern; übereinstimmende Aussagen; ergänzende Zwischenrufe: Konsens	Bekanntsein der Einstellungen der Gruppenmitglieder; Wohlbehagen im Kollektiv; Furcht vor Isolierung
V) Konformität	Einheitliche Gruppenmeinung; kein Abweichen Einzelner; ‚Monologe‘, Zurückfallen auf bestimmte Themen; Parteinahme gegen Außenseiter; Abwehr von Führungsversuchen; Vertuschen von Entgleisungen	Ansteckung; ‚Gruppensuggestion‘; Identifizierung; Sorge um den Zusammenhalt der Gruppe
VI) Abklingen der Diskussion	Abklingen der Spannung; Nachlassen der Intensität der Diskussion; Unaufmerksamkeit; Wiederholungen	Genügen an der hergestellten Konformität; Ermüdung

zitiert nach Pollock et al. (1955)/Nießen (1977), aufbereitet von Spöhring (1989: 223) und Lamnek (2005: 134)

Aus der Reflexion unserer eigenen Praxiserfahrungen spricht viel dafür, dass es je nach Gruppe und Thema zu ganz unterschiedlichen Ablaufphasen in einer Gruppe kommen kann, die nicht immer diesem Modell entsprechen. Aus wissenschaftlicher Perspektive ist zu kritisieren, dass die empirische Basis für dieses Modell keineswegs zufriedenstellend ist, denn die Relevanz der verschiedenen Phasen und ihrer Ablauflogik für Gruppendiskussionen in verschiedenen Kontexten ist nicht hinreichend erforscht, geschweige denn theoretisch begründet worden.

Deshalb sollte das Pollocksche Modell nicht als allgemeingültiger Orientierungsrahmen für die Konzeptualisierung, Moderation und Auswertung von Gruppendiskussionen gelten. Insbesondere wenn man bedenkt, dass das von Pollock entwickelte
Modell inzwischen über 50 Jahre alt ist und seitdem keine systematische Forschung
betrieben wurde, um das Modell zu überprüfen und ggf. zu differenzieren, ist Vorsicht bei der Verwendung geboten. Auf gar keinen Fall sollte es eine Norm für eine
gelungene Gruppendiskussion darstellen – sei es als normative Folie für die Leitfadenentwicklung, Moderation oder Auswertung.

Um ein erweitertes Verständnis von dynamischen Prozessen im Rahmen von Gruppendiskussionen zu erlangen und über den Vergleich mit alternativen Modellen
Rückschlüsse auf die Bedeutung von Gruppendynamik zu ziehen, ist es deshalb notwendig, sich mit sozialpsychologisch fundierten Modellen von Gruppenprozessen in
breiteren Kontexten als einer Gruppendiskussion zu beschäftigen.
    Nicht nur im Sinne eines theoretischen Hintergrundverständnisses von Gruppen-
dynamik, sondern auch für die eigene Sensibilisierung als Moderator und Auswertender ist diese Auseinandersetzung mit verbreiteten Phasen-Modellen von Gruppenprozessen ratsam. Wichtig ist jedoch, die Modelle als idealtypisch zu begreifen,
das heißt, sie als ein zugespitztes Bild der Wirklichkeit zu verstehen, welches Orientierung vermitteln, aber nicht einschränken soll[48]. Durch das Verständnis verschiedener idealtypischer Phasen wird beispielsweise deutlich, wann es sinnvoll ist, wichtige
thematische Aspekte im Laufe der Moderation wiederholt aufzugreifen und aus einer
anderen Perspektive zu diskutieren, weil die einer Phase zugrunde liegende Gruppendynamik die Art und Weise der Erörterung bestimmter Themen beeinflusst.
    Wir werden uns deshalb im Folgenden uns kurz mit zwei führenden sozialpsy-
chologischen Verlaufsmodellen von Gruppenprozessen beschäftigen, die von Bruce
Tuckman (1965) und Richard Caple (1978) entwickelt wurden. Nach einer zusammenfassenden Darstellung werden im Vergleich mit dem Pollockschen Modell Gemeinsamkeiten und Unterschiede heraus gearbeitet, welche uns den Weg für die weitere Auseinandersetzung mit Dynamik im Rahmen von Gruppendiskussionen weisen
sollen.

---

48 Ähnlich argumentiert Wolfgang Rechtien (2003: 109): „Phasenmodelle besitzen eine erhebliche An-
    ziehungskraft – gleich ob sie sich auf Individuen oder Gruppen beziehen – stoßen aber auch auf
    – berechtigte – Vorbehalte. Dennoch haben sie bei kritischer Nutzung heuristischen Wert für die
    Analyse von Entwicklungsprozessen." Daran anknüpfend betonen wir, dass in der Moderations- und
    Auswertungspraxis keinesfalls zwanghaft versucht werden sollte, die jeweilige Frage und Antwort
    einem derartigen idealtypischen Modell zuzuordnen. Auf keinen Fall dürfen durch die Orientierung
    an einem fixen Verlaufs-Modell die Grundprinzipien von Offenheit und gleichschwebender Auf-
    merksamkeit durch Moderator und Auswertende verletzt werden.

Wenn verschiedene Teilnehmer zu einer Diskussionsrunde eingeladen werden, bildet sich eine Gruppe, die in gewisser Hinsicht eine Aufgabe zu erbringen hat: nämlich die möglichst viel Licht ins Dunkel eines im Mittelpunkt stehenden Forschungsgebiets zu bringen. Aus dieser Perspektive gibt es große Analogien zur Gruppe als Team, weshalb an dieser Stelle kurz das Verlaufsmodell von Tuckman (1965) eingeführt werden soll, das verschiedene Phasen der Teambildung unterscheidet (vgl. Tab. 20).

Tabelle 20   Verlaufsmodell von Gruppenprozessen nach Tuckman

1. *Forming:* Orientierungsphase (Erste Rollenfindung, vorsichtiges Abtasten, Höflichkeit, Zurückhalten, erstes Kennenlernen);
2. *Storming:* Konfrontationsphase (Machtkämpfe, Auseinandersetzung, Konflikte, Rollen werden ausgehandelt);
3. *Norming:* Regelphase (Gruppennormen und Wir-Gefühl werden etabliert);
4. *Performing:* Arbeits- und Leistungsphase (vor dem Hintergrund gefundener Rollen und Normen höchste Konzentration auf Auseinandersetzung mit thematischen Inhalten, Offenheit, Vertrauen);
5. *Adjourning:* Auflösungsphase (nach Vollendung der Aufgaben kann es zu sinkender Motivation kommen, Wir-Orientierung kann an Bedeutung verlieren).

Auch nach Caple (1978) sind fünf Stufen charakteristisch für die Entwicklung des Gruppengeschehens: a) Orientierungsstadium, b) Konfliktstadium, c) Integrationsstadium, d) Leistungsstadium, e) Stabilisierungsstadium (vgl. Thomas 1992: 78 f. für eine ausführlichere Darstellung).

Im Vergleich der oben aufgeführten Modelle lassen sich zahlreiche Überschneidungen herausarbeiten:

Dass bei der Moderation von Gruppenprozessen verschiedene Phasen zu berücksichtigen sind, ist unbestritten. Als kleinster gemeinsamer Nenner aller Modelle kann die Zusammenfassung durch Seifert (2003: 85) angesehen werden, dass eine *Eröffnungsphase,* eine Phase der *Themenbearbeitung* und eine Phase des *Abschließens* gibt. In unterschiedlicher Art und Weise werden im Rahmen der verschiedenen Modelle darüber hinaus Phasen unterschieden, in denen es insbesondere um die Themen Entwicklung der *Rollenverteilung,* Entstehung von *Konformität* und Umgang mit *Konflikten* geht.

Am Anfang muss sich die Gruppe erst einmal finden. Aufwärm- und Kennenlernprozesse stehen im Vordergrund, die Bereitschaft sich zu öffnen ist zunächst noch gering. Nach der Überwindung der ersten Fremdheit werden Konflikte genutzt, um sich seine eigene Position in der Gruppe aufzubauen und sich seines Status zu vergewissern. Eine Phase von Integration bzw. Anpassung führen dazu, dass es zu Vertrautheit kommt und die Gruppe das höchste Leistungspotenzial entwickelt. Im weiteren Verlauf gibt es verstärkt Tendenzen zu Konformität und Konsensstreben, ehe das Ende der Gruppendiskussion immer mehr in den Mittelpunkt des Bewusstseins der Teilnehmer tritt.

Neben diesen Gemeinsamkeiten finden sich auch einige interessante Unterschiede: Während in den Modellen von Caple sowie von Tuckman Konflikte stärker betont werden, wird bei Pollock eher die Entwicklung von Konformität in den Mittelpunkt gerückt. Nach Pollock ist eine Phase der Konformität Bestandteil eines idealtypischen Verlaufs, während etwa Caple von Integration und Leistungsstadium spricht.

Bereits dieser exemplarische Vergleich dreier Modelle soll verdeutlichen, dass diese auf gar keinen Fall als allgemeingültig und verbindlich angesehen werden dürfen. Wichtig ist es dagegen, sich immer wieder bewusst zu machen, wie verschieden die Dynamik in unterschiedlichen Gruppen verlaufen kann und sie deshalb immer wieder für jede Gruppendiskussion aufs Neue rekonstruiert werden muss, ohne sie in eine Schablone zu pressen. Trotzdem sollte man das in den Modellen gebündelte heuristische Erfahrungswissen zum Verlauf von Gruppendiskussionen nicht im Umkehrschluss gänzlich ignorieren.

Wir schlagen daher ein eigenes heuristisches Alternativmodell vor, bei dem verschiedene Phasen konsequent miteinander verschränkt gesehen werden. Dabei knüpfen wir an Überlegungen von Wendy Gordon (1999) an. Sie betont, dass im Rahmen einer Gruppendiskussion in der Regel kein chronologischer Verlauf einzelner Phasen zu beobachten ist, sondern dass statt dessen einzelne Phasen mehrfach durchlaufen werden. Das heißt z. B., dass es im Rahmen von Gruppendiskussionen wiederholt zu Phasen des ‚Storming‘ kommen kann. Unserer Erfahrung treten die in den diskutierten Modellen aufgezeichneten Phasen selten in Reinform, sondern in der Regel miteinander verschränkt auf. Insbesondere die Annahme einer eigenständigen ‚Norming‘-Phase, die im Anschluss an eine ‚Forming‘ und ‚Storming‘-Phase einsetzt, wird der Tatsache nicht gerecht, dass bereits durch die Einleitung des Moderators und die Art und Weise, wie Gruppendiskussionsteilnehmer in der Orientierungsphase auftreten, wichtige Gruppennormen vermittelt und kontinuierlich entwickelt werden.

Idealtypisch unterscheiden wir deshalb den Verlauf einer Gruppendiskussion in folgenden miteinander verschränkten Phasen (vgl. Tabelle 21). Eine ausführliche tabellarische Erläuterung dieses Modells und damit verbundener Implikationen für die Moderation findet sich im Anhang.

Tabelle 21   Vorschlag für ein heuristisches Verlaufsmodell von Gruppendiskussionen

1. Phase: *Forming* und Norming – Fremdheit und Orientierung,
2. Phase: Storming und Norming – Orientierung, Konflikt und Anpassung,
3. Phase: Performing und Norming – Vetrautheit und Konformität,
4. Phase: Storming und Performing – Vertrautheit und Vertiefung,
5. Phase: Mourning – Abklingen.

7.3 Gruppendynamik im Spannungsfeld von Verflachung und Vertiefung

7.3.1 Oberflächlichkeit und Anregungen im Diskussionsprozess

Ein Vorteil der Gruppendiskussion wird darin gesehen, dass Teilnehmer sich gegenseitig anregen, im gemeinsamen Austausch Ansichten vertiefen und kreative Lösungs- oder Optimierungsvorschläge entwickeln. Wenn mehrere Menschen gemeinsam über ein Thema diskutieren, wird bei einem günstigen Verlauf der Gruppendiskussion der Facettenreichtum eines Themas besser erfasst als dies bei einem Einzelinterview der Fall wäre (vgl. Kromrey 1986; Lamnek 2005; Blank 2007; Schreier 2010). Kritiker wie z. B. Michael Koschate (2005) wenden dagegen ein, dass das Leistungspotenzial von Gruppendiskussionen überschätzt werde – und dass Gruppendiskussionen im Gegenteil häufig eher zu Oberflächlichkeit und einer Verflachung der Diskussion führen könnten.

Unter Bezugnahme auf sozialpsychologische Gruppenforschung und Beiträge, die sich explizit mit der Gruppendiskussion als Methode auseinander setzen, wollen wir dieser Kritik weiter auf den Grund gehen. Helmut Kromrey (1986: 110 ff.) hat auf der Grundlage einer Literaturrecherche zusammengetragen, welche Vor- und Nachteile mit der Gruppendiskussion angeführt werden. Dort finden wir den Einwand, dass die Teilnehmer an einer Gruppendiskussion durch eine „quasi-öffentliche Atmosphäre" daran gehindert werden, private Meinungen und Erfahrungen zum Ausdruck zu bringen (Kromrey 1986: 112). Dies wird besonders bei Themenbereichen als relevant angesehen, welche mit sozialen Tabus und individuellen Schamgefühlen verbunden sind (vgl. Blank 2007: 285).

Je persönlicher ein Thema erlebt wird, desto größer ist die Gefahr, dass sich jemand in Gruppen diesbezüglich nicht öffnen wird, sodass Beiträge allenfalls auf einem sehr oberflächlichen Niveau abgegeben werden. Es gibt all diejenigen Barrieren, die auch im alltäglichen Leben die gemeinsame Diskussion erschweren – z. B. wenn es um sexuelle Vorlieben oder Krankheiten geht. Auch Situationen, die mit eigener Abhängigkeit, Unzulänglichkeit oder Schwäche in Verbindung gebracht werden, stellen eine besondere Herausforderung für eine Diskussion in der Gruppe dar, wie z. B. die Notwendigkeit eines Kredits zur Existenzsicherung.

Eine oberflächliche Diskussion wird von einigen Kritikern nicht nur mit bestimmten, heiklen Fragestellungen in Verbindung gebracht, sondern als generelle Konsequenz von Interaktionen in der Gruppe betrachtet. Im Vergleich zum Einzelinterview etwa stehe dem Einzelnen deutlich weniger Raum zur Verfügung, eigene Erfahrungen und damit verbundene Reflexionen, Erlebnisse und Emotionen zu schildern. Außerdem sei es immer wieder zu beobachten, dass einige Teilnehmer bei unliebsamen Themen oder von der Mehrheitsmeinung abweichenden Ansichten eher schweigen als durch einen eigenen kontroversen Beitrag für eine Vertiefung der Diskussion Verantwortung übernehmen. Koschate (2005) weist außerdem auf die Schwierigkeit hin, einem einzelnen thematischen Strang konsequent zu folgen, weil es durch das Hin und Her in der Gruppe zwischen verschiedenen Teilnehmern dazu kommen könne, dass mehrere thematische Stränge parallel verfolgt würden oder deutlich schneller als z. B. bei einem Einzelinterview zwischen verschiedenen Aspekten gesprungen werde.

Die folgende Tabelle 22 fasst die Argumente zusammen, welche unter Hinweis auf drohende Oberflächlichkeit das Leistungspotenzial von Gruppendiskussionen in Frage stellen.

Tabelle 22   Kritik am Leistungspotenzial von Gruppendiskussionen: Oberflächlichkeit

---

- Persönliche Erfahrungen werden angesichts einer wenig intimen Atmosphäre zurückgehalten.
- Bei heiklen und sozial tabuisierten Themen besteht die Gefahr einer oberflächlichen Diskussion.
- Beiträge bleiben oberflächlich, weil für den Einzelnen zu wenig Raum zur Verfügung steht, sich differenziert zu äußern.
- Oberflächlichkeit ist die Folge davon, dass die Diskussion zwischen verschiedenen Themen hin und her springt.

Kann man aus diesen nicht von der Hand zu weisenden Argumenten schließen, dass in Gruppendiskussionen zum Ausdruck gebrachte Ansichtsweisen notwendigerweise oberflächlicher sind als in Einzelinterviews gegebene Aussagen? Wir verneinen dies ausdrücklich. Denn erstens ist mit Kromrey (1986: 123) darauf hinzuweisen, dass gerade in Interviews Befragte sich unter Druck gesetzt fühlen können, auf jede Frage sofort eine Antwort geben zu müssen und in der Folge oberflächliche Stellungnahmen abgeben. Dagegen hat der Teilnehmer in einer Gruppendiskussion die Möglichkeit, „sich vor einer Äußerung so weit mit dem Thema vertraut zu machen, wie er es für notwendig hält" (Kromrey 1986: 123). Zweitens werden die Teilnehmer an einer Gruppendiskussion durch Ausführungen anderer Diskutanten dazu angeregt, ihre eigene Ansicht noch stärker auf den Punkt zu bringen, um Unterschiede und Gemeinsamkeiten aufzuzeigen. In diesem Sinne dienen die Diskussionsbeiträge anderer

Teilnehmer auch als Anstöße, um Schilderungen zu detaillieren und sich an wichtige Aspekte zu erinnern, die in einer ersten spontanen Antwort unter den Tisch gefallen wären. Generell führt die gemeinsame Diskussion eines Themas dazu, dass Sachverhalte aus verschiedenen Perspektiven umfassend erörtert werden (vgl. auch Kromrey 1986: 123).

> Die Frage ist eher, welches Ziel mit der eigenen Forschung verbunden ist: Wenn es darum geht, detailliert individuelle biographische Verläufe zu rekonstruieren oder persönliche Profile zu explorieren, bedarf es in der Regel mehr Raum für den Einzelnen als er im Rahmen einer Gruppendiskussion besteht. In diesem Fall ist das Einzelinterview die geeignetere Methode. Wenn es nicht um die Rekonstruktion individueller Profile, sondern um das Verstehen sozialer Gruppen, die Erfassung von Meinungsspektren oder die Analyse von Meinungsbildungsprozessen geht, sind Gruppendiskussionen eine sehr potenzialträchtige Methode.

Dass es dabei nicht zu einem ungeordneten Hin- und Herspringen zwischen verschiedenen thematischen Strängen kommt, kann durch einen guten Moderator sichergestellt werden. Gleichzeitig sollte dieser sensibel genug sein, um der Gruppe nicht eine im Vorfeld aufgestellte thematische Ordnung aufzudrängen. Denn gerade wenn es zu thematischen Sprüngen kommt, die auf den ersten Blick verwirrend wirken, ist damit ein wichtiger Erkenntnisgehalt für die Fragestellung verbunden.

Es ist nicht zwangsläufig der Fall, dass es im Rahmen von Gruppendiskussionen durch die weniger vertrauliche Atmosphäre bei heiklen Themen eher zu oberflächlichen Antworten kommt. Im Gegenteil gilt:

> Wenn es dem Moderator gelingt, eine akzeptierende, offene und vertrauensvolle Atmosphäre zu sichern, sind Gruppendiskussionen die ideale Methode, um Themen zu explorieren, die mit Scham und Tabus behaftet sind.

Denn indem die Teilnehmer erfahren, dass ihnen ein Ausdrucksraum geboten wird, den sie im Alltag in dieser Form nicht haben, brechen sozusagen auch die Barrieren ein, sich zurück halten zu müssen. Auch das Erlebnis, dass eigene Gedanken und Gefühle in gleicher oder ähnlicher Form auch andere bewegen, kann befreiend wirken und dazu führen, dass die Teilnehmer sich anderen gegenüber öffnen. Kromrey bringt dies treffend auf den Punkt:

> „Der Befragte soll sich seiner selbst sicher fühlen; die Teilnehmer stärken sich gegenseitig den Rücken; sie regen sich gegenseitig an, auch solche Vorstellungen zu äußern, die sie im Einzelinterview als zu privat und/oder zu unerheblich interpretieren und zurückhalten würden" (Kromrey 1986: 122).

Im Übrigen gilt auch hier: Wenn es einem geübten Moderator in dem einen oder anderen Fall nicht gelingt, dass die Teilnehmer einer Gruppendiskussion sich angesichts eines heiklen Themas öffnen und auf einer oberflächlichen Ebene bleiben, sollte die Gruppendiskussion nicht vorschnell als gescheitert angesehen werden. Vielmehr ist im Rahmen des Auswertungsprozesses zu reflektieren, was dazu geführt hat – und ob nicht gerade diese fehlende Bereitschaft zur Öffnung wichtige Erkenntnisse zur Beantwortung der Forschungsfragestellung liefert.

In der folgenden Tabelle 23 wird noch einmal zusammengefasst, welches Leistungspotenzial mit gemeinsamen Anregungen in Gruppendiskussionen verbunden wird.

Tabelle 23   Wider der Kritik von Oberflächlichkeit

- Thematisch relevante Äußerungen anderer Teilnehmer regen dazu an, die eigene Ansicht stärker auf den Punkt zu bringen und weitere Perspektiven bei der Schilderung zu berücksichtigen.
- Der Moderator hat Handlungsspielräume, um das Hin- und Herspringen zwischen verschiedenen thematischen Strängen zu verhindern, wenn es nicht als aufschlussreich für die Fragestellung angesehen wird.
- Eine gute Moderation trägt dazu bei, dass eine vertrauensvolle Stimmung entsteht, bei der sich die Teilnehmer öffnen.
- Gruppendiskussionen bieten einen geschützten Raum, über heikle, schamhafte oder tabuisierte Themen zu sprechen und im Alltag eher zurückgehaltene Gefühle oder Ansichten zum Ausdruck zu bringen.

7.3.2   Teilnehmermotivation im dynamischen Verlauf

Im vorangegangenen Abschnitt ging es um die Frage, inwieweit die Teilnehmer bereit sind, eigene Erfahrungen in die Gruppendiskussion einzubringen. Dies führt uns zur Auseinandersetzung mit einem weiteren wichtigen Aspekt, der im Zentrum der Kritik am Leistungspotenzial von Gruppendiskussion steht: der Motivation von Teilnehmern. Besonders deutlich formuliert erneut Koschate (2005) den Vorbehalt, dass es in Gruppendiskussionen immer Teilnehmer gebe, deren Motivation und Leistung deutlich geringer seien als bei einer Individualbefragung. Untermauern lassen sich diese Thesen, wenn man sich der sozialpsychologischen Gruppenforschung zuwendet. In Anlehnung an Heikenwälder (2007: 42 ff.) sind in diesem Zusammenhang drei Phänomene anzuführen:

- das soziale Faulenzen (social loafing),
- das soziale Trittbrettfahren (free-riding),
- der „Trotteleffekt" (sucker effect).

Als *soziale Faulenzer* werden diejenigen Gruppenmitglieder bezeichnet, die sich gar nicht oder nur in sehr geringem Maße einbringen, weil es nicht um die Bewertung ihrer Einzelleistung geht und sie deshalb die Arbeit sozusagen lieber von anderen erledigen lassen (vgl. Karau/Williams 1993 für eine differenzierte Auseinandersetzung mit dem social loafing). Um es sarkastisch auszudrücken: Die Schnittchen am Diskussionstisch versprechen den größeren individuellen Nutzen als die aktive Teilnahme am Gruppengeschehen.

Soziales Trittbrettfahren (Kerr/Bruun 1983) beschreibt ein ähnliches Phänomen: Auch hier beteiligen sich Teilnehmer nicht aktiv am Gruppengeschehen und halten sich zurück, allerdings aufgrund einer anderen Motivation: sie halten die eigenen Beiträge für entbehrlich und sich selbst – zumindest temporär – für überflüssig, um die Diskussion zu fördern.

Nun fällt es nicht nur einem geübten Moderator auf, wenn einige Teilnehmer sich eher den Schnittchen und Getränken auf dem Tisch widmen als der Diskussion, sondern auch anderen Teilnehmern an der Diskussion. Wenn die die Konsequenz ziehen, sich im weiteren Verlauf ebenfalls weiter zurückzunehmen, wird das als *Trotteleffekt* (vgl. Wilke/Wit 2002 für eine generell auf Gruppen bezogene Darstellung) bezeichnet: Man will nicht der dumme August sein, der anderen die Arbeit abnimmt. Damit soll der eigenen Ausnutzung vorgebeugt werden.

Wenn man die sozialpsychologische Gruppenforschung zu Rate zieht, finden sich allerdings auch Ergebnisse, die aufzeigen, dass die Gruppensituation zu steigender Motivation führen kann. So wurde festgestellt, dass in Gruppen bei der Bewältigung von Aufgaben unterschiedlich leistungsstarke Mitglieder sich gegenseitig zur Leistung anspornen. Vom *„Köhler-Effekt"* (vgl. Kerr et.al. 2005) wird gesprochen, wenn ‚schwächere' Mitglieder sich besonders anstrengen, um am Ende nicht die Verantwortung für ein schlechtes Ergebnis der gesamten Gruppe zu tragen. Anders herum wurden Effekte sozialer Kompensation (Williams/Karau 1991) beobachtet, dass sich nämlich die ‚stärkeren' Gruppenmitglieder besonders anstrengen, damit der Erfolg der gesamten Gruppe nicht durch die schwächeren Mitglieder in Frage gestellt wird. Allerdings geht es bei einer Gruppendiskussion weder um einen Leistungswettkampf der Teilnehmer, noch ließen sich klare, eindeutige Kriterien bestimmen, nach denen die Leistung der einzelnen Diskutanten gemessen werden könnte. Insofern sind diese Befunde nicht unmittelbar zu übertragen. Es lässt sich aber eine Analogie zu eigenen Beobachtungen während Gruppendiskussionen ziehen: Teilnehmer, deren Redeanteil zunächst eher gering war, bemühen sich im weiteren Verlauf darum, stärker eigene Akzente zu setzen und ihren Anteil für einen positiven Verlauf der Gruppendiskussion zu leisten.

Noch relevanter im Kontext von Gruppendiskussionen ist der Befund, dass Teilnehmer häufig durch die gemeinsame Betroffenheit mit einer Fragestellung und die damit verbundenen Schilderungen von interessanten Erfahrungen anderer Teilnehmer zur aktiven Teilnahme motiviert werden. Blank bringt dies auf den Punkt:

„So versuchen sich Teilnehmer in einer Diskussionsrunde zu verständigen und gegenseitig zu verstehen. Sie wollen wissen, wie andere vergleichbare Situationen oder Dinge handhaben oder wie diese über die zur Debatte stehenden Fragen und Probleme denken. Die Teilnehmer explorieren sich also quasi aus einer natürlichen' Motivation heraus gegenseitig." (Blank 2007: 284)

Dass aufgrund von fehlender oder unzureichender Motivation von Teilnehmern das Leistungspotenzial von Gruppendiskussionen eingeschränkt ist, muss deshalb von der Hand gewiesen werden. Zwar ist nie auszuschließen, dass einzelne Teilnehmer aufgrund der Gruppendynamik, ihrer Persönlichkeit oder ihrer Stimmung während der Diskussion in der Gruppe weniger motiviert sind oder weniger ‚leisten' als dies in einer Individualbefragung der Fall wäre. Erneut sollte man sich aber vor Augen führen, dass es bei einer Gruppendiskussion nicht um ein Parallelinterview oder die Auszählung bzw. verteilende Zuordnung von Ansichten zu Individuen geht, sondern um Gruppenphänomene. Für eine erfolgreiche Gruppendiskussion ist es nicht notwendig, dass alle Teilnehmer gleiche Redeanteile haben. Im Gegenteil:

> Dass verschiedene Rollen eingenommen werden, ist charakteristisch für Gruppen. Wichtig ist es, die Bedeutung und Interdependenz dieser Rollen zu verstehen – also z. B. nachzuvollziehen, welche Rolle das Schweigen oder Vielreden im thematischen und gruppendynamischen Kontext spielt.

Um die Auseinandersetzung mit dem Thema ‚Motivation der Teilnehmer' abzuschließen, möchten wir uns noch kurz mit einer insbesondere von Auftraggebern immer wieder aufgeworfenen Frage beschäftigen: „Was motiviert Menschen eigentlich, an so einer Gesprächsrunde teilzunehmen?" Hinter dieser Frage steckt die Sorge, dass die Teilnehmer eigentlich nur erscheinen, um nach der Diskussion eine finanzielle Aufwandsentschädigung zu kassieren (vgl. Kapitel 3), aber eigentlich kein wirkliches Interesse an der thematischen Diskussion haben. Wenn man bedenkt, dass es im Marktforschungskontext zum Teil um Fragestellungen geht, die für Entwickler von höchster Relevanz sind, für ihre Kunden dagegen nicht zu den Themen gehören, die ihnen wirklich unter den Nägeln brennen (z. B. die Form eines Schriftzugs auf einer Verpackung), drängt sich diese Frage geradezu auf.

Es wäre weltfremd, diese Vermutung gänzlich von der Hand zu weisen. Wenn wir unsere eigenen Beobachtungen reflektieren, gibt es immer wieder den einen oder anderen Teilnehmer, der diesem Muster entsprechen könnte. Aber immer wieder ist es aufs Neue überraschend für im Vorfeld besorgte Moderatoren, Projektleiter und Auftraggeber, zu beobachten, wie engagiert Teilnehmer die unterschiedlichsten Fragestellungen diskutieren und dabei Bezüge zu ihrer Alltagswelt und damit verbundenen Gefühlen und Schlüsselerlebnissen ziehen. Leider fehlen empirische Studien, welche systematisch untersuchen und differenzieren, mit welcher Motivation Teilnehmer an einer Gruppendiskussion teilnehmen und wie sich diese im Verlauf der

Diskussion entwickelt[49]. Aufgrund unserer eigenen Erfahrungen haben wir Zweifel, dass ökonomische Motive hauptausschlaggebend sind. Unsere Beobachtungen, wie stark die meisten Teilnehmer involviert sind und immer wieder nach der Diskussion zu hörende anerkennende Bilanzierungen durch die Teilnehmer, wie spannend die Diskussion gewesen seien, deuten unserer Ansicht nach eher auf einen intrinsischen Wert von Gruppendiskussionen: In diesem Sinne kann man Gruppendiskussionen als eine Art Forum oder als einen Artikulationsraum begreifen, der Befragten in einer positiven Reinform gegeben wird, wie er im Alltag nur selten zu finden ist. Menschen wird die Möglichkeit eingeräumt, ihre Gefühle zum Ausdruck zu bringen, Meinungen auszuformulieren und Zusammenhänge zu reflektieren. Dabei sorgen das Setting – die Grundregeln der Diskussion und eine gekonnte Moderation – dafür, dass eine vertrauensvolle und einander zugewandte Grundstimmung einen positiven Nährboden schaffen. In diesem Sinne mögen Gruppendiskussionen eine ‚künstliche‘ Form des Gesprächs sein, aber auf jeden Fall eine, die einen öffentlichen Raum schafft, in dem Menschen Anerkennung finden und ernst genommen werden in ihrem menschlichen Ausdruckspotenzial – und eben nicht bloß als manipulierbare, passive Konsumenten betrachtet werden. Dieses humanistische und demokratische Potenzial von Gruppendiskussionen als einer Form von Kommunikation wird in der Fachliteratur bislang u. E. zu wenig betont – und stellt insbesondere für die kritische Psychologie einen neuen Anknüpfungspunkt dar, welche den Alltag ebenfalls nicht als ein quasi pure, ‚natürliche‘ Umwelt begreift, sondern dessen sozialstrukturelle Rahmung betont und gleichzeitig gerade das Verschwinden von Anerkennung und Artikulationsräumen im Alltag kritisiert (vgl. z. B. Markard 2010; Simon 2010; Rosa 1998).

In der folgenden Tabelle 24 wird die Diskussion der Teilnehmermotivation noch einmal unter der Perspektive von Herausforderungen und Potenzial zusammengefasst.

---

49 Anknüpfungspunkte bietet eine im Rahmen einer Diplomarbeit durchgeführte explorative Studie von Christian Geißler (2008): Mit Hilfe einer Typologie differenziert er, wie Gruppendiskussionen in der Marktforschung unterschiedlich erlebt werden und welche Motivation mit der Teilnahme verbunden ist. Dabei unterscheidet er zwischen den folgenden Typen: kommunikativer Experte, kommunikativer Provokateur, engagierter Selbstverwirklicher, skrupelloser Maximierer, nüchterner Profi, selbstloser Rekrut und aufgeschlossener Konsument.

Tabelle 24   Teilnehmer-Motivation: Herausforderungen und Potenzial von Gruppendiskussionen

- Die Teilnahme an einer Gruppendiskussion kann im Vergleich zu einer Individualbe-
  fragung mit geringerer oder höherer Motivation der Teilnehmer verbunden sein.
- Als Herausforderung gelten soziales Faulenzen, Trittbrettfahren und die bewusste
  Zurückhaltung, um nicht von anderen ausgenutzt zu werden.
- Als geschulter Moderator ist man diesen Effekten jedoch nicht hilflos ausgeliefert,
  sondern kann Einfluss auf die Interaktion in der Gruppe nehmen.
- Soziale Vergleichs- und Kompensationsprozesse können zu einer erhöhten Motiva-
  tion im Verlauf der Diskussion führen.
- Das Erleben gemeinsamer Betroffenheit zu einer Fragestellung und die Auseinander-
  setzung mit Erfahrungen anderer Teilnehmer führen in der Regel zu einer motivier-
  ten Teilnahme.
- Für eine gelungene Gruppendiskussion müssen weder alle Teilnehmer gleiche Rede-
  anteile haben, noch gleichermaßen motiviert auftreten. Wichtig ist stattdessen, das
  Rollengefüge zu verstehen.
- Gruppendiskussionen schaffen ein gemeinsames Forum, das besonders geeignet als
  Ausdruckraum ist und in dem Anerkennung vermittelt wird.
- Dadurch wird es ermöglicht, Probleme und Konflikte gemeinsam zu diskutieren,
  über die im Alltag eher nicht geredet wird.

Kommen wir nach diesem kleinen Exkurs jedoch zu unserer Fragestellung zurück
und ziehen eine erste zusammenfassende Bilanz: Eine Diskussion in Gruppen verläuft nicht notwendigerweise oberflächlicher als ein Einzelinterview. Ebenso wenig
können wir bestätigen, wie dass das Potenzial der Methode darunter leidet, dass
Teilnehmer in einer Gruppe weniger motiviert sind als wenn sie alleine im Mittelpunkt der Aufmerksamkeit stehen. Gleichwohl haben wir festgestellt, dass nicht
jede Diskussion in einer Gruppe per se angeregt und auf einem hohen Niveau verläuft und nicht immer ausschließlich aus hochmotivierten Teilnehmern besteht. Viel
hängt von einem durchdachten Setting und einem geschulten und sensiblen Moderator ab.

7.4   Gruppendynamik im Spannungsfeld von Verzerrung und Aufdeckung

Im vorherigen Abschnitt haben wir uns kritisch mit der Auffassung auseinander gesetzt, dass das Leistungspotenzial von Gruppendiskussionen überschätzt werde. Wie
wir gesehen haben, gehen die Teilnehmer an Gruppendiskussionen in der Regel
durchaus motiviert zu Werke – nur was produzieren sie am Ende? Inwiefern liefern
Gruppendiskussionen tragfähige Erkenntnisse? Diesbezüglich gibt es kritische Stimmen, die als noch schwerwiegender einzustufen sind, als die bisher besprochenen
Aspekte – denn sie stellen den Wert von Gruppendiskussionen generell in Frage und

geben darüber hinaus noch ein Warnsignal: Vorsicht Gefahr, Gruppendiskussionen leiten in die Irre!

Verbunden wird diese Warnung mit dem Hinweis auf Verzerrungen in der Diskussion, die als Folge gruppendynamischer Prozesse entstehen. Denn „die bloße Anwesenheit der Gruppe beeinflusst eben, was die Leute sagen und wie sie es sagen" (Lamnek 2005: 87). Aus Sicht der Kritiker bedeutet dies: Selbst wenn Gruppendiskussionen ein auf den ersten Blick klares und plausibles Ergebnis auf die Fragestellung nahe legen, ist dieses Bild doch oft trügerisch und kann gar in eine vollkommen falsche Richtung weisen. Mit der Gruppendynamik werden verschiedene problematische Verzerrungen verbunden, die wir im Folgenden näher betrachten werden:

- Ungleichgewichtige Verteilung von Redebeiträgen in Folge unterschiedlicher Teilnehmer-Rollen (Kap. 7.4.1),
- Selektion zum Ausdruck gebrachter Ansichten und Erfahrungen sowie sozial erwünschte Beiträge (Kap. 7.4.2),
- Konsensstreben, Anpassungsdruck und Konformität (Kap. 7.4.3),
- Gruppenpolarisierungen und sich gegenseitiges Hochschaukeln (Kap. 7.4.4).

7.4.1 Teilnehmer-Rollen

Das Agieren aus sich gruppendynamisch ergebenden Rollen wird aus einer kritischen Perspektive heraus als ein Störfaktor angesehen, der zu verzerrten Ergebnissen führe, weil die tatsächliche Bedeutsamkeit von Äußerungen nicht abgeschätzt werden könne. Gruppendynamische Gesetzmäßigkeiten seien vielfach bedeutsamer für den Diskussionsverlauf als das Thema, fasst Kromrey (1986: 111) diese Kritik zusammen. Sowohl personenbezogene Charakteristika, wie etwa ein unterschiedlich ausgeprägtes Selbst- und Sendungsbewusstsein, als auch explizite oder implizite strategische Bemühungen, sich in der Gruppe Anerkennung und Macht zu sichern, führten dazu, dass eine Gruppendiskussion „nur selten von richtigen/guten Argumenten bestimmt" sei (Koschate 2005: 28). Neben dem Kampf um Dominanz wird die Passivität einzelner Teilnehmer als problematisch betrachtet. So sieht etwa Schreier (2010: 224) ein Problem bei der Erfassung kollektiver Meinungen darin, dass einige Teilnehmer in ihrer Rolle als Schweiger nichts zum Gespräch beitrügen. Da andere Teilnehmer die Rolle als Vielredner oder Meinungsführer einnähmen, sei nach Lamnek (2005: 87) eine gleichmäßige Beteiligung aller Teilnehmer an Gruppendiskussionen kaum erreichbar.

Wenn man es als Ideal für eine Gruppendiskussion betrachtet, dass alle Teilnehmer am Ende der Diskussion in gleichem Maße etwas zum Oberthema oder aber zu den einzelnen Unternehmen beigetragen haben sollten, stellen diese Einwände tatsächlich eine erhebliche Einschränkung für das Leistungspotenzial von Gruppendiskussionen dar.

Aber eine derartige Logik entspringt nicht dem interpretativen Paradigma. Es geht im Rahmen von Gruppendiskussionen nicht darum auszuzählen, wie viele Teilnehmer für oder gegen einen bestimmten Vorschlag sind oder wie viele Teilnehmer eine bestimmte Erfahrung (nicht) gemacht haben. Nicht einzelne Individuen, sondern die Gruppe steht im Mittelpunkt des Forschungsinteresses.

Damit die Gruppe sich in angemessener Art und Weise einem Thema annimmt, ist es nicht notwendig, dass jeder Teilnehmer zu jeder Fragestellung und im gleichen Umfang etwas sagt – dadurch würden sich Redebeiträge wiederholen und es entstände eine artifizielle Situation, welche auch für die Teilnehmer in der Gruppe selbst als störend empfunden würde. Das Leistungspotenzial der Gruppe würde dadurch nicht erhöht, sondern gebremst.

Vielredner, Meinungsführer und Schweiger stellen daher nicht per se ein Problem dar, stattdessen ist es wichtig, ihre Rolle im Kontext der Gruppe und im Wechselspiel mit den anderen Rollen zu verstehen. Denn es ist charakteristisch für Gruppen, dass Redebeiträge der Teilnehmer immer ungleichmäßig verteilt sind und es zu Ausbildung unterschiedlicher Rollen kommt. Wenn man mit Hilfe der Methode Gruppendiskussion diesem entscheidenden Wesenszug von Gruppen gerecht werden will, heißt das in der Konsequenz, dass die durch Gruppendynamik entstehenden Ungleichheiten in der Gruppe nicht als eine störende Verzerrung, sondern als Abbild sozialer Wirklichkeit zu betrachten sind (vgl. auch Kromrey 1986: 134; Dammer/Szymkowiak 2008: 66 ff.).

Sowohl während der Moderation als auch bei der Auswertung und Analyse sind damit z. B. folgende Fragen verbunden: Wie kommt es, dass Teilnehmerin X gerade bei dem Thema so engagiert auftritt? Warum hat Teilnehmer Y schon seit ungefähr zwanzig Minuten nichts mehr gesagt? Es geht also zunächst einmal darum, die spezifische Rollenkonstellation einer Gruppe zu verstehen und eine Sensibilität für verschiedene damit verbundene Deutungsmöglichkeiten zu gewinnen – nicht aber darum, unabhängig von diesem Verständnis in der Gesprächsführung darauf hin zu wirken, dass Vielredner, Schweiger und Meinungsführer sich möglichst wieder einem imaginierten durchschnittlichen Normalstandard an Redezeit und Redeform annähern.

Allerdings sollte diese Grundregel nicht falsch verstanden werden: Gruppendynamik nicht per se als Störfaktor zu begreifen, heißt nicht im Umkehrschluss, dass jede Entwicklung in der Gruppe gleichermaßen von Wert ist. Stattdessen kann eine Gruppendiskussion durch eine positive Gruppendynamik ebenso gefördert wie durch eine negative Dynamik in ihrem Erkenntniswert eingeschränkt werden. Wenn z. B. eine Atmosphäre entsteht, in der Teilnehmer sich einander persönlich angreifen, sich nicht ausreden lassen oder bestimmte Teilnehmer so dominant auftreten, dass sich andere Teilnehmer dadurch erheblich gestört fühlen, wird das Gesprächsklima entscheidend beeinträchtigt. Je nach Erkenntnisinteresse hat der Moderator in diesem Fall nicht nur das Recht, sondern die Pflicht, steuernd einzugreifen. In diesem Sinne ist es auch seine Aufgabe, „nicht auf Anhieb geäußerte, aber möglicherweise latent vorhandene alternative Sichtweisen (Minderheiten-Meinungen) zusätzlich zur Abrundung des Gesamtbildes mit zu erfassen" (Kromrey 1986: 134).

7.4.2 Soziale Erwünschtheit und selektive Authentizität

Ein weiteres Problem, das in Verbindung mit der Gruppendynamik konstatiert wird, orientiert sich stärker am interpretativen Paradigma: Wie wir bereits in Kapitel 2.3 beschrieben haben, orientieren sich Menschen in ihren Äußerungen und Handlungen daran, wie sie von anderen gesehen werden. Mögliche Reaktionen physisch anwesender oder imaginierter Anderer werden immer antizipiert und haben Einfluss auf die Art und Weise, wie wir auftreten.

Kritische Stimmen knüpfen an dieser Grundlage soziale Handelns an – und sehen in Gruppendiskussionen in besonderem Maße die Gefahr, dass Diskussionsinhalte durch Tendenzen sozialer Erwünschtheit verzerrt werden: Da Teilnehmer sich voreinander keine Blöße geben und sich in einem guten Licht präsentieren wollten, „hören wir nur die guten Gründe, Meinungen und Urteile, die sozial verträglichen – die richtigen aber erfahren wir nicht" (Koschate 2005: 28). In der Konsequenz seien Gruppendiskussionen keine geeignete Methode, um die wirklichen Beweggründe für Entscheidungen und Handlungen aufzudecken.

Nicht nur die Neigung zum ‚Gutmenschentum', sondern eine strategisch begründete selektive Authentizität kann gemäß unserer Erfahrungen zu einer derartigen Tendenz sozial erwünschter Beiträge beitragen. Das heißt, dass von den Teilnehmern zwar nicht die Unwahrheit gesagt wird, aber wahre Anteile nur zu dem Teil preisgegeben werden, als sie die eigene Position in der Gruppe nicht gefährden. Zum Beispiel wird darauf verzichtet, Unsicherheit einzuräumen, um sich nicht angreifbar zu machen oder als schwach zu gelten. Selektive Authentizität kann auch strategisch eingesetzt werden, um durch den eigenen Beitrag darauf hinzuwirken, dass die Diskussion in der Gruppe in eine bestimmte Richtung verläuft.

Sozial erwünschte oder selektiv authentische Antworten sind nicht zwangsläufig die Folge einer bewussten strategischen Auswahl. Vielmehr ist nach neuropsychologischen Erkenntnissen davon auszugehen, dass viele unserer Handlungen erfolgen, ohne dass wir uns über die Gründe dafür bewusst sind. Beispielsweise gibt es zahlreiche ritualisierte Verhaltensmuster, die nicht selbstreflexiv in Worte zu fassen sind. Scarabis/Florack (2003: 30 ff.) sprechen in diesem Zusammenhang vom Introspektionsproblem, da Menschen zu bestimmten Gedächtnisinhalten und mentalen Prozessen keinen direkten introspektiven Zugang besitzen. Wenn sie im Rahmen einer Befragung dennoch diesbezüglich befragt werden, ergebe sich ein Konstruktionsproblem: Um nicht ohne Antwort da zu stehen, konstruierten sie ad-hoc eine plausibel wirkende Meinung oder Erklärung. Aus tiefenpsychologischer Perspektive lassen sich Widerstände als eine Art innere Blockade aufführen, sich über bestimmte Sachverhalte bewusst zu werden, vor allem dann, wenn sie im Gegensatz zum gewünschten Selbstbild oder zu sozialen Normen stehen. Es ergibt sich daher das Problem, Vorbewusstes oder Unbewusstes offen zu legen und zu verbalisieren[50].

Die beschriebenen Einwände bezüglich selektiver oder sozial erwünschter Beiträge sind nicht einfach von der Hand zu weisen.

Es ist anzunehmen, dass jede Gruppendiskussion auch anders hätte verlaufen können und Teilnehmer immer auswählen, was sie sagen und was nicht – und somit in gewisser Hinsicht als Zensoren ihrer eigenen Ansichten und Erfahrungen auftreten. Das hat selbstverständlich Konsequenzen hinsichtlich der Schlussfolgerungen, die aus Gruppendiskussionen gezogen werden können – entkräftet jedoch keineswegs ihren Erkenntniswert. Eher zeigt es auf, wie wichtig eine fachkundige Vorbereitung, Moderation und Auswertung von Gruppendiskussionen sind und dass bei einer eher unbedarften, naiven Herangehensweise tatsächlich nicht unerhebliche Gefahren der Fehlinterpretation bestehen. Welche schwerwiegenden Fehler dabei entstehen können, veranschaulichen wir mit dem folgenden imaginären Beispiel:

> Zum Teil werden die offensichtlichen Resultate des Diskussionsprozesses zu sehr für bare Münze genommen und fälschlicherweise vorschnell mit den Ergebnissen einer fundierten Analyse gleich gesetzt. Konstruieren wir den Fall einer Gruppendiskussion, in der es um die Wahl einer Versicherung geht. Ein in Deutschland bisher unbekanntes Unternehmen will auf den Markt.
>
> Im Verlauf der Diskussion hat der Moderator gefragt, ob man Angst habe, bei dem Unternehmen eine Versicherung abzuschließen. Dies wird einhellig ver-

---

50 Insbesondere einige Vertreter des ‚Neuromarketings' knüpfen an diese Grundauffassung von der zentralen Bedeutung vor-/unbewusster Informationsverarbeitungs- und Bewertungsprozesse eine radikale Kritik an Befragungsmethoden insgesamt und Gruppendiskussionen im Besonderen. So sind etwa nach Lindstrom (2009: 28 ff.) Gruppendiskussionen nicht geeignet, Denkmuster zu identifizieren, welche Entscheidungen zugrunde liegen. Äußerungen in Gruppendiskussionen drückten nicht verlässlich aus, wie sich die Teilnehmer in Wirklichkeit verhalten würden – stattdessen sei zum Teil eher das Gegenteil der Fall. Eine Alternative biete das Neuroimaging, welche Wahrheiten enthülle, „die ein halbes Jahrhundert Marktforschung, Gruppendiskussionen und Meinungsumfragen auch nicht annähernd offen legen konnten" (ebd.: 34). Natürlich teilen wir diese radikale Ablehnung der Gruppendiskussion nicht. Kommunikations- und Interaktionsprozesse, wie sie für Gruppen charakteristisch sind, lassen sich nicht durch einen Hirnscanner oder Neuroimaging abbilden, ja selbst wenn der Fokus ausschließlich auf das Individuum und nicht die Gruppe gelegt würde, bedarf es stets kontextualer und biographischer Informationen, um das Handeln zu verstehen. Methoden der Neuromarketingforschung sollten in diesem Zusammenhang allenfalls als ein Baustein herangezogen werden, aber nicht mit einem Zauberelexier verwechselt werden, mit dem unter der Vernachlässigung komplexer Ausgangsbedingungen begründete Erkenntnisse ans Licht gebracht werden können – auch wenn die Sehnsucht nach eindeutig zu beschreibenden und naturwissenschaftlich begründbaren Fakten verständlich ist, weil sie mit einem Grundgefühl der Kontrolle einhergehen.

neint. Daraufhin geht es um die Frage, ob es denn sinnvoll sei, in einer umfangreichen Werbekampagne auf mehreren Kanälen das Unternehmen bekannt zu machen. Nach einigem vorsichtigen Hin und Her einigt sich die Gruppe auf eine ablehnende Grundhaltung: Im Alltag werde man sowieso schon von viel zu viel Werbung überflutet, und häufig werde diese eher als störend denn als nützlich angesehen. Deshalb, so der Grundtenor der Diskussion, bestünden zwei Gefahren für das Unternehmen: erstens, dass das in die Werbung investierte Geld einfach verpuffe und zweitens, dass durch die gebündelte Werbung ein negatives Image entstünde – nämlich das eines aufdringlichen Unternehmens, das eher nerve als für Vertrauen stünde. Ein von einem Teilnehmer entwickelter Alternativvorschlag stößt auf allgemeine Zustimmung: Der Preis sei doch eigentlich das entscheidende Kriterium – deshalb solle man sich die Werbung lieber sparen und stattdessen günstigere Konditionen anbieten als die bisherigen Wettbewerber auf dem Markt. Und um trotzdem auf sich aufmerksam zu machen, sei ein besonders sorgfältig gestalteter Internetauftritt preisgünstiger und effektiver als Werbung, da Interessenten hier alle relevanten Informationen – wie z. B. die allgemeinen Geschäftsbedingungen – finden und für einen systematischen Vergleich heran ziehen könnten.

Die Diskussion endet mit einem scheinbar eindeutigen Ergebnis. Dem Auftraggeber, der hinter einem Spiegel die Diskussion beobachtet hat, ist klar geworden: Werbung nervt, stattdessen geht es um das Preis-Leistungsverhältnis und um die Bereitstellung möglichst detaillierter Informationen. Das Anbieter-Image ist dagegen zu vernachlässigen.

Würde eine derartige Schlussfolgerung gezogen und als Ausgangspunkt für Handlungsempfehlungen genommen, wäre dies grob fahrlässig – denn die Ausgangsthese einer trügerischen Plausibilität lässt sich bei diesem konstruierten Fall nur unterstreichen. In besonderem Maße wird deutlich, wie sozial erwünschte, strategisch selektierte und abstrahierend selbstreflexive Äußerungen zu einem verzerrten Ergebnis beitragen können: Da das persönliche Eingeständnis von Angst von den anderen Teilnehmern als Schwäche ausgelegt werden könnte, bedarf es eines sehr vertrauensvollen Rahmens, damit Befragte sich öffnen. Eine direkte Frage nach Angst im Kontext eines Themas, bei dem zunächst wenig persönliche Betroffenheit besteht, ist sehr ungünstig gestellt. Es ist anzunehmen, dass im konkreten Entscheidungsfall bezüglich einer Versicherung, welche existenzielle Risiken absichert, Emotionen in viel stärkerem Maße beteiligt sind, als es den Befragten bewusst ist oder diese es einräumen wollen.

Bezüglich Werbung gibt es ein in der Gesellschaft weit verbreitetes Deutungsmuster, diese als sehr störend zu brandmarken. Deshalb ist eine offene Frage nach dem Sinn von Werbung insofern ungünstig, als dass mit großer Wahrscheinlichkeit von mindestens einem Teilnehmer eine sehr normative Antwort gegeben wird, welche die Ablehnung von Werbung zur generellen Grundhaltung aller erhebt. Wer sich als Teilnehmer für Werbung aussprechen würde, müsste mit heftiger Gegenwehr durch die anderen Diskutierenden rechnen. Die Ablehnung zu teilen, ist dagegen sozial erwünscht. Außerdem stellt sich hier erneut das Problem, dass es eine Kluft zwischen tatsächlichem und reflektiertem Verhalten gibt – so hat Werbung für viele im Alltag einen deutlich höheren Stellenwert als es einem lieb ist oder selbst eingestanden wird.

Am Beispiel der Diskussion um Werbung lässt sich darüber hinaus gut deutlich machen, wie strategische Äußerungen das Ergebnis verzerren können: In der heftigen und eindeutigen Ablehnung steckt ein deutlicher Appell: „Wir wollen weniger Werbung – und hört endlich damit auf, uns immer wieder als unmündige Konsumenten zu behandeln, indem ihr uns tagtäglich etwas Zeit mit Botschaften stiehlt, die uns nicht interessieren!" Endlich einmal wird durch die Gruppendiskussion ein Raum geschaffen, um seinen allgemeinen Unmut über die viele Werbung Luft machen zu können.

So aufschlussreich dies im Rahmen einer kritisch-psychologischen Studie oder einem von einem unternehmensübergreifenden Verband in Auftrag gegebenem Projekt sein könnte, so unbefriedigend ist das für ein einzelnes Unternehmen, dem es darum geht, seine Vertriebsstrategie zu definieren. Denn wenn von den Teilnehmern dem Unternehmen empfohlen wird, möglichst gänzlich auf Werbung zu verzichten, handelt es sich dabei um einen an unsere Gesellschaft gerichteten Wunsch nach weniger Werbung, der aufgrund der thematischen Ausrichtung der Diskussion in einen Ratschlag an ein Einzelunternehmen verpackt wird. Aus Sicht der Diskutanten kann das durchaus strategisch erfolgen, zum einen, um seinem eigenen Unbehagen Luft zu verschaffen, zum anderen, um einen ersten Beitrag zu einer gewünschten allgemeinen Veränderung zu leisten. Für das Unternehmen ist ein solcher Ratschlag jedoch von keinerlei strategischem Wert, da sich durch den individuellen Verzicht auf Werbung nicht die Wettbewerbsbedingungen verändern.

Auch der Wunsch nach mehr Informationen und günstigen Konditionen als Voraussetzung für den Vertragsabschluss müssen kritisch hinterfragt werden. Rational anhand von Kriterien zu vergleichen und auszuwählen, gilt als sozial erwünscht und ist daher eine beliebte Erklärungsfolie für die abstrahierende Reflexion des eigenen Handelns – aber tatsächlich ablaufende Entscheidungsprozesse werden dadurch nicht beschrieben. Dafür bedarf es einer tieferen Analyse, z. B. von Kommunikationsprozessen und Anbieter-Images. Im Versicherungssegment stellt beispielsweise Vertrauen eine sehr gewichtige Anforderung an den Anbieter dar.

Diese detaillierte Auseinandersetzung mit dem konstruierten Beispiel soll zweierlei deutlich machen: Erstens stellen subjektive Selektion von Redebeiträgen und die Ausrichtung an sozialer Erwünschtheit eine beträchtliche Gefahr im Sinne eine Verzerrung von Ergebnissen dar. Aber zweitens und das ist uns wichtig zu betonen, entwerten diese gruppendynamischen Effekte nicht zwangsläufig das Erkenntnispotenzial von Gruppendiskussionen. Es geht eher darum, sensibel für diese möglichen Effekte zu sein, und diese Sensibilität in allen Phasen des Projekts zu nutzen.

> Bei einer Gruppendiskussion ist man gruppendynamischen Effekten nicht hilflos ausgeliefert – bei der Vorbereitung und Durchführung ergeben sich zahlreiche Stellschrauben. Als Projektleiter und Moderator kann man aktiv dazu beitragen, unerwünschte Effekte zu vermeiden – und in der Auswertung kann man das Eintreten jeglicher Effekte reflektieren und in der Bedeutung für das Thema hinterfragen.

Dass es Möglichkeiten gibt, den beschriebenen Fallgruben aus dem Weg zu gehen, soll anhand des Beispiels noch einmal skizziert werden: Bereits bei der *Vorbereitung* der Studie ist mit besonderer Sorgfalt darauf zu achten, nach welchen Kriterien die Teilnehmer für die Gruppendiskussion ausgewählt werden. Wenn es etwa um die Diskussion alternativer Marketing-Konzepte geht, sollten generelle Ablehner von Werbung durch den Rekrutierungsfragebogen ausgeschlossen werden. Bei der Konstruktion des Leitfadens sollte sichergestellt werden, weniger abstrahierende und allgemeine Fragen einzuflechten – und stattdessen mehr auf alltagsbezogene Schilderungen zu fokussieren. Dadurch wird einer Diskussion auf der Ebene sozial erwünschter Einstellungen vorgebeugt. Im Rahmen des Moderationsprozesses sollten indirekte und projektive Techniken zum Einsatz kommen, um die Bedeutung von Anbietern zu explorieren. Bevor Gefühle angesprochen werden, ist eine vertrauensvolle Atmosphäre zu schaffen – und auf keinen Fall sollten Fragen so gestellt werden, dass Befragte damit zu rechnen haben, für die Äußerung von Gefühlen von anderen bloß gestellt zu werden. Bei der Auswertung ist dennoch generell noch einmal darauf zu achten, welche Aussagen durch soziale Erwünschtheit verzerrt sein könnten. Dies ist bei der Entwicklung von Schlussfolgerungen zu berücksichtigen. Es sollte genau untersucht werden, in welcher Phase dies möglicherweise begann und endete – und welche Kommunikationsprozesse dazu geführt haben.

> Zusammenfassend lässt sich also sagen, dass es unentbehrlich für die Ausein-
> andersetzung mit der Methode Gruppendiskussion ist, Sensibilität für grup-
> pendynamische Prozesse zu entwickeln, die mit sozialer Erwünschtheit und
> selektiver Authentizität verbunden sind. Diese Sensibilität sollte in allen Pha-
> sen des Projekts genutzt werden, insbesondere muss bei der Auswertung strikt
> zwischen deskriptiver und analytischer Ebene getrennt werden. Wenn sich eine
> Gruppe im Rahmen der Diskussion auf einen Standpunkt einigt, muss dieser
> nicht als Ergebnis der Auswertung übernommen werden.

Die hier beschriebenen gruppendynamischen Effekte führen nur dann zu einer trügerischen Plausibilität, wenn sie nicht in hinreichendem Maße in allen Projektphasen
reflektiert werden. Bei einer sachgerechten Anwendung von Verfahrensregeln stellen
sie keine grundlegende Behinderung des Erkenntnispotenzials von Gruppen dar.

7.4.3 Konformität, Konsensstreben und Anpassungsdruck

Bei der Diskussion, ob es durch gruppendynamische Einflussfaktoren zu verzerrten
Ergebnissen kommt, wird immer wieder auf Streben nach Konsens in Gruppen verwiesen. Damit wird verbunden, dass Gruppendiskussionen zu einem homogene-
ren Gesamteindruck führten als es der Wirklichkeit entspräche (vgl. Koschate 2005:
27). Eine Kritik, die auch im eingangs vorgestellten Filmbeispiel bildhaft verdeutlicht
wird: In der Auseinandersetzung mit dem Konzept des Feuers formt sich eine Gruppe als Einheit, welche zu einer geschlossenen ablehnenden Haltung gelangt, bis sie
am Ende gemeinsam von dannen zieht und ausgelassen über die absurden Ideen von
Entwicklern lacht. Aber kennzeichnet das Streben nach Konsens Gruppenprozesse
auch außerhalb der Fiktion?

Sozialpsychologische Erkenntnisse untermauern diesen Befund, wenn man die
Theorie des sozialen Vergleichs und Konformitäts-Experimente heranzieht.

Die Theorie des *sozialen Vergleichs* wurde 1954 von Leon Festinger veröffentlicht
und seitdem in zahlreichen Experimenten überprüft und verfeinert (vgl. Thomas
1992: 47 ff.). Ihr zufolge nutzen Individuen den Vergleich mit anderen dazu, um ein
Bild von sich zu entwickeln, z. B. hinsichtlich eigener Fähigkeiten.

> In Bezug auf Gruppendiskussionen ist es wichtig herauszuheben, dass Men-
> schen sich in Gruppen ständig mit den anderen vergleichen, um ihre eigene
> Position in der Gruppe zu bestimmen, sich Anerkennung von anderen zu si-
> chern und das eigene Selbstwertgefühl zu erhalten. Im Rahmen dieser sozia-
> len Vergleichsprozesse kommt es sowohl zur Anpassung eigener Ansichten als
> auch zur an den Gruppenprozess angepassten Auswahl dessen, was den an-
> deren Gruppenmitgliedern als Wortbeitrag präsentiert wird. Dabei handelt es
> sich nicht um bewusst in Gang gesetzte Prozesse.

Gemäß der Theorie des sozialen Vergleichs ist in Gruppen außerdem ein Streben nach Harmonie und Einigung auf einen kleinsten gemeinsamen Nenner zu beobachten. Denn wenn der soziale Vergleich mit anderen Gruppenmitgliedern zu Unstimmigkeiten und einem Gefühl der Dissonanz führt, werden Versuche unternommen, eine Klärung herbei zu führen bzw. ein Gefühl von Konsonanz zu rekonstruieren. Dies kann auf verschiedene Art und Weise geschehen, für Gruppendiskussionen sind insbesondere die Strategien Perspektivwechsel, Überzeugungsarbeit oder aber Ausschluss eines Mitglieds aus dem Set relevanter anderer zu nennen. Thomas (1992: 49 f.) spricht in diesem Zusammenhang in Anlehnung an Festinger vom Anpassungsdruck der Gruppe auf den Einzelnen, sich der Haltung der anderen Gruppenmitglieder anzunähern.

Durch Konsens in Gruppen wird zum einen das eigene Selbstwertgefühl gestärkt, zum anderen ist man sich der Anerkennung anderer in seiner Position gewiss. Allerdings handelt es sich dabei immer nur um ein temporäres Gleichgewicht, denn das eigene Selbst-Bild ist nie gänzlich geschlossen, sondern befindet sich im gesamten Lebensverlauf ebenso in einem permanenten Veränderungsprozess wie – sozusagen durch die Lupe betrachtet- im Verlauf des Gruppengeschehens. Für diesen Prozess ist nicht primär der Vergleich mit Einzelpersonen wichtig, sondern die subjektive Verortung der eigenen Personen im Gesamtgefüge. Damit wird im Sinne der Theorie des sozialen Vergleichs das Bemühen verknüpft, einen mindestens den Selbstwert erhaltenden Platz in einer imaginierten Leistungshierarchie zu sichern, die „von den Bezugsgruppenmitgliedern bestimmt und aufrechterhalten wird" (Thomas 1992: 48).

Diese beiden genannten Punkte – die wechselseitige Anpassung der Ansichten von Teilnehmern im Verlauf des Gruppenprozesses und das Bemühen um Konsens – bedingen einander gegenseitig: Durch das Bemühen des Einzelnen, sich zu orientieren und von den Anderen anerkannt zu werden, werden Gruppenmaßstäbe und die Ansichten anderer relevant. Zu Anpassungen des eigenen Standpunkts kann es insbesondere dann kommen, wenn in der imaginierten Hierarchie höher stehende Personen eine abweichende Meinung zum Ausdruck gebracht haben oder man sich mit seiner Ansicht in der deutlich ersichtlichen Minderheit befindet. Besonders groß ist der Anpassungsdruck dann, wenn man mit seinem Standpunkt ganz alleine steht[51].

---

51 Insbesondere die zum ersten Mal im Jahr 1951 von Salomon Asch veröffentlichten Konformitäts-Experimente haben das plastisch zum Ausdruck gebracht. Eine Testperson saß in einer Gruppe und hatte eine relativ leichte Aufgabe zu bewältigen – nämlich aus einer Reihe von Strichen denjenigen auszusuchen, der die gleiche Länge mit einem vorher präsentierten Strich hatte. Was die Testperson nicht wusste, war, dass die anderen Gruppenmitglieder in Wirklichkeit zum Projektteam gehörten. Nachdem der Gruppe für ein paar Sekunden ein Blatt mit verschieden großen Strichen präsentiert worden war, wurden die Mitglieder der Reihe nach vom Testleiter gefragt, um welchen Strich es sich handle. Alle fingierten Mitglieder wurden vor der Testperson nacheinander aufgerufen und gaben dieselbe, aber bewusst falsche Antwort an. Auf viele Testpersonen hatte dies den Einfluss, dass auch sie sich für die falsche Antwort entschieden, als sie an die Reihe kamen (vgl. Asch 1951).

In den Begriffen der Theorie des sozialen Vergleichs von Festinger geht es darum, kognitive Dissonanz weitestgehend zu verringern. In Gruppendiskussionen lassen sich ähnliche Beispiele konstruieren: Wenn z. B. sieben Teilnehmer, die im bisherigen Diskussionsverlauf nicht als radikale Vertreter aufgefallen sind, angeben, den Text einer Broschüre nicht nur voll und ganz verständlich zu finden, sondern auch noch wunderschön aufgemacht, wie kann es dann sein, dass man als Einziger den zweiten Absatz nicht versteht und alles insgesamt ziemlich unübersichtlich findet? Insbesondere bei Themen wie diesen, an welche nicht die eigene moralische Integrität geknüpft wird, kann es zu Anpassungsprozessen kommen. Für den Beobachter der Gruppendiskussion entsteht ein homogenes Bild – und dem Gestalter der Broschüre gehen möglicherweise relevante Verbesserungsvorschläge verloren, welche er im Rahmen von Einzelinterviews kennen gelernt hätte.

Bevor wir aufzeigen, warum Gruppendiskussionen dennoch ihren Sinn haben und dass das Phänomen von Konsensorientierung, Anpassungsdruck und Konformität noch differenzierter betrachtet werden muss, wollen wir noch eine letzte Unterscheidung von Anpassungsleistungen im Sinne der Theorie des sozialen Vergleichs treffen: In Anlehnung an Deutsch/Gerard (1955) ist zwischen *informativen* und *normativen* Einflüssen durch andere Gruppenmitglieder zu unterscheiden. Aufgrund von informativen Einflüssen kommt es zur Änderung von Ansichten, wenn man von Argumenten anderer überzeugt wird oder deren Urteilen aufgrund ihres Status- und Kompetenzprofils Vertrauen schenkt. Normative Einflüsse verweisen dagegen eher auf Gruppenmaßstäbe und damit verbundenen Anpassungsdruck. Diese Unterscheidung zwischen informativen und normativen Einflüssen ist wichtig, wenn es darum geht, das Potenzial von Gruppendiskussionen angesichts der geschilderten sozialpsychologischen Erkenntnisse zu beleuchten.

Denn die Suche nach allgemeinem Konsens und das Streben nach Konformität *können* im Rahmen von Gruppendiskussionen, *müssen* aber keinesfalls auftauchen. Erneut ist die Gruppendiskussion als eine Sonderform vom Bild von Gruppen zu unterscheiden, das sozialpsychologischer Forschung in der Regel zugrunde liegt: Bei Gruppendiskussionen hat der Moderator zahlreiche Handlungsspielräume, am Gruppengeschehen teilzunehmen. Er ist mehr als nur ein Frageneinwerfer – wie im eingangs geschilderten Filmbeispiel.

> Stattdessen ist die Atmosphäre in der Gruppe in starkem Maße davon abhängig, wie der Moderator auftritt, in den Hintergrund der Forschung einführt und Grundregeln der Diskussion vorstellt. Dabei hat er umfassende Möglichkeiten, auf den *normativen* Anpassungsdruck einzuwirken.

Indem er z. B. am Anfang der Diskussion und ggf. noch einmal im Verlauf der Diskussion deutlich macht, wie zufällig Mehrheiten und Minderheiten häufig in Gruppen verteilt sind und dass abweichende Ansichten besonders wichtig sind, trägt er dazu bei, dass Fähnchen nicht allzu schnell in den Wind gehängt werden.

> Auch bezüglich *informativer* Anpassungsprozesse hat der Moderator die Möglichkeit einzugreifen, wenn sich schnell ein Konsens ergibt und Äußerungen der Teilnehmer zunehmend konform sind.

Zum Beispiel kann er in ausgewählten Situationen bewusst einzelne Teilnehmer ansprechen, von denen er aufgrund des bisherigen Diskussionsverlaufs erwartet, dass neue Anstöße gegeben werden, welche dazu führen, dass das Thema von der gesamten Gruppe unter einer weiteren Perspektive als bislang geschehen erörtert wird. Oder er kann selbst sozusagen als Anwalt des Teufels auftreten und Gegenstandpunkte einbringen. Allerdings müssen alle diese Steuerungsoptionen sehr bedachtsam eingesetzt werden (vgl. Kapitel 5).

Um die Bedeutung von Konsensstreben adäquat zu beurteilen, ist außerdem zu beachten, dass es in Gruppendiskussionen keineswegs immer zu einer einheitlich geteilten homogenen Sicht der gesamten Gruppe kommt. Vielmehr bilden sich häufig Subgruppen sowie Mehrheits- und Minderheitspositionen aus. Diese Prozesse nachzuvollziehen, ist nicht erst in der Analyse von Bedeutung, sondern auch schon für die Moderation sehr wichtig, um zu entscheiden, welche Teilnehmer ggf. gezielt angesprochen werden sollten. Denn wenn eine Minderheitenposition aufrechterhalten und nicht einem starken normativen Anpassungsdruck geopfert wird, kann dies eine neue Dynamik in der gesamten Gruppe in Gang setzen. Zur Verdeutlichung ist erneut ein Exkurs in die sozialpsychologische Kleingruppenforschung sinnvoll: Moscovici/Lage/Naffrechoux (1969) haben im Rahmen experimenteller Forschung aufgezeigt, dass eine konsistent aufrechterhaltende Position einer Minderheit von Gruppen-Teilnehmern dazu führt, dass die Mehrheit der Teilnehmer ihre abweichende Position zu relativieren beginnt (vgl. auch Moscovici/Personnaz 1980: 172). Wie Nemeth (1986) anhand anschließender Forschungen verdeutlicht hat, hängt dieser Effekt davon ab, wie die Minderheit auftritt. Zeigt sie sich zu rigide und wenig kompromissbereit, beharrt die Mehrheit eher auf ihrer Position als wenn die Minderheit sich um Verständigung bemüht (vgl. zusammenfassend Heikenwälder 2007: 30 f.; Van Avermaet 2003: 463 ff.; Fischer/Wiswede 2002: 566 ff.).

Dem Moderator bieten sich also verschiedene Möglichkeiten, Verzerrungen entgegen zu wirken, die durch Konsensstreben und den Trend zur Konformität verursacht wird. Ob und wie er diese allerdings nutzen sollte, hängt von der Fragestellung der Studie ab.

> Nicht immer sollte auf die Gruppendynamik derart eingewirkt werden, dass man die Wirkung normativer und informativer Anpassungsprozesse möglichst gering halten sollte. Für viele Fragen kann es im Gegenteil sehr fruchtbar sein, beobachten zu können, wie sich Konsens und Konformität herausbilden.

Wenn es z. B. darum geht, (mögliche) Gruppenentscheidungen zu einem neuen Angebot zu verstehen, kann der Nachvollzug von Meinungsbildungsprozessen inkl. Konsensdruck dazu verhelfen, verschiedene Wirkungs-Szenarien zu erfassen und in ihrer möglichen Bedeutung für die Akzeptanz des Angebots einzuschätzen.

Ob, wann und in welchem Maße es zu Streben nach Konsens in Gruppendiskussionen kommt, ist abhängig von vielen verschiedenen Faktoren. Neben dem Auftreten des Moderators und dem thematischen Rahmen spielen insbesondere die Intensität der thematischen Betroffenheit und Persönlichkeitsstrukturen unterschiedlicher Teilnehmer eine Rolle. Deshalb ist es wichtig, dass sich Projektleiter und Moderator im Vorfeld mit unterschiedlichen Arten der Teilnahme-Motivation und damit verbundener Rollen im Diskussionsgeschehen auseinander setzen[52]. Fassen wir die Erörterungen noch einmal hinsichtlich unserer Fragestellung zusammen:

> In Gruppendiskussionen muss es keineswegs immer zur Entwicklung von Konsens und konformen Ansichten kommen.

Deshalb ist auch die Kritik, dass Gruppendiskussionen in der Marktforschung letztendlich den Gralshüter des Konservativen darstellen und Innovationen keine Chance lassen, nicht haltbar. Demnach sei der Konsens in Gruppendiskussionen in der Regel gegen kreative und ungewöhnliche Ideen gerichtet, weil diese gegen Mehrheitsmeinungen bzw. bestehende Normen verstoßen. Im Bild unseres Eingangsbeispiels: Revolutionäre Ideen wie das Feuer oder das Rad könnten durch Gruppendiskussionen be- oder gar verhindert werden.

Da es in Gruppendiskussionen aber weder darum geht, eine einheitliche Gruppenmeinung aus- oder abzubilden, noch man als Moderator möglichen gruppendynamischen Prozessen hin zu Konsens und Konformität einfach ausgeliefert ist, geht diese Kritik ins Leere bzw. wendet sich an eine falsche, eher naive Anwendung von Gruppendiskussionen. Der Moderator in unserem eingangs erwähnten Filmbeispiel gleicht einer Randfigur, die höchstens schlecht gestellte Fragen einwerfen darf und geschlossene Fragen der Teilnehmer beantworten muss.

Und auch die Gleichsetzung eines ersten Konsens zwischen den Teilnehmern mit den Ergebnissen der Analyse und Handlungsempfehlungen ist ein Trugschluss.

---

52 Nicht immer muss es zur Tendenz zum Konsens kommen, auch das Bemühen, den Konflikt mit anderen zu suchen, um die eigene individuelle oder subgruppenbezogene Position in der Auseinandersetzung mit anderen zu schärfen, ist ein häufig zu beobachtendes Phänomen in Gruppendiskussionen (vgl. Kap. 7.2).

Wie wir gesehen haben, gibt es in Gruppendiskussionen in unterschiedlichen Phasen durchaus Tendenzen, die dazu führen, dass in der Gruppe sich eher Konflikte entwickeln oder Konsens gesucht wird. Wenn dafür im Vorfeld und während der Moderation und im Auswertungsprozess Sensibilität besteht, steht einer erfolgreichen Gruppendiskussion nichts im Wege[53]. Erneut gilt, dass das Verständnis von Gruppendynamik als eine Quelle der Erkenntnis angesehen werden sollte.

7.4.4   Emotionalisierungen und Polarisierungen

Ein weiterer Kritikpunkt an Gruppendiskussionen wird der Beobachtung verbunden, dass sich die interagierenden Teilnehmer gegenseitig „hoch schaukeln" würden, sodass sich eine Gruppenmeinung ausbilde, welche nicht den eigentlichen Ansichten der einzelnen Teilnehmer entspreche (vgl. Koschate 2005: 28). Plastisch veranschaulicht wird dies in der simulierten Gruppendiskussion in der Steinzeit zum Konzept des Feuers: Die Diskussion wechselt, ohne dass sie vom Moderator gesteuert würde, zwischen konkreten Design-Aspekten und metaphysischen Assoziationen. Durch das Hin und Her der Beiträge werden die Teilnehmer zunehmend emotionalisiert. In der Gruppe wirkt das Feuer durch das gemeinsame Hochschaukeln der Teilnehmer schließlich so bedrohlich, dass es letztendlich als eine ganz und gar absurde, wirklichkeitsfremde Idee eingeschätzt und dementsprechend von der Gruppe einhellig abgelehnt wird.

 Gehen wir dieser Beobachtung zunächst einmal weiter auf den Grund, indem wir es aus sozialpsychologischer Perspektive beleuchten.

> In Anlehnung an Stoner (1961) fasst man unter dem Begriff des *Risikoschubs (riskyshift)* das Phänomen, dass durch die Teilnahme am Gruppengeschehen die Bereitschaft von Einzelnen zu riskanten Entscheidungen steigt – und auch eher extremere Positionen vertreten werden. Wenn im Vorfeld die Meinung bereits in eine Richtung tendierte, wird sie im Anschluss noch entschiedener bzw. eindeutiger vertreten. In diesem Sinne führt die Diskussion zu einer Gruppenpolarisierung.

Zur Erklärung kann erneut die Theorie des sozialen Vergleichs herangezogen werden – insbesondere bezüglich normativer und informativer Einflüsse.

 Normative Einflüsse werden insofern wirksam, als dass die Teilnehmer innerhalb der Gruppe nach Anerkennung durch die anderen streben. Wenn innerhalb der Gruppe ein Trend feststellbar ist, kann man Anerkennung durch die anderen Teil-

---

[53] Dem Argument der Verzerrung ist mit Lamnek (2005: 34) außerdem entgegen zu halten, dass geäußerte Meinungen und Verhaltensweisen nicht nur im Kontext von Gruppendiskussionen, sondern immer kontextabhängig sind.

nehmer erwarten, wenn man einen Beitrag zur Diskussion bringt, der diese Tendenz unterstreicht, aber noch ergänzende bzw. weiterführende Aspekte zum Ausdruck bringt. Im Effekt aller Beiträge kann es in der Folge zu einem ‚Hochschaukeln' kommen, da durch das wechselseitige Anknüpfen an den vorherrschenden Trend ein einseitig verzerrtes Bild entsteht.

Informative Einflüsse werden durch die Argumente der anderen Teilnehmer vermittelt. Die eigene, zunächst teilweise mit Unsicherheit und Zweifeln verbundene Ansicht wird durch immer mehr und differenziertere Argumente der anderen in die gleiche Richtung zunehmend genährt, sodass man zunehmend selbst von ihrer Stimmigkeit überzeugt ist. Die eigene Unsicherheit bezüglich der eigenen Position wird reduziert, wenn festgestellt wird, dass andere Teilnehmer ähnlich argumentieren wie man selbst. Da man sich in seiner Position immer sicherer fühlt, steigt die Bereitschaft, sich weiter aus dem Fenster zu lehnen. Da auch die anderen Teilnehmer diese Erfahrung machen, kommt es zu zunehmender Polarisierung der Gruppe (vgl. Van Avermaet 2003: 478 ff.; Heikenwälder 2007: 32 ff.).

Aus der Perspektive der von John C. Turner et al. (1987) entwickelten Selbstkategorisierungstheorie rückt die Frage nach der Selbst-Definition in den Mittelpunkt. Sich selbst verortet man nicht ausschließlich als Individuum, sondern auch als Mitglied von Gruppen. Damit ist das Bedürfnis verbunden, sich von anderen Gruppen zu unterscheiden, indem man Gemeinsamkeiten und Unterschiede herausarbeitet. Eine klare, den eigenen Standpunkt wenig relativierende Position innerhalb einer Gruppendiskussion eignet sich gut als Anknüpfungspunkt für derartige Abgrenzungen der eigenen (imaginierten) Gruppe von anderen – sei es auf die konkrete Gruppe der anwesenden Teilnehmer bezogen, sei es auf eine imaginierte umfassendere soziale Gruppe (wie z. B. ‚Wir Alten vs. die Jungen'). Dabei muss eine Polarisierung nicht immer in Richtung von mehr Risikofreude gehen – wenn der normative Einfluss in der Gruppe dahin tendiert, dass eine (imaginierte) andere Gruppe besonders risikofreudig ist, kann er im Sinne einer möglichst klaren Unterscheidung gerade dahin gehen, dass man sich als besonders besonnen und vorsichtig präsentiert (vgl. Heikenwälder 2007: 32 ff.).

Thomas (1992: 52) weist in Anschluss an Tajfel/Turner (1986) darauf hin, dass insbesondere Personen, die im Vergleich zu den anderen Mitgliedern der eigenen Gruppe Schwierigkeiten haben, zu „positiven Vergleichsresultaten" zu kommen, sich darum bemühen ein Gefühl von Stärke zu sichern, indem der Vergleich zu Fremdgruppen gesucht wird und innerhalb der eigenen Gruppe als bedeutsam betont wird. Aus tiefenpsychologischer Sicht ließen sich hier auch Abwehrmechanismen wie z. B. Projektionen anführen (vgl. Allport 1954). Im Sinne der experimentellen Affiliationsforschung von Schachter (1959) suchen insbesondere Personen, die sich ängstigen, verstärkt die Verbundenheit mit anderen, um sich sicherer zu fühlen. Auch der soziale Vergleich fördert dieses Bedürfnis: Wenn in ungewohnten Situationen starke

Emotionen auftreten, wollen Menschen sich versichern, dass sie damit nicht allein sind (vgl. zusammenfassend Thomas 1992: 45).

> Die These, dass es in Gruppendiskussionen zum Phänomen des gegenseitigen Hochschaukelns und zu Polarisierungen kommen kann, wird durch zahlreiche Argumente untermauert. Derartige Tendenzen sollten bei der Moderation und Auswertung daher auf jeden Fall berücksichtigt werden.

Erneut ist aber auf die nicht gegebene Verallgemeinerbarkeit der Ergebnisse experimenteller sozialpsychologischer Gruppenforschung hinsichtlich der speziellen Situation Gruppendiskussion hinzuweisen. Zum einen liegt ihr das Bild von Individuen als handelnde Einheiten zugrunde – inwiefern eher kollektive Erfahrungsräume gemeinsam offen gelegt und beschrieben werden, wird ebenso wenig zum Ausgangspunkt von Forschung genommen wie die Sondersituation, dass am Gruppengeschehen ein Moderator beteiligt ist, der durch Fragen, Stellungnahmen und die Präsentation von Materialien eingreifen kann.

> Ein guter Moderator sollte sich bewusst sein, dass es zu Gruppenpolarisierungen kommen und dass es deshalb sinnvoll sein kann, gezielt normative oder informative Einflüsse zu durchbrechen bzw. eine bewusste ‚Minderheitenpolitik‘ zu betreiben, um der Vielschichtigkeit einer Fragestellung stärker gerecht zu werden. Da situationsbedingte Gruppenpolarisierungen nie gänzlich ausgeschlossen sind, ist es außerdem ratsam, immer mehrere Gruppendiskussionen mit einer Zielgruppe durchzuführen, um ausschließen zu können, dass möglicherweise zufällige (und nicht strukturelle bzw. für spezifische Gruppen spezifische) Faktoren zu einer Polarisierung geführt haben.

Dass es in Gruppendiskussionen zu Polarisierungen kommen kann, stellt im Übrigen nicht für alle Fragestellungen einen Nachteil dar. Im Gegenteil, zum Teil können solche Polarisierungen sogar gewünscht sein, etwa wenn es darum geht, verschiedene potenzielle Szenarien zu verstehen, wie ein neues Angebot in Teilen der Bevölkerung aufgenommen wird. Gerade die Polarisierung verdeutlicht dann z. B., welche Risiken mit bestimmten Bestandteilen des Angebots verbunden sein können und die Gefahr in sich bergen, dass es zu einer zunehmend negativen Sicht auf das Ganze kommt. Aber auch Aspekte, denen man stärkeres Gewicht beimessen sollte, weil sie z. B. besonders faszinieren oder in der Lage sind die Aufmerksamkeit auf das Angebot zu lenken, lassen sich durch Polarisierungen identifizieren.

7.5   Fazit: Goldgruben erkennen, Fallgruben vermeiden

Unsere Eingangsfrage nach dem Potenzial von Gruppendiskussionen verbanden wir mit einem Bild: Stellen Gruppendiskussionen auf der Suche nach Erkenntnis eher eine Fall- oder eine Goldgrube dar? Die Metapher der Fallgrube verweist auf schwerwiegende Hindernisse, die bei der ursprünglichen Wegplanung nicht berücksichtigt wurden und die einen im schlimmsten Fall zur Strecke bringen, indem eine Studie ohne fundierte Erkenntnisse beendet wird. Mit der Metapher der Goldgrube wird dagegen eine besonders reichhaltige Quelle beschrieben, aus der geschöpft werden kann und die besonders hochwertige und bedachtsam zu Tage zu fördernde Resultate verspricht.

Wenn wir zur Beantwortung der Fragestellung noch einmal unsere Erörterungen zur Bedeutung von Gruppendynamik Revue passieren lassen, lässt sich feststellen, dass wir sowohl auf Fall- als auf Goldgruben gestoßen sind. Die schwerwiegendste Fallgrube stellt ein falsches oder naives Verständnis von Gruppendiskussionen dar. Wenn Diskussionsbeiträge ausschließlich einzelnen Teilnehmern zugeschrieben werden und mit ihrer Individualmeinung gleichgesetzt werden, ohne gruppendynamische Effekte zu berücksichtigen, ist man ohne Hoffnung auf Rettung in diese Fallgrube gestürzt. Denn Gruppendiskussionen sind kein Parallelinterview von einzelnen Individuen.

Bei der Auseinandersetzung mit der Gruppendynamik haben wir weitere Fallgruben identifizieren können: insbesondere die der Oberflächlichkeit, die der fehlenden Teilnehmer-Motivation, die der selektiven Auswahl von Beiträgen, die der sozialen Erwünschtheit, die des Konsensstrebens, die der des Streits gegenüber liegt, und letztendlich noch die Fallgrube der Gruppenpolarisierung. Manche Fallgruben sind klar zu erkennen und dementsprechend leicht zu umgehen, andere sind unscheinbar, versteckt, aber von einer nicht zu unterschätzenden Größe. Wie auch immer die einzelnen Fallgruben beschaffen sein mögen ist doch auf jeden Fall festzuhalten: Der Weg zur Erkenntnis durch Gruppendiskussionen ist ein gefährlicher und risikoreicher, deshalb bedarf es einer sorgfältigen Vorbereitung, einer bewussten und fachgerechten Durchführung sowie einer systematischen Auswertung.

Wir haben außerdem festgestellt, dass es nicht immer leicht ist, zwischen Fall- und Goldgrube zu unterscheiden. Denn so manche Fallgrube weist bei näherer Untersuchung plötzlich sozusagen unerwartete Bodenschätze auf, die man abbauen kann. Ohne eine Schatzkarte gehabt zu haben, stößt man in diesem Fall plötzlich auf Goldvorkommen. Dies kann der Fall sein, indem etwa über das Entstehen von Konsensdruck oder durch auftretende Gruppenpolarisierungen wichtige Erkenntnisse zur Fragestellung gewonnen werden können, also gerade die entstehende Dynamik in der Gruppe, das ‚wie' der Diskussion und Interaktion, uns Zusammenhänge verstehen lässt. Trotzdem sollte die Durchführung einer Gruppendiskussion nicht mit einem planlosen Drauflosrennen verstanden werden, in der Hoffnung, irgendwann in eine Grube zu fallen, in der man nur noch die Hand nach Gold ausstrecken braucht. Wenn

man sich nicht mit den Herausforderungen der Gruppendynamik auseinander gesetzt hat, sind schwerwiegende Fehler in der Moderation und Auswertung unver-
meidlich. Deshalb ist es wichtig, sich bereits im Vorfeld klar zu verorten, indem der
eigene Standpunkt und die damit verbundene Sicht auf die Bedeutung von Gruppendynamik bestimmt werden. Diesbezüglich eine klare Position zu haben, ist ein
ganz wichtiger Schritt, um nicht durch das Stürzen in Fallgruben auf dem Weg zur
Erkenntnis aufgehalten zu werden. Damit verbunden ist auch ein klares Bild davon,
nach was für einem Schatz man eigentlich sucht. Damit Gruppendiskussionen quasi
als Goldgrube dienen können, muss man das Gold, das mit ihnen zu Tage gefördert
werden kann, auch erkennen können. Geht es also z. B. eher darum, ein Spektrum
verschiedener Ansichten zu identifizieren oder unbewusste Anteile an Handlungen
aufzudecken?

Wenn es darum geht, sich im Rahmen eines Forschungsprojekts zu entscheiden,
ob es sinnvoll ist, Gruppendiskussionen einzusetzen, reicht es dementsprechend
nicht aus, Vor- und Nachteile gegenüberzustellen. Wie Lamnek (2005: 85 f.) zu Recht
anmerkt, dienen derartige Checklisten allenfalls „als erste und sehr vorläufige Ent-
scheidungshilfe." Unserer Erfahrung nach führen sie eher in die Irre, als dass sie eine
fundierte Orientierung bieten, weil Zusammenhänge zwischen den einzelnen Teilaspekten ebenso wenig deutlich werden wie die theoretische Verortung, hinsichtlich
derer bestimmter gruppendynamischer Effekte eher einen Vor- oder Nachteil darstellen. Ohne eine derartige Verortung ist ein Verständnis von Gruppendiskussionen – und damit auch deren sinnvolle Durchführung im Rahmen von Forschungsprojekten – aber gar nicht möglich.

Erweiterung: Formenvielfalt und Spielräume von Gruppendiskussionen

8

Wir haben uns in diesem Buch ausführlich mit der Konzeptualisierung, Vorbereitung, Durchführung und Auswertung von Gruppendiskussionen aus einer problemzentrierten praxisorientierten Sicht beschäftigt. An verschiedenen Stellen haben wir bereits kursorisch sowohl auf alternative theoretische Sichtweisen als auch auf Möglichkeiten, durch Methodenkombination und veränderte Settings sozusagen an den Stellschrauben einer Gruppendiskussion zu drehen, hingewiesen. In der Praxis findet sich ein weites Feld von Gruppendiskussionen, hinsichtlich ihrer theoretischen Verortung ebenso wie ihrer Ausgestaltung im Detail. Diesem weiten Feld wollen wir uns nun abschließend zuwenden.

Dabei können selbstverständlich verschiedene theoretische Ansätze nicht in gleichem Detail behandelt werden wie das an das dieser Stelle für das von uns vorgeschlagene problemzentrierte Vorgehen der Fall war. Trotzdem halten wir es für wichtig, dass der Leser einen Überblick über die Grundzüge verschiedener Ansätze bekommt, zum einen als Anregung, sich ggf. weiter damit auseinander zu setzen, zum anderen, um den eigenen Standpunkt gerade in Abgrenzung mit anderen Sichtweisen noch deutlicher zu begreifen und Kollegen sowie Kooperationspartnern gegenüber darlegen zu können.

Das Gleiche gilt für die Auseinandersetzung mit verschiedenen Stellschrauben und Verzahnungen von Gruppendiskussionen: An dieser Stelle ist nicht ausreichend Platz, um sich mit verschiedenen Abwandlungen von Gruppendiskussionen z. B. im Rahmen von Mini-Gruppen oder Kreativworkshops in allen Einzelheiten zu beschäftigen. Einen Überblick damit verbundener Grundzüge und Einsatzmöglichkeiten möchten wir dem Leser vermitteln, um ihn in die Lage zu versetzen, in der Praxis verschiedene Optionen bewerten zu können. Auch auf zentrale Gesichtspunkte, die mit der Einbindung von Gruppendiskussionen in internationale Projekte und mit der Kombination mit anderen Methoden verbunden sind, soll zusammenfassend hingewiesen werden.

Wir haben das Buch mit einem Bild begonnen. Mit dem Flugzeug kreisten wir vor der Landung um das Land der Gruppendiskussionen. Daran möchten wir nun am Ende dieses Buches noch einmal anknüpfen: Inzwischen haben wir uns in diesem Land ausführlich umgesehen. Selbstverständlich haben wir nicht alle Regionen gleichermaßen erkunden können, aber durch unsere Reisen durch verschiedene Landstriche haben wir ein gewisses Expertenwissen über Zusammenhänge ausgebildet, durch das wir nun sozusagen einen ganz anderen Blick auf die Phänomene haben, die uns beim ersten Ladeanflug ins Auge gefallen sind. Nun ist es Zeit, sich zumindest vorübergehend vom Land der Gruppendiskussionen wieder zu verabschieden. Beim Abflug werfen wir erneut einen Blick aus dem Fenster des Flugzeugs. Wir können unsere Beobachtungen nun deutlich besser differenzieren und einordnen als während des Anflugs.

Was wir sehen, wird in den folgenden Unterkapiteln zum Ausdruck gebracht: zunächst eine Differenzierung unterschiedlicher Grundverständnisse von Gruppendiskussion im Hinblick auf ihre theoretische Einbettung (Kapitel 8.1), im Anschluss eine Unterscheidung von unterschiedlichen Abwandlungen der klassischen Gruppendiskussionen (Kapitel 8.2) und eine Auseinandersetzung mit der Einbindung von Gruppendiskussionen in komplexe Projektgefüge (Kapitel 8.3). Dieser Blick von oben auf das weite Feld der Gruppendiskussionen hilft uns, die Spielräume, die mit der Methode verbunden sind, zu verstehen. Nachdem wir mit dem Flugzeug schon so weit in die Lüfte gestiegen sind, dass Einzelheiten des von uns besuchten Landes nicht mehr zu erkennen sind, lehnen wir uns zum Ende noch einmal gemütlich in unseren First-Class Sessel zurück, nippen an unserem Glas Champagner und reflektieren unsere Erfahrungen hinsichtlich dieser Spielräume und auch der Begrenzungen, die wir mit Gruppendiskussionen verbinden (Kapitel 8.4).

8.1   Theoretische Einbettung von Gruppendiskussionen

8.1.1   Verhältnis von Theorie und Praxis

Nicht immer sind Studien, die sich der Methode Gruppendiskussion bedienen, explizit an eine Theorie gebunden. Dies gilt sowohl für sozialwissenschaftliche Studien im Allgemeinen als auch für den Bereich der Marktforschung im Speziellen. „Es gibt nichts Praktischeres als eine gute Theorie" lautet ein bekanntes Zitat von Kurt Lewin (1951: 169). Wenn aber eine gute Theorie nicht so einfach zur Hand ist, was passiert dann mit der Praxis?

Bei einem eher pragmatischen Umgang mit der Gruppendiskussion wird in Ermangelung einer Theorie, welche das in der Praxis als bewährt erlebte Vorgehen erklärend in Worte fasst, das eigene und im Umgang mit anderen Praktikern mündlich weiter gegebene Erfahrungswissen zur Grundlage des eigenen Handelns genommen. Ohne das Mischverhältnis exakt zu bestimmen, wird dabei implizit auf Bausteine aus verschiedenen Theorien zurückgegriffen, die in das forscherische Alltagswissen eingeflossen sind, auch wenn sie in ihrer Einbettung in wissenschaftshistorische Kontexte nicht verortet werden.

Insofern lässt sich bei einer derartigen Verwendung der Gruppendiskussion von Bricoleuren sprechen, die nach einer Analyse von Renate Blank (2007: 282 f) auf ein weites Spektrum theoretischer Hintergrundannahmen zurückgreifen, z. B. auf Anteile aus der humanistischen Psychologie, der Kognitionspsychologie, aus verschiedenen tiefenpsychologischen Schulen sowie der der Soziologie, Ethnologie und Linguistik (vgl. Naderer/Balzer 2007). Blank vertritt die pragmatische Verwendung von Gruppendiskussionen in der Marktforschung sehr offensiv als ein „kreatives ‚Methoden-Set'" (2007: 282) und damit als eine durchaus sinnvolle Folge der Entwicklung der Gesellschaft hin zu postmodernen Verhältnissen.

Auch in vielen US-amerikanischen Einführungswerken erfolgt die Thematisierung von Gruppendiskussionen auf sehr pragmatische Art und Weise, die nicht in Frage gestellt wird. Unterschiedliche theoretische Sichtweisen und ihre Bedeutung für die Durchführung sowie Analyse werden häufig nicht einmal angesprochen, geschweige denn zu einem Problem erklärt (vgl. Krueger/Casey 2009)[54]. Zum Teil basiert die Darstellung der Methode gar einzig und allein auf eigenen Erfahrungen, ohne auf andere Veröffentlichungen zu Gruppendiskussionen zu verweisen oder zumindest ein Literaturverzeichnis aufzuführen (z. B. Templeton 1994; Edmunds 1999; Goebert 2002).

Aus wissenschaftlicher Sicht ist die Konzentration auf eigenes heuristisches Erfahrungswissen und den ausschließlich mündlich geführten Erfahrungs- und Wissensaustausch mit Kollegen unseres Erachtens nach sehr bedenklich und als Eigenbrötelei zu kritisieren. Zum einen besteht nach innen als auch nach außen zu wenig Transparenz über die Gültigkeit und damit letztendlich die Aussagekraft des eigenen Vorgehens. Zum anderen ist, wie Blank (2007: 283) selbstkritisch anmerkt, bei einer pragmatischen Anwendung nicht davon auszugehen, dass es sich dabei um ein theoretisch begründetes konsistentes Vorgehen handelt. Anders ausgedrückt: Es lässt sich zu wenig kontrollieren, ob und an welcher Stelle sich vermeidbare Fehler einschleichen und das Potenzial von Gruppendiskussionen zu wenig genutzt wird.

Gleichwohl ist es unseres Erachtens unangemessen für sozialwissenschaftliche Praxis, die auf zahlreichen Erfahrungen bestehenden Reflexionen der Pragmatiker einfach zu ignorieren – quasi als Bestrafung für nicht wissenschaftskonformes Handeln. Stattdessen halten wir es für die Aufgabe von Wissenschaftlern, denen es um ein theoretisches Verständnis der Gruppendiskussion geht, sich mit in der Praxis entwickelten Ansätzen eingehend auseinanderzusetzen und zu analysieren, indem unter

---

54 Wir wollen damit aber auf gar keinen Fall eine Analogie zwischen amerikanischer Forschungs-Kultur und Theorieblindheit herstellen. Dafür ist auch der amerikanische Verwendungskontext zu heterogen. Insbesondere in nicht allein auf die focus group zugeschnittenen Methoden-Lehrbüchern wird der Bezug zur Theorie durchaus kritisch diskutiert (vgl. z. B. Denzin/Lincoln 1994).

Bezugnahme auf theoretische Perspektiven innovative Ansätze ebenso erkannt werden können wie fehlerhafte und unbegründete. Eine derartige systematische Sichtung steht derzeit noch aus.

> Wir haben in diesem Buch eine eigene theoretische Verortung von Gruppen
> diskussionen im Sinne eines problemzentrierten Vorgehens beschrieben, das
> auf Grundlagen der Grounded Theory und des symbolischen Interaktionismus
> beruht. Damit bieten wir einen Rahmen, an den die eigene Marktforschungs-
> Praxis angelehnt werden kann.

Gruppendiskussionen sind aber auch im Kontext anderer theoretischen Verortungen
eine wichtige und in der Praxis häufig angewandte Methode. Bei einem Vergleich mit
der von uns beschriebenen problemzentrierten Durchführung fällt zunächst einmal
auf, dass es viele Gemeinsamkeiten gibt – sowohl hinsichtlich genereller erkenntnistheoretischer Erwägungen als auch methodischer Richtlinien. Neben einem Kern
an geteilten Grundauffassungen gibt es zwischen den Schulen auch deutliche Unterschiede in ihrer Sicht auf die Gruppendiskussion, die wir in den folgenden Kapiteln
kurz skizzieren wollen.

Uns geht es darum, ein für die Praxis wichtiges Grundverständnis von unterschiedlichen Herangehensweisen zu schaffen. Dabei werden wir insbesondere auf die
folgenden Gesichtspunkte beim Vergleich achten, anhand derer sich Differenzierungen besonders anschaulich herausarbeiten lassen:

- Historischer Kontext und theoretische Anknüpfungspunkte,
- Erkenntnispotenzial von Gruppendiskussionen,
- Projektvorbereitung und Rolle des Leitfadens,
- Bedeutung des Moderators für die Gruppe,
- Interpretation szenischer Informationen und Grundverständnis von Gruppendynamik,
- Grundprinzipien und Richtlinien der Auswertung.

In Deutschland lassen sich zurzeit neben der von uns explizit zum Ausdruck gebrachten problemzentrierten Vorgehensweise drei zentrale Perspektiven unterscheiden:

- Tiefenhermeneutischer Ansatz,
- Rekonstruktiv-dokumentarischer Ansatz,
- Morphologischer Ansatz.

Bevor wir uns in den folgenden Abschnitten diesen Ansätzen widmen, soll es kurz
um den gemeinsamen historischen Nährboden gehen, aus dem diese Schulen sich
entwickelt haben. Da es ausführliche Darstellungen der historischen Entwicklungen von Gruppendiskussionen bereits an anderer Stelle gibt (z. B. Lamnek 2005: 53 ff.;

Loos/Schäffer 2001: 15 ff.; Przyborski/Riegler 2010: 436 ff.)[55], beschränken wir uns auf
eine sehr fokussierte Darstellung: Mit dem Blick auf die Frankfurter Schule konzentrieren wir uns auf die ‚Wiege' der Entwicklung von Gruppendiskussionen im deutschen Sprachraum (Przyborski/Riegler 2010: 437). Die Auseinandersetzung mit ihr
bietet wichtige Anknüpfungspunkte für das Verständnis der folgenden Ansätze.

8.1.2 Frankfurter Schule als Nährboden

Nach dem zweiten Weltkrieg übernahm das Frankfurter Institut für Sozialforschung
eine führende Rolle bei der kritischen Reflexion von Gesellschaft. Die die Soziologie und Philosophie prägenden Wissenschaftler wie Theodor W. Adorno und Max
Horkheimer waren an diesem Institut beschäftigt. Viele noch heute zentrale Werke
und Impulse entstanden in diesem Wirkungskreis, den man auch unter dem Begriff
der ‚Frankfurter Schule' fasst (vgl. Wiggershaus 2010 für einen Überblick). In diesem
Kontext fand eine für die weitere Entwicklung von Gruppendiskussionen wegweisende Studie statt, die von Pollock geleitet und 1955 veröffentlicht wurde (Pollock 1955)[56].
Im Rahmen des von ihnen angewandten so genannten ‚Gruppenexperiments' ging es
um die Untersuchung des politischen Bewusstseins im Nachkriegsdeutschland, insbesondere hinsichtlich der Identifizierung ideologisch geprägter gesellschaftlicher
Deutungsmuster. Dafür wurden Angehörige verschiedener Bevölkerungsschichten im Rahmen von Gruppen-Settings befragt und zum Diskutieren angeregt. Für
eine Befragung im Rahmen einer Gruppe entschieden sich die Wissenschaftler um
Pollock, um einen möglichst wirklichkeitsnahen Diskurs nachzubilden, der sich von
der künstlichen Situation eines Interviews unterscheidet. Der Einzelne sollte mit an-

---

55 Die hier genannten Werke geben alle einen wertvollen und anschaulichen Einblick in die historische
    Entwicklung von Gruppendiskussionen. Allerdings steht eine noch detailliertere und umfassendere
    Auseinandersetzung damit in einem eigens darauf ausgerichteten Werk noch aus, weil in den bishe-
    rigen Veröffentlichungen einige blinde Flecken zu erkennen sind. Noch zu kurz kommt erstens eine
    nachvollziehbare und auf der Sichtung von Quellen und Experteninterviews beruhende Auseinan-
    dersetzung mit der Praxis in der Marktforschung. Zweitens wird bei der historischen und theoreti-
    schen Einordnung von Gruppendiskussionen wichtigen Meilensteinen zu wenig Raum eingeräumt.
    Insbesondere themenzentrierte und morphologische Ansätze werden gar nicht oder nur sehr kur-
    sorisch erwähnt (vgl. die Kritik von Schorn 2007). Bei den bereits bestehenden Veröffentlichungen
    ist die durchgehend grenzüberschreitende Perspektive positiv heraus zu heben, sodass nicht nur Ent-
    wicklungen in Deutschland einbezogen werden. Dennoch fehlt es drittens an einer systematischen
    Sichtung der Entwicklung von Gruppendiskussionen in verschiedenen Ländern und der darauf ent-
    stehenden wechselseitigen Beeinflussung. Gegenüber den USA und England wird beispielsweise die
    Verwendungspraxis in Frankreich und Brasilien nur unzureichend reflektiert, obwohl dort elaborier-
    te Ausarbeitungen zur Verwendung qualitativer Methoden in den Sozialwissenschaften vorliegen
    und qualitative Forschung einen hohen Stellenwert einnimmt.
56 Mit dem auf der Basis dieser Studie entwickelten Verlaufsmodell von Diskussionsprozessen in Grup-
    pen haben wir uns bereits im Kapitel 7.2 auseinander gesetzt.

deren in seiner natürlichen Alltagssprache kommunizieren und dabei seine eigenen Ansichten vertreten und behaupten.

Damit wandte sich das Team um Pollock gegen die herkömmlichen Methoden der Meinungsforschung, mit denen isolierte Einstellungen als Konstrukte verbunden wurden, welche nicht der sozialen Wirklichkeit entsprächen. Stattdessen wurde zum ersten Mal der Fokus auf die Nutzbarmachung von Gruppendynamik für die Studie gelegt: Dass Befragte sich in „Rede und Gegenrede" (Pollock 1955: 34) miteinander austauschen und zu überzeugen versuchten, sollte zu einem tieferen Verständnis der untersuchten Thematik führen. Bereits Pollock sprach davon, dass es um die Ermittlung von Meinungen „in statu nascendi" ging (Pollock 1935: 32), ein Ausdruck, der später von Loos/Schäffer (2001: 11) übernommen und für die rekonstruktive Sozialforschung übertragen wurde (vgl. die Ausführungen dazu in Kapitel 8.1.4).

Die wegweisende Bedeutung des Pollockschen Ansatzes wird heute einhellig gewürdigt, allerdings wird er in ebenso übereinstimmender Art und Weise auch kritisch betrachtet: Demnach gelang es Pollock nicht, der Bedeutung von Gruppenprozessen in Rahmen der Auswertung gerecht zu werden, da er sich ausschließlich an der Erfassung von Einzeläußerungen konzentrierte und sich mit dieser Fokussierung der von Gruppenprozessen isolierten Äußerungen von Individuen letztendlich doch „insgesamt weiterhin am Modell der Umfrage" orientierte (Bohnsack 2003: 106).

Diese Kritik wurde zum ersten Mal durch Werner Mangold (1960) zum Ausdruck gebracht. Mangold war wie Pollock Mitglied des Frankfurter Instituts für Sozialforschung und analysierte die Daten der Studien unter einer neuen Perspektive: Mangold vollzog die Wende vom Individuellen zum Kollektiven. Ihm ging es nicht mehr um die Analyse individueller Ansichten, sondern um das Verständnis kollektiver Gruppenmeinungen. Ihm zufolge entwickeln sich diese Meinungen nicht erst im Prozess der Gruppendiskussion, sondern sind Ausdruck einer Grundhaltung, welche auch jenseits der Diskussion besteht. Gemeinsam wird ihm zufolge diese Grundhaltung in der Diskussion durch die verschiedenen Teilnehmer entfaltet. Der folgende Absatz bringt das Mangoldsche Grundverständnis plastisch zum Ausdruck:

> „In der Diskussion schlagen offenkundig bereits ausgebildete Gruppenmeinungen sich nieder. Diese werden gleichsam arbeitsteilig vorgetragen. Die Sprecher bestätigen, ergänzen, berichtigen einander, ihre Äußerungen bauen aufeinander auf; man kann manchmal meinen, es spreche einer, so sehr passt ein Diskussionsbeitrag zum anderen. Eine Zerlegung dieses kollektiven Prozesses der Meinungsäußerung in die Ansichten der einzelnen Sprecher ist vielfach unmöglich. Die Gruppenmeinung ist keine ‚Summe' von Einzelmeinungen, sondern das Produkt kollektiver Interaktionen." (Mangold 1960: 48)

Allerdings bot Mangold aus heutiger Sicht noch keine befriedigende und theoretisch begründete Lösung, wie diese Kollektivität in der Auswertung von Gruppendiskussionen zu erfassen ist und welche Implikationen sich aus ihr für die Moderationsprozesse ergeben.

Diesbezüglich wurde von nachfolgenden Wissenschaftlern in ganz unterschiedlichem Maße an Vorarbeiten der Frankfurter Schule angeknüpft, welche insbesondere für tiefenhermeneutische und für rekonstruktiv-dokumentarische Ansätze den zentralen Ausgangspunkt für die Entwicklung eines eigenen theoretischen Systems boten. Deshalb werden wir uns im Folgenden zunächst diesen beiden Ansätzen widmen.

8.1.3 Tiefenhermeneutischer Ansatz: Themenzentrierte Gruppendiskussionen

Das Grundverständnis von Gesellschaft führender Vertreter des Frankfurter Instituts für Sozialforschung basierte auf der psychoanalytischen Theorie. In diesem Sinne wurde das Verfahren der Gruppendiskussion von Pollock als geeignet angesehen, Abwehrmechanismen, wie z. B. Rationalisierungen, sowie latente Bedeutungsinhalte von Aussagen zu identifizieren. Es ging also darum, unbewusste Prozesse aufzudecken. Ins Zentrum der Aufmerksamkeit rückten dadurch aber wieder einzelne Teilnehmer, indem z. B. individuelle Abwehrmechanismen deutlich wurden. Gruppenprozesse dagegen gerieten zunehmend außer Acht.

Mit dieser Kritik der Ausrichtung am Individuum und der Vernachlässigung des Kollektiven wurde zunächst von Mangold und später auch von Bohnsack gleichzeitig die tiefenpsychologische Perspektive aufgegeben. Gerade in der tiefenpsychologischen Argumentation wurde die Schwäche der Pollockschen Analyse ausgemacht, weil sich aus psychoanalytischen Grundannahmen der Fokus auf Einzelpersonen geradezu als Konsequenz ergebe (vgl. Loos/Schäffer 2001: 20). Zum Gegenstand der Forschung werde(n) „das Individuum mit seiner individuellen Meinung" (Bohnsack/ Przyborski 2007: 494) – und nicht Gruppen oder kollektive Prozesse. Diesem Verständnis zu Folge geht mit einem psychoanalytischen Verständnis die Fokussierung auf innere Prozesse einzelner Sprecher einher (vgl. Przyborski/Riegler 2010: 437).

Gegen diese Gleichsetzung von tiefenpsychologischen Grundannahmen mit der Fokussierung auf einzelne Individuen argumentieren Thomas Leithäuser und Birgit Volmerg (1988). Ihnen zufolge ist es eine – allerdings selbst in Kreisen von Psychoanalytikern weit verbreitete – Fehlannahme, psychoanalytische Ansätze in Folge ihrer klinischen Entstehungsgeschichte als zwangsläufig personenzentriert zu verstehen. Zu wenig werde dadurch reflektiert, wie Psychoanalyse gerade auch in der Sozialforschung Aufschlüsse bieten könne, indem der Fokus auf die Verschränkung von Individuellem und Kollektivem gerichtet werde[57].

---

57 Leithäuser (2009: 357) verdeutlicht im Rückblick, dass es im Anschluss an die Entwicklungen der Frankfurter Schule und insbesondere das Werk von Theodor W. Adorno in den 60er und 70er Jahren eine „intensive Diskussion zwischen Philosophie, Sozialwissenschaften und Psychoanalyse" gege-

> Leithäuser und Volmerg nennen die von ihnen begründete Methode *themenzentrierte Gruppendiskussion*, um sie von einem individualbezogenen Verständnis von Psychoanalyse abzuheben.

Da es ihnen nicht um die Analyse individueller Persönlichkeitsstrukturen mit Hilfe eines klinisch-psychoanalytischen Begriffsrasters geht, grenzen sich von dieser einseitigen Deutungsweise tiefenpsychologischer Grundannahmen ab und entwickeln eine sozialwissenschaftliche Interpretation. Wichtig ist es den Autoren, dass „das Phänomen des Unbewussten" als „Grunderfahrung der Psychoanalyse" (Leithäuser 2009: 358) bei Analysen sozialer Prozesse berücksichtigt, aber nicht ausschließlich individuell-biographisch verstanden wird. Stattdessen gehen sie davon aus, dass Unbewusstes immer auch gesellschaftlich bedingt ist und sprechen in diesem Sinne vom kollektiv Unbewussten.

> Im Sinne von Tiefenhermeneutik sollen themenzentrierte Gruppendiskussionen einen Zugang zum Verständnis dieses *kollektiven Unbewussten* eröffnen.

Wenn wir noch einmal auf das im zweiten Kapitel diskutierte Beispiel der Bedeutung von Nationalität für deutsche Frauen zurückkommen, lässt sich dies veranschaulichen: Birgit Behrensen (2004) arbeitet mit Hilfe von Gruppendiskussionen kollektiv unbewusste Anteile der Frauen in Bezug auf ihre deutsche Nationalität heraus. Dazu gehören beispielsweise Schuld- und Schamgefühle im Zusammenhang mit der nationalsozialistischen Vergangenheit Deutschlands. Auch Ängste werden in Verbindung mit der eigenen Nationalität deutlich. All dies ist im Sinne einer tiefenhermeneutischen Sicht unbewusst, weil es nicht selbstreflexiv von den Frauen im Rahmen der Diskussion zum Ausdruck gebracht, sondern anhand der Art und Weise, wie sie sich in der Diskussion mit dem Thema auseinander setzen, offen gelegt wird. Die Angstbesetztheit wurde etwa dadurch deutlich, wie vorsichtig die Frauen dem Thema Nationalität annähern, um bloß nichts Falsches zu sagen. Kollektiv ist dieses Unbewusste im Sinne der Tiefenhermeneutik, weil es nicht in Einzelschicksalen begründet, sondern typisch für eine ganze gesellschaftliche Gruppe, in diesem Fall deutsche

---

ben habe, die auf ein „fächerübergreifendes Untersuchungskonzept des Verhältnisses von Individuum und Gesellschaft abzielte." Um ein tiefenpsychologisches Grundverständnis für die Untersuchung sozialer Prozesse nutzen zu können, müsse aber eine klare Abgrenzung zu einer individualpsychologischen Fokussierung gezogen werden, wie sie das klinische Verständnis von Psychoanalyse kennzeichne. Denn, wie Leithäuser verdeutlicht, werde Gesellschaft dort als etwas dem Individuum äußerlich Gegebenes aufgefasst – quasi „als sekundärer Anhang" bzw. als „Feld nachträglicher Identifikationen und Projektionen" (Leithäuser 2009: 360). Die gesellschaftliche Vermitteltheit alles Individuellen werde zu wenig berücksichtigt, der „Blick der Psychoanalytiker auf das Gesellschaftliche endet meist bei der Familie" (ebd.: 358) – soziologische und ökonomische Erkenntnisse zur Strukturiertheit menschlicher Beziehungsnetze blieben dagegen unberücksichtigt.

Frauen, ist. Die Last der Vergangenheit liegt sozusagen nicht allein auf den Schultern einer einzelnen Person, sondern einer ganzen Gruppe[58].

> Für themenzentrierte Gruppendiskussionen ist die Fokussierung auf den Alltag der Teilnehmer von entscheidender Bedeutung, weil sich aus der Art und Weise, wie der eigene Alltag beschrieben und bewältigt wird, der Zugang zum kollektiv Unbewussten erschließt.

Alltag ist in diesem Sinne mehr als Routine, es handelt sich tagtäglich um eine Konstruktion, mit der die eigene Handlungsfähigkeit und das psychische Gleichgewicht gesichert werden sollen. Alltagsgestaltung geht im Verständnis von Leithäuser und Volmerg mit vorbewussten (z.B. Gewohnheiten), unbewussten (z.B. Abwehrmechanismen wie Rationalisierungen) und bewussten Prozessen (partielle Reflexionen) einher. Während das Lesen der deutschen Tageszeitung zum Frühstück etwa eine nicht mehr in Frage gestellte Gewohnheit ist, könnte das Vermeiden der Auseinandersetzung mit Fragen des Holocaust im tiefenpsychologischen Sinne als Angstvermeidung gedeutet werden und damit als unbewusster Akt angesehen werden.

Im Kontext von tiefenhermeneutisch ausgerichteten Gruppendiskussionen bietet der von Leithäuser bestimmte Begriff des „Alltagsbewusstseins" (Leithäuser 1988) einen wichtigen Anknüpfungspunkt. Im Sinne der kritischen Theorie geht das Alltagsbewusstsein immer mit Einschränkungen sozialer Erfahrungsfähigkeit einher. Um den Preis, im Alltag unser soziales Gleichgewicht so gut es geht aufrecht zu erhalten und nicht durch die Vielfalt neuer Optionen sowie das unseren Seelenhaushalt potenziell bedrohende Leid und Elend der Welt aus dem Tritt und Trott gebracht zu werden, opfern wir unbewusst einen Teil unserer Offenheit und unserer Einfühlungsbereitschaft. Das Alltagsbewusstsein bestimmt, *„mit welchen Menschen aus welcher Gruppe man sich identifiziert, an ihrem Schicksal teilnimmt und bei welchen Menschen und Gruppen man das wie selbstverständlich unterlässt, ohne sich weiter darüber Gedanken zu machen"* (Leithäuser 1988: 19).

Daran anknüpfend eignen sich Gruppendiskussionen für die Analyse, wie derartige Grenzziehungen zwischen sozialen Gruppen konstruiert werden. Dies beinhaltet sowohl die Analyse, auf welchen Erfahrungsdimensionen diese Abgrenzung beruht als auch die Unterteilung, welche Gruppen eher zur Identifikation und zur Abgrenzung der eigenen Verortung herangezogen werden. Wenn es also z.B. darum geht zu

---

58 Mit diesem Beispiel lässt sich auch verdeutlichen, dass die Kritik am tiefenhermeneutischen Ansatz, dass sie nur die Emergenz, nicht aber die Repräsentanz von Meinungen und Haltungen in der Gruppe untersuche (Przyborski/Riegler 2010: 438ff.), nicht den Kern trifft. Die diskutierenden Frauen müssen sich im Vorfeld nicht kennen, um durch die Diskussion Aufschlüsse auf kollektiv Unbewusstes zur ermöglichen. Es geht vielmehr um die Bestimmung und Aufdeckung von sozialen Zusammenhängen, die nicht erst in der konkreten Diskussionssituation entstehen – wie in diesem Fall die Last der deutschen Vergangenheit.

untersuchen, ob und wie in der Gesellschaft Grenzen zwischen Gruppen wie Arbeits-
tätigen und Arbeitslosen oder Deutschen und ‚Ausländern' gezogen werden, stellen
Gruppendiskussionen eine geeignete Methode dar, um das Alltagsbewusstsein bestimmter sozialer Gruppen zu untersuchen.

> Dabei kommt es nicht nur darauf an, über welche Themen geredet wird, son-
> dern auch über welche Themen *nicht* geredet wird. Besonders wichtig ist die
> Frage, *wie* sich einem Thema genähert wird. Leithäuser spricht diesbezüglich
> in Anlehnung an den Psychoanalytiker und Sozialpsychologen Alfred Loren-
> zer (1970) vom *szenischen Verstehen* – gelenkt vom wachen Interesse für das
> scheinbar Unauffällige des Forschungsgegenstands (Leithäuser 1988: 14).

Auch für Fragestellungen der Marktforschung lässt sich dieser Zugang nutzen, etwa
wenn es darum geht, jenseits rationalisierender Reflexionen zu ergründen, welche
Bedeutung bestimmte Marken, Produkte oder Angebote im Alltag von Menschen
inne haben. Was spielt z. B. jenseits des Preisvergleichs eine Rolle, wenn man sich für
eine bestimmte Versicherung entscheidet? Warum fühlt man sich wohler, wenn man
Marke X statt Marke Y kauft?

Indem untersucht wird, wie sich dem jeweiligen Thema angenähert wird, was bewusst werden darf und was unbewusst bleiben muss (z. B. das Spannungsfeld zwischen
Kontrolle und Ausgeliefertsein), wie Grenzen zwischen verschiedenen Gruppen gezogen werden und welche Identifikationen und Abgrenzungen damit verbunden sind
(z. B. die Gruppe der guten, vertrauenswürdigen Anbieter vs. die bösen, ausschließlich profitorientierten), lassen sich zentrale Erkenntnisse gewinnen. Wichtig ist es
dafür, immer den Bezug auf kulturelle – und das heißt kollektive – Wertestrukturen
bestimmter sozialer Gruppen einer Gesellschaft herzustellen.

> Um eine tiefenhermeneutische Analyse von Gesprächsstrukturen zu ermögli-
> chen, sollte ein methodisches Setting gewählt werden, dass auf ein möglichst
> „unbeschwertes und freies Gespräch" zwischen den Teilnehmern abzielt (Leit-
> häuser 2009: 364).

Die Themenzentrierung soll in diesem Sinne die alltägliche Rede unterstützen und
einem therapeutischen Diskurs entgegen wirken. Deshalb sollte der Moderator als
Diskussionsleiter sich nicht auf einzelne Individuen konzentrieren und mit diesen in
ein Wechselgespräch eintreten, sondern stets die Gruppe als Ganzes vor Augen haben
(vgl. Leithäuser 1988: 226). Bei den Grundregeln der Moderation lehnen sich Leithäuser und Volmerg an Grundsätze der von Ruth Cohn entwickelten Themenzentrierten
Interaktion (TZI) an (vgl. Volmerg 1988; Cohn 1975). Im Sinne einer themenzentrierten Moderation besteht die Aufgabe des Moderators darin, den thematischen Bezug
der Diskussion sicherzustellen und diese ggf. wieder auf die Fragestellung zurückzuführen. Wichtig ist auch die bewusste Reflexion eigener Gedanken, Gefühle und

Äußerungen während des Diskussionsgeschehens, weil diese im Sinne psychoanalytischer Grundannahmen mit Übertragungen verbunden sind.

Das bedeutet, dass der Moderator bei themenzentrierten Gruppendiskussionen konsequent als ein aktives Mitglied der Gruppe aufgefasst wird, das er zwar eine Sonderrolle einnimmt, aber nicht als Störfaktor jenseits des eigentlichen Gruppengeschehens gesehen wird. Leithäuser (2009: 364) spricht in diesem Sinne von der notwendigen Balance zwischen eigenem Engagement und Distanz zum Diskussionsprozess. Zur Erleichterung dieser Aufgabe kann es sinnvoll sein, dass dem Diskussionsleiter ein teilnehmender Beobachter an die Seite gestellt wird und dass beide im Verlauf der Diskussion ihre Rollen wechseln. Dies sollte unserem Verständnis nach jedoch eher als Variante der themenzentrierten Gruppendiskussion denn als stets notwendige Vorgehensweise angesehen werden.

Zwischen der themenzentrierten und der von uns vorgestellten problemzentrierten Gruppendiskussion gibt es viele gewichtige Gemeinsamkeiten. Beide Verfahren verfolgen einen ähnlichen Ansatz insbesondere hinsichtlich des Verhältnisses des Moderators zu den Teilnehmern. In beiden Verfahren wird die Subjektivität des Moderators als Erkenntnisquelle geschätzt und der Moderator als Teil der Gruppe angesehen, sodass seine Moderation mit zahlreichen Handlungsspielräumen verbunden ist. Die Bedeutung szenischer Informationen wird in beiden Verfahren ebenso gewürdigt wie Notwendigkeit, aus dem Material heraus zentrale auf den Lebensalltag der Befragten bezogene Erkenntnisse herauszuarbeiten.

Der wesentliche Unterschied der Methoden liegt im theoretischen Bezugsrahmen begründet: Der tiefenhermeneutische Ansatz von Leithäuser/Volmerg basiert auf dem theoretischen Gerüst der Psychoanalyse. Bei den Deutungen der Gruppendiskussionen wird explizit an psychoanalytische Grundbegriffe wie Übertragung, Gegenübertragung oder Abwehrmechanismen wie Verdrängung angeknüpft. Bei problemzentrierten Gruppendiskussionen besteht eine derartige Bindung an ein Theoriegerüst nicht, stattdessen erfolgt das Vorgehen im Sinne gegenstandsbezogener Theoriebildung offener[59]. Zentrale Vergleichsdimensionen werden im Sinne eines induktiv-deduktiven Wechselspiels aus dem Material herausgearbeitet.

Darüber hinaus lassen sich Differenzen hinsichtlich der Bedeutung der Vorbereitung, der Moderation und des Auswertungsvorgangs erkennen. Problemzentrierte Gruppendiskussionen beruhen auf einem ausformulierten Leitfaden, während bei der themenzentrierten Gruppendiskussion stärker das freie Gespräch in der Gruppensituation im Mittelpunkt steht. Vorgaben zur Rekrutierung und Zusammensetzung von Gruppen sind von Leithäuser/Volmerg weniger elaboriert und deutlich ausgearbeitet als dies bei der problemzentrierten Gruppendiskussion der Fall ist.

Bezüglich der Auswertung betonen beide Verfahren die Möglichkeit, Reflexionen der Gruppenteilnehmer zum dynamischen Verlauf zu berücksichtigen. Im Rahmen

---

59 Dadurch wird selbstverständlich nicht ausgeschlossen, dass man auch eine problemzentrierte Gruppendiskussion unter tiefenhermeneutischen Gesichtspunkten auswerten kann.

problemzentrierter Vorgehensweisen wird dies expliziter mit der Möglichkeit von Paraphrasierungen und Kontrastierungen durch den Moderator im Verlauf der Diskussion verbunden. Dagegen betont die themenzentrierte Gruppendiskussion eher die Möglichkeit von Teilnehmern, ‚Störungen‘ mit dem Verlauf zum Ausdruck zu bringen und zum Ausgangspunkt für weitere Diskussionen zu nehmen. Im weiteren Verlauf der Auswertung werden szenische Informationen im Rahmen der tiefenhermeneutischen Analyse mit Hilfe der theoretisch vorbestimmten Kategorien Übertragung und Gegenübertragung in Verbindung gebracht. Bei der Auswertung problemzentrierter Gruppendiskussionen ist die Herangehensweise offener. Es gilt die Grundregel, dass Gruppendynamik und sachbezogene Informationen immer aufeinander bezogen werden.

8.1.4 Gruppendiskussionsverfahren im Verständnis der rekonstruktiven Sozialforschung

Nicht nur Leithäuser und Volmerg knüpfen an die Vorarbeit von Pollock et al. an, sondern auch Bohnsack, Pryzborski, Loos und Schäffer, die eine maßgebliche Bedeutung an der Weiterentwicklung des Gruppendiskussionsverfahrens im Kontext der rekonstruktiven Sozialforschung haben.

Begründet wurde dieser Zugang durch Ralf Bohnsack, der unmittelbar an die von Mangold vollzogene Wendung vom Individuellen zum Kollektiven anknüpft. Im Unterschied zur themenzentrierten Gruppendiskussion folgt ihm Bohnsack, indem auch er sich vom tiefenpsychologischen Orientierungsrahmen des Pollockschen Ansatzes löst. Bohnsack schafft stattdessen eine Verbindung zum Werk des Wissenssoziologen und Philosophen Karl Mannheim.

Dabei nimmt er insbesondere die Überlegungen zur kollektiven Gruppenmeinung von Werner Mangold zum Ausgangspunkt. Mangold zufolge entwickele sich diese nicht erst im Interaktionsprozess während einer Gruppendiskussion, stattdessen spiegele die Diskussion eine bereits im Vorfeld bestehende charakteristische Sichtweise auf ein Phänomen durch eine Gruppe wider: Demnach sei die Gruppenmeinung also nicht vorrangig das Ergebnis von Gruppendynamik, sondern Ausdruck einer gemeinsamen Perspektive, die ihren Ursprung in ähnlichen Lebensbedingungen und Sozialisationserfahrungen hat (vgl. zusammenfassend z. B. Loos/Schäffer 2001; Wagner/Schönhagen 2008).

Mangolds Grundauffassung bildet einen Ankerpunkt für die Ausdifferenzierung des Gruppendiskussionsverfahrens durch Bohnsack. Auch ihm zufolge entstünden „kollektive Orientierungsmuster" nicht erst in der Interaktion während einer Gruppendiskussion, sondern seien Ausdruck für „tiefer liegende kollektive oder milieuspezifische Strukturen" (Bohnsack/Przyborski 2007: 496). Da es die Aufgabe sei, diese Strukturen mit Hilfe qualitativer Methoden offen zu legen, spricht Bohnsack von rekonstruktiver Sozialforschung.

Mit dieser Sichtweise sind spezifische Anforderungen für die Rekrutierung von Teilnehmern einer Gruppendiskussion verbunden, wenn diese aus der Perspektive rekonstruktiver Sozialforschung durchgeführt werden soll: Es ist wichtig, dass die Gruppen hinsichtlich ihres zentralen Rekrutierungskriteriums homogen sind, d. h., dass z. B. die Teilnehmer alle aus demselben ‚Milieu' stammen. Denn Voraussetzung dafür, eine kollektive Gruppenmeinung aufzuspüren sei es, dass man überhaupt von einer einheitlichen Gruppe sprechen könne – oder wie Mangold (1960: 40) es ausgedrückt hat, dass die Teilnehmer als „Mitglieder gleicher und thematisch relevanter sozialer Großgruppen sich erkennen und identifizieren können" und man insofern von informellen Kommunikations-Gruppen (ebd.: 67) ausgehen könne.

> Von besonderer Bedeutung für Gruppendiskussionen aus der Perspektive rekonstruktiver Sozialforschung ist der von Mannheim geprägte Begriff des ‚konjunktiven Erfahrungsraums'. Kollektive Orientierungen werden mit zwar unabhängig voneinander gesammelten, aber ihrem Wesen nach gleichen Erfahrungen von Angehörigen bestimmter sozialer Gruppen in Verbindung gebracht. Das Kollektive ist diesem Verständnis nach also nicht als etwas abstrakt Äußeres zu verstehen, das jenseits des Individuellen zu konzeptualisieren ist, sondern erfahrungsgebunden. Allerdings werden Erfahrungen hier nicht mit biographischen Einzelschicksalen verbunden, sondern als durch sozial gegebene Rahmenbedingungen vermittelt angesehen.

Zum Kollektiven kommt es „durch gemeinsame bzw. strukturidentische Erfahrungen" (Loos/Schäffer 2001: 28), d. h. durch „geteilte existenzielle Hintergründe' der Gruppen" (Loos/Schäffer 2001: 27). Derartige gemeinsame Erfahrungen lassen sich insbesondere hinsichtlich der Kategorien Milieu, Geschlecht und Generation unterscheiden:

> „Jede/r einzelne hat teil an mehreren Erfahrungsräumen, beispielsweise auf der Grundlage von Geschlecht, Bildungsmilieu und Generation […] Der Gegenstand von Gruppendiskussionen sind in dieser Perspektive mithin kollektive Wissensbestände und kollektive Strukturen, die sich auf der Basis von existenziellen Gemeinsamkeiten (in konjunktiven Erfahrungsräumen) bereits gebildet haben. Sie werden in Gruppendiskussionen artikuliert. […] Die Methode erfährt dadurch eine grundlegend praxeologische Wendung und zielt auf ein ‚in der gelebten Praxis angeeignete[s] und diese Praxis zugleich orientierendes Wissen' (Bohnsack 2001, S. 331)" (Przyborski/Riegler 2010: 439).

In dem eingangs des Buches gegebenen Beispiel setzt sich Asbrand (2010) mit Hilfe von Gruppendiskussionen mit dem Bezug auf Globalität im Alltag verschiedener sozialer Gruppen auseinander. Unterschiede lassen sich aber nicht anhand selbstreflexiv artikulierter Einstellungen herausarbeiten, sondern hinsichtlich des Umgangs mit dem Thema in der Alltagspraxis. Dafür unterscheidet sie verschiedene Milieus, welche unterschiedliche konjunktive Erfahrungsräume bieten. Während für Jugendliche im gewerkschaftlichen Milieu die Mitarbeit an sozialen Entwicklungshilfeprojekten als ganz selbstverständlich voraus gesetzt wird, dagegen theoretisches Wissen zum Thema Globalität vergleichsweise wenig intensiv reflektiert wird, sieht es bei den Abiturienten ganz anders aus: In ihrem konjunktiven Erfahrungsraum der Schule steht gerade diese Reflexion des Verhältnisses theoretischen Wissens und Nicht-Wissens im Vordergrund.

> Um die sich aus konjunktiven Erfahrungsräumen ergebenden kollektiven Orientierungsmuster rekonstruieren zu können, bedarf es der dokumentarischen Methode: Demnach ist es wichtig, das Augenmerk auf den Prozess der Interaktion zu richten – denn es darf kein selbstreflexives Bewusstsein der Teilnehmer über das Vorhandensein und die Ausgestaltung dieser gemeinsamen Erfahrungsräume erwartet oder gar vorausgesetzt werden.

Anschaulich bringen diese Betonung des praktischen Erfahrungswissens Aglaja Przyborski und Thomas Slunecko auf den Punkt:

> „Die Untersuchten wissen im Grunde gar nicht, was sie alles wissen, nicht zuletzt, weil die begriffliche Explikation ihres Wissens sie in ihrer Handlungspraxis unnötig aufhalten würde" (Przyborski/Slunecko 2010: 630).

Im Sinne der dokumentarischen Methode wird deshalb zwischen der „handlungspraktischen Herstellung von Wirklichkeit einerseits und einem begrifflich explizierten Wissen andererseits" unterschieden (Przyborski/Slunecko 2010: 629). Das heißt, dass man viel über die jeweiligen Gruppen lernt, indem man nicht nur beachtet, worüber diskutiert wird, sondern auch analysiert, *wie* miteinander diskutiert wird. Wenn beispielsweise ein Konflikt im Rahmen der Gruppendiskussion entsteht, wird dies keineswegs als Streiterei zweier unterschiedlicher Persönlichkeiten aufgefasst, sondern als dokumentarischer Ausdruck, der für Orientierungsmuster der gesamten Gruppe steht. Insbesondere Przyborski hat sich im Anschluss an Bohnsack intensiv mit unterschiedlichen Formen der ‚Diskursorganisation' auseinander gesetzt und untersucht, welche Rückschlüsse man auf die jeweiligen Gruppen ziehen kann (Przyborski 2004; Przyborski/Slunecko 2010)[60]. In diesem Sinne repräsentiert der Diskurs unterschiedliche Formen von Kollektivität (Przyborski/Riegler 2010: 440). Es geht

---

60 Przyborski (2004) unterscheidet sogenannte inkludierende und exkludierende Modi. Innerhalb des inkludierenden Modus differenziert sie eine parallele, antithetische und univoke Diskursorganisation. Während beim univoken Modus z. B. die Grundregel „Eine für alle, alle für eine" (Bohnsack/ Przyborski 2010: 236) gelte, sprächen die Teilnehmer beim antithetischen Modus „nicht wie aus einem Munde", sondern schienen auf den ersten Blick eher zu streiten. Die Diskursorganisation folge der Frage: „Wer weiß es besser?" (Bohnsack/Przyborski 2010: 239). Innerhalb des exkludierenden Modus unterscheidet Przyborski (2004) die oppositionelle von der divergenten Diskursorganisa-

also darum, sich von subjektiven Intentionen und Einzeläußerungen zu trennen und über die Analyse, wie miteinander diskutiert wird, zu tiefer liegenden kollektiven Orientierungsmustern vorzudringen.

> Ziel des Gruppendiskussionsverfahrens aus der Perspektive der rekonstruktiven Sozialforschung ist es, einen möglichst selbstläufigen Diskurs unter den Teilnehmern in Gang zu bringen, in welchem die kollektiven Orientierungen zum Ausdruck gebracht werden.

Dementsprechend wird an den Moderator die Erwartung gerichtet, sich möglichst weit zurückzuhalten; sein Eingreifen wird mit einer möglichen Irritation und Störung von Selbstläufigkeit in Verbindung gebracht (Przyborski/Riegler 2010: 440). Der Moderator sollte sich dementsprechend nur dann zu Wort melden, „wenn das Gespräch zwischen den Teilnehmenden zum Erliegen kommt" (ebd.: 441).

An diesem Punkt, welcher sich auf die Rolle des Moderators bezieht, zeigen sich die deutlichsten Unterschiede zur problemzentrierten Gruppendiskussion. Im Sinne des Gruppendiskussionsverfahrens aus rekonstruktiv-dokumentarischer Perspektive stellt das Eingreifen eines Moderators einen Störfaktor dar, welcher den natürlichen Diskurs sozialer Gruppen unterbricht. Konsequenterweise werden auch im Rahmen der Analyse von Gruppendiskussionen zwei Diskurse klar voneinander abgegrenzt: der zwischen Forscher und Teilnehmern sowie das Gespräch zwischen den Teilnehmern unter sich (vgl. Bohnsack 2003: 27; Lamnek 2005: 27).

Dagegen wird der Moderator im Kontext der problemzentrierten Gruppendiskussion als Mitglied der Gruppe angesehen. Es wird davon ausgegangen, dass ein vom Moderator gänzlich losgelöster Diskurs zwischen den Teilnehmern unmöglich ist, weil auch ein schweigender Moderator nach wie vor präsent ist. Wichtig ist daher bei der problemzentrierten Gruppendiskussion, dass der Moderator seine eigene Rolle im Diskussionsprozess nicht negiert, aber reflektiert und das Spannungsverhältnis zwischen Distanz und Beteiligung bewusst auszubalancieren versucht. Selbstverständlich muss er auch im Rahmen der problemzentrierten Gruppendiskussion immer unparteiisch bleiben (vgl. Kapitel 5).

Mit dieser grundlegenden Differenz bezüglich der Rolle des Moderators sind auch Unterschiede bezüglich der Vorbereitung von Gruppendiskussionen verbunden. Bei einer problemzentrierten Gruppendiskussion spielt der Leitfaden eine größere Rolle, weil der Moderator mehr Handlungsspielräume besitzt. Der Leitfaden ist deshalb in

---

tion. Kennzeichnend für den exkludierenden Modus sei, dass es zu „Rahmeninkongruenzen" komme, „die von den Teilnehmern nicht in einen kollektiv geteilten Orientierungsrahmen überführt werden können" (Loos/Schäffer 2001: 69). Das heißt, dass keine einheitliche Gruppenperspektive deutlich werde.

der Regel stärker fein strukturiert als im Rahmen eines rekonstruktiv-dokumentarischen Ansatzes.

Es lassen sich jedoch auch zahlreiche Gemeinsamkeiten erkennen: Bei der Rekrutierung von Teilnehmern stellt die Annahme von gemeinsamen Erfahrungsräumen für beide Ansätze eine wichtige Grundlage dar, damit es während der Diskussion eine gemeinsame Basis gibt. Allerdings gibt es im Rahmen der problemzentrierten Gruppendiskussion noch breitere Möglichkeiten, bewusst ein Spannungsverhältnis zwischen eher homogenen und heterogenen Auswahlkriterien zum Ausgangspunkt zu nehmen (vgl. Kapitel 3).

Als zentral sollte aber noch einmal die Gemeinsamkeit benannt werden, dass in der Auswertung konsequent darauf geachtet werden sollte, aus welcher Perspektive heraus mögliche Zuordnungen zu einer gemeinsamen Gruppe erfolgen – oder eben nicht. Diesbezüglich wurden im Rahmen der rekonstruktiven Sozialforschung ausführliche und differenzierte Vorarbeiten zu unterschiedlichen Diskursorganisationen geleistet, die auch für Studien mit problemzentrierten Gruppendiskussionen anschlussfähig sind.

Auch bei der problemzentrierten Gruppendiskussion geht es um die Auseinandersetzung mit gemeinsamen Erfahrungsräumen. In der Diskussion steht deshalb die „Repräsentanz" (Przyborski/Riegler 2010: 438) von Haltungen und Erfahrungen im Sinne für eine soziale Gruppe typischer Erfahrungen ebenso im Vordergrund wie dies beim rekonstruktiv-dokumentarischen Verfahren der Fall ist. Gemeinsame Erfahrungsräume werden dabei im Rahmen eines problemzentrierten Vorgehens nicht notwendigerweise an sozialstrukturelle Begriffe wie Milieu, Geschlecht oder Generation gebunden, sondern können ebenso in anderen Aspekten, wie z. B. einer geteilten Markenpräferenz, begründet sein.

8.1.5 Morphologische Gruppendiskussionen

Bei der Auseinandersetzung mit Gruppendiskussionen in der Marktforschung stößt man immer wieder auf die Kennzeichnung ‚morphologisch'. Dammer/Szymkowiak (2008) gehen in ihrem Buch mit dem Titel „Gruppendiskussionen in der Marktforschung" gar ausschließlich auf das morphologische Verständnis ein. Während in den Augen mancher Marktforscher in der Folge der morphologische Ansatz das Nonplusultra des theoretischen Verständnisses von Gruppendiskussionen darstellt, an dem kein Weg vorbeigeht, fehlt in der akademisch geprägten Überblicksliteratur zu Gruppendiskussionen eine Auseinandersetzung mit dem morphologischen Ansatz vollständig[61]. Auch in einschlägigen Fachbüchern zu qualitativer Forschung, die sich

---

61 Es finden sich allenfalls einige kursorische Verweise auf ausgewählte Details (z. B. bei Lamnek 2005), aber an keiner Stelle eine systematische Auseinandersetzung mit dem Ansatz.

nicht explizit auf Marktforschung beziehen, sucht man nach einer derartigen Auseinandersetzung mit der ‚Morphologie' vergebens (z. B. Flick et al. 2005). Obwohl in jüngeren Sammelbänden morphologische Ansätze vereinzelt Beachtung finden (z. B. Mey/Mruck 2010a; Fitzek 2010), klafft bezüglich der Stellung in der Marktforschung und der Auseinandersetzung mit dem Ansatz im Kontext der Sozialwissenschaften nach wie vor eine Lücke, die dringend geschlossen werden sollte.

Dazu können wir an dieser Stelle schon allein aus Platzgründen nur einen kleinen Beitrag leisten, indem wir uns mit dem Grundverständnis von Gruppendiskussionen im Sinne der ‚morphologischen' Auslegung auseinandersetzen und Vergleiche zu den von uns vorgestellten anderen Sichtweisen ziehen.

Die psychologische Theorie der Morphologie wurde vom Sozialpsychologen Wilhelm Salber entwickelt. Salber (1981) führt verschiedene Ansätze zusammen und bezieht sich insbesondere auf tiefenpsychologische Theorien von Sigmund und Anna Freud, auf gestaltpsychologische Grundannahmen und auf die von Johann Wolfgang von Goethe entwickelte morphologische Formenlehre (Fitzek 2010: 692).

> Aus morphologischer Sicht ist die menschliche Seele durch widersprüchliche Antriebe bewegt. Der Mensch strebe nach einem psychischen Gleichgewicht, das aber in Folge dieser widersprüchlichen Antriebe stets nur für Momente und nie dauerhaft hergestellt werden könne. Dementsprechend rücken verschiedene Verfassungen der Seele im Alltag in den Blickpunkt der Forschung – insbesondere bezüglich ihres Veränderungsprozesses und damit verbundenen Einflussfaktoren.

Da Produkten bzw. Angeboten eine starke Wirkung auf die Verfasstheit von Menschen im Alltag zugeschrieben werden könne, lasse sich der morphologische Ansatz unmittelbar für die Untersuchung von Fragestellungen der Markt- und Medienforschung anwenden[62].

Eine Gruppe wird als eigene Einheit und nicht als Ansammlung mehrerer Individuen gesehen. Die Gruppe stellt ein eigenes Gebilde, sozusagen eine eigene Ganzheit dar. Gemäß gestaltpsychologischer Grundannahmen gilt es, das Augenmerk immer zunächst auf das Ganze und erst später auf einzelne Glieder zu richten (Dammer/Szymkowiak 2008: 30).

---

62 Im Rahmen der Marktforschung steht insbesondere das von Salber-Schülern in Köln gegründete Rheingold-Institut für den morphologischen Ansatz. Es unterhält auch ein eigenes Ausbildungs-Institut, sodass die Zahl morphologischer Forscher in den letzten Jahren kontinuierlich gestiegen ist. Forschung aus morphologischer Perspektive hat sich parallel dazu immer weiter ausgebreitet, sodass sich heute an zahlreichen Instituten aller Größenordnung Forscher mit morphologischem Experten-Wissen finden lassen. Auch im Rahmen praxisnaher Ausbildung mit wirtschaftspsychologischen Schwerpunkten wird zum Teil auf morphologische Ansätze Bezug genommen.

Dementsprechend lässt sich aus morphologischer Perspektive das Auftreten einzelner Teilnehmer nicht mit dem Deutungsmuster individueller Motivation oder Persönlichkeit erklären, sondern nur auf der Basis einer Analyse der Dynamik in Gruppen: *„Alles, was in der Gruppe geschieht, wird nur in Bezug auf das ganze Gruppengeschehen verständlich"* (Dammer/Szymkowiak 2008: 28). Die morphologische Sichtweise grenzt sich entschieden von Erklärungsmustern ab, die menschliches Wahrnehmen und Handeln als Ausdruck einer persönlichen Identität deuten.

Aus der Perspektive der Morphologen wird argumentiert, dass Menschen immer Bestandteil von situativen Kontexten seien und es „kein personales Aktionszentrum" im Sinne eines Selbst oder eines Individuums mit einer isolierten „innerseelischen Funktionalität" wie Wahrnehmung, Kognition oder Motivation gebe (Fitzek 2010: 694).

Das Ganze habe nicht nur Vorrang vor seinen Gliedern, sondern bevormunde es geradezu. Das heißt, im Rahmen einer Gruppe könne nur das zum Ausdruck kommen, was das das Ganze nicht zerstöre: *„Etwas zugespitzt: Die Wirkung des Ganzen auf seine Glieder erfüllt ohne Zweifel die Tatbestände der Nötigung und Freiheitsberaubung"* (Dammer/Szymkowiak 2008: 31).

Dies bedeutet gleichzeitig, dass alles, was wir in einer Gruppe beobachten, seinen Sinn für das Ganze haben muss – auch wenn es z.B. um Schweigen oder Vielreden geht. Diesen Sinn nachvollziehend zu verstehen, wird zur Aufgabe morphologischer Gruppendiskussionen. Von entscheidender Bedeutung ist dafür das Konzept der *Wirkung*.

Salber (1981) entwickelte das Modell der Wirkungseinheiten. Demnach ändert sich unsere Verfasstheit im Alltag in Abhängigkeit von Angeboten und Produkten, mit denen wir in Kontakt kommen. Nicht nur machen wir demnach etwas mit Produkten (z.B. Wasser kaufen, um etwas zu trinken), sondern auch die Produkte etwas mit uns (Dammer/Szymkowiak 2008: 35).

Wenn unsere Verfasstheit und damit auch unser Handeln im Alltag aus der Perspektive von Wirkungsstrukturen betrachtet wird, sind insbesondere situative Kontexte wichtig, aus denen bestimmte Konsequenzen resultieren. Denn, so Dammer/Symkowiak (2008: 50), wenn sich ganz verschiedene Menschen in einer gleichen Situation ähnlich verhalten, sei dies darauf zurückzuführen, dass sie unabhängig von ihrer jeweiligen Persönlichkeit „unter dem Einfluss der jeweiligen Wirkungseinheit und deren kollektiver Motivationsstruktur stehen" (ebd.: 50). Dies mag auf dem ersten Blick sehr abstrakt klingen, lässt sich aber gut veranschaulichen, indem das Handeln im Alltag aus einer Produkt-Wirkungsperspektive begriffen wird:

„Wenn die Verbraucher putzen, rauchen, Bier trinken, stehen sie unter dem Einfluss der jeweiligen Produkt-Wirkungseinheiten. [...] Zugespitzt formuliert: Es ist die ‚Seele des

Produktes' (der Markenpersönlichkeit), die das Verbraucherverhalten – Zuwendung oder Abwendung, Verwendungsstile etc. – bestimmt, nicht die Persönlichkeit des Verbrauchers!" (Dammer & Szymkowiak 2005: 51)

> Gruppen stellen im morphologischen Verständnis einen eigenständigen Wirkungsraum dar.

Wie die Teilnehmer im Rahmen der Diskussion diskutieren, lässt sich das Gruppengeschehen als Ergebnis der Wirkung des Themas oder des vorgestellten Angebots begreifen. Eine Diskussion über Bier verläuft bierseliger als eine Diskussion über Medizin.

Herbert Fitzek (2010: 693) weist auf die Nähe der Morphologie zu tiefenpsychologischen Ansätzen hin. Tatsächlich gibt es zahlreiche Gemeinsamkeiten mit der tiefenhermeneutisch begründeten themenzentrierten Gruppendiskussion. Übereinstimmung besteht insbesondere in der gemeinsamen Annahme, dass unbewusste Prozesse von entscheidender Bedeutung seien und dass es besonders wichtig sei, Widerstände aufzuspüren (vgl. Dammer/Szymkowiak 2008: 72). Und nicht zuletzt sind bei beiden Ansätzen szenische Informationen und Übertragungen von entscheidender Bedeutung[63], sodass der Fokus der Analyse auf gruppendynamischen Prozessen liegt. Die morphologische Grundannahme, dass „Motivationszusammenhänge stets mehrdimensional und durch einander entgegenlaufende, spannungsvolle Motivkonstellationen gekennzeichnet sind" und der „Seelenhaushalt […] Stunde um Stunde immer wieder aufs Neue vielfältige, z. T. widersprüchliche Sinn- und Gestaltungsrichtungen in einer Handlung unterbringen" müsse (ebd.: 54), ist anschlussfähig an das Leithäusersche Konzept des Alltagsbewusstseins.

Im Unterschied zur morphologischen Perspektive geht es bei themenzentrierten Gruppendiskussionen jedoch nicht um die Aufdeckung von Wirkungseinheiten, und die Diskussion wird nicht primär als Ausdruck eines Wirkungsraums verstanden.

Der für das Verständnis morphologischer Gruppendiskussionen zentrale Begriff des Wirkungsraums lässt sich gut in Abgrenzung vom Gruppendiskussionsverfahren der rekonstruktiven Sozialforschung veranschaulichen. Zunächst einmal gibt es zwischen beiden Ansätzen deutliche Gemeinsamkeiten: Es geht um die Erschließung kollektiver Prozesse. Dazu wird jeweils die Metapher des Raums eingeführt. Bohnsack/Przyborski (2007) sprechen in Anlehnung an Mannheim von konjunktiven *Erfahrungsräumen,* Dammer/Szymkowiak (2008) beziehen sich auf die Gruppe als *Wirkungsraum.* Gleichwohl zeigt sich hier ein entscheidender Unterschied: Während Bohnsack/Przyborski das Handeln auf sozialstrukturell bedingte ähnliche Erfahrungen zurückführen, die in der konkreten Situation der Gruppendiskussion zwar zum Ausdruck gebracht werden, aber dort nicht entstehen, liegt der Fokus bei

---

63 Grundlegend dafür sind Anlehnungen an psychoanalytische Ausarbeitungen insbesondere von Hermann Argelander (1984) und Alfred Lorenzer (1970, 2006).

Dammer/Szymkowiak gerade auf dieser konkreten Gruppensituation als einem situativen Kontext, in dem sich die Wirkung von Stimuli entfaltet. Während bei Bohnsack/Przyborski strukturelle Gemeinsamkeiten entscheidend für das Verständnis von Dynamik in Gruppen sind, verlieren diese im Verständnis von Dammer/Szymkowiak unter dem Einfluss von Wirkungsstrukturen im Gruppengeschehen dagegen an Bedeutung. Wir stellen fest, dass sich die beiden Ansätze bezüglich der Deutung von Gruppendynamik trotz des gemeinsamen Fokus auf kollektive Räume diametral gegenüberstehen.

Dies lässt sich am Beispiel eines Facharbeiters veranschaulichen. Während es im Sinne rekonstruktiver Sozialforschung bei Gruppendiskussionen darum geht, im Milieu des Facharbeiters begründete gemeinsame Erfahrungen offen zu legen und zu rekonstruieren, geht es im morphologischen Sinne um das Verständnis von kontextspezifischen, milieuübergreifenden Wirkungen:

> „Der Facharbeiter verhält sich auf der Arbeit, bei einer Hochzeit, in einem Seminar jeweils anders als im Fußballstadion. Auch hier sind es wieder die Strukturen der jeweiligen Wirkungseinheit, die das Verhalten der Personen motivieren." (Dammer/Szymkowiak 2008: 50)

Während bei Gruppendiskussionen aus rekonstruktiv-dokumentarischer Perspektive soziale Strukturen in den Vordergrund gerückt werden – also gerade der durch den Status als Facharbeiter bestimmte (konjunktive) Erfahrungsraum – liegt der Fokus bei einer morphologischen Analyse auf dem situativen Kontext.

In der Praxis der Forschung müssen sich die beiden Perspektiven unseres Erachtens aber nicht ausschließen, wenn man anerkennt, dass menschliches Handeln sowohl durch Zugehörigkeit zu sozialen (Groß-)Gruppen als auch durch situative Faktoren bestimmt wird. Es geht dann eher darum, aus welcher Sicht man sich einem Thema nähert und welches Erkenntnisinteresse die Forschung leitet.

Beiden Ansätzen ist gemeinsam, dass individuelle Persönlichkeitsstrukturen bzw. biographisch geprägte persönliche Identitäten bei der Analyse des Gruppengeschehens nicht systematisch einbezogen werden. Besonders deutlich wird dies bei der morphologischen Sicht auf Phänomene wie Schweigen oder Vielreden in Gruppen. Diese werden ausschließlich als Wirkungsresultat verstanden, nicht aber vor dem Hintergrund unterschiedlicher Persönlichkeitsstrukturen oder Identitätskonstruktionen gedeutet (vgl. Dammer/Szymkowiak 2005: 34).

Diesbezüglich gibt es gewichtige Unterschiede zu unserem Verständnis, das wir unter der problemzentrierten Perspektive zusammengefasst haben. Unseres Erachtens ist es wichtig, biographisch geprägte subjektive Identitätskonstruktionen bei der Deutung gruppendynamischer Prozesse zu berücksichtigen. Auch wenn wir eine rein individuenzentrierte Sichtweise im Einklang mit Dammer/Szymkowiak kritisieren, sprechen wir uns dagegen aus, dass das Pendel in die andere Richtung ausschlägt und nur noch Kollektive in den Blick genommen werden. Wenn auch Teilnehmer in einer Gruppendiskussion unter dem Einfluss der Wirkung von Produkten stehen mögen und stark durch den Verlauf der Diskussion in dem, was sie zum Ausdruck bringen, beeinflusst werden – ihre eigene Biographie können sie dennoch zu keinem Zeitpunkt abschütteln. Damit ist aber auch eine eigene Verortung verbunden, die es unseres Erachtens zu beachten gilt. Phänomen wie Schweigen und Vielreden sind immer auch durch individuelle Eigenheiten geprägt, sei es z. B., dass ein Teilnehmer außerordentlich schüchtern auftritt.

Unserer Auffassung nach geraten individuelle Eigenheiten bei der morphologischen Perspektive zu wenig in den Blick[64]. Auch individuelle Handlungs- und Entscheidungsspielräume werden aus der morphologischen Perspektive unseres Erachtens nach zu wenig berücksichtigt. Im Sinne der Morphologie bilden die Teilnehmer an einer Gruppendiskussion das Ensemble, „aber Regie führt im Hintergrund die Produkt-Wirkungseinheit mit ihrem dramatischen Spielplan" (Dammer/Szymkowiak 2008: 58). Die einzelnen Teilnehmer an einer Gruppendiskussion erscheinen uns im Rahmen dieses Verständnisses als zu sehr passiv, ausgeliefert sowie befreit von jeglicher individuellen Verantwortung.

Trotz dieser pointierten Kritik wollen wir das Potenzial und die Verdienste morphologischer Gruppendiskussionen nicht in Abrede stellen. In der Marktforschung hat sich dieses Verfahren seit Jahren bewährt und erheblichen Einfluss auf die Gestaltung der modernen Dienstleistungs- und Angebotswelt genommen. Eine besondere Stärke liegt darin, Rationalisierungen bloß zu legen und eine besondere Sensibilität für widersprüchliche Bedürfnisstrukturen zu entwickeln, welche sich im Alltagshandeln widerspiegeln.

Bezüglich der konsequenten Ausrichtung der Gruppendiskussion an Alltagserfahrungen der Befragten und des Bemühens, die Beziehungsdynamik zwischen Gruppe und Moderator zu verstehen, gibt es gleiche Grundauffassungen wie bei der problemzentrierten Gruppendiskussion.

---

64 Bewusst provokant und polemisch überspitzt lassen sich zwischen dem morphologischen Verständnis von Wirkungseinheiten und Grundannahmen magischer Religionen Analogien erkennen: Menschen geraten nicht als Individuen in den Fokus der Aufmerksamkeit, sondern quasi als Medien von auf sie einwirkenden Kräften. Nur gehen diese Kräfte nicht von (imaginierten) Göttern aus, sondern von Produkten: *„Kennzeichnend für Gruppendiskussionen ist, dass sich die kollektive Wirkungsstruktur des zu behandelnden Themas in der Gruppe ein Ausdrucksfeld zu schaffen versucht"* (Dammer/ Szymkowiak 2008: 57) oder in den Worten von Christoph Melchers (1994: 32): *„Zu diesem Zweck ‚instrumentalisiert' die Wirkungsstruktur die einzelnen Gruppenmitglieder. Die einzelnen Gruppenmitglieder werden zum ‚Sprachrohr' oder zum ‚Agenten' bestimmter Wirkungsgrößen und -tendenzen der allgemeinen Motivstruktur."*

8.1.6   Zusammenfassung

In Tabelle 25 fassen wir zentrale Charakteristika der unterschiedlichen Ansätze noch einmal stichwortartig zusammen.

Die von uns in diesem Buch in den Mittelpunkt gerückte *problemzentrierte Gruppendiskussion* fußt auf Grundannahmen der Grounded Theory und des Symbolischen Interaktionismus. In ihrem Grundverständnis lehnt sie sich an das von Witzel begründete problemzentrierte Interview an. Charakteristisch ist insbesondere eine Verzahnung induktiver und deduktiver Schritte während der Erhebung und Auswertung. Ohne Beschränkung auf ein im Vorfeld theoretisch vorbestimmtes Kategorienraster geht es im Sinne gegenstandsbezogene Theoriebildung um das Aufdecken und Erkennen von problembezogenen Zusammenhängen. Eine sorgfältige Vorbereitung, bei der auch die Rekrutierungskriterien genau bestimmt werden, ist die Voraussetzung für die Durchführung problemzentrierter Gruppendiskussionen. Alle Befragten sollten einen klaren persönlichen Bezug zur Fragestellung haben, darüber hinaus ist das Verhältnis von Homogenität und Heterogenität der Auswahlkriterien für die Teilnehmer für jede Studie aufs Neue zu bestimmen. Der Leitfaden ist ein wichtiges Forschungsinstrument, weil durch ihn das Vorwissen des Forschers für die Studie zum Ausdruck gebracht und nutzbar gemacht wird. Obwohl er weder die thematischen Bezüge noch den Ablauf der Gruppendiskussion determiniert, ist seine Bedeutung im Vergleich zu den anderen beschriebenen Verfahren auch deshalb hoch, weil er dabei unterstützt, problemorientierte Nachfragen an die Teilnehmer in der Gruppe zu stellen. Derartige Nachfragen sind im Sinne der problemzentrierten Gruppendiskussion unter Einhaltung bestimmter Richtlinien nicht nur erlaubt, sondern explizit gefordert, um bereits während der Erhebung ein analytisch begründetes Verständnis zu entwickeln und den Teilnehmern die Möglichkeit einzuräumen, dies noch zu erweitern. Reflektierte Subjektivität wird nicht als Störfaktor erkannt, sondern als notwendiger Bestandteil qualitativer Forschung. Dementsprechend sollte der Moderator nicht versuchen, möglichst unscheinbar aufzutreten, sondern sich als Mitglied der Gruppe zu begreifen, dessen Aktionsradius allerdings durch die besondere Rolle ein anderer ist als bei den Diskutanten. Der Moderator sollte sich um eine Balance zwischen Distanz und Beteiligung bemühen. Im Rahmen der Auswertung werden thematische Bezüge mit der gruppendynamischen Entwicklung ins Verhältnis gesetzt. Bei der Bewertung von Gruppendynamik und insbesondere damit entstehender Teilnehmerrollen werden individuelle, biographisch geprägte Eigenheiten der Befragten in Betracht bezogen.

Tabelle 25 Gruppendiskussionen – Vergleichende Übersicht verschiedener Ansätze

	Problezentrierte Gruppendiskussion	Themezentrierte Gruppendiskussion	Rekonstruktiv-dokumentarische Gruppendiskussion	Morphologische Gruppendiskussion
Theoretischer Ausgangspunkt	Grounded Theory und Symbolischer Interaktionismus	Psychoanalyse und Themenzentrierte Interaktion	Wissenssoziologie (K. Mannheim)	Psychoanalyse, Gestalttheorie und Formenlehre (Goethe)
Erkenntnisinteresse	Gegenstandsbezogene Theoriebildung	Kollektiv Unbewusstes und Alltagsbewusstsein	Rekonstruktion konjunktiver Erfahrungsräume und kollektiver Orientierungen	Rekonstruktion von Wirkungsräumen, Aufdeckung zentraler Spannungsfelder
Zusammensetzung der Gruppe	Problembezogene Erfahrungen wichtig, Balance zwischen Homogenität und Heterogenität	Realgruppen oder Mitglieder gleicher kulturell vermittelter Erfahrungsfelder	Möglichst homogen hinsichtlich sozialstrukturell bedingter Erfahrungsräume (z. B. Milieu, Geschlecht)	Thematischer Bezug muss gegeben sein
Bedeutung des Leitfadens (im Vergleich)	Hoch	Gering	Gering	Mittel
Rolle des Moderators	Teil der Gruppe mit besonderer Rolle, Balance zwischen Distanz und Beteiligung	Teil der Gruppe mit besonderer Rolle, Balance zwischen Distanz und Beteiligung	Darf Selbstläufigkeit des Diskurses nicht stören. Zurückhaltendes Auftreten	Teil der Gruppe mit besonderer Rolle. Sollte stets die Gruppe als Ganzes ansprechen
Bedeutung von Gruppendynamik für Auswertung	Wird ins Verhältnis zu Themen gesetzt. Berücksichtigung individuellbiographischer Eigenheiten	Szenisches Verstehen, Übertragungs- und Gegenübertragungsprozesse im Blickpunkt	Rekonstruktion der Diskursorganisation als Zugang zum Verständnis sozialer Gruppen	Szenisches Verstehen, Übertragungs- und Gegenübertragungsprozesse im Blickpunkt, Rekonstruktion von Motivgefügen

Bezüglich der Rolle des Moderators gibt es bei der *themenzentrierten Gruppendiskussion* ein ähnliches Grundverständnis, das allerdings noch stärker an das Vorgehen der Themenzentrierten Interaktion gebunden wird. Einen weiteren theoretischen Anknüpfungspunkt stellt die Psychoanalyse dar, sodass Gruppendiskussionen aus einer tiefenhermeneutischen Perspektive ausgewertet werden. Im Rahmen der themenzentrierten Gruppendiskussionen steht aber nicht das Erkennen individueller Persönlichkeitsstrukturen im Vordergrund, wie dies im Rahmen klinischer Psychoanalyse der Fall ist. Vielmehr geht es darum, soziale Gruppen und typische Formen der Alltagspraxis zu verstehen, indem kollektiv Unbewusstes offen gelegt wird. Dementsprechend muss bei der Rekrutierung darauf geachtet werden, dass es zwischen den Befragten gemeinsame themenbezogene Bezugspunkte gibt. Der Schwerpunkt liegt während der Diskussion auf der freien Rede und der relativ spontanen Verknüpfung thematischer Aspekte, sodass der Leitfaden eine vergleichsweise geringe Rolle spielt. In ihm sollten lediglich einige wichtige Stichwörter vermerkt werden, die bei der Moderation zu berücksichtigen sind. Entscheidend für die Auswertung ist die Trennung der Sach- von der Beziehungsebene. Über die Analyse szenischer Informationen sowie Übertragungs- und Gegenübertragungsprozessen soll der Zugang zum kollektiven Unbewussten eröffnet werden.

Das Gruppendiskussionsverfahren im Kontext der *rekonstruktiven Sozialforschung* knüpft an den wissenssoziologischen Grundlagen an, die von Karl Mannheim erarbeitet wurden. Im Mittelpunkt steht immer die Gruppe als Ganzes, die nicht als bloße Ansammlung verschiedener Individuen angesehen wird. Stattdessen wird davon ausgegangen, dass durch soziale Strukturen gemeinsame sogenannte konjunktive Erfahrungsräume geschaffen werden. Je nach Gruppenzugehörigkeit bestehen unterschiedliche kollektive Orientierungen, die sich in der Art und Weise, wie Teilnehmer in einer Gruppendiskussion auftreten, niederschlagen. Die Herausarbeitung alltagsnaher Diskursstrukturen wird deshalb als Mittel verstanden, um Gesellschaftliches sichtbar und deutlich zu machen – im Sinne einer dokumentarischen Methode. Dies ist aber nur möglich, wenn die Diskussion aus einer geteilten Gruppenperspektive heraus geführt wird, das heißt auf gemeinsamen Erfahrungsräumen gegründet ist. Diese Erfahrungsräume beruhen in der Regel nicht auf gemeinsamen biographischen Erlebnissen, sondern auf strukturell bedingten geteilten Lebensschicksalen, wie sie z. B. durch Milieu oder Geschlecht vorgegeben werden. Gesellschaft darf dabei keinesfalls als eine äußere Struktur verstanden werden, sondern ist nur erfahrungsbasiert über die Diskussion in Gruppen begreifbar. Damit gemeinsame Erfahrungsräume in Gruppen zum Ausdruck gebracht werden, ist es wichtig, dass Gruppen möglichst homogen hinsichtlich der den Erfahrungsraum begründenden Kriterien zusammengesetzt sind. Zur Rekonstruktion von typischen Formen der Diskursorganisation sollte das Gespräch zwischen den Teilnehmern möglichst selbstläufig verlaufen. Das Eingreifen des Moderators unterbricht selbstorganisierte Diskursstrukturen und sollte nur dann erfolgen, wenn es zur Aufrechterhaltung des Diskurses notwendig ist. Dementsprechend gering ist die Bedeutung des Leitfadens, in dem vor allem einige möglichst vage und bedeutungsoffene Annäherungen an das Thema im Vorfeld festgehalten werden sollten.

Morphologisch fundierte Gruppendiskussionen sind insbesondere in der Marktforschung weit verbreitet. Wie die themenzentrierte Gruppendiskussion basieren sie auf einem tiefenpsychologischen Grundverständnis. Darüber hinaus bilden die Gestaltpsychologie und die Formenlehre von Goethe wichtige theoretische Anknüpfungspunkte für die von Salber ausgearbeitete psychologische Morphologie. Im Zentrum steht die Untersuchung von Wirkungseinheiten und psychologischen Spannungsfeldern. Es wird davon ausgegangen, dass ein dauerhaftes psychisches Gleichgewicht nicht zu erreichen sei, dass aber durch die Wirkung von Produkten temporär Abhilfe geschaffen werden könne. Im Blickpunkt der Gruppendiskussion steht immer die Gruppe als Ganzes. Weder bei der Moderation, noch bei der Auswertung werden isolierte Einzelpersonen berücksichtigt. Der Moderator wird als wichtiger Bestandteil der Gruppe angesehen, weil sein Erleben während der Diskussion einen zentralen Anknüpfungspunkt für die Analyse von Übertragungs- und Gegenübertragungsprozesse darstellt. Von besonderer Bedeutung sind szenische Informationen, die auf Produkt-Wirkungseinheiten zurückgeführt werden. Um Rückschlüsse auf soziale Gruppen ziehen zu können, sollten alle Teilnehmer einen persönlichen Bezug zum Diskussionsthema haben. Ähnlich wie beim problemzentrierten Interview ist ein Leitfaden im Sinne der Explikation des Vorwissens wichtig, jedoch sind Kriterien zur Aufstellung des Leitfadens weniger explizit ausgearbeitet. Außerdem wird der Leitfaden weniger als Raum verstanden, bereits im Vorfeld Ansatzpunkte für ein induktiv-deduktives Wechselspiel während der Erhebung zusammen zu tragen.

8.2   Stellschrauben und Varianten in der Praxis

In der Praxis gibt es eine Reihe unterschiedlicher Möglichkeiten, Gruppen diskutieren zu lassen. Die Entscheidung, welcher Ansatz zum Einsatz kommen sollte, hängt letztlich von der konkreten Forschungsfrage und den Vorteilen und spezifischen Grenzen der jeweiligen Methode ab.

Stellschrauben ergeben sich insbesondere hinsichtlich der folgenden Kriterien:

- Gruppengröße/Anzahl der Teilnehmer (z. B. Mini-Gruppen),
- Zusammensetzung der Gruppe (z. B. eher homogene/heterogene Kriterien, Co-Moderation)
- Dauer (z. B. 90 oder 180 Minuten),
- Sequentialität (z. B. Panel-Designs, längerfristig angelegte Gruppen),

- Inhalte (z. B. bewusst konsens- oder konfliktorientierte Moderation, Kreativtechniken, Psychodrama),
- Vor- und Nachspiele (z. B. Waiting-Room-Excercises; Hausaufgaben, Diaries z. B. zur Fremd- aber auch zur Selbstbeobachtung).

Im Folgenden skizzieren wir wichtige in der Praxis auftretende Varianten von Gruppendiskussionen in ihren Grundzügen, um mit den verschiedenen Stellschrauben verbundene Spielräume aufzuzeigen.

8.2.1 Mini-Gruppen

Eine Mini-Gruppe setzt sich aus vier bis maximal sechs Teilnehmern zusammen, d. h. deutlich weniger als bei einer klassischen Gruppendiskussion.

Eine Mini-Gruppe verursacht insgesamt weniger Kosten pro Diskussionsrunde, da die Aufwendungen für Rekrutierung und Incentives geringer ausfallen als bei einer Gruppendiskussion mit 8–10 Teilnehmern. Allerdings spielen Kostenimplikationen i. d. R. keine entscheidende Rolle, wenn sich ein Forschungsteam für die Durchführung von Mini-Gruppen entscheidet. Im Vordergrund steht eher das Bemühen, eine konzentrierte und tiefgehende Diskussion sicher zu stellen.

> Im Kontext einer Mini-Gruppe haben einzelne Teilnehmer deutlich mehr Raum, eigene individuelle Erfahrungen und Haltungen ausführlich auszubreiten, weil insgesamt mehr Sprechzeit pro Teilnehmer zur Verfügung steht.

Dies ist insbesondere dann relevant, wenn mehrere Fachexperten (z. B. Ärzte, Journalisten) miteinander ins Gespräch kommen sollen und anzunehmen ist, dass deren Wortbeiträge relativ ausführlich ausfallen werden. Auch wenn es darum geht, individuelle Erfahrungen und Entscheidungen im Einzelnen zu explorieren, ist die Durchführung von Mini-Gruppen gegenüber einer Gruppendiskussion vorteilhaft, um einer hektischen Atmosphäre vorzubeugen, bei der Teilnehmer in den Wettstreit um eine sehr knapp bemessene Redezeit eintreten und der Moderator mehr und mehr in Zeitnöte gerät[65].

In Mini-Gruppen ist es leichter als im Rahmen einer klassischen Gruppendiskussion möglich, eine involvierende und intime Gesprächsatmosphäre herzustellen, weil die Teilnehmer sich schneller kennen und einschätzen lernen als bei größere Gruppen. Dadurch eignen sich Minigruppen besonders bei heiklen und potenziell emotional besonders belastenden Themen (z. B. Krankheiten).

---

65 Wenn es allerdings vordergründig um die Auseinandersetzung mit individuellen, biographischen Entscheidungsprozessen geht, ist in der Regel das Einzelinterview die geeignete Methode.

Nicht nur aus methodologischen, sondern auch aus forschungspragmatischen Gründen kann die Durchführung einer Mini-Gruppe angeraten sein: Wenn Teilnehmer einer bestimmten gesellschaftlichen Gruppe nur schwer zu rekrutieren sind, ist es deutlich leichter, vier statt acht Personen zur selben Zeit am selben Ort zusammen zu bringen.

Dies gilt insbesondere für Angehörige von Berufsgruppen, deren Tätigkeit sehr zeitintensiv ist oder von denen es nur eine vergleichsweise geringe Grundgesamtheit gibt. Ein Beispiel für eine derartige Gruppe stellen Entscheider in Unternehmen, Selbstständige, Ärzte usw. dar.

Für Mini-Gruppen spricht außerdem, dass sie leicht um ethnographische Perspektiven (vgl. Kapitel 8.3.1) auf das Alltagsleben angereichert werden können, z. B. indem man das Teststudio verlässt und als ‚Feld' das Zuhause der Konsumenten- Zielgruppe wählt. Auch Bars, Kneipen und Events etc. sind bei verschiedenen Fragestellungen denkbar – eben überall da, wo sich die Community oder Szene der Zielgruppe trifft. (Vgl. auch Koschel 2017)

Kennen sich die Teilnehmer, dann spricht man bei Minigruppen auch von ‚Freundschaftsgruppen'. Bei derartigen Gruppen können besser authentische Eindrücke von vielen Gemeinschaftserlebnissen (Fußball schauen, Gaming, Ausgehen, Verkostungen aller Art, Partys etc.) nachvollzogen und in ihrer Dynamik miterlebt werden. Nachteil dieser ethnographischen Optionen bestehen in eingeschränkten Dokumentationsmöglichkeiten (Videoaufzeichnung, Qualität der Audioaufzeichnung) und einer größeren Herausforderung für den Moderator, die Problemzentrierung der Diskussion aufrecht zu erhalten.

Schließlich ist noch auf vorteilhafte gruppendynamische Effekte von Mini-Gruppen hinzuweisen. Störendes Ausklinken einzelner Teilnehmer aus der Diskussion – etwa im Sinne sozialen Trittbrettfahrens – ist bei Mini-Gruppen deutlich weniger zu beobachten, da das Nehmen einer individuellen ‚Auszeit' von der Gesprächsrunde sofort allen Teilnehmern und dem Moderator auffallen würde. Außerdem sind Konfliktphasen, die der eigenen Rollenfindung und -demonstration dienen und welche der Gruppen-Leistungsphase voraus gehen, in der Regel schneller abgeschlossen als bei einer klassischen Gruppendiskussion. Wenn es darum geht, eine eher ruhige und gleichmäßige Diskussionsatmosphäre als Nährboden für die thematische Auseinandersetzung zu schaffen, bieten sich daher Mini-Gruppen als Methode an.

Allerdings sind mit Mini-Gruppen auch erhebliche Nachteile verbunden. Diese Nachteile führen dazu, dass in der Mehrzahl der Fälle klassische Gruppendiskussionen bevorzugt werden[66].

---

66 Dazu führt allerdings auch, dass das Potenzial von Mini-Gruppen häufig unterschätzt wird, weil fälschlicherweise im Sinne einer quantitativen Logik eine halbierte Anzahl von Teilnehmern auch mit einem halbierten Aussagegehalt gleich gesetzt wird.

> Als Hauptnachteil gilt, dass die Gruppendynamik insgesamt weniger lebhaft ist und stark durch individuelle Charaktere bestimmt wird.

Dadurch haben nicht nur Ausfälle und Fehlrekrutierungen besonders starke Implikationen; auch bei einer ordnungsgemäßen Rekrutierung wird der Rückschluss von der Diskussion auf soziale Gruppen erschwert, weil die Entstehung einer Wir-Perspektive im Zusammenhang gemeinsamer Erfahrungsräume nicht immer gegeben ist. In einer größeren Gruppe wird die Ausbildung einer Wir-Perspektive, die im Zusammenhang mit den Kriterien steht, nach denen die Teilnehmer rekrutiert wurden, eher gefördert. Generell gilt, dass einzelne entstehende Teilnehmer-Rollen wie z. B. Meinungsführerschaft und Schweiger, die im Zusammenhang mit der Persönlichkeitsstruktur einzelner Teilnehmer stehen, die Diskussion stärker prägen als bei klassischen Gruppendiskussionen.

Ein weiterer Nachteil besteht darin, dass es schneller zu Polarisierungen und einem insgesamt eher kontroversen Diskussionsklima kommen kann. Relativ schnell kann es passieren, dass der Eindruck von ‚einer gegen alle' entsteht, der zu Rückzügen von Teilnehmern und emotionaler Aufheizung des Diskussionsklimas führen kann. Schließlich ist noch anzumerken, dass bei größeren Gruppen in der Regel schneller eine Vielfalt an thematischen Facetten deutlich wird.

8.2.2 Dyaden und Triaden

Vor allem im Rahmen internationaler Marktforschungsstudien werden unserer Erfahrung nach in den letzten Jahren vermehrt Verfahren angefragt, bei denen zwei oder drei Befragte von einem Moderator interviewt werden. Bei diesen Verfahren spricht man von sogenannten Dyaden bzw. Triaden. Hauptunterschied zu klassischen Gruppendiskussionen ist nicht nur die Gruppengröße, sondern auch, dass sich hier die Teilnehmer kennen dürfen oder zum Teil sogar ausdrücklich sollen.

Kennen sich die Teilnehmer – was z. B. bei der Befragung von Kindern und Jugendlichen in der Regel der Fall ist – dann werden diese Kleinstgruppen auch als ‚Buddy-Interviews' bezeichnet. Das Kennenlernen ist wichtig, um Vertrautheit zu fördern – da insbesondere bei Jugendlichen Schüchternheit und Distanz hohe Barrieren für die Befragung darstellen.

Bei Jugendlichen sind außerdem auch bereits leichte Altersunterschiede häufig Indikatoren für Status in Gruppen – und behindern die Entwicklung einer konstruktiven Atmosphäre, in der sich Teilnehmer als gleichberechtigt erleben. Auch aus diesem Grund werden mit Jugendlichen häufig Triaden oder Dyaden als Setting gewählt.

Dyaden sind außerdem gut geeignet für ‚Paar'-Interviews, z. B. mit Ehepaaren und Freunden. Sie werden insbesondere dann gewählt, wenn es darum geht, gemeinsame Informations-, Abwägungs- und Entscheidungsprozesse zu untersuchen. Vorteile von Dyaden und Triaden gegenüber Gruppendiskussionen liegen darin, dass detaillierte Erfahrungsschilderungen möglich sind. In Triaden oder Dyaden können diesbezügliche Feinheiten besser herausgearbeitet werden, weil Nachfragen bezüglich individueller Wahrnehmungsweisen und Handlungspraktiken möglich sind. Im Vergleich zu Gruppendiskussionen verfügen die einzelnen Teilnehmer über deutlich mehr Sprechzeit. Gleichzeitig regen sich die Teilnehmer, anders als im Einzelinterview, wechselseitig an.

Der Moderator kann gemeinsame kommunikative Dynamik beobachten. Alltagsnähe wird durch natürliche Interaktionen gesichert. Dyaden und Triaden sind besonders geeignet für Fragestellungen, bei denen das gemeinsame Erleben aus zwei unterschiedlichen Perspektiven dargestellt werden soll.

Es gelten aber auch die Nachteile natürlicher Gruppen, die wir bereits bei Diskussion der Vorbereitung von Gruppendiskussionen kennen gelernt haben (vgl. Kapitel 3). Da die Teilnehmer auch nach der Erhebung weiter miteinander in Kontakt treten, besteht die Gefahr, dass die Befragung strategisch dazu genutzt werden soll, eigene Interessen gegenüber der anderen Person zu stärken. Außerdem droht, dass insbesondere hinsichtlich unangenehmer und die Beziehung potenziell belastender Gesichtspunkte keine Bereitschaft zur Öffnung besteht.

Aufgrund der kleinen Teilnehmerzahl ist mit weniger Varianz und wechselseitiger Anregung zu rechnen. Um eine ausreichende Breite von Aussagen und Informationen zum Forschungsthema zu erhalten, wird deshalb mehr Zeit benötigt als bei klassischen Gruppendiskussionen, weil eine größere Anzahl von Dyaden oder Triaden durchgeführt werden muss.

Das Potenzial der Gruppendynamik für die Auswertung ist nur sehr begrenzt nutzbar; bei Triaden besteht außerdem die Gefahr der Ausgrenzung im Sinne zweier gegen einen. Bei Dyaden finden sich häufig klarer strukturierte Machtgefälle als bei Gruppendiskussionen, sodass ein Teilnehmer klar die Meinungsführerschaft übernimmt und der andere folgt. Aber auch an Hahnenkämpfe erinnernde Auseinandersetzungen um die Führungsposition können in Zweiergruppen zu Lasten des thematischen Bezugs auftreten.

Zusammenfassend lässt sich festhalten:

> Triaden und Dyaden sind besonders für die Zielgruppe von Kindern und Jugendlichen relevant. Auch wenn es darum geht, Kommunikations- und Aushandlungsprozesse von Paaren und bestimmten Peer-Groups im Alltag zu untersuchen, sind sie eine geeignete Methode. Sie bieten aber eher eine Ergänzung zur klassischen Gruppendiskussion als eine gleichwertige methodische Alternative.

8.2.3 Workshops

Von einem Workshop kann gesprochen werden, wenn neben den thematischen Diskussionen eigene gemeinsame Aktivitäten der Teilnehmer in Form von kleinen Aufträgen oder Projekten im Vordergrund stehen. Zielsetzung ist in jedem Fall die Nutzung des kreativen Potenzials der Teilnehmer und der Gruppe zur praxisnahen Ideen- bzw. Lösungsfindung.

Workshops setzen von den Teilnehmern eine grundsätzliche Bereitschaft voraus, sich mit dem Thema tiefgehend, differenziert und engagiert auseinanderzusetzen. Zentrales Element eines jeden Workshops sind Kreativitätstechniken (vgl. Lipp/Will 2008: 56 ff.), wie z. B. Brainstorming, freie Assoziationen, projektive Techniken, Mind-Mapping, Collagen, Rollenspiele, Analogien oder Methapern, mit deren Hilfe neue Ideen und innovative Problemlösungen erschlossen werden.

Wie die Gruppendiskussion verläuft auch der Workshop anhand eines vorher abgestimmten Leitfadens, bietet aber noch mehr Freiraum für die intendierten gruppendynamischen Prozesse. Zur Vorbereitung auf den Workshop können auch Hausaufgaben (z. B. zur Selbstbeobachtung) gestellt werden.

Workshops dauern mindestens drei Stunden, in ausgewählten Einzelfällen auch länger bis hin zu ein bis zwei Tagen (z. B. bei Innovationdays).

Sie können in Teststudios oder in besonderen kreativitätsfördernden Orten wie Lofts, Bars, Werkstätten etc. durchgeführt werden. Gemäß dem Grundsatz ‚Kreation von Neuem setzt Gespür für Neues voraus‘ ist es häufig ratsam, zu den Sitzungen eine Mischung verschiedener Zielgruppen einzuladen, wie z. B. Spezialisten, Angehörige kreativer Berufe, Umsetzer (Produktentwickler) und Kommunikatoren (Szenegänger, Journalisten etc.).

Dass Workshops und Gruppendiskussionen mit Workshopelementen seit Anfang der 1990 Jahre in der qualitativen Marktforschung enorm an Bedeutung gewonnen haben (vgl. Naderer/Balzer 2007), hängt damit zusammen, dass auf Auftraggeberseite bei der Entwicklung und Konzeptionalisierung neuer Produktideen und Innovationen der Einbezug von Sichtweisen des Kunden wichtiger geworden ist (vgl. Babic/Kühn 2008). Dabei geht es weniger um konkrete technische Details, sondern eher um die Erforschung wichtiger Grundhaltungen, Erwartungen sowie branchen- und produktspezifischer Wahrnehmungsweisen: „Für die Hersteller geht es darum, die Interpretation des Produktes im Kopf des Konsumenten zu antizipieren" (Spiegel/Chytka 2007: 574). Workshops dienen als ideale Form, um kreative Ideen zu generieren sowie verschiedene alternative Umsetzungsvorschläge in produktiver Atmosphäre gegeneinander abzuwägen. Die Durchführung von Workshops bietet sich insbesondere dann an, wenn thematische Bezüge und insbesondere damit verbundene Emotionen nur schwer in Worte zu fassen sind, unbewusste Antriebe für Handlungen erfasst werden sollen oder es sich um Tabuthemen handelt.

Am häufigsten anzutreffen sind in der Marktforschung Markenworkshops (z. B. zur Analyse des Markenkerns, der Markenpositionierung etc.) und Kreativ- bzw. Innovationsworkshops. Innovationsworkshops werden, je nach Aufgabenstellung, mit Konsumenten, Experten, internen und externen Mitarbeitern oder involvierten Unternehmen wie Dienstleistern, Lieferanten und Kunden durchgeführt.

Folgende Aufgaben stehen im Mittelpunkt der Ideenentwicklung bei derartigen Workshops im Rahmen der Marktforschung:

- Sammlung von allgemeinen Trendinsights,
- Sammlung kreativer Impulse für Neuentwicklungen,
- Entwicklung konkreter Ideen für Innovationen,
- Identifikation von Stärken-Schwächen-Profilen der Innovation,
- Evaluation des relativen Vorteils der Neuerung gegenüber bestehenden Lösungen.

Zum Teil werden Workshops und Gruppendiskussionen in unangemessener Art und Weise kontrastiert, wenn Gruppendiskussionen vermeintlich auf die rationale Verbalisierung bewusster Wahrnehmungsebenen fixiert beschrieben werden. Selbstverständlich gibt es auch im Rahmen einer klassischen Gruppendiskussion zahlreiche Möglichkeiten, die Bedeutung von Emotionen für Wahrnehmungen, Bewertungen und Handlungen zu fokussieren. Aber auch Workshops werden zum Teil in polemischer Art und Weise missverstanden, etwa wenn Koschate von aufgeblasenen mehrstündigen Schnippelsitzungen spricht (Koschate 2005: 28).

Da mit Workshops ein erhöhter Aufwand für Rekrutierung und Auswertung verbunden ist, hängt die Entscheidung zwischen Workshops und Gruppendiskussionen als geeigneter Methode in der Regel davon ab, wie hoch der Stellenwert von kreativen Eigenleistungen der Teilnehmer ist, etwa im Sinne der Entwicklung eines Grundkonzepts für ein neues Angebot oder durch eine Verbildlichung verschiedener Facetten einer Marke. Je höher die Bedeutung derartiger Aufgaben für das Projekt ist, desto eher sollten Workshops durchgeführt werden. Auf keinen Fall sollten zweistündige Gruppendiskussionen mit mehreren derartigen Aufgabenstellungen überfachtet werden, weil dadurch Oberflächlichkeit und eine gehetzte Atmosphäre entstehen könnten. Andrerseits ist es auch nicht notwendig, Workshops vorwiegend deshalb durchzuführen, um emotionale Anteile an einer Entscheidung oder Bewertung offen zu legen. Dies gelingt auch im Rahmen einer professionell durchgeführten und ausgewerteten klassischen Gruppendiskussion.

8.2.4 Von der Online-Gruppendiskussion zur Online-Community

Die Möglichkeit, Gruppendiskussionen über das Internet zu führen, existiert in der Marktforschung seit Mitte der 1990er Jahre (Görts 2001: 154, Lamnek 2005: 253). Aber Online-Gruppendiskussionen haben in den folgenden Jahren im europäischen Raum zunächst nicht den großen Durchbruch geschafft. Dies gilt auch für die wissenschaftliche Nutzung von E-Mail Groups und Online-Chats. Grund für den nur sehr zögerlichen Einsatz in der qualitativen Forschung war, dass Moderator und Teilnehmer nur asynchron und schriftlich miteinander kommunizieren und einander nicht über Gestik, Mimik, Tonalitäten etc. wahrnehmen konnten. Auch kamen angeregte Diskussionen nur in sehr begrenzten Bahnen zu Stande (vgl. Erdogan 2001, Lamnek 2005).

Erst mit der Erhöhung der Datenübertragungsrate und den erweiterten, interaktiven Möglichkeiten des so genannten Web 2.0 (Sprachintegration/VoIP, Nutzung von Webcams, Einbindungsmöglichkeiten von Bildern/Videos/Ton etc.) hat die qualitative Online-Forschung enorm an Bedeutung gewonnen. Dies liegt vor allem darin begründet, dass nun nicht mehr wie bisher lediglich Texte ‚hin-und-her' gesendet werden können, sondern dass jetzt auch gleichzeitig multimedial miteinander kommuniziert werden kann.

In der Folge entstanden eine ganze Reihe neuer sehr nützlicher qualitativer Kommunikationsmöglichkeiten und Forschungstools wie z. B. Webcam-Interviews bzw. Webcam-Gruppendiskussionen, Online-Bulletin-Boards/Foren (Diskussions- und Mitmachplattformen), Online-Blogs/Journale, Online- und Video-Tagebücher, Communities/Social Networks usw. (vgl. Theobald/Neundorfer, 2010; Ullrich/Schiek, 2014; Starsetzki/Kern/Gruppe, 2016).

Der besondere Nutzen des Internets beim Thema Gruppendiskussionen liegt in der *Ermöglichung von Überregionalität* und der Bildung von globalen Netzwerken sowie Communities zu Forschungszwecken (z. B. Crowdsourcing). So war es bis vor wenigen Jahren nur unter sehr großen finanziellen und zeitlichen Aufwendungen möglich, z. B. eine Reihe internationaler Journalisten zum Thema ‚Planung der nächsten Fußball WM' diskutieren zu lassen oder eine globale Lead User Community aus den großen Metropolen der Welt im Internet auf einer Plattform zusammenzuführen, um kreative Ideen diskutieren und entwickeln zu lassen. Durch das Internet können schwierige Zielgruppen schnell und unkompliziert zusammengeführt werden, die bei einer klassischen Gruppendiskussion aus zeitlichen und/oder räumlichen Rahmenbedingungen nicht zusammen diskutieren hätten können.

Heutzutage sind interaktive, multimediale Diskussionsplattformen ein zentraler Bestandteil von Online-Communities. Eine Online-Community in der Marktforschung (Market Research Online Community, kurz: MROC) ist ein privater, virtueller Raum, der von Instituten konzipiert wird, um bestimmte Zielgruppen zusammenzubringen und über verschiedene Themen diskutieren und forschen zu lassen.

Da solche Research-Communities längerfristig angelegt sind, können hier Diskussionen sowohl live in Echtzeit (z. B. für 1–2 Stunden an einem vorbestimmten Zeitpunkt) als auch längerfristig, sukzessive über mehrere Tage und Monate hinweg geführt werden. Die zeitgleiche Anwesenheit der Teilnehmer ist hierbei nicht erforderlich. Je nach Stichprobengröße erlaubt dieser Ansatz qualitative, als auch quantitative Analysen.

Online Research-Communities variieren in der Dauer, der Anzahl der Teilnehmer, der Bandbreite der Aktivitäten und der Anwendung von interaktiven Community-Tools, die zum Einsatz kommen. Die Hauptvarianten von Communities sind aus zeitlicher Perspektive: Die Short-Term Community von wenigen Tagen (ca. 2–5 Tage) und ca. 20 Teilnehmern. Die Mid-Term Community mit einer Dauer von ein paar Wochen bis einigen Monaten und ca. 100 und mehr Teilnehmern. Die Long-Term Community dauert mehrere Monate oder Jahre und kann 1000 und mehr Teilnehmer haben.

Die forscherische Attraktivität von Research-Communities liegt vor allem in den vielfältigen „Community-Tools" mit denen gearbeitet werden kann. Hier ist die technologische Entwicklung noch lange nicht abgeschlossen, so dass in der Praxis ständig neue Tools entwickelt und ausprobiert werden. Im Sinne einer Methoden-Triangulation ist auch hier eine sinnvolle Kombination von verschiedenen Tools wichtig, um möglichst vielfältige und tiefgehende Insights zu erhalten.

Die in der Praxis am häufigsten eingesetzten Community-Tools sind:

- *Das Diskussionsboard*, welches häufig im Mittelpunkt der Community steht. Hier können Gedanken, Meinungen und Erfahrungen via Text, Sprache, Bildern, Videos und Anhängen geteilt werden.
- *Individuelle Blogs* ermöglichen den Teilnehmern ihre persönlichen Erfahrungen zu dokumentieren und auf Wunsch mit anderen Teilnehmern zu teilen.
- *Themen-Foren* bilden den Rahmen für einen Erfahrungsaustausch und die Diskussion zu vorgegebenen Ideen und Themen.
- *Video-Boards* ermöglichen die Dokumentation und das Teilen von Live-Erlebnissen per Video, die zum Beispiel mit dem Smartphone aufgenommen wurden. (Video-Tagebücher, Mobile Ethnographie, vgl. auch: Koschel 2017)
- *Live Chats* in Echtzeit mit ca. 6 bis 8 anderen Teilnehmern vertiefen oder hinterfragen besonders interessante Einzelthemen.
- *Community-Gewinnspiele:* Von Konsumenten erstellter oder vom Auftraggeber bereitgestellter Inhalt, der von anderen Teilnehmern bewertet, eingestuft und kommentiert werden kann. Nichtzuletzt dienen Gewinnspiele auch der Motivation der Community-Teilnehmer.
- Auf *Marker Boards* können Teilnehmer Bereiche eines Bildes, eines Textes oder einer Webseite markieren und kommentieren.
- *Umfrage- und Abstimmungs-Boards* beinhalten verschiedene kurze quantitative Meinungsumfragen.

Die Anwendungsszenarien von Diskussionen im Rahmen von Research-Communities sind so vielfältig, wie die forscherische Neugier. Besonders eignen sich Research-Communities zum tieferen Verständnis der Produktnutzung, zur Analyse langfristiger Kaufentscheidprozesse (z. B. Autokauf) und für Kreativprozesse (Co-Creation), da den Teilnehmern genug Zeit und Raum gegeben wird, sich selbst zu reflektieren und Ideen zu entwickeln und zu entfalten (keine Kreativität auf Knopfdruck).

Die Identifikation und die Rekrutierung der richtigen Teilnehmer einer Community ist eine wichtige Aufgabe, die große Auswirkung auf die Forschungsergebnisse hat. Ähnlich wie bei Gruppendiskussionen sind hohe Qualitätsstanddarts wichtig. (Vgl. Kapitel 3.4) Auch können die gleichen Rekrutierungsmethoden angewendet werden wie Rekrutierung über Studios, Panels, Social Media etc.

Wer klassische Gruppendiskussionen moderieren gelernt hat, hat auch gute Voraussetzungen eine Research-Community zu managen und relevante Erkenntnisse aus ihnen zu ziehen. Allerdings gibt es auch hier viel zu beachten. So zeigt unsere Praxis-Erfahrung, dass die Aktivierung der Community-Teilnehmer eine der zentralen Aufgaben des „Moderators" (Facilitator) ist.

Hierzu gehören: 1. Ein guter Gastgeber sein, Begrüßung, Vertrauen schaffen, Vorstellung des Moderators und des Instituts, des Themas, der Zielsetzung, des Ablaufs und der Dauer, Hinweis auf Datenschutz und Spielregeln etc. (meistens persönlich mit einem kurzen Video!)

2. Motivation und Kommunikation aufrechthalten. Die Befragungsdramaturgie einer Community ist langfristig angelegt und normalerweise komplexer, d. h. in mehrere Phasen unterteilt (z. B. Selbstbeobachtung, Bedürfnisverortung, Konzepttest, Ranking etc.). Um die Motivation der Teilnehmer und die Kommunikation über einen langen Zeitraum aufrecht zu erhalten, ist es notwendig, fortlaufend aktuelle Beiträge, Kurzumfragen etc. einzustellen und zu moderieren. Komplexe Themen brauchen zudem eine deutlich intensivere Vorbereitung als es beispielsweise bei Gruppendiskussionen der Fall ist.

3. Weitere wichtige Aufgaben sind das Lesen und Bewerten der Beiträge, Fokussierung auf die Forschungsfragen, Regeln überwachen, Impulse ins Forum geben, Belohnungs-Management, Kontakt mit dem Auftraggeber halten, Teilnehmer untereinander „connecten" etc.

4. Anwendung spieltypischen Aktivierungs-Elemente. Eintönigkeit ist der schnelle Tod jeder Community, so gibt es gibt deutlich mehr „Schweiger" als in Gruppendiskussionen, umso wichtiger ist es klug aktivierende Elemente in den Forschungsablauf zu integrieren. Stichworte sind hier: Gamification, das Vergeben von Punkten für Beteiligung, Highscores, Fortschrittsbalken, Ranglisten, virtuelle Güter oder Auszeichnungen etc. Bei längeren Communities sind auch Highlights und Events wichtig. Bei einer Branded-Community mit Konsumenten eigener Produkte, ist es z. B. wichtig, dass sich ein Auftraggeber auch zeigt und spannende Beiträge zum Beispiel als Live-Chat liefert.

Als positiv hat sich zu dem heraus gestellt bei Communities und Online-Gruppendiskussionen immer mit zwei Moderatoren zu arbeiten. Dadurch ergibt sich die Möglichkeit zur internen Abstimmung und die Übernahme unterschiedlicher Rollen, z. B. mit den Schwerpunkten Frageformulierung und Diskussionsleitung für den einen und der genauen Sichtung eingehender Antworten und Rekonstruktion des roten Fadens für den anderen Moderator.

Neben vielen Vorteilen bietet das Arbeiten mit Communities auch einige methodische Schwachpunkte, die hier kurz aufgezeigt werden sollen.

Gruppendynamik ist für einen Moderator weniger intensiv zu beobachten und zu fühlen als während einer klassischen Gruppendiskussion. Eng damit verbunden ist die viel geringere Emotionalität und Spontanität als bei persönlichen Face-to-Face Interaktionen wie sie bei Gruppendiskussionen oder Workshops anzutreffen sind.

Wenn es sich um eine Form der schriftlichen Online-Diskussion handelt, stellen sich weitere Probleme, die mit dem Fehlen mündlicher Ausdrucksmöglichkeiten zusammenhängen. Das Schreiben einer Aussage nimmt deutlich mehr Zeit in Anspruch als das Aussprechen. Dadurch sind Beiträge in der Regel kürzer und bezüglich Inhalt sowie Form auch karger. Sie wirken dadurch weniger anregend und stimulierend auf die Gruppe als dies bei mündlichen Aussagen der Fall ist. Den Teilnehmern steht außerdem weniger Raum zur Verfügung, anderen Teilnehmern genau zuzuhören und sich in sie einzufühlen, weil deutlich mehr Zeit für das Erstellen eigener Beiträge benötigt wird. Diese erscheinen außerdem, je nach der Zeit, die zum Verfassen gebraucht wird, erst zeitverzögert am Bildschirm, wenn möglicherweise bereits neue Aspekte angesprochen wurden. (Vgl. dazu ausführlich Dammer/Szymkowiak 2008: 161 ff. sowie Lamnek 2005: 253 ff.).

Aus quantitativer Sicht ist, trotz höherer Teilnehmerzahlen, nur eine eingeschränkte Repräsentativität erreichbar. Auch sind statistisch-signifikante Vergleichbarkeit (Benchmarking) von Regionen oder Zielgruppen (z. B. hohes vs. niedriges Einkommen) nur eingeschränkt möglich.

Kleine, anspruchsvolle Zielgruppen, die nicht unbedingt in öffentlichen Räumen diskutieren möchten, sollten besser mit „persönlichen" Methoden beforscht werden.

Online-Communitys sind zu einem wichtigen Instrument in der Markt- und Konsumforschung geworden und ergänzen sinnvoll das klassische Methodenspektrum. Jedoch sind wir der Meinung, dass sie nicht die traditionellen, qualitativen Methoden wie Gruppendiskussionen ersetzen können. Mit der persönlichen Anwesenheit aller Diskutierenden in einem Raum gehen spezifische, wichtige atmosphärische Qualitäten einher, die nicht durch eine virtuelle Gesprächsrunde ersetzt werden können.

8.2.5 Sonstige Varianten

Ein besonders im angelsächsischen Raum verbreitetes Verfahren ist es, mehrere Minigruppen inkl. Moderatoren zeitgleich in einem großen Raum zu versammeln und abwechselnd Diskussionen im Plenum und Vertiefungen oder Kleingruppenarbeiten an den einzelnen Tischen der Minigruppen durchzuführen. Unterschiedliche Zielgruppen werden in diesem Kontext an eigenen Tischen platziert.

Nehmen wir also beispielsweise an, dass es einem Auftraggeber um das Verständnis des Markts für tiefgekühlte Fertignahrung geht. Er möchte dabei möglichst umfassend die Sichtweisen von Nutzern verschiedener Marken zusammenführen und gleichzeitig Einblicke in Erwartungen bekommen, die mit der Nutzung bestimmter Marken im Zusammenhang stehen. Deshalb werden in einem Raum verschiedene Tische aufgebaut, um die sich jeweils Nutzer mit einer klaren und geteilten Markenpräferenz versammeln. Wir haben also beispielsweise einen Frosta-, einen Iglo- und einen Dr. Oetker-Tisch. An diesen Tischen werden nun gleichzeitig, jeweils durch einen Moderator gesteuert, Fragen rund um Tiefkühlnahrung diskutiert. Wichtige Aspekte werden vom Moderator am Flipchart festgehalten. Beispielsweise geht es in den ersten fünfzehn Minuten um typische Erfahrungen beim Einkauf von Tiefkühlprodukten. Nach dieser vereinbarten Zeit gibt ein Lead Moderator das Signal zum Ende der Diskussionen an den einzelnen Tischen. Das Gespräch wird nun im Plenum fortgesetzt. Reihum fasst nun jeweils ein Mitglied der Kleingruppe im Plenum für alle zusammen, worum die Diskussion am jeweiligen Marken-Tisch kreiste. Dadurch wird schnell ein Überblick über relevante Aspekte sowie Gemeinsamkeiten und Unterschiede zwischen den Teilgruppen geschaffen. Dem Auftraggeber, der mit im Diskussionsraum anwesend ist, ergibt sich die Möglichkeit, direkte Nachfragen anzuschließen.

Ein derartiges paralleles Minigruppen-Setting mit Wechseln der Diskussion zwischen dem Plenum und den einzelnen Arbeitsgruppen sollte mindestens auf drei Stunden angelegt sein, kann aber auch mit Pausen den ganzen Tag in Anspruch nehmen oder bei komplexen Themen gar mehrere Tage in Anspruch nehmen.

Der Vorteil dieses Verfahrens liegt darin, dass es einen schnellen Überblick über vorhandene Grundhaltungen und typische Praktiken im Alltag ermöglicht. In der Regel wird durch die zeitgleiche Diskussion einer Fragestellung in mehreren Untergruppen und den anschließenden Vergleich im Plenum sichergestellt, dass ein breites Spektrum relevanter Gesichtspunkte zu Tage gefördert wird. Durch den Wechsel von aktiver Rolle als Diskutant und passiver Rolle als Beobachter und Zuhörer werden die Teilnehmer häufig besonders angeregt und motiviert, sich auch über einen längeren Zeitraum hinweg aufmerksam Teilfragestellungen zu widmen. Durch die Verschränkung mehrerer Diskursebenen und durch den direkten Einbezug des Auftraggebers in die Diskussion ergeben sich vielfältige Spielräume im Sinne einer lebhaften Interaktion.

Allerdings müssen diesem Verfahren auch gewichtige Bedenken entgegen gehalten werden. Insbesondere ist auf fehlende Tiefe der Argumentationen hinzuweisen. Durch die vergleichsweise rigide zeitliche und thematische Vorstrukturierung des Diskussionsverlaufs wird es den Teilnehmern erschwert, sich als Gruppe zu finden, eigene Schwerpunkte zu entwickeln und Zusammenhänge aufzuzeigen. Die Diskussion erfolgt zu sehr im Sinne eines Frage-Antwort-Spiels.

Nachfragen des Auftraggebers und die Beiträge anderer Gruppen während der Diskussionen in Plenen beeinflussen außerdem stark den weiteren Verlauf in den Kleingruppen, sodass es zu unerwünschten und in der Auswertung nicht immer hinreichend kontrollierbaren Verzerrungen bei der Bewertung bestimmter thematischer Aspekte kommen kann.

> Ein derartiges *Multi-Gruppen-Verfahren* sollte deshalb nur im Sinne einer explorativen Vorstudie durchgeführt werden, wenn es darum geht, verschiedene Facetten eines Themas, z. B. als Vorbereitung für eine quantitative Befragung, zu erfassen.

Es bietet sich dann insbesondere dann an, wenn ein Auftraggeber gerne die Diskussion an mehreren Orten verfolgen will, aber insgesamt wenig Zeit für die Beobachtungen zur Verfügung hat. Durch die parallele Diskussion mehrerer Gruppen hat er deshalb die Möglichkeit, in gebündelter und konzentrierter Form Erfahrungen und Eindrücke vieler verschiedener Teilgruppen kennen zu lernen.

Eine andere Alternative, möglichst viele Menschen parallel zu befragen und zur wechselseitigen Diskussion anzuregen, stellen *Großgruppenverfahren* dar. Aufgrund der hohen Teilnehmerzahl handelt es sich streng genommen nicht mehr um eine Gruppendiskussion, sondern vielmehr um eine Gruppenbefragung. Deshalb kommen Großgruppenverfahren in der qualitativ-psychologischen Marktforschung vergleichsweise selten vor. Das Ziel von Großgruppenverfahren ist i. d. R. weniger das Verstehen bestimmter Zielgruppen, sondern deren (politische) Mediation, Partizipation und Moderation z. B. bei Change Management Prozessen und Organisationsentwicklung.

In der Praxis finden wir Großgruppen mit bis zu 1500 Teilnehmern. Die Veranstaltungen dauern i. d. R. zwischen ein und drei Tagen. Im Kontext der Veranstaltung können auch Workshops, Kleingruppen und Einzelinterviews durchgeführt werden. Bei Großgruppenverfahren erfolgt die Meinungsbildung und Meinungsdokumentation z. B. durch ‚Abstimmen mit den Füßen‘, mit Fähnchen, durch Aufstehen oder anhand neuer digitaler Medien wie Telemeter (wie bei ‚Wer wird Millionär‘), Twitter, Kommentaren via Internet (jeder Tisch ist mit einem Notebook ausgerüstet), Live-Blogging etc. (vgl. Dittrich-Brauner/List/Windisch 2008; Seliger 2008).

Im Folgenden werden noch einige weitere Verfahren kurz vorgestellt. *Telefocus Groups,* also Gruppendiskussionen via Telefon, wie sie häufig aus Effizienzgründen in den Vereinigten Staaten angewendet werden (vgl. Edmunds/Holly 1999, S. 14 ff), spielen in Europa kaum eine Rolle.

Von einem *Diskussionspanel* (Reconvened Groups) spricht man bei Gruppen, die zu zwei oder mehreren Sitzungen (z. B. wöchentlich oder alle 14 Tage) zusammen-kommen und diskutieren. Ihr besonderer Vorteil liegt darin, dass die regelmäßigen Treffen und das wiederholte Reflektieren über ein Thema ein größeres Involvement der Teilnehmer ermöglicht. Gelegentlich können auch Aufgaben wie „Wie wäre mein Leben ohne…" oder Tagebücher in der Zwischenzeit zum Bearbeiten durchgeführt werden. Nicht zuletzt gewinnt durch die rasanten Entwicklungen des Internets der Aufbau von Themen-Communities enorm an Bedeutung. Der Nachteil liegt darin begründet, dass wie bei allen ‚natürlichen' Gruppen Effekte, wie strategische Positio-nierungen der eigenen Position in der Gruppe, den thematischen Bezug zunehmend überlagern können. Außerdem kommt es durch die Konstituierung einer eigenen Gruppe, die sich mehrfach trifft, zu eigenen gruppendynamischen Effekten, wodurch die Auswertung der Diskussionen unter thematischen Gesichtspunkten ebenso er-schwert wird wie durch die Gewöhnung der Teilnehmer aneinander und der damit verbundenen Ausrichtung und Ausformulierung eigener Beiträge. Zum Beispiel wer-den gemeinsame und unterschiedliche Haltungen und Positionen zunehmend voraus gesetzt und nicht mehr angesprochen.

Beim *Psychodrama* handelt es sich ursprünglich um eine von Jakob L. Moreno im Rahmen der Psychotherapie entwickelte Methode mit Anlehnungen an das Stegreif-theater. Im Rahmen von Marktforschung wird es im Rahmen eines tiefenpsycho-logisch ausgerichtetes Gruppensettings angewandt, bei dem mit Hilfe verschiedener Techniken wie z. B. Rollenspielen, Aufstellungen, Analogien, Vorstellungsübungen etc. versucht wird, über die reine Verbalisierung hinaus Erlebnisse, Gedanken und Gefühle zu relevanten Fragestellungen (z. B. Produktnutzung, Marke, Kommunika-tion, Positionierung) ganzheitlich nachvollziehbar zu machen (vgl. Weller/Hartlaub 2009; Haimerl/Roleff 2000; Stahlke 2010).

8.3 Verzahnungen

8.3.1 Methodenkombination

Methodenkombination gewinnt in den Sozialwissenschaften immer mehr an Bedeu-tung (vgl. z. B. Hussy/Schreier/Echterhoff 2010: 285), um bei der Untersuchung einer Fragestellung verschiedene, mit einzelnen Methoden einhergehende Perspektiven einzubeziehen. Diese dürfen jedoch nicht wahllos aneinander gereiht werden, son-dern müssen in einem begründeten Zusammenhang stehen. Der Erkenntnisgehalt einer Studie hängt deshalb keineswegs primär davon ab, wie viele Methoden ange-wandt wurden.

Neben der im zweiten Kapitel bereits angesprochenen Verknüpfung von Gruppendiskussionen mit einer standardisierten Befragung, die statistisch ausgewertet wird, bieten sich auch zahlreiche Kombinationsmöglichkeiten mit anderen qualitativen Verfahren an.

Um sich den Alltag nicht nur beschreiben zu lassen, sondern ihn auch beobachten zu können, haben in den letzten Jahren *ethnographische Perspektiven* stark an Bedeutung gewonnen (vgl. z. B. Mathews/Kaltenbach 2007). Der Forscher soll möglichst konkrete Beispiele aus der alltäglichen Praxis erleben können, um zu einem tieferen Verständnis von Zusammenhängen zu gelangen.

Nehmen wir als Beispiel eine Studie, in der es um Produkte geht, die im Prozess der Reinigung von Textilien zum Einsatz kommen. Einer Gruppendiskussion über das Wäschewaschen könnte die Teilnahme des Moderators am Waschtag der Befragten vorgeschaltet werden. Dies könnte z. B. mit einem In-Home Einzelinterview verbunden werden, das vor den Gruppendiskussionen geführt wird.

Denkbar wäre es auch, sich vor der Gruppendiskussion im Haushalt von einem der Teilnehmer oder in einem Waschstudio gemeinsam zu treffen. Gemäß der Grundidee, nicht nur über das Wäschewaschen zu diskutieren, sondern zu beobachten und an konkreten Handlungen ansetzen zu können, könnte die Aufgabe für die Teilnehmer darin bestehen, gemeinsam dreckige Wäsche zu waschen. Am Waschtag sollten die Teilnehmer ermuntert werden, verschmutzte Wäscheteile auch zu zeigen. Im Vorfeld sollte keine unübliche Vorsortierung erfolgen. Neben den erweiterten Beobachtungsmöglichkeiten bieten derartige ethnographische Studien auch die Möglichkeit zu Vertiefungen, wenn es dem Moderator gelingt, im Alltag bestehende Intimitätsbarrieren zu überwinden und Vertrauen herzustellen. Wer seine schmutzige Wäsche zeigen konnte, ohne dafür ausgelacht oder verächtlich angeschaut zu werden, und gleichzeitig Ähnliches bei anderen beobachten kann, ist auch im weiteren Verlauf eher bereit, sich von den Beschränkungen des sozial Erwünschten zu lösen.

In Tabelle 26 fassen wir mehrere Methoden und Methodenbausteine zusammen, die im Sinne dieser Konkretisierung des Bezugs auf Alltagspraxis häufig in Verbindung mit Gruppendiskussionen eingesetzt werden.

Tabelle 26   Ethnographische Perspektiven in Verbindung mit Gruppendiskussionen

- *Hausaufgaben zur Vorbereitung auf die Gruppendiskussion:* z. B. Selbstbeobachtung in Form eines vorstrukturierten Tagebuchs (auch Lifebook oder Diary genannt); Selektion von wichtigen Symbolen, auf die im Rahmen der Diskussion Bezug genommen wird (z. B. die Aufgabe, drei Gegenstände aus der eigenen Umgebung mitzubringen, die für den Teilnehmer etwas mit Schönheit zu tun haben);
- *Dokumentation der eigenen Lebenswelt durch Fotos/Videoaufnahmen* im Vorfeld einer Gruppendiskussion: Fotos, welche typische Alltagsumgebungen veranschaulichen (z. B. Wohnung, Arbeitsplatz, Reisekontexte) bzw. die eigene Praxis illustrieren (z. B. Informationen einholen, bestellen);
- Vorbereitende oder nachbereitende ethnographische *Interviews* in der Wohnung des/der Befragten;
- *Begleitung bei Auswahl- und Entscheidungsprozessen,* Accompanied Shopping (z. B. gemeinsamer Besuch in einer Fast-Food-Filiale oder Elektromarkt-Filiale mit der Aufgabe, dort ein bestimmtes Produkt auszuwählen).

Besonders vielfältige Möglichkeiten ergeben sich durch die Verknüpfung einer klassischen Gruppendiskussion mit den interaktiven Möglichkeiten des Internets (vgl. z. B. Kühn/King/Koschel 2007). Beispielsweise ist es möglich, ein Forum einzurichten, in dem Teilnehmer an der Gruppendiskussion im Vorfeld und auch im Nachgang der Diskussion eigene Erfahrungen ausdrücken und kommentieren können. Zum Zwecke des Desk Research lohnt es sich zudem immer, bestehende Online-Diskussions-Foren und Communities im Vorfeld einer Gruppendiskussion zu beachten, in denen Nutzer freimütig ihre vielfältigen Erfahrungen diskutieren.

Neben ethnographischen Ansätzen stellen insbesondere sogenannte Car Clinics und Concept Labs in der Marktforschungspraxis typische Kontexte für eine Methodenkombination dar, bei welcher Gruppendiskussionen eine hohe Bedeutung einnehmen.

Bei *Car Clinics* handelt es sich um ein sehr aufwändiges und kostenintensives Setting, das für die Weiterentwicklung von Prototypen und neuer Modelle in der Automobilindustrie verwendet wird. Mit Car Clinics sind strengste Sicherheitsmaßnahmen verbunden, damit Informationen über neue Strategien und Ansätze nicht an Konkurrenten weiter gegeben werden können. Teilnehmer an Car Clinics dürfen etwa keine Mobiltelefone bei sich führen, mit denen Fotos geschossen werden könnten. Zum Teil werden bei Hallen, die für die Ausstellung verschiedener Autotypen angemietet werden, eigens für den Test neue Schlösser eingebaut, damit sicher gestellt wird, dass ungeladene Besucher sich nicht heimlich Eintritt verschaffen.

Für die Untersuchung werden verschiedene Modelle einer Produktkategorie in großen Hallen nebeneinander gestellt. Auch der neue Prototyp bzw. das weiter zu entwickelnde Modell wird in diesem Kontext präsentiert. Teilnehmer werden aufgefordert, zahlreiche Details wie optische Anmutung, Sitzkomfort etc. zu bewerten.

Dafür werden ihnen bestimmte Aufgaben gestellt, z. B. sich auf den Fahrersitz zu be-geben. Teilnehmer können die Autos auch selbständig erkunden. Neben einem stan-dardisierten Fragebogen kommen in der Regel auch qualitative Verfahren zum Ein-satz. In Einzelinterviews und in Gruppendiskussionen werden die Befragten zu ihren Eindrücken befragt. Gruppendiskussionen sind besonders gut geeignet, um jenseits einzelner Detailbewertungen, wie z. B. der Form des Rücklichts, wichtige Zusam-menhänge bei der Bewertung aufzuzeigen, also z. B. wie bestimmte Details sich zu einem Gesamtbild vom Fahrzeug zusammen fügen und welche Bedeutung dies für das Image der Marke haben könnte. Die Gruppendiskussionen werden in der Regel direkt im Anschluss an die Beobachtung durchgeführt und finden in einem eigens dafür eingerichteten Raum der angemieteten Halle statt.

Im Rahmen von *Concept Labs* geht es um die Weiterentwicklung von Konzepten durch die Verschränkung zweier Diskussionsebenen: zum einen die der potenziel-len Nutzer eines Angebots, zum anderen die der Entwickler des Angebots, die aus verschiedenen Abteilungen eines Auftraggebers stammen. Das Concept Lab ist ein „Bestandteil verbrauchergestützter strategischer Entwicklungsprozesse" (Dammer/ Szymkowiak 2008: 155). Es handelt sich um einen mehrstufigen Ansatz von Grup-pendiskussionen mit potenziellen Nutzern und direkt darauf folgenden moderierten Analysesitzungen mit dem Entwicklerteam. Für die Durchführung bedarf es mehre-rer Tage.

Im Fokus steht die Neugestaltung eines Angebots, in concreto die Konzeption, Optimierung und Finalisierung von Produkt-, Dienstleistungs- und Kommunikati-onskonzepten. Der Ansatz wird meist geplant, wenn aus der Phase der Ideenfindung (Ideation) erste Konzepte hervorgegangen sind bzw. schon eine Reihe von Konzepten zum Testen vorliegen. Das Hauptziel dieses Ansatzes ist es, zeitnah und im Team die-se Konzepte sukzessiv und interaktiv weiterzuentwickeln und zu optimieren. Auch die Reduktion zahlreicher alternativer Konzepte auf ein verdichtetes ‚relevant set' von Ansätzen, die weiter ausgefeilt werden sollten, kann ein Anliegen von *Concept Labs* darstellen.

Das Projektteam setzt sich aus Vertretern der Auftraggeberseite (aus den Berei-chen Marketing, Marktforschung, Produktentwicklung, Vertrieb etc.), Dienstleistern des Auftraggebers (z. B. Berater, Werbeagenturen, PR, usw.) und dem Projektteam des Institutes (Projektleiter, Moderator) zusammen. Da es sich bei Concept Lab um einen iterativen Prozess handelt, ist es ratsam, dass das Projektteam während der gan-zen Studie konstant bleibt. Auf Institutsseite sollte immer zwischen dem Moderator, welcher für die Leitung der Gruppendiskussionen mit den potenziellen Nutzern ver-antwortlich ist, und dem Projektleiter unterschieden werden. Der Projektleiter be-obachtet gemeinsam mit den Auftraggebern die Gruppendiskussion und leitet die darauf folgende Analysesitzung, an der auch der Moderator teilnimmt.

Im Folgenden fassen wir den idealtypischen Ansatz eines Concept Labs kurz zu-sammen:

Phase 1: Briefing
Zunächst sollte unmittelbar vor dem Start der ersten Gruppendiskussion ein ausführliches persönliches ‚Kick-Off-Meeting' des gesamten Projektteams durchgeführt und dafür eine Dauer von zwei bis drei Stunden eingeplant werden. Der Projektleiter auf Institutsseite sollte diese Sitzung moderieren, Grundzüge und Ziele des Verfahrens zusammenfassen sowie allen Teilnehmern die Möglichkeit einräumen, ihre eigene Perspektive und damit verbundene Erwartungen an das Projekt zum Ausdruck zu bringen.

Phase 2: Gruppendiskussionen (Runde 1)
In der ersten Runde werden ca. zwei bis drei Gruppendiskussionen durchgeführt (je eine pro Zielgruppe). Im Beobachtungsraum bekommen die Mitglieder des Projektteams als Vorbereitung für die Analyse einen vorstrukturierten Beobachtungsbogen, bei dem es nicht um die Einschätzung auf Skalen geht, sondern Raum eröffnet wird, Beobachtungen und Ideen in eigenen Worten aufzuschreiben.

Phase 3: Erste Analyse- und Überarbeitungssitzung
Nach den ersten Gruppen findet eine Analysesitzung mit dem gesamten Projektteam statt. Bei diesem Treffen hat das Team die Möglichkeit, zentrale Erkenntnisse der Gruppendiskussion kurz zu reflektieren und die Aufgabe, darauf gründend die Konzepte und ggf. auch den Leitfaden für die nächste Runde zu überarbeiten. Der Projektleiter auf Institutsseite sollte diese Sitzung moderieren und dabei auf den Ausgleich verschiedener Interessen achten.

Phase 4: Gruppendiskussionen (Runde 2)
In der zweiten Gruppenphase werden die neu erarbeiteten Insights und modifizierten Konzeptbestandteile überprüft.

Bei komplexen Themenstellungen sollte eine erneute Sequenz von Analysesitzung und Gruppendiskussion eingeplant werden (analog der Phasen 3 und 4), ansonsten folgt die letzte Phase:

Phase 5: Finales De-Briefing
Im Anschluss an die letzte Gruppendiskussion findet ein ausführliches De-Briefing statt. Hier werden die Erfahrungen diskutiert und Key Findings zusammengetragen. Diese Key Findings bilden die Grundlage für die anschließende Analyse und Berichtslegung durch das Institut.

Wenn die Ergebnisse noch nicht als gesättigt betrachtet werden, sollte möglichst Raum für eine Wiederholung der Phasen 3 bis 5 zu einem späteren Zeitpunkt geschaffen werden.

Die Vorteile des Concept Labs liegen in der effizienten und dynamischen Verknüpfung von Consumer Insights und strategischer Entwicklungsarbeit durch Entscheider.

Dieser Prozess verläuft zügig und vor dem Hintergrund eigener Erlebnisse. Concept Labs bieten durch ihre intensive Atmosphäre des Miteinanders eine im beruflichen Alltag der Auftraggeber seltene Gelegenheit, an einem Strang zu ziehen, um gemeinsam in wechselseitiger Interaktion Projekte voran zu bringen und Ideen weiter zu entwickeln. Das iterative Vorgehen und die Möglichkeit, das wachsende Verständnis von Zusammenhängen noch für die Erhebungssituation zu nutzen, entsprechen Anforderungen der Grounded Theory und unterstützen die strategische Entwicklung zielgruppengerechter Angebote.

Allerdings sind bei Concept Labs auch einige methodologische Bedenken angebracht. Insbesondere ist darauf hinzuweisen, dass die Auswertung im Rahmen von Analysesitzungen immer unter Zeitdruck und nicht auf der Basis vollständiger Transkripte erfolgt. Dies kann die Tiefe der zu Tage geförderten Erkenntnisse nachhaltig beeinträchtigen, insbesondere bezüglich der Berücksichtigung gruppendynamischer Effekte. Darüber hinaus kann die Effizienz der Analysesitzung durch Interessenskonflikte auf Seiten der Auftraggeber leiden. Es ist außerdem nicht immer sicher, welche Entscheidungsbefugnisse bei den anwesenden Mitarbeitern des Auftraggebers wirklich liegen. Insbesondere wenn diesbezüglich auf Seiten des Auftraggebers Unklarheiten und Unsicherheiten bestehen, kann sich dies hinderlich auf die Bereitschaft zu wegweisenden Entscheidungen auswirken. Durch den Einbezug des Forschers in Entscheidungsprozesse bezüglich der Umgestaltung von Konzepten wird dieser außerdem zum Beteiligten. Wenn es in folgenden Phasen um die Bewertung der neugestalteten Konzepte geht, ist er nicht in gleichem Maße unvoreingenommen wie es bei der Diskussion von Stimulusmaterial der Fall ist, an deren Erstellung er nicht beteiligt war.

> Als Fazit lässt sich ziehen, dass Concept Labs eine sehr geeignete Methodenkombination für die Entwicklung von Konzepten darstellen, weniger aber als Grundlage für die finale Entscheidung bezüglich verschiedener alternativer Konzepte geeignet sind.

8.3.2 Internationale Projekte

Im Zuge von Globalisierungsprozessen setzen immer mehr Unternehmen auf Marken und Angebote, die international vertrieben werden. Auch für sozialwissenschaftliche Projekte stellt sich häufig die Anforderung, nationale Grenzen zu überschreiten. Deshalb ist es uns wichtig, einige Grundsätze zum Umgang mit Gruppendiskussionen im Rahmen internationaler Projekte zusammenzufassen.

Spontan könnte angenommen werden, dass die Durchführung von Gruppendiskussionen in Deutschland, Österreich oder der Schweiz nicht viel anders ist als in Frankreich, Italien oder Polen. Unsere Erfahrungen führen uns aber plastisch vor Augen, dass dies eine weit gefehlte Annahme ist. Bei internationalen Projekten geht es nicht nur um Forschung, sondern um interkulturelle Kommunikation und das Management von (Forschungs-)Kulturen. Je mehr Länder beteiligt werden, desto dringender und offensichtlicher wird diese Herausforderung.

Bezogen auf das Management interkultureller Forschungsprojekte im Marktforschungskontext haben Thomas Kühn und Ana Beatriz Rodrigues (2004) fünf Aspekte unterschieden, welche entscheidend für den Erfolg der Studien sind. Darauf werden wir uns im Folgenden beziehen und daran anknüpfend einige Tipps für das Management internationaler Mehrländerstudien geben, in denen mit Gruppendiskussionen gearbeitet wird:

a) Transparente Regeln und Prozessabläufe

Interkulturelle Unterschiede dürfen nicht als Ausreden für Qualitätseinbußen oder gravierende Verzögerungen gelten. Der Anspruch an eine begründet und systematisch ausgeführte Forschung sollte auch für internationale Forschungsprojekte gelten. Unabhängig von ihrer Herkunft erwarten Auftraggeber die Einhaltung vereinbarter Rahmenbedingungen, insbesondere hinsichtlich Art, Umfang und Zeitpunkt der Ergebnislieferung. Um dies zu gewährleisten, bedarf es noch stärkerer Transparenz bezüglich Regeln und Prozessabläufen als dies bei nationalen Projekten der Fall ist. Grundsätzlich geht es bei internationalen Studien immer darum, kulturell bedingte Unterschiede bezüglich Genauigkeit, Zeitmanagement, Organisation und nicht zuletzt Auswertungsschritten möglichst genau zu antizipieren, um daran anschließend die eigenen Erwartungen gegenüber den Kooperationspartnern so explizit wie möglich darzustellen. Dies ermöglicht im weiteren Verlauf die Kontrolle des Entwicklungsstands und den Ausgleich von gegebenenfalls eintretenden Abweichungen.

Insbesondere bezüglich Qualitätsstandards von Ablaufstrukturen und Ergebnissen sowie bezüglich zeitlicher Fristen für den Abschluss einzelner Projektschritte bedarf es einer detaillierten Abstimmung im Vorfeld des jeweiligen Projekts. Unerlässlich ist eine gute und stetige Kommunikation aller wichtigen Details zwischen den Beteiligten, damit alle auf dem aktuellsten Stand der Informationen sind.

Mehrländerstudien bedeuten daher mehr als nur zusätzlichen Organisationsaufwand. Sie erfordern eine ausführliche Auseinandersetzung mit interkulturellen Unterschieden. Bereits im Vorfeld der Studie müssen einige grundlegende inhaltliche Fragen geklärt werden, wie z. B., ob die gewählte Methode in allen Facetten (z. B. kreative oder projektive Techniken) oder die angedachte Methodenkombinationen (z. B. zwischen ethnographischen Methoden und Gruppendiskussionen) in den einbezogenen Ländern überhaupt umsetzbar ist, ob es die Zielgruppe in jedem Land in der angedachten Form gibt und ob das Untersuchungsthema in jedem Land diskutiert werden kann oder ob spezifische Verhaltenskodexe und Tabus im Wege stehen.

Häufig sind es Übersetzungen, die in der Praxis Probleme bei der Abstimmung und Vorbereitung der Projekte bereiten. Deshalb ist es bei Mehrländerstudien immer von Vorteil, wenn die Projektsprache grundsätzlich Englisch ist, vor allem um den

Informationsverlust vom Übersetzen und Rückübersetzen (Screener, Leitfaden, Konzepte etc.) zu vermeiden.

b) Konsequente Prozessorientierung

Möglichst klare Regeln zum Prozess des Forschungsprojekts sollten jeweils Aufgabenbereiche, Pflichten und Rechte bei Zusammenarbeit zwischen verschiedenen Forschungsinstituten sowie unterschiedlichen nationalen und internationalen Einheiten des Auftraggebers beinhalten. Sie sollten möglichst genau auf einzelne Schritte, wie z. B. die Festlegung von Rekrutierungskriterien, die Erstellung von Leitfäden etc. bezogen sein. Dies ist umso wichtiger, als dass bei internationalen Projekten zahlreiche Mitarbeiter aus verschiedenen Organisationen und Untergruppen dieser Organisationen beteiligt sind, also z. B. lokale Repräsentanten des Auftraggebers und des Instituts ebenso wie Angehörige des Headquarters eines Unternehmens. Da mit derartigen Strukturen in der Regel Spannungen und Interessenskonflikte einhergehen, sollte im Vorfeld geklärt werden, wie die einzelnen Beteiligten innerhalb der einzelnen Phasen informiert werden und bei wem Partizipations- und Entscheidungsbefugnisse liegen.

Durch eine Explikation möglichst eindeutiger Richtlinien und einer konsequenten Orientierung daran im Forschungsprozess wird gegenüber Partnern und Auftraggebern ein klarer Standpunkt, hohe Kompetenz und Verlässlichkeit signalisiert.

Dies ist die beste Voraussetzung, um ein vertrauensvolles und partnerschaftliches Verhältnis zu etablieren. Davon hängt der Erfolg internationaler Projekte in entscheidendem Maße ab. So ist es ideal, Kontakte zu wichtigen Partnern während eines Projekts immer wieder zu suchen, um den Stand der Dinge informell zu besprechen. Auch jenseits konkreter Projekte ist es hilfreich, Kontakte aufrecht zu erhalten und z. B. durch einen kontinuierlichen Erfahrungsaustausch zu pflegen.

Um sich selbst und Kooperationspartner nicht zu sehr unter Druck setzen zu müssen und dabei die Atmosphäre der Zusammenarbeit zu gefährden, ist es gerade bei der Erstellung von internationalen Projekttimings wichtig, immer ausreichend Puffer für Abstimmungen (z. B. des Screeners, der Rekrutierungsdetails, des Leitfadens) und für die Erstellung und den Versand des Testmaterials einzuplanen.

Wenn wir unsere eigenen Erfahrungen mit internationalen Projekten reflektieren, lassen sich einzelne Phasen im Prozess herausheben, bei denen besonderes Spannungspotenzial besteht. Dieses Vorwissen sollte im Sinne einer konsequenten Prozessorientierung bereits im Vorfeld mit einbezogen werden: Im Kontext von Studien, bei denen Testmaterial und Konzepte vorgelegt werden müssen, sollte der Projektleiter die entscheidende Wichtigkeit der pünktlichen Anlieferung besonders betonen und auch auf die Konsequenzen bei Nichteinhaltung dieser Anforderung hinweisen: Ohne Testmaterial keine Feldarbeit! Zudem sollten beim Test von Mock-Ups oder Testprodukten vorab Versicherung und Versand-/Zollformalitäten geklärt werden. Außerdem sollte sichergestellt werden, dass das Testmaterial vor Ort nach der Ankunft sofort auf Vollständigkeit und Intaktheit geprüft wird und nicht erst kurz vor Beginn der Gruppendiskussionen.

Wenn die Ergebnisberichte aus den einzelnen Ländern eintreffen, sollte durch den internationalen Projektleiter zunächst alles sorgfältig gelesen werden. Dabei sollten die folgenden Fragen im Mittelpunkt stehen: Verstehe ich alles? Sind Zusammenhänge klar aufgezeigt? Sind alle Forschungsfragen hinreichend beantwortet? Diesbezüglich ist es wichtig, streng und nicht um eines falschen Friedens willen bereit zu sein, Qualitätseinbußen zu akzeptieren. Denn was der Projektleiter nicht versteht, wird meist auch beim Endkunden zu offenen Fragen führen. Kritik, Rückfragen und Zweifel sollten deshalb immer möglichst frühzeitig mit den lokalen Partnern geklärt werden.

c) Intelligenter Einsatz von Personal (Manpower)

Der Erfolg internationaler Kooperationen beruht auf dem Expertenwissen sowie den emotionalen und interkulturellen Kompetenzen der am Projekt beteiligten Mitarbeiter. Deshalb ist sowohl die Auswahl der richtigen Teammitglieder als auch die effektive Nutzung des jeweiligen Potenzials von entscheidender Bedeutung. Dafür ist es wichtig, möglichst viel über Organisationsstrukturen beteiligter Kooperationspartner in Erfahrung zu bringen und sich beispielsweise Kontaktdaten von erfahrenen Moderatoren zu notieren.

Während eines Projekts sollte für einen intensiven Wissenstransfer zwischen den Beteiligten gesorgt und Offenheit für die jeweiligen Perspektiven aller Beteiligter gezeigt werden. Ein systematisches und intensiv geführtes Kontakt-Management ist daher von hoher Bedeutung.

Bei von uns geleiteten internationalen Projekten haben wir gute Erfahrungen damit gemacht, die ersten Gruppendiskussionen im Sinne einer Pilotstudie in Deutschland durchzuführen. Idealerweise reist der Projektleiter im Anschluss in die einzelnen Länder, in denen Gruppendiskussionen stattfinden, um dort den Partnern vor Ort ein persönliches Briefing zu erteilen und die Feldarbeit zu supervidieren. Dies ist allerdings mit hohem Aufwand und hohen Kosten verbunden und nicht immer möglich. Alternativ sollte aber auf jeden Fall mit jedem Partner zunächst ein ausführliches telefonisches Briefing vor Beginn der Studie und ein telefonisches De-Briefing nach den ersten Gruppen erfolgen, um zu klären, wie die Feldarbeit gelaufen ist und ob ggf. Änderungen im Leitfaden vorzunehmen sind.

In der Regel ist es ratsam, mit Partnern vor Ort mehrfach zu reden und besonders wichtige Punkte nicht nur einmal zum Ausdruck zu bringen. Zentrale Abmachungen sollten darüber hinaus schriftlich festgehalten werden. Bei der Diskussion wichtiger Detail-Fragen im Vorfeld ist es empfehlenswert, dass der Auftraggeber der Studie am telefonischen Briefing teilnimmt. Im Rahmen eines professionellen Kontakt-Managements sollte aber auch das Ausschwingen des Pendels in die andere Richtung vermieden werden, indem sowohl Kooperationspartner als auch Auftraggeber mit Mails überschwemmt werden. Nicht alle Abstimmungsprozesse sind für sie relevant.

Eine bewusste Differenzierung der Aspekte und Schritte, die kommuniziert werden müssen, ist deshalb von hoher Bedeutung.

d) Durchdachtes Wissens-Management

Weil an einem internationalen Projekt eine vergleichsweise hohe Zahl an Kooperationspartnern beteiligt ist, drohen Beeinträchtigungen des Prozesses durch die damit verbundene Unübersichtlichkeit. Um das zu vermeiden, sollten systematisch Strategien entwickelt werden, um das vorhandene lokale Wissen zu bündeln und gesteuert zusammen zu führen.

Wenn regelmäßig internationale Projekte durchgeführt werden, bietet es sich an, eine eigene Datenbank zu entwickeln, in der zentrale länderspezifische Informationen und Eigenheiten festgehalten werden – z. B. wichtige Ansprechpartner, zusammenfassende branchenspezifische Informationen und wichtige Anlaufstellen im Internet für weiterführende Recherchen.

Aber auch im Rahmen eines jeweiligen Projekts ist ein effektives Wissens-Management wichtig. Dies gilt in besonderem Maße für die Auswertung von Gruppendiskussionen. Um Vergleichbarkeit und Nachvollziehbarkeit sicher zu stellen, sollte den Kooperationspartnern auf Institutsseite möglichst frühzeitig und detailliert mitgeteilt werden, worauf bei der Analyse unbedingt zu achten ist und welche Informationen auf jeden Fall im Bericht enthalten sein sollten.

Deshalb ist es empfehlenswert, ein Analyse-Grid zu entwickeln und dieses möglichst frühzeitig, spätestens aber unmittelbar nach Ende der Feldarbeit an die beteiligten Länder zu versenden. Anhand dieses Grids können dann länderspezifische Ergebnisse verglichen werden. Das Grid sollte aber stets lediglich als eine Unterstützung, nicht als Endpunkt der Analyse verstanden werden. Im Sinne eines begründeten Auswertungsvorgehens sollte in jedem Land aus dem Verlauf der Gruppendiskussion spezifische Ergebnisse und Schwerpunkte heraus gearbeitet werden. Deshalb sollte auch die Struktur eines Länderberichts in der Regel nicht zu stark determiniert werden.

e) Maßgeschneiderte internationale Lösungen und Tools

Obwohl jedes Projektdesign auf Bedürfnisse von Kunden maßgeschneidert werden sollte, gewinnen in der Praxis seit Jahren im Rahmen internationaler Forschungskooperation entwickelte Methoden-Tools' an Bedeutung. Dabei handelt es sich um von Instituten entwickelte Markenprodukte für die Forschung. Um sich von anderen Anbietern abzugrenzen, werden eigene Kombinationen von Ansätzen und Schritten geschaffen, welche sich in der Praxis besonders bewährt haben. In der quantitativen Marktforschung haben derartige Tools aufgrund der mit ihnen verbundenen Standardisierung ein deutlich höheres Gewicht als in der qualitativen Forschung, bei der es per definitionem eines offenen und flexiblen Vorgehens bei der Auseinandersetzung mit Fragestellungen bedarf. Trotzdem gibt es auch in der qualitativen Marktforschung zunehmend Tools, die im Forschungsprozess eingesetzt werden. Ein Bei-

spiel dafür haben wir bereits im vierten Kapitel mit den von Ipsos entwickelten Emoti*
Scapes gegeben, einer systematisierten Sammlung verschiedener Icons als Symbole
für den Ausdruck von Emotionen. Auch die Verbindung verschiedener Schritte und
die Durchführung unter einer bestimmten Perspektive kann eine institutseigene Lösung darstellen, z. B. das von Ipsos entwickelte Concept Contest Verfahren, bei dem
es um die Entwicklung von Konzepten geht, oder Gruppendiskussionen in Anlehnung an eine spezifische psychologisch orientierte Theorie, wie es etwa im Rahmen
des TNS Needscope Ansatzes der Fall ist.

Derartige Ansätze haben den Vorteil, dass die Forschungen auf einer begründe-
ten und systematisch dargelegten Basis erfolgen, die in der Regel auf kostenintensiver
Grundlagenforschung beruht. Außerdem sichern laufende internationale Schulun-
gen, dass die Studie nach gleichen Grundsätzen durchgeführt wird. Ein einheitliches
Qualitätsniveau der Teilstudien und die Vergleichbarkeit der Daten werden dadurch
gefördert. Wenn sich die Gelegenheit bietet, können derartige Lösungen daher eine
Hilfestellung bei der Organisation, Durchführung und Auswertung internationaler
Projekte bieten.

Sie sind im Sinne einer gegenstandsbezogenen Theoriebildung aber keineswegs
eine notwendige Voraussetzung und dürfen nicht als ein einschränkendes Korsett
missverstanden werden. Internationale Tools ersetzen weder das Einfühlungsvermögen und Expertenwissen vor Ort noch eine intensive Auseinandersetzung mit den
Gruppendiskussionen unter Einbezug regionaler Besonderheiten.

8.4   Abschluss-Resümee: Das weite Feld der Gruppendiskussionen

Wir haben unsere Ausführungen mit der Ausgangsfrage begonnen, ob Gruppendiskussionen jenseits eines gewissen Unterhaltungswerts einen nachhaltigen Wert für
die Forschungspraxis bieten. Zum Abschluss können wir diese Frage mit einem un-
eingeschränkten ‚ja' beantworten. Es konnte festgestellt werden, dass wir alle verschiedenen sozialen Gruppen angehören und den Alltag aus damit verbundenen
Perspektiven wahrnehmen. Auch unser Handeln steht mit der Zugehörigkeit zu verschiedenen Gruppen in Verbindung. Nicht nur Individuen, sondern Gruppen müssen deshalb in den Blickpunkt von Forschung geraten – und Gruppendiskussionen
schaffen die die Gelegenheit dazu.

Um fundierte Erkenntnisse auf der Basis von Gruppendiskussionen erzielen, geht
es nicht nur um die thematisch bestimmte Sachebene, sondern auch darum, die Dynamik in Gruppen zu verstehen und in geeigneter Form auf die Fragestellung zu
beziehen. Gruppendiskussionen als Verfahren der qualitativen Sozialforschung dienen dem Aufdecken und Verstehen von Zusammenhängen. Thematisch gibt es keine Beschränkungen, das Potenzial ist unbegrenzt und erstreckt sich von der Untersuchung eher schambeladener Themen, wie z. B. bestimmten sexuellen Vorlieben,
hin zu anwendungsbezogenen Fragestellungen, z. B. der Evaluation verschiedener

Design-Alternativen. Es geht dabei um die ganzheitliche Erfassung von Erfahrungen und Erleben im Alltag, das heißt nicht zuvorderst um selbstreflexive abstrakte Kategorisierungen des eigenen Handelns.

Die Vielfalt des Anwendungsspektrums lässt sich besonders deutlich am Bereich der Marktforschung veranschaulichen, in dem Gruppendiskussionen für Grundlagenstudien zum Nutzungsverhalten ebenso eingesetzt werden wie für die Entwicklung strategischer Ziele, die Evaluation von Konzepten und die Wirkungsanalyse von bestimmten Angeboten und Kommunikationsmedien. Die Auseinandersetzung mit Beispielen aus der Marktforschung weist außerdem den Weg zu den besonderen Reizen der Gruppendiskussion: Durch die Verflechtung von auf den ersten Blick eher banal wirkenden Themen mit existenziellen Fragestellungen hat sie ein großes Potenzial zu faszinieren. Sich dieser Faszination zu öffnen, ist eine wesentliche Anforderung sowohl für einen guten Moderator als auch für die an der Analyse beteiligten Projektmitglieder. Mit Gruppendiskussionen dringen wir für ein paar Stunden in fremde Welten ein und halten unsere dabei gesammelten Eindrücke mit Hilfe von Aufnahmen, Notizen und Erinnerungen fest. Da dies in einem geschützten Rahmen erfolgt, gilt es, sich dem Fremden nicht zu verschließen und bereit zu sein, sich ins Staunen versetzen zu lassen.

Neben dieser offenen Grundhaltung bedarf es aber einer intensiven und durchdachten Vorbereitung von Gruppendiskussionen ebenso wie einer systematischen Orientierung an Grundregeln und Techniken der Moderation und Auswertung. Der Erfolg eines Projekts ist in diesem Sinne weder ein Glücksspiel, noch eine reine Gefühlsangelegenheit, für die es lediglich Einfühlungsvermögen und kommunikativer Offenheit bedarf. Stattdessen ist es notwendig, sich mit den theoretischen Grundlagen von Gruppendiskussionen ebenso auseinander zu setzen wie die eigenen Kompetenzen in der Praxis kontinuierlich zu schulen und zu erweitern.

Die Gruppendiskussion ist also attraktiv, aber nicht ‚quick & dirty‘, wie ihr zum Teil übel nachgeredet wird. Im Gegenteil, sich mit unterschiedlichen gruppendynamischen Verläufen auseinander zu setzen ist eine sehr komplexe und herausfordernde Aufgabe, für deren Bewältigung es eines an Erfahrungen geschulten Feingefühls ebenso bedarf wie Expertenwissens, um die damit einhergehenden Begrenzungen, Gefahren und Chancen für den Prozess des Verstehens zu erkennen. Wir hoffen, dass es uns mit unseren Ausführungen gelungen ist, einen Beitrag dazu zu leisten, die Gruppendiskussion von dem Ruch einer billigen, simplen, wenig fundierten Methode zu lösen.

In diesem Sinne ist es auch wichtig, sich die Grenzen der Methode vor Augen zu führen. Denn nicht immer stellt eine Gruppendiskussion die am besten geeignete Methode für die Untersuchung einer Forschungsfragestellung dar. Wenn es etwa darum geht, Verteilungen von Einstellungen oder die Wahrscheinlichkeit von Erfolgsaussichten eines neuen Angebots in Prozent zu bestimmen, sollte auf keinen Fall mit Gruppendiskussionen gearbeitet werden. Für alle Fragestellungen, bei denen es um Größenordnungen und in Zahlen ausgedrückte Häufigkeitsauszählungen geht, sollte eine standardisierte Befragung durchgeführt werden, welche mit Hilfe deskriptiver und schließender Statistik ausgewertet werden kann. Wenn individuelle Verläufe, die Rekonstruktion biographischer Auswahl- und Entscheidungsprozesse oder der Umgang mit identitätsbezogenen Ambivalenzen im Mittelpunkt einer Studie stehen, sind qualitative Interviews in der Regel geeigneter als Gruppendiskussionen, weil der Einzelne dort den notwendigen Raum für Schilderungen seines Lebenswegs, der Verortung in bestimmten Lebensbereichen oder ausgewählter Passagen aus seiner Biographie bekommt. Auch im Rahmen von Längsschnittstudien, bei denen es um die Erfassung von individuellen Entwicklungen, Statuspassagen oder Übergängen geht, sind in der Regel Einzelinterviews die angemessene Methode, weil der Einzelne mit seinen Entscheidungs-, Orientierungs- und Deutungsprozessen im Fokus der Aufmerksamkeit steht[67].

In der Praxis bedarf es daher immer einer bewussten Abwägung, ob Gruppendiskussionen tatsächlich eine geeignete Methode sind, um der jeweiligen Fragestellung gerecht zu werden. Enttäuschungen mit der Methode der Gruppendiskussion können dadurch vorgebeugt werden – und damit auch einer ungerechten, generalisierenden Abkanzelung des Erkenntniswerts der Methode.

Wir haben aufgezeigt, dass es nicht nur um die Entscheidung für oder gegen Gruppendiskussionen geht, sondern auch um die Art und Weise, wie Gruppendiskussionen durchgeführt werden. Es gibt eine Vielfalt von unterschiedlichen Formen, es bietet sich eine Kombination mit verschiedenen Methoden an und es gibt je nach theoretischer Einbettung unterschiedliche Richtlinien und Gütekriterien für den Forschungsprozess. Neben den gravierenden Differenzen möchten wir aber abschließend auch auf zahlreiche Gemeinsamkeiten hinweisen, welche einen Kern bilden. Das oberste Gebot besteht darin, Teilnehmer an einer Gruppendiskussion mit Respekt zu behandeln und ihre Beiträge unabhängig von ihrem Inhalt anzuerkennen. Die Teilnehmer sind keine Versuchsobjekte und dürfen nicht über den Zweck der Studie getäuscht werden. Gruppendiskussionen sollten ihnen einen Artikulationsraum bieten, in dem sie in einer vertrauensvollen Atmosphäre Reflexionen über ihre eigene Lebenswelt zum Ausdruck bringen können. Die Qualität der Gruppendiskussion ist unabhängig von ihrer theoretischen Einbettung davon abhängig zu machen, inwieweit die Teilnehmer sich öffnen und konkrete Schilderungen aus ihrem Alltagsleben ins Gespräch einbringen. Eine weitere Gemeinsamkeit zwischen den verschiedenen Ansätzen besteht darin, dass die Diskussion zwischen den Teilnehmern und der Auswertungsprozess als Prozess betrachtet werden. Dementsprechend sind verschiedene Phasen und Schritte sowohl bei der Moderation als auch bei der Analyse systematisch zu berücksichtigen. Unbestritten ist auch, dass es im Diskussionsverlauf zur Ausbildung verschiedener Teilnehmer-Rollen kommt, welche bei der

---

67 Für eine Auseinandersetzung mit dem Potenzial biographisch ausgerichteter Studien für die qualitative Marktforschung vgl. Kühn/Koschel (2007).

Rekonstruktion der sachbezogenen Auseinandersetzung zu berücksichtigen sind. Schließlich ist noch darauf hinzuweisen, dass eine sorgfältige Vorbereitung und eine durchdachte Auswahl der Teilnehmer an einer Gruppendiskussion bei allen Ansätzen eine hohe Bedeutung einnimmt, wenn es auch bezüglich der damit verbundenen Anforderungen im Detail erhebliche Unterschiede gibt.

Mit unserem Buch wollen wir einen Beitrag zu mehr Transparenz leisten. Dafür haben wir uns intensiv mit der Anwendung von Gruppendiskussionen in der Praxis beschäftigt. Unser Ziel war es, dadurch Berührungsängste mit der Methode der Gruppendiskussion ebenso zu zerstreuen wie mit der Methode verbundene Vorurteile. Wir hoffen außerdem, Praktikern mit dem Buch eine Unterstützung bei der Reflexion ihres Forschungsalltags geliefert zu haben, die bei der Verortung und Festigung des eigenen Standpunkts förderlich ist. Mit der Betonung eines systematisch und theoretisch fundierten Vorgehens ging es uns nicht darum, den mahnenden Zeigefinger zu erheben, Schuldgefühle angesichts einer zum Teil eher pragmatischen Orientierung zu wecken oder gar einen Keil zwischen Wissenschaft und angewandter Praxis zu treiben. Wir haben mehrfach darauf hingewiesen, wie wichtig zum einen in der Praxis geschulte Erfahrungskompetenzen sind und wie erweiterungsbedürftig zum anderen der wissenschaftliche Forschungsstand zu zahlreichen mit Gruppendiskussionen verbundenen Fragen ist. Eine Polarisierung in naive Praktiker und wissenschaftliche Elite würde daher ein vollkommen verfälschtes Bild der Wirklichkeit zeichnen. Deshalb ging es uns gerade darum, Berührungspunkte zwischen Wissenschaft und Praxis aufzuzeigen und für einen intensiveren Austausch zu werben.

Für den Praktiker bedeutet das, die Auseinandersetzung mit der theoretischen Verankerung von Gruppendiskussionen nicht als verlorene Zeit oder gar Bedrohung des Status, sondern als Chance für die Verfeinerung eigener Sensibilität und die Weiterentwicklung der eigenen Expertenkompetenz zu begreifen. Durch die kontinuierliche Reflexion des eigenen Handelns sowie den Austausch mit Kollegen und Wissenschaftlern unter Bezugnahme auf die sich weiterentwickelnde Theorie wird letztendlich die eigene berufliche Identität gestärkt. Einen eigenen Standpunkt zu entwickeln und zu sichern, ist von entscheidender Bedeutung, denn je fester man auf dem Boden steht, desto weniger gerät man ins Schlittern.

An Wissenschaftler, die schwerpunktmäßig in der akademischen Lebenswelt verankert sind, richten wir den Appell, dem Einsatz von Gruppendiskussionen in der Praxis mehr Aufmerksamkeit zu zollen. Statt ihn von oben herab als unbegründet und atheoretisch zu brandmarken, sollte eher von unten angefangen werden, die Praxis genauer in den Blick zu nehmen: indem ganz im Sinne einer gegenstandsbezogenen Theoriebildung die Praxis der Gruppendiskussion in ihren verschiedenen Verästelungen genau beobachtet und verstehend nachvollzogen wird, welche Probleme im Vordergrund stehen, welche Lösungen gefunden werden und welches Grundverständnis des Forschungsprozesses sich darin widerspiegelt. Durch den Vergleich, die am Gegenstand begründete Herausarbeitung zentraler Dimensionen und den Bezug auf das eigene theoretische Vorwissen könnten wichtige Fortschritte bei der theoretischen Begründung und Ausdifferenzierung systematischer Vorgehensweisen im Rahmen von Moderation und Auswertung erzielt werden.

Diese Auseinandersetzung mit der Praxis gerät zurzeit noch zu kurz. Erstens werden die bereits vorhandenen publizierten Reflexionen der Gruppendiskussions-Praxis, z. B. durch Marktforscher, in bisherigen zentralen methodenbezogenen Veröffentlichungen zu wenig berücksichtigt. Zweitens fehlt es an empirischen Studien, welche durch teilnehmende Beobachtungen an der Praxis oder durch Experteninterviews wichtige Einblicke in den Alltag von Praktikern in Branchen wie der Marktforschung oder Organisationsentwicklung ermöglichen. Und drittens müssten bestimmte theoretische Fragen, die sich etwa auf die Dynamik im Rahmen von Gruppendiskussionen beziehen, zum Gegenstand eigener durch Drittmittel geförderter Projekte erhoben werden, weil bestehende Erkenntnisse aus der experimentellen Sozialpsychologie nicht unmittelbar übertragen werden können.

Wir wünschen uns, mit unserem Buch einen intensiveren Austausch zwischen Wissenschaft und Praxis anzuregen. Dieser würde dazu beitragen, der Gruppendiskussion noch mehr Sichtbarkeit und ein stärkeres Profil in der Außenwirkung zu verschaffen. Wichtig dafür ist, es Praxis-Beispiele noch häufiger und intensiver als bisher in die Öffentlichkeit zu tragen. Diesbezüglich richten wir unseren Appell an Praktiker, selbstbewusst das eigene Vorgehen zum Ausdruck zu bringen und sich nicht in hermetisch abgeschlossenen Zirkeln zu bewegen. Auftraggeber bitten wir darum, nicht von vorneherein alle gesammelten Informationen mit dem Hinweis auf Vertraulichkeit unter Verschluss zu halten. Selbstverständlich wird es immer einen Kern sensibler Daten geben, welcher nicht an Mitbewerber gelangen sollte, aber bereits publizierte Best-Practice-Beispiele zeigen, dass eine Veröffentlichung relevanter Informationen i. d. R. trotzdem nicht nur möglich ist, sondern sogar imagefördernd wirken kann. Damit derartige Praxis-Beispiele nicht nur eine illustrierende Funktion für eine ausgewählter Zuhörer- oder Leserschaft haben, müssen sie von der Wissenschaft noch systematischer als bisher gesichtet und zum Ausgangspunkt für weitere Entwicklungen genommen werden.

Die Auseinandersetzung mit der Methode der Gruppendiskussion wird also durch unser Buch keineswegs abgeschlossen. Wenn es uns gelungen ist aufzuzeigen, dass die Gruppendiskussion durch ihre spezifische auf Gruppenprozesse ausgerichtete Perspektive eine wichtige Methode für die sozialwissenschaftliche Auseinandersetzung und eigene Praxis ist und sich die weitere Auseinandersetzung mit ihr aus diesem Grunde lohnt, haben wir unser Ziel erreicht. Mit Interesse und Spannung sehen wir diesem Prozess entgegen, durch den die Stellung der Gruppendiskussion im Kanon der Methoden langfristig weiter gestärkt werden wird.

Literatur

Abels, Heinz (2007): Interaktion, Identität, Präsentation. Kleine Einführung in interpretative Theorien der Soziologie. 4. Auflage. Wiesbaden: VS Verlag.

Allport, Gordon W. (1954): The Nature of Prejudice. Reading: Addison-Wesley.

Ameln, Falko von/Gerstmann, Ruth/Kramer, Josef (Hrsg.) (2009): Psychodrama. 2. Überarbeitete Auflage. Heidelberg: Springer Medizin Verlag.

Antons, Klaus/Amann, Andreas/Clausen, Gisela/König, Oliver/Schattenhofer, Karl (2004): Gruppenprozesse verstehen. Gruppendynamische Forschung und Praxis. 2. Auflage. Wiesbaden: VS Verlag.

Arbeitsgruppe Bielefelder Soziologen (Hrsg.) (1973): Alltagswissen, Interaktion und gesellschaftliche Wirklichkeit. Reinbek bei Hamburg: Rowohlt.

Asbrand, Barbara (2009): Wissen und Handeln in der Weltgesellschaft. Eine qualitativ-rekonstruktive Studie zum Globalen Lernen in der Schule und in der außerschulischen Jugendarbeit. Münster: Waxmann.

Asbrand, Barbara (2010): Wissen und Handeln in der Weltgesellschaft. Gruppendiskussionen mit Jugendlichen zum Thema „Globalisierung". In: Bohnsack et al. (2010): 5–91.

Asch, Solomon E. (1951): Effects of group pressure upon the modification and distortion of judgement. In: Guetzkow (1951): 177–190.

Auhagen, Ann Elisabeth/Bierhoff, Hans-Werner (Hrsg.) (2003): Angewandte Sozialpsychologie. Das Praxishandbuch. Weinheim, Basel, Berlin: Beltz PVU.

Avermaet, Eddy van (2003): Sozialer Einfluss in Kleingruppen. In: Stroebe et al. (2003): 484–493.

Babic, Edvin/Kühn, Thomas (2008): Qualitative Marktforschung als Akteur in der Produktentwicklung. In: Schrage/Friederici (2008): 97–112.

Back, Louis/Beuttler, Stefan (2006): Handbuch Briefing. Effiziente Kommunikation zwischen Auftraggeber und Dienstleister. 2. Auflage. Stuttgart: Schäffer Poeschel.

Bahrdt, Hans P. (1975): Erzählte Lebensgeschichten von Arbeitern. In: Osterland (1975): 9–37.

Bamberg, Michael (2011): Who am I? Narration and its Contribution to Self and Identity. In: Theory & Psychology, 21 (1): 3–24.

Beck, Ulrich/Beck-Gernsheim, Elisabeth (1994): Riskante Freiheiten. Individualisierung in modernen Gesellschaften. Frankfurt: Edition Suhrkamp.

Beckmann, Suzanne H./Elliot, Richard H. (Eds.) (2000): Interpretive Consumer Research, Paradigma, Methodologies/Applications. Copenhagen: Copenhagen Business School Press.

Behrensen, Birgit (2006): Die nationalsozialistische Vergangenheit im Gepäck. Die Präsenz der Herrschaft des Nationalsozialismus und seiner Verbrechen im heutigen Selbstverständnis von Frauen als politisch Handelnde und Deutsche: Eine Analyse von Gruppendiskussionen. Osnabrück: Edition Sozio-Publishing.

Beigbeder, Frederic (2001): Neununddreißig neunzig: 39,90. Reinbek bei Hamburg: Rowohlt.

Berekoven, Ludwig/Eckert, Werner/Ellenriede, Peter (2006): Marktforschung. Methodische Grundlagen und praktische Anwendung. 11. Auflage. Wiesbaden: Gabler.

Blank, Renate (2007): Gruppendiskussionsverfahren. In: Naderer/Balzer (2007): 279–301.

Blumer, Herbert (1969): Symbolic Interactionism: Perspective and Method. Englewood Cliffs: Prentice Hall.

Bohnsack, Ralf (2003): Rekonstruktive Sozialforschung. Einführung in qualitative Methoden. 5. Auflage. Opladen: Leske & Budrich.

Bohnsack, Ralf/Przyborski, Aglaja (2007): Gruppendiskussionsverfahren und Focus Groups. In: Buber/Holzmüller (2007): 491–506.

Bohnsack, Ralf/Przyborski, Aglaja (2010): Diskursorganisation, Gesprächsanalyse und die Methode der Gruppendiskussion. In: Bohnsack et al. (2010): 233–248.

Bohnsack, Ralf/Przyborski, Aglaja/Schäffer, Burkhard (Hrsg.) (2010): Das Gruppendiskussionsverfahren in der Forschungspraxis. 2. Auflage. Opladen, Farmington Hills: Barbara Budrich.

Bortz, Jürgen/Döring, Nicola (2006): Forschungsmethoden und Evaluation für Human- und Sozialwissenschaftler. 4. Auflage. Berlin: Springer.,

Breitenfelder, Ursula/Hofinger, Christoph/Kaupa, Isabella/Picker, Ruth (2004): Fokusgruppen im politischen Forschungs- und Beratungsprozess [78 Absätze]. In: Forum Qualitative Sozialforschung, 5 (2), Artikel 25. Verfügbar über: http://www.qualitative-research.net/index.php/fqs/article/download/591/1284 [Zuletzt aufgerufen am: 03.04.2011]

Brüsemeister, Thomas (2008): Qualitative Forschung. Ein Überblick. 2. Auflage. Wiesbaden: VS Verlag.

Buber, Renate/Holzmüller, Hartmut H. (Hrsg.) (2007): Qualitative Marktforschung. Konzepte, Methoden, Analyse. Wiesbaden: Gabler.

Berufsverband deutscher Markt- und Sozialforscher (2011): Gruppendiskussionen. Noch unveröffentlichtes Positionspapier der AG Gruppendiskussionen des Arbeitskreises Qualitative Markt- und Sozialforschung (AKQua). Berlin: BVM.

Caple, Richard B. (1978): The Sequential Stages of Group Development. In: Small Group Behavior, 9 (4): 470–476.

Cohn, Ruth C. (1975): Von der Psychoanalyse zur themenzentrierten Interaktion. Von der Behandlung einzelner zu einer Pädagogik für alle. Stuttgart: Klett-Cotta.

Dammer, Ingo/Szymkowiak, Frank (2008): Gruppendiskussionen in der Marktforschung. Köln: Rheingold.

Denzin, Norman K./Lincoln, Yvonna S. (2005): Handbook of Qualitative Research. Third edition. Thousand Oaks, London, New Delhi: Sage.

Deppermann, Arnulf (2010): Konversationsanalyse und diskursive Psychologie In: Mey/Mruck (2010a): 643–661.

Deutsch, Morton/Gerard, Harold B. (1955): A study of normative and informational social influences upon individual judgement. Journal of/Social Psychology 51 (3): 629–639.

Dittrich-Brauner, Karin/List, Volker/Windisch, Carmen (2008): Großgruppenverfahren: Lebendig lernen – Veränderung gestalten. Heidelberg: Springer Medizin Verlag.

Dürr, Hans-Peter (1988): Das Netz des Physikers. Naturwissenschaftliche Erkenntnis in der Verantwortung. München, Wien: Hanser.

Edmunds, Holly (1999): The Focus Group Research Handbook. Lincolnwood: NTC Business Books.

Erdogan, Gülten (2001): Die Gruppendiskussion als qualitative Datenerhebung im Internet. Ein Online-Offline-Vergleich. In: kommunikation@gesellschaft, 2 (5). Verfügbar über: http://www.uni-frankfurt.de/fbo3/K.G/B5_2001_Erdogan.pdf [Zuletzt aufgerufen am: 03.04.2011]

Erzberger, Christian (1998): Zahlen und Wörter. Die Verbindung quantitativer und qualitativer Daten und Methoden im Forschungsprozeß. Weinheim: Deutscher Studien Verlag.

Festinger, Leon (1954): A theory of social comparison processes. In: Human Relations 7 (2): 117–140.

Fischer, Lorenz/Wiswede, Günter (2002): Grundlagen der Sozialpsychologie. 2. Auflage. München, Wien: Oldenbourg.

Fitzek, Herbert (2010): Morphologische Beschreibung. In: Mey/Mruck (2010a): 692–707.

Flick, Uwe (2002): Qualitative Sozialforschung. Eine Einführung. Reinbek bei Hamburg: Rowohlt.

Flick, Uwe (2010): Gütekriterien qualitativer Forschung. In: Mey/Mruck (2010a): 395–407.

Flick, Uwe (2011): Triangulation. Eine Einführung, 3. überarbeitete Auflage, Springer VS, Wiesbaden.

Flick, Uwe/Kardorff, Ernst von/Steinke, Ines (Hrsg.) (2005): Qualitative Forschung. Ein Handbuch. Reinbek bei Hamburg: Rowohlt.

Föll, Kerstin (2007): Consumer Insight: Emotionspsychologische Fundierung und praktische Anleitung zur Kommunikationsentwicklung. Wiesbaden: DUV.

Garfinkel, Harold (1962): Common sense knowledge of social structures: The documentary method of interpretation in lay and professional fact finding. In: Scher (1962): 689–712.

Gebauer, Gunter (2006): Poetik des Fußballs. Frankfurt am Main, New York: Campus.

Gebauer, Gunter (2009): Wittgensteins anthropologisches Denken. München: C. H. Beck.

Geibig, Hartmut (2010): Customer Insights aus der Perspektive einer 360-Grad-Kommunikationsforschung – Grundlagen und Erkenntnisse aus der Praxis. In: Riekhof (2010): 47–65.

Geißler, Christian (2008): Gruppendiskussionen in der Marktforschung. Eine Teilnehmertypologie. Saarbrücken: VDM.

Glaser, Barney G./Strauss, Anselm (1967): The Discovery of Grounded Theory. Strategies for Qualitative Research. Mill Valley, CA: Sociology Press.

Goebert, Bonnie (2002): Beyond Listening. Learning the Secret Language of Focus Groups. New York: Wiley.

Görts, Tim (2001): Gruppendiskussionen – Ein Vergleich von Online- und Offline-Focus-Groups. In: Theobald et al. (2001): 149–164.

Gordon, Wendy (1999): Goodthinking – A Guide to Qualitative Research. Henley-on-Thames: Admap.

Graeßner, Gernot (2008): Moderation. Das Lehrbuch. München: C. H. Beck.

Graumann, Carl-Friedrich (Hrsg.) (1982): Kurt Lewin Werkausgabe. Band 4 Feldtheorie. Stuttgart: Klett-Cotta.

Guetzkow, Harold (Ed.) (1951): Groups, leadership and men. Pittsburgh, PA: Carnegie Press.

Hagen, Volker von (1954): Integrationsphänomene in Diskussionsgruppen. Frankfurt am Main: Dissertation.

Hadot, Pierre (2001): La philosophie comme maniere de vivre. Entretiens avec Jeannine Carlier et Arnold L Davidson. Paris: Albin Michel.

Härlen, Ingo/Vierboom, Carl (2003): Überlegungen zur Psychologie des Briefings. In: Planung & Analyse. Zeitschrift für Marktforschung und Marketing, 31 (6): 36–40.

Haimerl, Elmar/Roleff, René (2000): Role play and psychodrama as market research methods: Integration of observation, interview and experiment. In: Beckmann/Elliot (2000): 109–132.

Hartmann, Martin (2005): Das Unbehagen an der Gesellschaft. In: Aus Politik und Zeitgeschichte 34-35/2010: Soziologie: 31–37.

Heath, Christian/Hindmarsh, Jon/Luff, Paul (2010): Video in Qualitative Research. London, Thousands Oaks, New Delhi: Sage.

Heikenwälder, Antje (2007): Gruppendiskussion in der Marktforschung. Einblicke und Ausblicke vor dem Hintergrund sozialpsychologischer und marktforscherischer Aspekte. Göttingen: Diplomarbeit.

Helfferich, Cornelia (2009): Die Qualität qualitativer Daten. Manual für die Durchführung qualitativer Interviews. 3. überarbeitete Auflage. Wiesbaden: Verlag für Sozialwissenschaften.

Hellmann, Kai-Uwe (2003): Soziologe der Marke. Frankfurt: Suhrkamp Verlag.

Hellmann, Kai-Uwe (2010): Krisenexperimente mit Fokusgruppen. In: Planung & Analyse. Zeitschrift für Marktforschung und Marketing 38 (5), 38–39.

Hellmann, Kai-Uwe (2011): Markenfans. Oder wie beobachtet die Forschung devotionale Konsumenten. In: Fetische des Konsums. Studien zur Soziologie der Marke. Wiesbaden: VS-Verlag.

Hoft, Ernst-Hartmut (1985): Datenerhebung als Kommunikation. Intensivbefragungen mit zwei Interviewern. In: Jüttemann (1985): 161–186.

Hoffmeyer-Zlotnik, Jürgen H. P. (1986): Qualitative Methoden in der Arbeitsmigrationsforschung. Mannheim: Forschung Raum und Gesellschaft.

Hussy, Walter/Schreier, Margrit/Echterhoff, Gerald (2010): Forschungsmethoden in Psychologie und Sozialwissenschaften. Berlin, Heidelberg: Springer.

Jüttemann, Gerd (Hrsg.) (1985): Qualitative Forschung in der Psychologie. Weinheim: Beltz.

Jung, Matthias (2001): Hermeneutik zur Einführung. Hamburg: Junius.

Karau, Steven J./Williams, Kipling D. (1993): Social loafing: A meta-analytic review and theoretical integration. Journal of Personality and Social Psychology, 65 (4): 681–706.

Kelle, Udo (1994): Empirisch begründete Theoriebildung. Zur Logik und Methodologie interpretativer Sozialforschung. Weinheim: Deutscher Studien Verlag.

Kelle, Udo (1996): Die Bedeutung theoretischen Vorwissens in der Methodologie der Grounded Theory. In: Strobl/Böttger (1996): 23–48.

Kelle, Udo (2008): Die Integration qualitativer und quantitativer Methoden in der empirischen Sozialforschung: Theoretische Grundlagen und methodologische Konzepte. 2. Auflage. Wiesbaden: VS Verlag.

Kelle, Udo/Kluge, Susann (2010): Vom Einzelfall zum Typus. Fallvergleich und Fallkontrastierung in der qualitativen Sozialforschung. 2. Überarbeitete Auflage. Wiesbaden: VS Verlag.

Kerr, Norbert L./Bruun, Steven E. (1983): Dispensability of Member Effort and Group Motivation Losses: Free-Rider Effects. Journal of Personality and Social Psychology, 44(1): 78–94.

Kerr, Norbert L./Messé Lawrence A./Park, Ernest S./Sambolec, Eric J. (2005): Identifiability, Performance Feedback and the Köhler Effect. Group Process/Intergroup Relations, 8 (4): 375–390.

Keupp, Heiner/Ahbe, Thomas/Gmür, Wolfgang/Höfer, Renate/Mitzscherlich, Beate/Kraus, Wolfgang/Straus, Florian (2002): Identitätskonstruktionen. Das Patchwork der Identitäten in der Spätmoderne. 2. überarbeitete Auflage. Reinbek bei Hamburg: Rowohlt.

Kirchmair, Rolf (2007): Indirekte psychologische Methoden. In: Naderer/Balzer (2007): 321–341.

Kleist, Heinrich von (1964): Über die allmähliche Verfertigung der Gedanken beim Reden. In: Heinrich von Kleist. Sämtliche Werke und Briefe, Band 2: 319–324. München: Carl Hanser.

König, Oliver/Schattenhofer, Karl (2010): Einführung in die Gruppendynamik. 4. Auflage. Heidelberg: Carl Auer.

Koschate, Michael (2005): Vorsicht Gruppendiskussionen! Eine kritische Betrachtung. Planung & Analyse. Zeitschrift für Marktforschung und Marketing, 33 (6): 27–31.

Koschel, Kay-Volker (2008): Zur Rolle der Marktforschung in der Konsumgesellschaft. In: Schrage/Friederici (2008): 29–51.

Koschel, Kay-Volker (2017): Mobile Ethnographie in der qualitativen Markt- und Konsumforschung. In: Theobald, Axel (Hrsg.): Mobile Research. Grundlagen und Zukunftsaussichten für die Mobile Marktforschung. Springer Gabler, Wiesbaden.

Koschel, Kay-Volker/Kühn, Thomas (2015): Don't kill the focus groups: Gruppendiskussionen als Teil von Mixed Methods-Ansätzen in der Marketingforschung. In: Teichert, Thorsten/Heidel, Bernhard (2015: 112–119): Konsumentenverhalten. Basis für Kommunikation und Markenführung. New business Verlag, Hamburg.

Kromrey, Helmut (1986): Gruppendiskussionen. In: Hoffmeyer-Zlotnik (1986): 109–143

Krueger, Richard A. (1998a): Developing questions for focus groups. Thousand Oaks, London, New Delhi: Sage.

Krueger, Richard A. (1998b): Moderating focus groups. Thousand Oaks, London, New Delhi: Sage.

Krueger, Richard A./Casey, Mary Anne (2009): Focus Groups. A Practical Guide for Applied Research. 4th edition. Thousand Oaks, London, New Delhi: Sage.

Kühn, Arthur (1993): Soziologie und Humanistische Psychologie. Frankfurt am Main, Berlin, Bern, New York, Paris, Wien: Peter Lang.

Kühn, Thomas (2003): Berufsbiografie und Familiengründung. Biografiegestaltung junger Erwachsener nach Abschluss der Berufsausbildung. Wiesbaden: VS Verlag.

Kühn, Thomas (2004): Das vernachlässigte Potenzial qualitativer Marktforschung [81 Absätze]. In: Forum Qualitative Sozialforschung, 5(2), Artikel 33. Verfügbar unter: http://qualitative-research.net/index.php/fqs/article/viewarticle/599/1299 [zuletzt aufgerufen am: 03.04.2011]

Kühn, Thomas (2005): Grundströmungen und Entwicklungslinien qualitativer Forschung. Erschienen in der Reihe: Planung & Analyse Wissen, erstmals als Sonderbeilage in: Planung & Analyse. Zeitschrift für Marktforschung und Marketing, 33 (4).

Kühn, Thomas (2015): Kritische Sozialpsychologie des modernen Alltags. Zum Potenzial einer am Lebenslauf orientierten Forschungsperspektive, Springer VS, Wiesbaden.

Kühn, Thomas/King, Anna-Christina/Koschel, Kay-Volker (2007): Dem neuen Gesundheitsbewusstsein auf der Spur. Online-Foren im Rahmen eines integrativen qualitativen Studiendesigns. In: Planung & Analyse. Zeitschrift für Marktforschung und Marketing, 35 (4): 25–30.

Kühn, Thomas/Koschel, Kay-Volker (2007): Soziologie: Forschen im gesellschaftlichen Kontext. In: Naderer/Balzer (2007): 119–136.

Kühn, Thomas/Koschel, Kay-Volker Koschel/Barczewski, Jens (2008): Identität als Schlüssel zum Verständnis von Kunden und Marken. In: Planung & Analyse. Zeitschrift für Marktforschung und Marketing, 36 (3): S. 17–21.

Kühn, Thomas/Koschel, Kay-Volker: Die Bedeutung des Konsums für moderne Identitätskonstruktionen (2010). In: Soeffner, Hans-Georg (Hrsg.): Unsichere Zeiten: Herausforderungen gesellschaftlicher Transformationen. Verhandlungen des 34. Kongresses der Deutschen Gesellschaft für Soziologie in Jena. Konferenz-CD. Wiesbaden: VS Verlag.

Kühn, Thomas/Koschel, Kay-Volker (2013): Die problemzentrierte Gruppendiskussion, in: Planung & Analyse. Zeitschrift für Marktforschung und Marketing, 2/2013: 26–29.

Kühn, Thomas/Rodrigues, Ana Beatriz (2004): Challenges for the coordination of international research projects. In: Planung & Analyse. Zeitschrift für Marktforschung und Marketing, 32, Special English edition: „Market Research – Networking together": 26–29.

Kühn, Thomas/Witzel, Andreas (2000): Der Gebrauch einer Textdatenbank im Auswertungsprozess problemzentrierter Interviews [115 Absätze]. In: Forum Qualitative Sozialforschung, 1(3), Artikel 18. Verfügbar unter: http://qualitative-research.net/index.php/fqs/article/viewarticle/1035/2237 [zuletzt aufgerufen am: 03. 04. 2011]

Lamnek, Siegfried (2005): Gruppendiskussion. Theorie und Praxis. 2. Auflage. Weinheim, Basel: Beltz UTB.

Lamont, Michele/Aksartova, Sada (2002): Ordinary Cosmpolitanisms. Strategies for Bridging Racial Boundaries among Working-Class Men. In: Theory, Culture/Society, 19 (4): 1–25.

Leithäuser, Thomas (1988a): Das Erkenntnisinteresse der psychoanalytischen Sozialpsychologie im Unterschied zur therapeutischen Psychoanalyse. In: Leithäuser/Volmerg (1988): 14–25.

Leithäuser, Thomas (1988b): Distanz und Beteiligung. Die Rolle der Forschenden im Untersuchungsfeld. In: Leithäuser/Volmerg (1988): 209–233.

Leithäuser, Thomas (2009): Auf gemeinsamen und eigenen Wegen zu einem szenischen Verstehen in der Sozialforschung. In: Leithäuser et al. (2009): 357–372.

Leithäuser, Thomas/Meyerhuber, Sylke/Schottmayer, Michael (Hrsg.) (2009): Sozialpsychologisches Organisationsverstehen. Wiesbaden: VS Verlag.

Leithäuser, Thomas/Volmerg, Birgit (1988): Psychoanalyse in der Sozialforschung. Eine Einführung. Opladen: Westdeutscher Verlag.

Lewin, Kurt (1951): Field theory in social science; selected theoretical papers. Edited by Dorwin Cartwright. New York: Harper/Row.

Lewin, Kurt (1982): Feldtheorie und Experiment in der Sozialpsychologie. In: Graumann (1982): 187–213.

Lindsrom, Martin (2009): Buy-ology. Warum wir kaufen, was wir kaufen. Frankfurt am Main, New York: Campus.

Lipp, Ulrich/Will, Hermann (2008): Das große Workshop Buch. Konzeption, Inszenierung und Moderation von Klausuren, Besprechungen und Seminaren. 8. Auflage. Weinheim: Beltz.

Loos, Peter/Schäffer, Burkhard (2001): Das Gruppendiskussionsverfahren. Opladen: Leske und Budrich.

Lorenzer, Alfred (1970): Sprachzerstörung und Rekonstruktion. Vorarbeiten zu einer Metatheorie der Psychoanalyse. Frankfurt am Main: Suhrkamp.

Lorenzer, Alfred (2006): Szenisches Verstehen – Zur Erkenntnis des Unbewußten. Herausgegeben von Ulrike Prokop und Bernard Görlich. Marburg: Tectum.

Mangold, Werner (1960): Gegenstand und Methode des Gruppendiskussionsverfahrens. Aus der Arbeit des Instituts für Sozialforschung. Frankfurt am Main: Europäische Verlagsanstalt.

Markard, Morus (2010): Kritische Psychologie. In: Mey/Mruck (2010a), 166–181.

Mathews, Petra/Kaltenbach, Edeltraud (2007): Ethnographie: Auf den Spuren des täglichen Verhaltens. In: Naderer/Balzer (2007): 137–152.

Melchers, Christoph B. (1994): Gruppendiskussionen in der Marktforschung. Teil 2: Der morphologische Ansatz. In: Planung & Analyse. Zeitschrift für Marktforschung und Marketing, 21 (3): 32–36

Metzger, Wolfgang (1975): Psychologie. Die Entwicklung ihrer Grundannahmen seit der Einführung des Experiments. Darmstadt: Steinkopff.

Mey, Günter/Mruck, Katja (Hrsg.) (2010a): Handbuch Qualitative Forschung in der Psychologie. Wiesbaden: VS Verlag.

Mey, Günter/Mruck, Katja (2010b): Grounded-Theory-Methodologie. In: Mey/Mruck (2010a): 614–626.

Moscovici, Serge/Lage, Elisabeth/Naffrechoux, Martine (1969): Influence of a consistent minority on the response of a majority in a color perception task. In: Sociometry, 32 (4): 365–379.

Moscovici, Serge/Personnaz, Bernard (1980). Studies in Social Influence: V. Minority Influence and Conversion Behavior in a Perceptual Task. In: Journal of Experimental Social Psychology, 16 (3): 270–282.

Mayerhofer, Wolfgang (2007): Das Fokusgruppeninterview. In Buber/Holzmüller (2007): 477–490.

Morgan, David L. (1998): The Focus Group Guidebook. Thousand Oaks, London, New Delhi: Sage.

Morgenthaler, Fritz/Weiss, Florence/Morgenthaler, Marco (1984): Gespräche am sterbenden Fluß. Ethnopsychoanalyse bei den Iatmul in Papua Neuguinea. Frankfurt am Main: Fischer.

Naderer, Gabriele/Balzer, Eva (Hrsg.) (2007): Qualitative Marktforschung in Theorie und Praxis. Wiesbaden: Gabler.

Nemeth, Charlan Jeanne (1986): Differential Contributions of Majority and Minority Influence. In: Psychological Review, 93 (1): 23–32.

Nießen, Manfred (1977): Gruppendiskussion. Interpretative Methodologie, Methodenbegründung, Anwendung. München: Fink.

Osterland, Martin (Hrsg.) (1975): Arbeitssituation, Lebenslage und Konfliktpotential. Frankfurt am Main: Europäische Verlagsanstalt.

Pollock, Friedrich (1955): Gruppenexperiment. Ein Studienbericht. Frankfurt am Main: Europäische Verlagsanstalt.

Pomp, Margit (2005): Auch Eltern sind Menschen. Gruppendiskussion. In: Sozial Extra, 29 (4), 6–10.

Przyborski, Aglaja (2004): Gesprächsanalyse und dokumentarische Methode. Wiesbaden: VS Verlag.

Przyborski, Aglaja/Riegler, Julia (2010): Gruppendiskussion und Fokusgruppe. In: Mey/Mruck (2010a): 436–448.

Przyborski, Aglaja/Slunecko, Thomas (2010): Dokumentarische Methode. In: Mey/Mruck (2010a): 627–642.

Przyborski, Aglaja/Wohlrab-Saar, Monika (2009): Qualitative Sozialforschung. Ein Arbeitsbuch. 2. Auflage. München: Oldenbourg.

Rademacher, Ute/Koschel, Kay-Volker (2006): Coming to terms with emotions. Athens: Esomar Qualitative 2006 Conference Papers.

Rechtien, Wolfgang (2003): Gruppendynamik. In: Auhagen/Bierhoff (2003): 103–122.

Reicher, Stephen/Hopkins, Nick (2001): Self and Nation. Categorization, contestation and mobilization. London, Thousand Oaks, New Delhi: Sage.

Reichertz, Jo (2004): Das Handlungsrepertoire von Gesellschaften erweitern. Hans-Georg Soeffner im Gespräch mit Jo Reichertz [65 Absätze]. In: Forum Qualitative Sozialforschung, 5 (3), Artikel 29. Verfügbar unter: http://qualitative-research.net/index.php/fqs/article/view article/561/1215 [zuletzt aufgerufen am: 03.04.2011]

Riekhof, Hans-Christian (Hrsg.) (2010): Customer Insights. Wissen wie der Kunde tickt. Wiesbaden: Gabler.

Rogers, Carl (1951): Client-centered Therapy: Its Current Practice, Implications and Theory. London: Constable.

Rosa, Hartmut (1998): Identität und kulturelle Praxis. Politische Philosophie nach Charles Taylor. Frankfurt am Main, New York: Campus.

Sader, Manfred (2002): Psychologie der Gruppe. 8. Auflage. Weinheim, München: Juventa.

Salber, Wilhelm (2006): Wirkungseinheiten. Bonn: Bouvier. [Original 1969]

Salber, Wilhelm (2009): Morphologie des seelischen Geschehens. Bonn: Bouvier. [Original 1965]

Salcher, Ernst F. (1995): Psychologische Marktforschung. 2., neu bearbeitete Auflage. Berlin, New York: Walter de Gruyter.

Scarabis, Martin/Florack, Arnd (2003): Was denkt der Konsument wirklich? Reaktionszeitbasierte Verfahren als Instrument der Markenanalyse. In: Planung & Analyse. Zeitschrift für Marktforschung und Marketing, 31 (6): 30–35.

Schachter, Stanley (1959): The Psychology of Affiliation. Stanford: Stanford University Press.

Scher, Jordan M. (Ed.) (1962): Theories of the mind. New York: The Free Press of Glencoe.

Schmidbauer, Klaus (2007): Professionelles Briefing. Marketing und Kommunikation mit Substanz. Göttingen: Business Village.

Schmitt, Rudolf (2010): Metaphernanalyse. In: Mey/Mruck (2010a): 676–691.

Scholl, Armin (2015): Die Befragung. 3., überarbeitete Auflage. Konstanz: UVK

Schorn, Ariane (2000): Das „themenzentrierte Interview". Ein Verfahren zur Entschlüsselung manifester und latenter Aspekte subjektiver Wirklichkeit [20 Absätze]. In: Forum Qualitative Sozialforschung, 1 (2), Artikel 23. Verfügbar unter: http://qualitative-research.net/index.php/fqs/article/download/1092/2394 [zuletzt aufgerufen am: 03.04.2011]

Schorn, Ariane (2007): Rezension zu Ralf Bohnsack – Rekonstruktive Sozialforschung. Einführung in qualitative Methoden. In: Socialnet Rezensionen. Verfügbar unter: http://www.socialnet.de/rezensionen/4888.php [zuletzt aufgerufen am: 04.04.2011]

Schrage, Dominik/Friederici, Markus R. (Hrsg.) (2008): Zwischen Methodenpluralismus und Datenhandel. Zur Soziologie der kommerziellen Konsumforschung. Wiesbaden: VS Verlag.

Schreier, Margrit (2007): Qualitative Stichprobenkonzepte. In: Naderer/Balzer (2007): 231–248.

Schreier, Margrit (2010): Qualitative Erhebungsmethoden. In: Hussy et al. (2010): 213–235.

Schütz, Alfred/Luckmann, Thomas (1975): Strukturen der Lebenswelt. Neuwied: Luchterhand.

Seifert, Josef W. (2003): Moderation. In: Auhagen/Bierhoff (2003): 75–87.

Seifert, Josef W. (2009): Visualisieren. Präsentieren. Moderieren. 26. Auflage. Offenbach: Gabal.

Seliger, Ruth (2008): Einführung in Großgruppenmethoden. Heidelberg: Carl-Auer.

Sichler, Ralph (2010): Hermeneutik. In: Mey/Mruck (2010a): 50–64.

Simon, Bernd (2010): Respekt und Zumutung bei der Begegnung von Schwulen/Lesben und Muslimen. In: Aus Politik und Zeitgeschichte, 15-16/2010: 27–32.

Skrbis, Zlatko/Woodward, Ian (2007): The Ambivalence of Ordinary Cosmopolitanism: Investigating the Limits of Cosmopolitan Openness. In: The Sociological Review, 55 (4): 730–747.

Sperling, Jan B./Stapelfeldt, Ursel/Wasseveld, Jacqueline (2007): Moderation. 2. Auflage. Freiburg: Haufe-Lexware.

Spiegel, Uta/Chytka, Hanna (2007): Die Automobilbranche. Produktinnovationen am Kunden orientiert entwickeln. In: Naderer/Balzer (2007): 569–581.

Spöhring, Walter (1989): Qualitative Sozialforschung. Stuttgart: Teubner.

Stahl, Eberhard (2002): Dynamik in Gruppen. Handbuch der Gruppenleitung. Weinheim, Basel, Berlin: Beltz PVU.

Stahlke, Iris (2010): Rollenspiel. In: Mey/Mruck (2010a): 538–552.

Starsetzki, Thomas/Kern, Oliver/Gruppe, Martin (2016): Einsatz von Online-Communities für die Marktforschung. In: Theobald, Axel: Praxis Online-Marktforschung (2016) S. 240–252. Springer Gabler, Berlin.

Stoner, James A. F. (1961): A comparison of individual and group decisions involving risk. Master's Thesis. Cambridge, MA: Massachusetts Institute of Technology.

Strauss, Anselm L. (1987): Qualitative Analysis for Social Scientists. Cambridge, New York: Cambridge University Press.

Strauss, Anselm L./Corbin, Juliet (1990): Basics of Qualitative Research. Grounded Theory Procedures and Techniques. London, Thousand Oaks, New Delhi: Sage.

Strobl, Rainer/Böttger, Andreas (Hrsg.) (1996): Wahre Geschichten? Zur Theorie und Praxis qualitativer Interviews. Baden-Baden: Nomos.

Stroebe, Wolfgang/Jonas, Klaus/Hewstone, Miles R. (Hrsg.) (2002): Sozialpsychologie. 4. Auflage. Berlin, Heidelberg: Springer.

Strübing, Jörg (2008): Grounded Theory. Zur sozialtheoretischen und epistemologischen Fundierung des Verfahrens der empirisch begründeten Theoriebildung. 2. überarbeitete Auflage. Wiesbaden: VS Verlag.

Sullivan, Gavin B. (2007): A critical psychology of pride. In: International Journal of Critical Psychology, 21, 166–189

Sullivan, Gavin B. (2011): Emotional foundational-ism? Critical remarks on affect and collective emotion in the phenomenological-psychoanalytical account of ethno-national identity. In: Ethnicities, 11 (1): 123–130.

Tajfel, Henri/Turner, John C. (1986): The social identity theory of intergroup behavior. In: Worchel/Austin (1986): 7–24.

Templeton, Jane Farley (1994): The Focus Group. A Strategic Guide to Organizing, Conducting and Analyzing the Focus Group Interview. Revised edition. Chicago, IL: Probus.

Theobald, Axel: Praxis Online-Marktforschung: Grundlagen – Anwendungsbereiche – Durchführung 2016. Springer Gabler, Berlin

Theobald, Axel/Dreyer, Marcus/Starsetzski, Thomas (Hrsg.) (2001): Online-Marktforschung. Theoretische Grundlagen und praktische Erfahrungen. Wiesbaden: Gabler.

Theobald, Elke/Neundorfer, Lisa (2010): Qualitative Online-Marktforschung. Grundlagen, Methoden und Anwendungen. Baden-Baden: Nomos.

Thomas, Alexander (1992): Grundriß der Sozialpsychologie. Band 2: Individuum, Gruppe, Gesellschaft. Göttingen: Hogrefe.

Tuckman, Bruce W. (1965): Developmental sequence in small groups. In: Psychological Bulletin, 63 (6): 384–399.

Tuffin, Keith (2005): Understanding critical social psychology. London, Thousand Oaks, New Delhi: Sage.

Turner, John C./Hogg, Michael A./Oakes, Pamela/Reicher, Stephen D./Wetherell, Margaret S. (1987): Rediscovering the Social Group. A Self-Categorization Theory. Oxford: Basil Blackwell.

Ullrich, Carsten G./Schiek, Daniela (2014): Gruppendiskussionen in Internetforen. Zur Methodologie eines neuen qualitativen Erhebungsinstruments. In: KZfSS Kölner Zeitschrift für Soziologie und Sozialpsychologie. September 2014, Volume 66, Issue 3: 459–474.

Volmerg, Birgit (1988a): Die Merkmale sozialer Realität und die Regeln der Umgangssprache in ihrer Bedeutung für die Methodenkonstruktion. In: Leithäuser/Volmerg (1988): 119–130.

Volmerg, Birgit (1988b): Erhebungsmethoden im Feld. In: Leithäuser/Volmerg (1988): 180–208.

Volmerg, Birgit (1988c): Methoden der Auswertung. In: Leithäuser/Volmerg (1988): 234–261.

Wagner, Hans (Hrsg.) (2008): Qualitative Methoden in der Kommunikationswissenschaft. Unter Mitarbeit von Philomen Schönhagen, Ute Nawratil, Heinz Starkulla. München: Reinhard Fischer.

Wagner, Hans/Schönhagen, Philomen (2008): Die Gruppendiskussion: Erschließung kollektiver Erfahrungsräume. In: Wagner (2008): 273–304.

Weller, Dirk/Hartlaub, Jasmin (2009): Das Psychodrama in der qualitativen Markt- und Sozialforschung. In: Ameln et al. (2009): 505–518.

Wiggershaus, Rolf (2010): Die Frankfurter Schule. Reinbek bei Hamburg: Rowohlt.

Wilke, Henk/Wit, Arjaan (2002): Gruppenleistung. In: Stroebe et al. (2002): 500–505.

Williams, Karling D./Karau, Steven J. (1991): Social Loafing and Social Compensation: The Effects of Expectations of Co-Worker Performance. In: Journal of Personality and Social Psychology, 61 (4), 570–581.

Wilson, Thomas P. (1973): Theorien der Interaktion und Modelle soziologischer Erklärung. In: Arbeitsgruppe Bielefelder Soziologen (1973): 54–79.

Worchel, Stephen/Austin, William G. (Eds.) (1986): Psychology of intergroup relations. Chicago, IL: Nelson Hall.

Witzel, Andreas (1982): Verfahren der qualitativen Sozialforschung. Überblick und Alternativen. Frankfurt am Main: Campus.

Witzel, Andreas (1996): Auswertung problemzentrierter Interviews. Grundlagen und Erfahrungen. In: Strobl/Böttger (1996): 49–76.

Witzel, Andreas (2000): Das problemzentrierte Interview [25 Absätze]. In: Forum Qualitative Sozialforschung, 1 (1), Artikel 22. Verfügbar über: http://qualitative-research.net/index. php/fqs/article/viewarticle/1132/2519 [zuletzt aufgerufen am: 04. 04. 2011]

Witzel, Andreas/Reiter, Herwig (2012, in preparation): The Problem-Centred Interview. London, Thousand Oaks, New Delhi: Sage

Anhang

Verzeichnis der Anhänge

Anhang A: Projektmanagement – Übersicht in Stichworten

1. **Anfrage**
   - Angebotsaufforderung/Briefing des Kunden lesen und kritisch prüfen
   - Interne Ressourcen prüfen – Verantwortlichkeit für Angebot klären
   - Kunden anrufen: Bestätigung der Anfrage und offene Fragen klären sowie verantwortlichen Forscher nennen

2. **Angebot**
   - Verantwortlichkeit für potentielles Projekt auswählen
   - Untersuchungsdesign: Stand-alone Methode oder Kombination mit anderen Methoden
   - Bei gemischten Qual-/Quant-Angeboten: Abstimmung mit Kollegen (Inhalte/Layout/Timing)
   - Kostenvoranschlag von externen Dienstleistern (Teststudio etc.) anfordern
   - Bei größeren Angeboten Kalkulation mit Kollegen durchsprechen (Vier Augen-Prinzip)
   - Ca. drei Tage nach Versand des Angebotes dem Kunden um Feedback bitten

3. **Auftrag**
   - Timing mit dem Kunden abstimmen und finalisieren
   - Schriftliche Auftragsbestätigung einholen
   - Interne Kapazitäten klären/Feldkapazitäten prüfen
   - Internes Anlegen des Jobs (Buchhaltung/Controlling)
   - Projektordner und Projektcheckliste anlegen
   - Nachverhandlung und Beauftragung von externen Dienstleistern
   - Evtl. persönliches Briefing/Kick-off-Meeting terminieren

4. **Projektteam**
   - Team informieren/zusammenstellen

5. **Feldmanagement**
   - Bei Studios Verfügbarkeit eruieren und ggf. Buchungen vornehmen, technischen Bedarf (z. B. W-LAN, Beamer, Farbdrucker etc.) und spezifische Anforderungen (Protokollant, Dolmetscherraum, Regale, Pinwände, Flipcharts etc.) abstimmen, Catering festlegen,
   - Flüge und Hotel reservieren, buchen
   - Logistik (wer bringt Stimulus-Material mit/bis wann etc.)

6. **Kontaktfragebogen**
- In Anlehnung an das Briefing: Screener erstellen und mit dem Kunden abstimmen
- An Feld-Management/Studio weiterleiten
- Ggf. Übersetzung und Abstimmung mit dem Kunden

7. **Rekrutierung**
- Kontakt zu Feld halten
- Ggf. Rekrutierungszwischenstand einholen und an Kunden weitergeben
- Ggf. Rückfragen mit Kunden (z. B. Auswertung von Kriterien)
- Teilnehmer einladen (Aufgabe des Studios/Feld)

8. **Leitfaden**
- LF erstellen entsprechend der Forschungsfragen im Briefing/Angebot
- Abstimmung mit Kunden und ggf. Änderungen vornehmen
- Ggf. Übersetzung und Abstimmung mit dem Kunden

9. **Feldarbeit**
- TN-Liste checken (Rekrutierungskriterien checken)
- Kick-off Briefing mit Kunden/Moderator kurz vor der Gruppendiskussion
- Materialien und Stimuli sicherstellen, organisieren
- Proaktive Kundenbetreuung
- Feedback an das Studio Feld

10. **Analyse**
- Debriefing mit Kunden/Moderator
- Protokolle/Transkripte durcharbeiten
- Auswertung und Analyse der Ergebnisse
- Story Line und Inhalte vom Bericht abstimmen
- Erstellen der Charts/Visualisierung der Key Findings
- Einbinden von Fotos/Lifebooks/Videoclips
- Ggf. Übersetzung

11. **Endredaktion**
- Korrekturlesen vom Kollegen
- Ggf. Probepräsentation

12. **Bericht an Kunden**
- Output organisieren (DVDs, Handout, Mappen)

13. Präsentation
- Evtl. Abstimmung mit Kollegen (qual/quant)
- Präsentationstermin bestätigen
- Technik sicherstellen
- Reiseorganisation

14. Feedback
- Feedback vom Kunden einholen
- Ggf. Änderungen vornehmen
- Follow up: Beim Kunden anfragen: wie geht es weiter?

15. Projektabschluss
- Job fertig melden (Controlling), Studie schließen
- Rechnungen kontrollieren
- Nachkalkulation prüfen
- Rechnung versenden

Anhang B: Sinnvolle Bestandteile eines Research-Briefings

1. Projekt-Name

2. Untersuchungshintergrund (Research Background + Situational Analysis)
- Informationen zum Markt, Abgrenzung des Marktes
- Strategie des Auftraggebers/Strategie von Wettbewerbern (Competitive Context)
- Vorhandenes Vorwissen (worauf aufgebaut werden kann)
- Spezifische Rahmenbedingungen (z. B. was bezüglich des Konzeptes, der Marke, des Produktes fix und was variabel ist)
- Ungelöste Fragen/aktuelle Probleme/Hypothesen

3. Untersuchungsziele/Aufgabenstellung (Research Objectives)
- Konkreter Informationsbedarf
- Hauptsächliche und sekundäre Fragestellungen/Themen
- To-Do's
- Erwartete Ergebnisse/Verwendungszweck

4. Methode (Research Design)
- Methodenvorauswahl (Gruppendiskussion, Workshop, Tiefeninterviews etc.)

5. **Zielgruppe/Stichprobe**
- Stichprobengröße/Stichprobenziehung
- Hauptsächliche/sekundäre Zielgruppen
- Screeningkriterien, Inzidenzen
- Anzahl und Format der Adressdaten
- Relevante Märkte/Länder

6. **Ergebnislieferung/Ergebnisvorlage**
- Debriefings (persönlich/telefonisch/Konferenz)
- Ergebnispräsentation
- Berichtsformat (Key-Findings, Executive/Summary/Full-Report)
- Art des Berichtes (pro Land/Multiländerbericht)

7. **Stimulus-Material**
- Konzepte (grob/final, verbal/visuell)
- Storyboards/Moodboards (Pappen/elektronisch)
- Testprodukte (Vorführung/Verkostung), Mock-ups
- TV-Spots, Animatics, Audio-Spots, Anzeigen, Broschüren

8. **Technische Anforderungen**
- Dolmetscher/Simultanübersetzung
- Regale
- TV/PC/Beamer
- Anzahl der (teilnehmenden) Beobachter

9. **Timing und Deadlines**
- Deadline bezüglich Angebotsabgabe
- Geplantes Projekttiming (Von Feldarbeit bis Ergebnislieferung)
- Verfügbarkeit der Stimulus-Materialien
- Fertigstellungstermine, Präsentationstermin

10. **Budget**
- Bugetlimits, wenn vorhanden

11. **Anforderungen an das Angebot**
- Format
- Kostenübersichten/Kostensplits/optionale Kosten
- Sonstiges: ausführliche Methodendiskussion, Analysebeispiele
- Referenzen, CVs vom Projektteam etc.
- Deadline für das Angebot

12. **(Internes) Projektteam**
- Relevante Ansprechpartner, Teamzusammensetzung und Rollen

Anhang C: Beispiel für einen Rekrutierungsfragebogen

Teil A: Kontakt/Einleitung

Guten Tag. Mein Name ist .... vom Marktforschungsinstitut „ABC". Wir führen zurzeit Gruppendiskussionen zum Thema „Le-
bensversicherung" durch. Ziel der Studie ist es herauszufinden, wie die Serviceleis-
tungen der Versicherer besser an die Bedürfnisse und Vorstellungen der Verbraucher
angepasst werden können. Ihre Meinung ist für uns sehr wertvoll und hat einen wesentlichen Einfluss auf die Ergebnisse dieser Studie.

Es handelt sich hier um eine anonyme Studie. Ihre Angaben werden streng vertraulich behandelt und nicht an Dritte weitergegeben. Es handelt sich nicht um eine Wer-
beveranstaltung.

Die Gruppendiskussion dauert 2 Stunden und findet am 5. Februar 2011 in Frankfurt
im ABC-Teststudio statt.

Bei Nachfrage: Unseren Auftraggeber dürfen wir Ihnen vor dem Gespräch nicht nennen, da diese Information möglicherweise Ihre Antworten beeinflussen könnte. Wir
können Ihnen aber nach dem Ende der Gruppendiskussion mitteilen, wer unser Auftraggeber ist.

Teil B: Screeningfragen

0. Sind Sie generell daran interessiert, an dieser Gruppendiskussion teilzunehmen?
- Ja   1   □ →   Weiter
- Nein/Weiß nicht   2   □ →   Abbrechen

Ich möchte Ihnen nun ein paar Fragen stellen, um festzustellen, ob Sie in das
Zielgruppenprofil passen.

1. Bitte Geschlecht notieren
- Männlich   1   □ →   Weiter
- Weiblich   2   □ →   Weiter
Quote: Bitte 50:50 rekrutieren!

2. Wie alt sind Sie?

Bitte genaues Alter notieren

unter 18 Jahre	1	□ →	Abbrechen
• 18–25 Jahre	2	□ →	Weiter
• 26–40 Jahre	3	□ →	Weiter
• über 40 Jahre	4	□ →	Weiter

Quote: Bitte je Altersgruppen 2–3 Teilnehmer rekrutieren!

3. Arbeiten Sie oder jemand aus Ihrem engen Freundes-oder Familienkreis in einem der folgenden Bereiche (momentan oder in der Vergangenheit)? BITTE VORLESEN

• Marketing	1	□ →	Abbrechen
• Marktforschung	2	□ →	Abbrechen
• Werbung	3	□ →	Abbrechen
• Presse/Journalismus	4	□ →	Abbrechen
• Public Relation	5	□ →	Abbrechen
• Versicherungen	6	□ →	Abbrechen
• Banken/Kreditinstitute	7	□ →	Abbrechen
• Finanzdienstleister	8	□ →	Abbrechen
• Sonstiges	9	□ →	Weiter

Bitte genau notieren ………………………………………………………………………

4a. Haben Sie schon einmal an einer Gruppendiskussion/Einzelinterview teilgenommen?

• Ja	1	□ →	Weiter mit Fr. 4b
• Nein	2	□ →	Weiter mit Fr. 5

4b. Wann haben Sie zuletzt an einer Gruppendiskussion/Einzelinterview teilgenommen?

• Vor weniger als 6 Monaten	1	□ →	Abbrechen
• Vor mehr als 6 Monaten	2	□ →	Weiter mit Fr. 4c

Hinweis: Die Teilnehmer dürfen in den letzten 6 Monaten nicht an einer Gruppendiskussion oder einem Einzelinterviews teilgenommen haben!

4c. Welches Thema hatte die Gruppendiskussion/das Einzelinterview?

Bitte Themen eintragen:

………………………………………………………………………………………

Hinweis: Wenn das Thema „Banken, Versicherungen, Kreditinstitute" o. ä. war, Screening abbrechen!

5. Sind Sie in Ihrem Haushalt die Person, die für Finanzfragen z. B. für den Abschluss von Versicherungen zuständig ist/die Entscheidungen trifft?

Ja, ich entscheide allein	1	□ →	Weiter
Ja, ich entscheide gemeinsam mit dem Partner	2	□ →	Weiter
Nein, das entscheidet jemand anderes, z. B. mein Partner	3	□ →	Abbrechen

6.–12. Fragen zu Produkten und Konsum evtl. Lifestyle, Psychographie

Teil C: Einladung

Gruppe .... Datum .... Zeit ....

Wir möchten Sie einladen, an der Gruppendiskussion mit ca. 7–8 weiteren Personen teilzunehmen. Sie müssten dazu in unser Studio in ABC kommen. Die Gruppendiskussion wird ca. 2 Stunden dauern. Als *Aufwandsentschädigung* erhalten Sie ein Incentive in Höhe von XY Euro. Sind Sie interessiert, an dieser Gruppendiskussion teilzunehmen?

Wenn ja, notieren Sie Name, Adresse und Telefon und laden Sie den Teilnehmer ein.

NAME ....

ADRESSE ....

TELEFON ....

ERINNERUNGSANRUF AM ....

Bitte bringen Sie Ihre Lesebrille/Brille mit, falls Sie eine benötigen!

Anhang D: Beispiel für eine Erklärung des Rekrutierers

Hiermit erkläre ich .... (Name des Rekrutierers), dass der Teilnehmer mir freiwillig alle Antworten gegeben hat. Ich habe den Teilnehmer zu keinen der Antworten überredet. Ich habe das Interview ausschließlich gemäß der Vorgaben und Anleitungen durchgeführt. Alle Angaben entsprechen der Wahrheit.

Ich habe das Interview nach den o. g. Anweisungen und nach den ADM-Richtlinien für die Durchführung von Marktforschungs-Untersuchungen durchgeführt.

Der Teilnehmer hat sich aus freien Stücken zur Teilnahme an der Gruppendiskussion bereiterklärt.

Weiterhin wurde der Teilnehmer darauf hingewiesen, dass die Gruppendiskussion zu Forschungszwecken auf Video und Audio aufgezeichnet wird. Der Teilnehmer wurde davon in Kenntnis gesetzt, dass der Auftraggeber möglicherweise – unter den Bedingungen einer Verpflichtungserklärung Einblick in die Aufzeichnung nehmen wird. Dem Teilnehmer wurde eine Anonymisierung (keine Nennung von Namen, Adressen o. ä.) auf den Aufzeichnungen zugesichert. Der Teilnehmer erklärt sich damit einverstanden.

Hiermit versichere ich, alle o. g. Informationen an den Teilnehmer weitergegeben zu haben und dass der Teilnehmer sich mit allen Punkten einverstanden erklärt hat.

Unterschrift: .... Datum: ....

Anhang E: Beispiel für die Einführung eines Leitfadens

Zur Handhabung des Diskussionsleitfadens:
Eine Gruppendiskussion ist als ein offenes Explorationsverfahren nicht standardisiert. Die Auflistung relevanter Fragenkomplexe des Leitfadens umschreibt die relevanten Themenkomplexe und lässt im Sinne der offenen Herangehensweise Raum für Diskussionen.
Die nachfolgend aufgeführten Themen sind **nicht als wörtliche Vorgaben** gedacht. Ebenso ist die Reihenfolge nicht zwingend als notwendige Vorgabe zu verstehen. In diesem Sinne beschreiben die formulierten Fragen die Themenkomplexe und haben die Funktion, den Diskussionsprozess anzuregen.
Grundsätzlich gilt, dass **jeder Themenkomplex** zunächst **offen** exploriert wird. Darauf folgt dann das konkrete Nachfragen des Interviews auf Auffälligkeiten bei den Antworten der Teilnehmer bzw. hinsichtlich der Themen, die von den Teilnehmern nicht spontan geäußert wurden, aber relevant sind.

Anhang F: Beispiel für ein Deckblatt eines Leitfadens

Konzepttest Neues Mobiltelefon

Ziele:
* Identifizierung von Ansprüchen an ein neues Mobiltelefon vor dem Hintergrund des Verständnisses der Bedeutung von Mobiltelefonen im Alltag,
* Vergleich verschiedener Konzepte und Entwicklung von Optimierungsvorschlägen

Zielgruppen:
1 – Vieltelefonierer und regelmäßige Nutzer mobilen Internets
2 – Vieltelefonierer, aber keine Nutzer mobilen Internets
etc.

Durchführung:
Köln: Studio XY, XYZ-Straße 24, Telefon: xxx
16. 05. 2012:   17.00h–19.00h: Zielgruppe 1Anhang G: Leitfaden (Fragenschwerpunkte) – Konzepttest20.00h–22.00h: Zielgruppe 2
17. 05. 2012:   17.00h–19.00h: Zielgruppe 3
Etc.

Anhang G: Leitfaden (Frageschwerpunkte) – Konzepttest

1. **Einführung**
* Vorstellung des Moderators und Einführung: Vertraulichkeit, Aufnahme, Thema

2. **Vorstellungsrunde**
* Vorstellung der Teilnehmer: Vorname, Mitglieder im Haushalt, ggf. Beruf

3. **Kategorie-Wahrnehmung**
* Kategorie-Verwendung (Erfahrungen, Gewohnheiten, Häufigkeit, Dauer, Situationen, Stimmungen etc.)
* Likes und Dislikes
* Kaufprozess (Aufmerksamkeit, Relevant Set, Auswahlkriterien etc.)
* Erfahrungen mit Produkten und Marken (Lieblingsmarke, Leistungsspektrum, Stärken und Schwächen anderer Marken)
* Zufriedenheit mit der Kategorie (bestehende Probleme, unerfüllte Bedürfnisse, Optimierungsmöglichkeiten)
* Ideales Produkt für die Kategorie (Beschreibung, Produktvorteile, ‚Härtetest' im Alltag)

4. **Konzept-Beurteilung**
- Methode: Jedes Konzept zuerst alleine lesen lassen, dann in Runde vorlesen
- Spontane Reaktionen (Gefühle, Gedanken, Likes, Dislikes)
- Verständnis (Wiedererzählung, Schlüsselidee, Optimierungsvorschläge)
- Neuigkeitswert (Originalität, Besonderheit, Differenzierung)
- Zielgruppe (projektive Zielgruppe, Personentyp)
- Relevanz (Interesse, Bedürfniserfüllung, Problemlösung)
- Substitution (Potenzial zum Ersatz der bisherigen Problemlösung)

5. **Konzept-Kern-Analyse**
- Methode: Jeden einzelnen Punkt durchsprechen:

6. **Insight**
- Bedeutung der Ausgangssituation/Insights
- Nachvollziehbarkeit der Problemstellung (Alltagsbeispiele, Häufigkeit, Größe des Problems)
- Bisherige Lösung des Problems

7. **Benefit**
- Bedeutung der Produktvorteile
- Relevanz, persönlicher Anreiz
- Differenzierung zu anderen Produktversprechen
- Nutzen- bzw. Kaufbereitschaft/Nutzen- bzw. Kaufbarrieren

8. **Reason to believe**
- Nachvollziehbarkeit der Begründung (Bedeutung im Alltag)
- Zusammenhang Begründung/Funktionalität
- Glaubwürdigkeit

9. **Zielgruppe**
- Relevanz/Glaubwürdigkeit

10. **Zusammenfassung Optimierungsvorschläge**
- Optimierungsmöglichkeiten von Wording, Idee, Glaubwürdigkeit

11. **Konzept-Vergleich**
- Stärken und Schwächen-Vergleich der einzelnen Konzepte
- Ermittlung des besten Konzeptes

12. **Sum-up/Zusammenfassung**
- Abschließende Tipps

Anhang H: Gruppendynamische Phasen im Diskussionsprozess

Tabelle 27   Gruppendynamische Phasen im Diskussionsprozess

Gruppendynamische Phase	Auftreten und Relevanz im Prozess	Beschreibung	Handlungsspielraum des Moderators
Forming und Norming: Fremdheit und Orientierung	Immer zu Beginn einer Gruppendiskussion. Ein Warm-Up sollte deshalb stets eingeplant werden.	Am Anfang einer Gruppendiskussion kennen die Teilnehmer einander noch nicht. Dementsprechend sind sie unsicher und z. T. nervös. Vertrauen, damit sie sich im weiteren Verlauf öffnen, muss systematisch gefördert werden.	Klare Darlegung des Rahmens und der Kommunikationsregeln durch den Moderator. Vorstellungsrunde. Dann sehr offene Diskussion zu einem eher weiten Thema (Warm-Up). Positive Verstärkung von Wortbeiträgen.
Storming und Norming: Orientierung, Konflikt und Anpassung	Tritt nach dem Warmwerden auf: Eher zu Beginn der Gruppendiskussion, kann aber bei neuen Themen wiederholt auftreten. Sehr unterschiedlich stark ausgeprägt – in Abgängigkeit vom Thema und der Teilnehmerstruktur.	Es geht um die Rollenfindung und Positionierung im Rahmen der Gruppe. In diesem Sinne sind Beiträge eine Inszenierung. Die Beziehungsebene in der Kommunikation ist besonders wichtig. Es kommt zu Konflikten, z. B. durch deutliches Widersprechen oder in Form von Machtkämpfen darum, wer das Wort bekommt. Auch Provokationen anderer Teilnehmer oder des Moderators sind in dieser Phase zu finden. Es kann zur Bildung von Teilgruppen kommen, in denen sich die Mitglieder gegenseitig unterstützen.	Der Moderator sollte sich in dieser Phase darum bemühen, dass die Gruppe sich möglichst selbstläufig entwickelt. Fragen sehr bedeutungsoffen stellen und Diskussion laufen lassen. Wichtig ist aber, auf die Einhaltung der Grundregeln der Diskussion zu achten – insbesondere darauf, sich aus reden zu lassen und nicht persönlich anzugreifen. Auch der eigene souveräne Auftritt ist entscheidend – man sollte als Moderator nicht in die Verteidigungshaltung geraten. In dieser Phase besprochene inhaltliche Aspekte sollten möglichst später noch einmal aufgegriffen werden.

Performing und Norming: Vertrautheit und Konformität	Die ‚Hauptphase' der Gruppendiskussion, die nach der Rollenfindungsphase eintritt. Kann mehr oder minder dauerhaft sein und durch neue Orientierungsphasen unterbrochen werden.	Spannungen ebben ab, die wechselseitige Akzeptanz steigt. Unterschiedliche Rollen sind verteilt – die „Produktivität" für die Diskussion thematischer Facetten steigt. Grundlage für eine lebendige Diskussion, in der auch unterschiedliche Auffassungen zu Tage treten dürfen. Mit zunehmender Dauer der Diskussion steigt die Tendenz zu gruppeninterner Konformität an.	Zentrale Aspekte der Fragestellung sollten in diesem Teil diskutiert werden. Erst offen fragen, dann die Möglichkeit für Nachhaken nutzen. Durch eigene Zusammenfassungen der Gruppe verdeutlichen, dass Beiträge ernst genommen werden. Themen, die in Rollenfindungsphasen diskutiert wurden, sollten hier noch weiter vertieft werden.
Storming und Performing: Vertrautheit und Vertiefung	Eher im letzten Teil der Diskussion, zum Teil aber auch früher nach intensiver Diskussion eines Themas. Zum Teil durch einzelne Teilnehmer, zum Teil durch den Moderator in Gang gesetzt.	Auf der Basis einer vertrauensvollen Beziehung können neue Konflikte entstehen. Der Grundkonsens kann in Frage gestellt werden, es kommt zu Neu-Orientierungen. In der Regel führt das dazu, dass sensible Themen an dieser Stelle vertieft diskutiert werden können – da sich die Vertrauensbasis im Verlauf der Diskussion kontinuierlich erweitert hat.	Wenn einzelne Teilnehmer den Konsens in Frage stellen, nachhaken. Bei zunehmendem Abebben der Diskussion können aktivierende Moderationstechniken verwendet werden. Analytische Zusammenfassungen (z. B. von erlebten Widersprüchen) oder bewusst provozierende Äußerungen können eine vertiefende Neu-Orientierung der Gruppe fördern.
Mourning: Abklingen	Am Schluss der Diskussion oder nach eingehender Erörterung von einzelnen thematischen Aspekten.	In den Äußerungen kommt es zunehmend zu Redundanzen. Teilnehmer werden unruhig und unkonzentrierter. Wortbeiträge werden karger, und es werden keine Konflikte mehr ausgetragen.	Am Ende der Diskussion noch einmal ein Fazit einfordern, dann den Teilnehmern danken und Ihnen Anerkennung für ihre konstruktive Teilnahme aussprechen. Während der Diskussion Überleitungen zu neuen oder bereits besprochenen thematischen Facetten schaffen.

Anhang I: Projektive Techniken in der Qualitativen Marktforschung

Kategorie	Methode	Instruktion	Erkenntnisziel
Assoziative Verfahren	• Brainstorming/ freie Assoziation	Was fällt Ihnen zu Marke X alles ein?	Allgemeine Einführung in die Erlebniswelt der Marke
	• Adjektive sammeln	Adjektive, die mit Marke X verbunden sind	
	• Assoziative Netzwerke	primäre Assoziation – Ableitung zur sekundären Assoziation etc. = Assoziationsketten	Markenkern, Markenperipherie
Personifizierung	• Der typische Konsument	Wie ist der typische Konsument von Marke X? Wie alt? Geschlecht? Welche Werte? Lifestyle Charakter? Stärken/Schwächen? Ziele im Leben?	Typologisierung des Markenverwenders
	• Bewerbungsgespräch bei der Marke	z. B. mehrere Produkte stellen sich bei einer Marke vor; stimmt die „Chemie"? Stärken/Schwächen der einzelnen Produkte etc.	Feststellung von Diversifizierungspotentialen
	• Personifizierung der Marke	Lebenslauf (Wo geboren und aufgewachsen? Wie war sie als Kind? usw.), soziales Netzwerk (Freunde, Kneipen, Hobbies) Wo lebt sie? Haus? Auto?	Markenimage und Markenentwicklung
	• Markenfamilie/ Produktrange	Wer ist Vater, Mutter, Geschwister? Beziehungen untereinander?	Feststellung von Diversifizierungspotential
	• (Marken)designer	Was ist/war seine Absicht? Was hat er über den Verwender verstanden? Wie ist er? Stärken/Schwächen. Was ist ihm wichtig? Wen will er überzeugen?	Zur Analyse von Kommunikationskonzepten, Spots, Anzeigen etc.
Projektive Reisen	• Planetenspiel	Stellen Sie Sich vor, wir machen eine Reise zu verschiedenen Planeten. Zunächst besuchen wir den Planeten der Marke X. Wir steigen aus Unserem Raumschiff aus, was sehen wir als erstes? Wie sieht die Landschaft aus? Wie ist die Atmosphäre? Farben? Wie sind die Menschen (Stärken/Schwächen, Eigenschaften)? Würden Sie zu diesem Planeten zurückkommen?	Analyse der Markenwelt

Projektive Reisen	• Reise in Länder-Technik:	Landschaft? Menschen? Werte? usw. Wenn diese Produkte verschiedene Welten repräsentieren würden und Sie könnten darin spazieren gehen, wie wäre das? Was würden Sie fühlen? Welche Emotionen würde dieser Ort hervorrufen? Welche Werte sind den Menschen dieser Welt wichtig?	Analyse der Markenwelt
Analogien bildung	• Chinesisches Portrait	Was wäre die Marke/das Produkt, wenn sie/es Ein Auto/ein Tier/eine Pflanze/ein Land/ein Beruf wäre?	Markenkern
Beschreibende Technik	• Angriff und Verteidigung	Gruppe in eine Pro und Contra Gruppe aufteilen und gegeneinander argumentieren lassen	Analyse der Stärken und Schwächen der Marke
	• Marketingleiter	In die Rolle des Marketingleiters schlüpfen und entweder sich für die Marke einsetzen oder sich aus Sicht eines Wettbewerbers dagegen aussprechen	
Nonverbale Techniken	• Collage	Erstellung von Moodboards, Status vs. Zukunft	Markenwelten, emotionale Markenwahrnehmung
	• Bilderzuordnungen	Welche Bilder passen zur Marke/zum Produkt?	
	• Stimmungsbilder	Zuordnung von Landschaften	
	• Farbenspiel	Zuordnen von Farben auf Marken	
	• Day-Dream-Poster	Wen trifft Marke? Was macht Marke?	
Positionierung	• Gruppierungen	Marken in Familien gruppieren und die Auswahlkriterien bestimmen z. B. Preis, Verpackung, Farbe, Geschmack usw. Familie Namen geben lassen	
Entwicklungserfassende Techniken	• Storytelling	Geschichten zu Markenerlebnissen erzählen lassen; Geschichten zu Anzeigen erfinden	Markenentwicklung, Produktentwicklung
	• Drehen eines Films	Wo spielt der Film? Handlung? Nebenrollen?